Wie lernt die Politik?

Peter Biegelbauer

Wie lernt die Politik?

Lernen aus Erfahrung in Politik und Verwaltung

 Springer VS

Peter Biegelbauer
Wien, Österreich

Gedruckt mit freundlicher Untersützung der Österreichischen Forschungsgemeinschaft.

ISBN 978-3-531-18591-0   ISBN 978-3-531-19128-7 (eBook)
DOI 10.1007/978-3-531-19128-7

Die Deutsche Nationalbibliothek verzeichnet diese Publikation in der Deutschen Natio-
nalbibliografie; detaillierte bibliografische Daten sind im Internet über http://dnb.d-nb.de
abrufbar.

Springer VS
© Springer Fachmedien Wiesbaden 2013

Gedruckt auf säurefreiem und chlorfrei gebleichtem Papier

Springer VS ist eine Marke von Springer DE. Springer DE ist Teil der Fachverlagsgruppe
Springer Science+Business Media.
www.springer-vs.de

Inhalt

Abkürzungsverzeichnis

AIT	Austrian Institute of Technology
ATMOS	Austrian Technology Monitoring System
ATS	Österreichischer Schilling
BGBl	Bundesgesetzblatt
BIP	Bruttoinlandsprodukt
BKA	Bundeskanzleramt
BMBWK	Österreichisches Bundesministerium für Bildung, Wissenschaft und Kunst
BMFT	Deutsches Bundesministerium für Forschung und Technologie
BMGHI	Bundesministerium für Gewerbe, Handel und Industrie
BMöWV	Österreichisches Bundesministerium für öffentliche Wirtschaft und Verkehr
BMVIT	Österreichisches Bundesministerium für Verkehr, Innovation und Technologie
BMWA	Österreichisches Bundesministerium für Wirtschaft und Arbeit
BMwA	Österreichisches Bundesministerium für wirtschaftliche Angelegenheiten
BMWF	Österreichisches Bundesministerium für Wissenschaft und Forschung
BMWFJ	Bundesministerium für Wirtschaft, Familie und Jugend
BMWV(K)	Österreichisches Bundesministerium für Wissenschaft, Verkehr (und kulturelle Angelegenheiten)
CAD/CAM	Computer Aided Design/Computer Aided Manufacturing
CDG	Christian Doppler Gesellschaft
CDL	Christian Doppler Labor
CIM	Computerintegrierten Fertigung

COMET	Competence Centres for Excellent Technologies
CREST	Comité de la Recherche Scientifique et Technique
EBPM	Evidence-Based Policy-Making
EC	Europäische Kommission
EEC	European Economic Communities
EIS	European Innovation Scoreboard
ERC	Engineering Research Centres Programme
ERP	European Recovery Programme
ESA	Europäische Weltraumorganisation
EU	Europäische Union
EWG	Europäische Wirtschaftsgemeinschaft
F&E	Forschung und Entwicklung
FFF	Forschungsförderungsfonds für die gewerbliche Wirtschaft
FFG	Forschungsförderungsgesellschaft
FGG	Finanzierungsgarantiegesellschaft
FPÖ	Freiheitliche Partei Österreichs
FTE	Forschung und technologische Entwicklung
FTEval	Plattform Forschungs- und Technologieevaluation
FTI	Forschung, Technologie und Innovation
FWF	Fonds zur Förderung der Wissenschaftlichen Forschung
ICCP	Ausschuss für Information, Computer und Kommunikationspolitik
IFS	Interdisziplinäres Forschungszentrum Sozialwissenschaften
IHS	Institut für Höhere Studien
ISEF	Institut für Sozioökonomische Entwicklungsforschung
ISI	Institut für System- und Innovationsforschung
ITF	Innovations- und Technologiefonds
IUS	Innovation Union Scoreboard
KIR	Kompetenzzentren, Impulsprogramme, Regierungsinitiativen
KMU	Klein- und Mittelunternehmen

MAP	Multi-Akteur Multi-Maßnahmen Programme
ME	Mikroelektronik
MEIV	Mikroelektronik und Informationsverarbeitung
NGO	Nichtregierungsorganisation
NSF	National Science Foundation
ÖCG	Österreichische Computer Gesellschaft
OECD	Organisation für wirtschaftliche Zusammenarbeit und Entwicklung
ÖFZS	Österreichisches Forschungszentrum Seibersdorf
ÖGB	Österreichischer Gewerkschaftsbund
OMK	Offene Methode der Koordinierung
ÖVP	Österreichische Volkspartei
SBIRP	Small Business Innovation Research Programme
SII	Summary Innovation Index
SOL	Society for Organisational Learning
SPÖ	Sozialdemokratische Partei Österreichs
TAFTIE	Europäisches Netzwerk von Innovationsagenturen
TFK	Technologiefinanzierungskommission
TIG	Technologie Impulse Gesellschaft
TIP	Technologie Innovation Politik
TOU	Technologieorientierte Unternehmensgründungen
UNESCO	Organisation der Vereinten Nationen für Erziehung, Wissenschaft und Kultur
UNIDO	Organisation der Vereinten Nationen für industrielle Entwicklung
VDI	Verein Deutscher Ingenieure
VÖEST	Vereinigte Österreichische Eisen- und Stahlwerke
WIFO	Wirtschaftsforschungsinstitut

Vorwort

Menschen sind lernfähig. PolitikerInnen sind Menschen. PolitikerInnen sind also lernfähig. Während die ersten beiden Aussagen nicht kontrovers sind, wird die dritte auch in ernsthaft geführten, öffentlichen Diskussionen häufig angezweifelt. In den Massenmedien werden in der Politik tätige Menschen oft als streitsüchtig, geltungsbedürftig und nicht lösungsorientiert handelnd dargestellt. Politik gilt als Spielfeld von Frauen und Männern, die vor allem eines suchen: Macht.

Dieses Bild erschien mir nach einigen Jahren empirischer Arbeit bezüglich verschiedener Politikprobleme stark verkürzt, weshalb daraufhin meine Suche nach geeigneten Ansätzen um derartigen Vereinfachungen begegnen zu können begann. Eines war mir in meiner Arbeit als Politikwissenschaftler bald klar geworden: Politik besteht nicht nur aus Machtstreben und Interessensdurchsetzung, sondern auch dem Versuch Probleme zu lösen. Vor allem aber, wird Politik nicht allein durch PolitikerInnen geprägt, sondern zu einem wesentlichen Teil von BeamtInnen. Die Tätigkeiten dieser BeamtInnen spiegeln sich dabei allerdings kaum in der wissenschaftlichen Forschung sowie der massenmedialen Berichterstattung wider.

Arbeiten in der Politik bedeutet unabhängig davon, ob mit dem Ziel Macht zu erlangen oder mit dem Ziel Probleme zu lösen, dass PolitikerInnen wie auch BeamtInnen aus Fehlschlägen ebenso wie aus Erfolgen lernen können. Der Versuch diese unterschiedlichen Facetten von Politik betrachten zu können, führte zu einer Auseinandersetzung mit verschiedenen Lernansätzen und deren Anwendung auf konkrete politische Probleme.

Somit war der Ausgangspunkt für dieses Buch der Versuch unterschiedliche Aspekte der Arbeit von PolitikerInnen und BeamtInnen besser verstehen zu können, sowie ein Verständnis über die Bedingungen unter denen Lernen aus Erfahrung erleichtert und erschwert wird zu erlangen. Was ich damals allerdings (neben vielen anderen Dingen) noch nicht wusste, war dass diese Reise in die Politik mehr als ein Jahrzehnt in Anspruch nehmen würde – zumindest was die Arbeit an diesem Buch betrifft. Eine derartige lange Reise hat viele Stationen, in der Form von geographischen Orten, Institutionen und Menschen.

Den größten Teil dieser Zeit habe ich in Wien am Institut für Höhere Studien (IHS) verbracht, in den Abteilungen für Politikwissenschaft und Soziologie. Ein wesentlicher Teil der Feldarbeit ist im Rahmen der von mir geleiteten

Forschungsgruppe Social Learning in den Jahren 2003 bis 2006 durchgeführt worden. Dabei war der ständige Austausch mit meinen KollegInnen am IHS, Erich Grießler, Bernhard Hadolt, Lorenz Lassnigg, Kurt Mayer und Stephanie Mayer besonders hilfreich. Unsere Arbeit wurde durch Projekte des Fonds zur Förderung der wissenschaftlichen Forschung (LEARNPOL, Projektnummer P16169-G04), des Jubiläumsfonds der Österreichischen Nationalbank (TECHLEARN, Projektnummer 9607; RTD-GOV, Projektnummer 11213) sowie der Universität Wien (COOPTECH, Projektnummer H-1456/ 2002) finanziert. 2003 ermöglichte ein gemeinsamer Workshop mit dem von Ed Page von der London School of Economics geleiteten Schwerpunktprogramm Future Governance zu erfahrungsgeleitetem Lernen in der Politik einen ersten Austausch mit KollegInnen auf internationaler Ebene. Mehrmals konnte ich seither meine Gedanken mit Guy Peters von der University of Pittsburgh austauschen, der auch Gastprofessor am IHS war und von dessen Erfahrungsreichtum ich profitieren durfte.

Gemeinsam mit anderen Mitgliedern der Forschungsgruppe Social Learning organisierte ich Panels zum Thema Lernen in der Politik auf den Konferenzen der European Association for the Study of Science and Technology 2004 in Paris und des European Consortium for Political Research 2005 in Budapest.

In den Jahren 2006 bis 2008 eröffnete mir die Teilnahme am durch die europäische Kommission finanzierten European Network for Better Regulation (ENBR, Projektnummer 028604) die Möglichkeit im Rahmen der empirischen Analyse von Gesetzesfolgenabschätzung durch 18 Länderteams in 29 Ländern einen Blick auf das Thema Lernen in der Politik aus der Perspektive der Gesetzgebung zu werfen. Dabei war für mich, neben vielen anderen interessanten Kontakten und Erfahrungen, besonders die Arbeit mit Andrea Renda vom Center for European Policy Studies und Claudio Radaelli von der University of Exeter wertvoll, bei der ich 2008 im Rahmen eines Staff-Seminars auch einige methodische Überlegungen im Hinblick auf Erfahrungslernen in Politik und Verwaltung zur (dank Bruno Dente intensiven) Diskussion stellen konnte.

Ein von 2008 bis 2009 für das österreichische Bundesministerium für Verkehr, Innovation und Technologie durchgeführtes Forschungsprojekt (INNOSTEER) erlaubte mir zudem eine längerfristige Perspektive auf das Thema Lernen in der Forschungs-, Technologie- und Innovationspolitik.

Unter den vielen Vorträgen, Panels und Diskussionsrunden zum Themenbereich Lernen in Politik und Verwaltung, an denen ich im Laufe dieser zehn Jahre teilnehmen durfte, war der von Claudio Radaelli, Fabrizio Gilardi und Claire Dunlop als Teil der European Consortium for Political Research Joint Sessions im Frühjahr 2011 in St. Gallen organisierte Workshop besonders hilfreich. Dort ergab sich die Gelegenheit drei Tage lang konzentriert zu einem Themenbereich zu arbeiten und rund zwei Dutzend Papiere zu diskutieren. Den Herbst 2011 verbrachte ich am Fraunhofer-Institut für System- und Innovationsforschung, wo ich auf Einladung von Bärbel Hüsing in der Abteilung für Neue Technologien herzlich aufgenommen wurde. Unsere Diskussionen drehten sich dabei einerseits um das Thema Lernen in der Innovationspolitik, andererseits um die Übersetzung wissenschaftlicher Ergebnisse in die Praxis. Diese Themen waren Teil des von mir von 2010 bis 2012 geleiteten österreichischen Projektes zur Analyse von Translationsforschung im Bereich von Genmedizin (TRIGEN, Projektnummer 823831). Dieses Projekt sowie ein Mobilitätsstipendium für den Aufenthalt am Fraunhofer-Institut für System- und Innovationsforschung (Stipendium 828811) wurden von der Österreichischen Forschungsförderungsgesellschaft im Rahmen des ELSA-GEN-Programmes gefördert.

2012 wechselte ich an das Department for Foresight und Policy Development am Austrian Institute of Technology, wo ich dieses Buch fertigstellen konnte – nicht ohne dabei einige der Inhalte mit meinen neuen KollegInnen zu besprechen.

Einige Personen sollen hier besonders erwähnt werden. Rupert Pichler vom Österreichischen Bundesministerium für Verkehr, Innovation und Technologie, Michael Stampfer vom Wiener Wissenschafts-, Forschungs- und Technologiefonds sowie Wolfgang Neurath vom Österreichischen Bundesministerium für Wissenschaft und Forschung, die mehrfach interviewt wurden, immer wieder für Gespräche bereit standen und Unterlagen zur Verfügung gestellt haben. Michael Böcher von der Universität Göttingen und Erich Griessler vom IHS haben eine frühere Version dieses Buches gegengelesen und mit zahlreichen Hinweisen versehen. Erich Griessler hat darüber hinaus während der zehn Jahre Arbeit zum Thema Lernen in der Politik regelmäßig Papiere von mir zu diesem Thema gelesen und stand für gemeinsame Projekte, Publikationen und Veranstaltungen bereit. Er nahm dabei oft die Rolle eines kritischen Freundes ein, wenn auch nicht immer die eines freundlichen Kritikers. In jedem Fall aber war die Zusammenarbeit mit ihm von besonderer Bedeutung für die Arbeit an diesem Buch.

Ebenfalls wichtig war selbstverständlich auch die Bereitschaft der zahllosen GesprächspartnerInnen, sich meiner Wissbegierde auszusetzen. Dies gilt auch für die TeilnehmerInnen meiner Lehrveranstaltungen zu den Themenbereichen Lernen in der Politik, Policy-Analyse sowie Evidence-Based-Policy-Making an den Universitäten Wien und Innsbruck, sowie der Karlsuniversität in Prag, die mir durch ihre Fragen und Anmerkungen neue Perspektiven auf Politikprobleme erlaubt haben. Mehrere StudentInnen der Universität Wien halfen mir zudem bei der Arbeit an diesem Buch, Anna Pichelstorfer, Alexander Füssl, Lara

Kronenbitter und Thomas Palfinger, ebenso wie die Abteilungssekretärinnen des IHS, Susanne Haslinger, Iris Troppert, Andrea Haslinger und die Abteilungssekretärin des AIT, Barbara Jandl.

In anderer Art und Weise hat mir mein Physiotherapeut Joachim Stolz geholfen, der meine Sehnenscheidenentzündung unter Kontrolle gehalten hat. All den hier genannten Personen möchte ich meinen Dank aussprechen, in besonderer Weise aber meiner Frau, Andrea Schandl, die ausgedehnte Arbeitszeiten, Urlaubsentzug und zeitweise Launenhaftigkeit infolge des immer wieder durch andere Arbeiten unterbrochenen Buchprojektes ertragen hat.

Peter Biegelbauer   Wien, 13. November 2012

1. Einleitung: Politik in Öffentlichkeit und Wissenschaft

Dieses Buch handelt vom Lernen aus Erfahrung in Politik und Verwaltung – eine Kombination von Begriffen, die Vielen widersprüchlich erscheint. Zahlreiche KollegInnen aus verschiedenen Bereichen der Sozialwissenschaften fragten nach erstmaliger Erwähnung des Themas gleich nochmals nach, ob sie das richtig verstanden hätten: „Lernen in Politik und Verwaltung?" Ein ehemaliger Wissenschaftsminister lachte zu Beginn des Interviews: „Lernen in der Politik? Gibt es das überhaupt?" BeamtInnen hatten mit der Vorstellung von Lernen aus Erfahrung meistens weniger Schwierigkeiten und im Laufe dieses Buches wird sich herausstellen, dass zeitweise Skepsis von Seiten der PolitikerInnen und der SozialwissenschaftlerInnen sowie Akzeptanz durch BeamtInnen jeweils nicht von ungefähr kommen.

Doch wozu sollte man sich mit einem Thema auseinandersetzen, das offensichtlich einer Reihe von Leuten exotisch erscheint? Es ist ein Ziel dieses Buches zu einem besseren Verstehen des Politikprozesses in modernen Gesellschaften beizutragen. Dazu soll das althergebrachte Bild einer machtbezogenen und auf Durchsetzung von Interessen bedachten Politik mit einem anderen Aspekt öffentlicher Willensbildung ausbalanciert werden: dem Streben nach Reflexion des eigenen Handelns und dem Versuch von Politik und Verwaltung aus Erfahrung zu lernen.

Blinde Flecken

Gleichzeitig sollen einige blinde Flecken im öffentlichen Bild von Politik benannt werden, in der Hoffnung, einen Beitrag zu deren Beseitigung leisten zu können. Derartige blinde Flecken gibt es in der sozialwissenschaftlichen Beschäftigung mit Politik ebenso wie in der Darstellung politischen Handelns im Zuge der medialen Berichterstattung. Ein Beispiel dafür ist, dass sich SozialwissenschaftlerInnen und JournalistInnen in ihren Analysen auf die Handlungen von PolitikerInnen konzentrieren, wobei andere politische AkteurInnen oftmals zu kurz kommen. Dies gilt im Besonderen für jene Angehörigen der politischen

17

Verwaltung, von denen politische Maßnahmen ausgedacht, vorbereitet und oftmals auch umgesetzt werden: BeamtInnen kommen in Massenmedien im Vergleich zu der tatsächlichen Rolle, die sie in der Politik spielen, selten vor. Dafür gibt es mehrere Gründe. Einerseits benötigen PolitikerInnen öffentliche Aufmerksamkeit, um von potentiellen WählerInnen wahrgenommen zu werden (Plasser 2004, 2006) und beanspruchen die Arbeit von BeamtInnen daher oft für sich – etwa wenn eine MinisterIn in einer Pressekonferenz davon spricht, dass sie eine bestimmte Maßnahme durchgeführt hat. Andererseits betonen BeamtInnen ihre Rolle als politisch neutrale DienerInnen des Staates gegenüber PolitikerInnen, um jenes Vertrauen und jene Zustimmung von ihnen zu erringen, die sie für die Einführung politischer Maßnahmen benötigen (Page/Jenkins 2005, Biegelbauer/Grießler 2009). Zudem ist es für JournalistInnen ebenso wie für SozialwissenschaftlerInnen oftmals ungleich schwieriger Informationen zu politischen Handlungen aus dem BeamtInnenapparat zu erhalten. Dafür verantwortlich ist meist entweder die Verschwiegenheitspflicht oder eine freiwillige Meinungsenthaltung der BeamtInnen aus dem oben angeführten Grund des Bemühens um politische Neutralität.

Ein anderer blinder Fleck im Bild der Öffentlichkeit von Politik liegt in der alleinigen Fokussierung auf Macht und Interessen als Antriebskräfte von PolitikerInnen und BeamtInnen. Hier soll nicht bestritten werden, dass die klassischen Faktoren politikwissenschaftlicher Erklärungsmodelle, Macht, Interesse und Repräsentation, von großer Wichtigkeit für die Erklärung politischen Handelns sind: es sind nur nicht die einzigen zu berücksichtigenden Einflussgrößen (Trampusch 2006, Biegelbauer 2007a, Böcher 2007b). PolitikerInnen und Beamtinnen beteiligen sich an politischen Ränkespielen, doch ebenso wollen sie, aus altruistischen wie auch utilitaristischen Gründen, Probleme lösen (Heclo 1974). Aus Erfahrung lernen können sie dabei auf einer inhaltlich-problemlösungsbezogenen ebenso wie auf einer strategisch-politikbezogenen Ebene (May 1992, Bandelow 1999). Im einen Fall geht es darum als politikrelevante Probleme definierte Sachverhalte auf der Basis eigener oder fremder Erfahrungen anzupacken. Im anderen Fall ist das Ziel, in einer durch demokratischen Wettbewerb verschiedener AkteurInnen charakterisierten Situation, einen Sieg in Form eines Wahlerfolges oder der Erringung einer politischen Funktion zu erringen.

Vor allem in der sozialwissenschaftlichen Beschäftigung mit Politik, teilweise aber auch in der Berichterstattung der Massenmedien, kommt es wieters zu einer Überbetonung einer rationalen Vorstellung von Politik (Hajer/ Wagenaar 2003; Colebatch 2006a), die einem sequenziellen Politikzyklus folgt (Sabatier/Jenkins-Smith 1993, Sabatier/Weible 2007) und spezifische Ziele verfolgende Narrative mit objektiven Vorstellungen von Politik verwechselt

(Fischer 2003, Gottweis 2006, Schimank 2006). Ein wesentlicher Grund dafür liegt im Versuch komplexe Sachverhalte, die auch für politische AkteurInnen kaum überschaubar sind, aus einem systemischen Gesamtzusammenhang zu lösen und einer wissenschaftlichen Community oder der Allgemeinheit verständlich zu machen. Dies gilt bereits für die sozialwissenschaftliche Bearbeitung politischer Prozesse und umso mehr für die Berichterstattung über Politik in den Massenmedien. Dort müssen JournalistInnen und PolitikanalytikerInnen in ihrer Rolle als ExpertInnen den ZuseherInnen oder LeserInnen verständliche Politikdarstellungen liefern, die in eine der typischen 1-2 Minuten langen Nachrichtensequenzen oder einen kleinen zweispaltigen Artikel passen. Komplexe politische Sachverhalte müssen dementsprechend verkürzt und vereinfacht präsentiert werden (Lengauer et al. 2004, Pelinka 2007, Filzmaier et al. 2007).

Schließlich gibt es auf Seiten der JournalistInnen, aber auch der SozialwissenschaftlerInnen eine Konzentration auf geschichtsträchtige Ereignisse, weitreichende gesellschaftliche Debatten und Aufsehen erregende Skandale. Der Hauptgrund dafür liegt einerseits darin, dass derartige Ereignisse interessant erscheinen und einen erheblichen Nachrichtenwert versprechen, andererseits, dass über derartige Geschehnisse mehr Informationen zu erhalten sind, als über bürokratische Politik. Tatsächlich entsteht dadurch aber der falsche Eindruck, dass der Großteil der Arbeit in Politik und Verwaltung aus derartigen Ereignissen besteht. In der Realität hat Politik aber viel mehr mit einer Vielzahl von kleinen bürokratischen Entscheidungen in nationalen Bundesministerien als mit den seltenen Gipfeltreffen der EU-Staatsoberhäupter zu tun, auf denen lediglich eine kleine Anzahl von – wenn auch wichtigen – Materien zur Sprache kommt, die im Rahmen der Arbeit der politischen Verwaltungen der Mitgliedsländer nicht ausverhandelbar war (Sharp/Peterson 1998, Pollak/Slominski 2006, Wallace et al. 2005).

In den Massenmedien wie in sozialwissenschaftlichen Analysen kommt es somit zu einer Konzentration auf jene Teile von Politik, die eine gewisse Sichtbarkeit von außen aufweisen. Dabei sind in verschiedenen Bereichen der Sozialwissenschaften durchaus Beiträge zu den zuvor beschriebenen blinden Flecken vorhanden. So gibt es im Feld der Verwaltungsforschung eine reiche Tradition an Beschreibungen und Analysen von Tätigkeiten von BeamtInnen und im Besonderen zum Verhältnis von PolitikerInnen und BeamtInnen, die sich in ihrer Ausrichtung teils deutlich voneinander unterscheiden. Neben klassischen Analysen staatlicher Bürokratien (Weber 1985 (1922)), sind hier etwa rationale Akteursmodelle (Niskanen 1971, Knott/Hammond 2003, Kritik in Palumbo/Scott 2005), Prinzipal-Agenten Modelle (Moe 1984, Kritik in Page/Jenkins 2005), Arbeiten aus politischer Soziologie (Cohen et al. 1972, March/Olsen 1976, Kritik in Lane 1987) und vergleichender Verwaltungsforschung (Aberbach et al. 1981, Peters 1987, Schnapp 2004, Kritik in Lee/Raadschelders 2008) vorfindbar. Verschiedene Ansätze von Lernen in der Politik versuchen der alleinigen Konzentration auf Macht und Interessen als Erklärung von Politik zu entgehen. Es gibt Arbeiten mit einem Fokus auf Lernen aus Erfahrung (Rose 1993, 2005), der Rolle von verwendetem Wissen (Radaelli 1995, Dunlop/Radaelli 2013), der Rolle von ExpertInnen (Haas 1992, Lentsch/Weingart 2009), von Akteurs-koalitionen (Sabatier/Jenkins-Smith 1993, Sabatier/Weible 2007), Ideen (Hall 1989, 1993), Politikdiffusion (Bennett 1991, Walker 2006) oder Politiktransfer (Dolowitz/Marsh 1996, 2000).

Der starken Betonung eines rationalen, sequenziellen Politikprozesses entgegenzuwirken versuchen zum Beispiel Arbeiten aus Politik- und Verwal-tungswissenschaft, die konkrete Besonderheiten von Policy-bezogener Arbeit untersuchen (Parsons 2003, Colebatch 2006a, Hoppe 2009), etwa der schlechten Planbarkeit von politischen Prozessen (Kingdon 1995, Zahariadis 2008), der Herstellung von Bedeutung von Politik (Edelman 1985, Yanow 2003) oder diskursiver politischer Prozesse (Hajer 1993, Gottweis 2007, Prainsack et al. 2008). Der Konzentration auf große Ereignisse entgehen wollen schließlich Ansätze, die tägliche Arbeitsabläufe in Politik und Verwaltung (Wenger 1998, Wagenaar 2004) und politische Praktiken in ihre Analysen mit einbeziehen (Biegelbauer/Grießler 2009, Pritzlaff/Nullmeier 2009, Willner 2011).

In diesem Buch sollen all diese Forschungsfelder Berücksichtigung finden, um den erwähnten blinden Flecken im öffentlichen Bild von Politik so gut wie möglich zu begegnen. Die Fallbeispiele, auf Basis derer Lernen in der Politik untersucht werden soll, stammen aus dem Bereich der österreichischen Forschungs-, Technologie- und Innovationspolitik (FTI-Politik), die vom Anfang der 1980er bis zum Ende der 2000er Jahre hinweg betrachtet wird. Dieses Politikfeld erscheint aus verschiedenen Gründen besonders gut geeignet sich mit den angesprochenen Leerstellen im Verständnis von Politik auseinanderzusetzen. Zum einen wurde die FTI-Politik international, sowie in Österreich, im Verlauf der letzten Jahrzehnte zusehends wichtiger, was sich in steigenden öffentlichen und privaten Ausgaben für FTI ausdrückt (OECD 2011, BMWF et al. 2011). Zum anderen bietet sich die Möglichkeit ein Politikfeld von seiner Gründung in den 1960er Jahren (Forschungspolitik), 1980er Jahren (Technologiepolitik) bzw. 1990er Jahren (Innovationspolitik) zu beobachten, das aufgrund der Kleinheit des Landes und des Innovationssystems (Freeman 1987, Lundvall 1992, Godin 2009) eine überschaubare Akteurskonstellation bietet. Schließlich sind die Politikprozesse im Bereich FTI im Vergleich etwa zu Wirtschafts-, Sozial- oder Umweltpolitik relativ unumstritten und technokratisch (Kaiser 2008). Das macht dieses Politikfeld zu einem Kandidaten für einen „kritischen Fall" (Eckstein

1975, Flyvbjerg 2006): wenn es nicht gelingt Lernen in der Politik im vorliegenden Fall eines parteipolitisch wenig umstrittenen und wenig durch
ideologische Gegensätze gekennzeichneten Bereich nachzuweisen, ist das Konzept wenig nutzbringend.

Besonderen Raum wird in diesem Buch die Analyse der Arbeit von
BeamtInnen einnehmen, die in der FTI-Politik von zentraler Bedeutung sind.
Dabei sollen, gemäß dem vorher Gesagten, kognitive Prozesse und Versuche aus
Erfahrung zu lernen ebenso wie Interessen und Machtstrukturen untersucht
werden. Schließlich soll der Politikprozess durch kleinteiliges Arbeiten, genaues
Hinsehen und nach Möglichkeit auch durch das Erfassen des politischen Alltags-
geschäftes untersucht werden.

Der Weg der Mitte

Damit versucht diese Arbeit einen Mittelweg zu finden in Bezug auf das
methodische Dilemma wissenschaftlichen Vorgehens: prinzipiell besteht die
Möglichkeit beim wissenschaftlichen Arbeiten entweder viel über kleinräumige
Prozesse zu erfahren oder wenig über große Prozesse. Die Gefahr kleinteiligen
Arbeitens ist es dabei aus der Froschperspektive das Große und Ganze aus den
Augen zu verlieren. Das Risiko der Vogelperspektive hingegen ist es, die
konkreten Bedingungen sozialer Geschehnisse aus größerer Entfernung nicht
mehr zu erkennen (Peters 1998, Behrens 2003, King et al. 2004, George/Bennett
2005, Hawkins 2009, Pritzlaff/Nullmeier 2009). Im Fall der Beschreibung
komplexer sozialer Prozesse wie sie Politik darstellt, muss es notgedrungen in
jeder Form der Bearbeitung zu einer Vereinfachung kommen, da ansonsten ein
besseres Verstehen und Erklären von Politik nicht möglich wäre. Im Fall der
Mikroperspektive ist der Grad der Vereinfachung allerdings relativ kleiner, wenn
auch um den Preis der teilweisen Aufgabe größerer Abstraktion und des
Anspruches allgemeine Regeln sozialen Handelns zu ermitteln.

Ähnlich verhält es sich mit der Annahme des Grades der Rationalität,
innerhalb dessen soziales Handeln stattfindet. Bei einer Annahme strenger
Rationalität politischer AkteurInnen gelingt es besser regelhafte Zusammen-
hänge von Interaktionsprozessen darzustellen und allgemeine Gesetze sozialen
Handelns daraus abzuleiten (Downs 1957, Olson 1965, Allison 1971, Busch
1999). Dabei besteht allerdings die Gefahr durch eine zu große Konzentration
auf die Modellierung sozialen Handelns den Blick auf in der sozialen
Wirklichkeit vorkommende Vorstellungen und Deutungsmuster zu verlieren.
Zudem droht ein Verlust im Bereich der zahlreichen Grautöne, die zwischen den
Extremwerten von rationalem und irrationalem Handeln liegen. Interpretative

Ansätze beschäftigen sich stärker mit dem subjektiven Blick sozialer AkteurInnen auf sich selbst und ihre Umwelt. Der Versuch Forschungsergebnisse, die durch interpretative Zugänge erzielt wurden zu verallgemeinern ist oft dem Vorwurf ausgesetzt, dass die Spezifika der untersuchten Einzelfälle einen so starken Niederschlag in der Analyse finden, dass eine Übertragbarkeit der Ergebnisse wissenschaftlicher Arbeit nur schwer möglich erscheint. Ein wesentlicher Vorteil der interpretativen Zugänge ist hingegen eben das genaue Betrachten der verschiedenen Facetten sozialer Prozesse bei geringerer Betonung der Rationalität der beteiligten AkteurInnen (Schön 1973, Gottweis 1998, Fischer 2003, Parsons 2003).

In diesem Buch soll ein Mittelweg in mehrfacher Hinsicht beschritten werden: einerseits wird der Mikroperspektive des kleinteiligen Arbeitens im Alltagsgeschäft von Politik und Verwaltung die Mesoperspektive der langfristigen Entwicklung eines Politikfeldes gegenübergestellt. Andererseits wird der Annahme einer „bounded rationality" (Simon 1957) politischer AkteurInnen eine Betonung kognitiver Prozesse, Normen, Regeln, Ideen und Narrativen in der Strukturierung sozialer Interaktionen gegenübergestellt, die wieder andere Blickwinkel auf politische Prozesse erlaubt (Peters 1999, Reckwitz 2003, Maier et al. 2003a).

Noch in einer anderen Hinsicht soll ein Weg der Mitte gewählt werden. In der öffentlichen Darstellung existieren zwei Modelle von Politik nebeneinander. Einerseits fördert die Selbstdarstellung von PolitikerInnen, ebenso wie die massenmediale Berichterstattung, aber auch teilweise die sozialwissenschaftliche Politikanalyse das Ideal einer rationalistischen Politik, die auf Basis von Fakten und im Dienste der Öffentlichkeit Probleme rasch und umfassend lösen soll. Gleichzeitig scheitert die Politik im Beisein eben jener Öffentlichkeit regelmäßig an der Überforderung der Erfüllung dieser Idealvorstellung, was die vielbeschworene Politikverdrossenheit weiter vergrößert.

Die idealisierte Vorstellung einer im Grunde technokratischen Politik beruht auf dem Aufklärungsbegriff des 17. und 18. Jahrhunderts, auf dem sowohl die Wissenschaft, als auch die westliche Gesellschaft als solche gründet (Weber 1985, Rosenberg/Birdzell 1986). Zudem beruht diese Vorstellung auf den Grundlagen einer Theorie eines stabilen Staates, in dem Komplexität auf Basis wissenschaftlicher Methoden reduziert und bearbeitbar gemacht wird (Schön 1973, Ziman 1994). Dies geschieht mittels Praktiken wie der Quantifizierung, dem Monitoring und schließlich der technischen Lösung von Problemen (Porter 1995). HoffnungsträgerIn dieser Tätigkeiten ist die professionelle PolitikexpertIn, die dann auch tiefes Bedauern darüber empfindet, wenn ihre (im Regelfall guten) Ratschläge aus (im Regelfall schlechten) politischen Gründen nicht angenommen werden (Fischer/Forester 1990, Goodin et al. 2006, 8).

Colebatch spricht im Zusammenhang mit diesem derartig idealisierten Bild von Politik von einer „geheiligten Version der Politik" (2006b). Diese wird von PolitikerInnen, BeamtInnen und PolitikexpertInnen als rhetorische Figur verwendet um Politik zu rationalisieren und politische Maßnahmen dem Wahlvolk zu erklären und zu verkaufen (Hoppe 2009).

In einem derartigen Bild von Politik wird also die „gute" objektive und mit wissenschaftlichen Methoden operierende ProblemlöserIn, dies kann eine externe ExpertIn, aber auch eine PolitikerIn sein, der „schlechten" subjektiven und sich auf politische Strategien und Taktiken konzentrierenden PolitikerIn gegenübergestellt. Politik wird in einer solchen Vorstellung aller Auseinandersetzungen um normative Grundlagen von Entscheidungsfindungsprozessen beraubt, von denen implizit angenommen wird, dass sie außer Streit gestellt und allen Diskussionen um Problemlösungen vorweggenommen sind. Genau das ist in der realen Politik natürlich nie der Fall, weil sich im Fall demokratischer Politik eben verschiedene Vorstellungen davon was richtig und was falsch ist in der politischen Arbeit in Form unterschiedlicher Standpunkte einander gegenüberstehen (Mouffe 1999, 2000; Fischer 2003, Hajer/Wagenaar 2003, Held 2006, Böcher 2007a, Grießler et al. 2011).

Aus demokratiepolitischer Sicht beruht die Gefährlichkeit eines derartigen technokratischen und entpolitisierten Bildes von Politik in der negativen Bewertung des Kerns demokratischer Politik, der gewaltfreien Auseinandersetzung um die Bewertung politischer Maßnahmen. Aus sozialwissenschaftlicher Sicht liegt die Gefahr einer derartigen normativen Vorstellung einer technokratischen und „entpolitisierten" Politik in der Überbetonung der auf Problemlösung bezogenen Anteile von politischem Handeln (Nullmeier 2003, Greven 2008, Saretzki 2009).

Das gegenteilige Extrem dieser Vorstellung ist die Überbetonung der machtbezogenen und auf die Verteidigung und Durchsetzung von Interessen bezogenen Politik. Im Fall der öffentlichen Diskussion und der Darstellung in den Massenmedien wird eine derartige Politik meist abgelehnt, weil sie egoistischen Interessen zur Durchsetzung verhilft und damit die Gemeinschaft schädigt. In der sozialwissenschaftlichen Diskussion ist die durch die Auseinandersetzung verschiedener gesellschaftlicher Interessen geprägte Politik als analytische Perspektive umstritten (Bentley 1949 (1909), Truman 1956, Hrebrenar/Scott 1990) und es existieren eine Reihe von alternativen Vorstellungen dazu (Parsons 2003, Sabatier 2007, Fischer et al. 2007).

Diese alternativen Ansätze werden von Colebatch als „profane Version der Politik" (2006b) bezeichnet, mit Politik als diskontinuierlichen, umstrittenen, dynamischen Interaktionsprozessen in komplexen Netzwerken und Strukturen, innerhalb derer PolitikerInnen in den seltensten Fällen jene einsamen Entscheidungen treffen, die sie selber in Interviews teils heraufbeschwören. Die Produktion von politikrelevantem Wissen gerät dabei zur gemeinsamen Konstruktion einer Reihe von AkteurInnen in Politik, Verwaltung, Forschung und Massenmedien (Hoppe 2005; Pregernig 2005, 2007). ExpertInnen spielen in dieser Vorstellung eine aktive Rolle in der Produktion von Politik und sind weit von einer Rolle als neutrale WissensvermittlerInnen entfernt (Bogner 2007, Biegelbauer 2009, Lentsch/Weingart 2009).

In diesem Buch wird der Versuch unternommen, auch in Bezug auf diese beiden Modelle von Politik einen Mittelweg zu beschreiten. Tatsächlich ist für eine Erklärung politischen Handelns die aufgeräumte, analytische, rationalistische Version von Politik ebenso von Bedeutung wie die mittlerweile von Vielen der mit Policy-Analyse beschäftigten SozialwissenschaftlerInnen favorisierte komplexe, holistische Version von Politik. Beide Blickwinkel sollen berücksichtigt werden, wobei die erstere Perspektive als faktisch den Politikprozess in öffentlichen Diskursen dominierend, die zweite Perspektive hingegen im Gespräch mit PolitikerInnen, BeamtInnen und SozialwissenschaftlerInnen vorherrschend, präsentiert wird.

Aufbau des Buches

Die weiteren neun Kapitel des Buches sind wie folgt eingeteilt. Zuerst widmet sich ein Kapitel den verschiedenen Ansätzen zu Lernen in der Politik. Im Rahmen dieses Abschnittes wird zuerst ein Überblick über die verschiedenen Arbeiten zu Politiklernen gegeben, wobei verschiedene einflussreiche Ansätze miteinander verglichen werden. Die Kriterien des Vergleichs sind die Rollen der AkteurInnen des Lernens und deren Rationalität sowie Gegenstände, Quellen und verschiedene Formen des Lernens. Schließlich wird die Kritik an den Lernansätzen, die Diskussionen dazu und eine allgemeine Bewertung der Lernansätze nach ihrer Leistungsfähigkeit vorgestellt.

Das nächste Kapitel widmet sich Fragen der Konzeptionalisierung und des methodischen Vorgehens. Im Zentrum des Interesses steht die Frage wie man erkennen kann ob in Politik und Verwaltung gelernt wurde. Konkret wird eine Definition von Lernen in der Politik vorgeschlagen und eine Reihe verschiedener Formen von Lernen unterschieden, die im Laufe der folgenden Abschnitte zur Anwendung kommen. Darüber hinaus widmet sich dieses Kapitel der Konzeptionalisierung und Operationalisierung der einzelnen zuvor vorgestellten Begrifflichkeiten anhand allgemeiner Überlegungen und der konkreten Arbeit zu diesem Buch.

Die vier folgenden Kapitel fokussieren auf die verschiedenen Fallstudien, anhand derer Lernen in der Politik untersucht wird. Dabei handelt es sich um eines der ersten beiden österreichischen technologiepolitischen Programme, das Schwerpunktprogramm für Mikroelektronik und Informationsverarbeitung, die erste österreichische FTI-politische Förderungsinstitution, den Innovations- und Technologiefonds, die beiden Programme Seed-Financing und Flexible Computer-Integrated Manufacturing sowie das Kompetenzzentrenprogramm Kplus/COMET. Die einzelnen Fallstudien werden dabei auf die Verwendung verschiedener Formen von Wissen in der Planung, Durchführung und Evaluation der einzelnen FTI-politischen Maßnahmen, die verschiedenen Ansätze zur Erklärung der jeweils vorkommenden politischen Prozesse und die Schluss-folgerungen zu den jeweiligen Lernprozessen überprüft. Zusätzlich werden andere wesentliche Komponenten für die Entstehung von Politik und reflexive Prozesse politischen Handelns diskutiert, wie die Rolle von ExpertInnen, von nationalen und internationalen Vorbildern für politische Maßnahmen, sowie von konkreten Rahmenbedingungen, vor allem von institutionellen Strukturen.

Das nächste Kapitel widmet sich dem Vergleich der Fallstudien und deren Einbettung in 45 Jahre österreichische Forschungs- und 25 Jahre österreichische FTI-Politik. Dabei geht es um die Veränderung der Instrumente der FTI-Politik, der Entscheidungsprozesse und der Einbindung von StakeholderInnen und Öffentlichkeit. Zudem werden die Internationalisierung des Politikfeldes und die Auswirkungen der Politikmaßnahmen auf das österreichische Innovationssystem besprochen.

Darauf folgt ein Kapitel, das sich der Rückbindung der Ergebnisse der Fallstudien auf die Kapitel zu Theorie und Methoden widmet. Es handelt sich dabei um eine Analyse der vorgefundenen Formen und Settings von Lernen in der Politik und deren Besonderheiten. Als nächstes werden Zusammenhänge und Wechselwirkungen zwischen Policy-Lernen und Politik untersucht und die Auswirkungen der Ergebnisse für ein realistischeres Bild vom Politikprozess diskutiert. Im letzten Teil werden schließlich die Vorbedingungen für Lernen in der Politik besprochen.

2. Politik-Lernansätze im Vergleich

Im Rahmen dieses Kapitels werden zwei Ziele verfolgt. Einerseits soll ein Überblick über die politikwissenschaftlichen Arbeiten zum Thema Lernen in der Politik gegeben werden. Andererseits sollen einige wesentliche Kritikpunkte an den Lernansätzen diskutiert werden. Dementsprechend werden nach einem kurzen Überblick über verschiedene Lernansätze einige der Arbeiten nach den Rollen der Lernsubjekte, also der AkteurInnen des Lernens und deren Rationalität, sowie nach den Lernobjekten, also den Quellen des Lernens, befragt. Daran anschließend werden verschiedene Formen des Lernens vorgestellt. Im letzten Teil führt die Darstellung von den Kritiken an den Lernansätzen und deren Entgegnungen zu einer Wertung der Lernansätze in Beantwortung der Frage: Was können Arbeiten, die sich an der Kategorie Lernen orientieren, leisten?

Der Begriff Lernen erfreut sich zur Erklärung von politischem Handeln seit den späten 1980er Jahren zunehmenden Interesses[1]. Anders als in den 1960er und 1970er Jahren (Deutsch 1966, Heclo 1974) wurden in den 1990er und 2000er Jahren Lernansätze nicht nur in der Policy Analyse (May 1992; Sabatier/Jenkins-Smith 1993, 1999; Sabatier/Weible 2007) verwendet. Vielmehr werden diese nun in so diversen Bereichen wie der Politischen Ökonomie (Hall 1989, 1993; Blyth 1997, Simmons/Elkins 2004), den Internationalen Beziehungen (Haas 1992, Jacobsen 1995, Jacoby 2001), der EU-Forschung (Radaelli 2000a, Casey/Gold 2005, Zito/Schout 2009), der Vergleichenden Politikwissenschaft (Hall 1986, Bandelow 2005) oder der von ihren Thematiken her querliegenden Diffusions- (Bennett 1991, Braun/Gilardi 2005, Radaelli 2005, Walker 2006) und Policy Transfer-Literatur (Dolowitz/Marsh 1996, 2000; Grießler/Biegelbauer 2005; Goldfinch 2006) angewandt. Dabei werden verschiedene Politikfelder analysiert, wie zum Beispiel Bildungspolitik (Mayer 2007), Bürokratiereform (Olsen/Peters 1996), Innovationspolitik (Biegelbauer 2009), Reproduktionsmedizin (Grießler/Hadolt 2006), Sozialpolitik (Béland 2006) oder Umweltpolitik (The Social Learning Group 2001). Auch wurden

---

[1] Für Überblicke siehe Yee 1996, Blyth 1997, Bandelow 2003, Maier et al. 2003b, Freeman 2006, Grin/Loeber 2007, Biegelbauer 2007a, Toens/Landwehr 2008.

verschiedene Ebenen der Analyse verwendet, wobei die Mesoebene stärker vertreten ist (Argyris/Schön 1978, Kissling-Näf/Knoepfel 1998, Wenger 1998, Easterby-Smith et al. 1999) als die Makroebene (Eder 1999, Liberatore 1999, Böschen et al. 2003). Exklusiv auf die Mikroebene fokussierende Analysen sind vergleichsweise selten (Rose 1991, Wiesner 2003), häufiger kommt es zu einer gleichzeitigen Verwendung von Mikro- und Mesoebene (Sabatier 1993, Biegelbauer 2007b).

Einiges spricht für die Analyse politischen Handelns durch die Annahme lernender AkteurInnen. So haben die momentan in der Politikwissenschaft dominanten Ansätze, die von einer rationalen Nutzenmaximierung der AkteurInnen ausgehen, Schwierigkeiten, immaterielle Konflikte, etwa im Fall der Regulation von Schwangerschaftsabbrüchen (Grießler 2007) oder Reproduktionsmedizin (Hadolt 2007), zu erklären (Bandelow 1999). Zwar lassen sich in derartige Politikansätze durchaus auch Ideen und Argumente (Braun/Busch 1999) oder Lernen (Maier 2003) integrieren, jedoch bleiben diese in der Analyse politischen Handelns dem Faktor „Interessen" nachgelagert. Die Konzentration einer Reihe von Lernansätzen auf Werte, Überzeugungen, Argumente und Ideen und deren Auswirkungen auf politisches Handeln bedingen hingegen auch eine Veränderung des Blickes auf die soziale Welt und laden zur Einnahme sozialkonstruktivistischer und interpretativer Blickwinkel ein (Gottweis 2003a, Grin/Loeber 2007). Ihre Qualitäten können Lernansätze somit vor allem dort ausspielen, wo es um die Veränderung politischer Zielsetzungen und ihrer zugrunde liegenden Wertesysteme und Kausalitätsannahmen geht. Da solche Veränderungen üblicherweise nur über längere Zeiträume hinweg beobachtbar sind, folgt daraus auch, dass die Verhaltensänderungen von politischen AkteurInnen vor allem über längere Zeiträume hinweg gut erklärt werden können.

Allerdings lassen sich zwischen den einzelnen Forschungsbereichen teils beträchtliche Unterschiede in Bezug auf die Art und Weise des Einsatzes des Begriffes Lernen ebenso wie in Bezug auf das allgemeine Forschungsinteresse feststellen. Dieselbe Feststellung lässt sich aber auch für einen Vergleich der einzelnen Arbeiten innerhalb der Subdisziplinen der Politikwissenschaft treffen. So wird der zentrale Ort des Lernens von verschiedenen AutorInnen unterschiedlich verortet: PolitikerInnen (Rose 1991), Policy-Subsysteme (Sabatier/Jenkins-Smith 1993), staatliche AkteurInnen (Hall 1993) und Staaten (Haas 1992). Auch können verschiedene Objekte des Lernens unterschieden werden: Lernen kann sich etwa auf konkrete politische Maßnahmen (Rose 1991), einzelne Einstellungen und ganze „belief systems" (Sabatier/Jenkins-Smith 1993), paradigmatische Vorstellungen über die Funktionsweise eines bestimmten Politikfeldes (Hall 1989; 1993) oder die Entwicklung und Durchsetzung innovativer Programme (Bandelow 2005) beziehen. Auch über Ursachen des Lernens herrscht Uneinigkeit: Politischer Druck und Stimmenwettbewerb (Heclo 1974), Dynamiken innerhalb und zwischen politischen Koalitionen (Sabatier/Jenkins-Smith 1993), sich ändernde Kausaldeutungen und politische Wirkungsmechanismen von ExpertInnennetzwerken („epistemic communities", Haas 1992), politische und ökonomische Krisen (Hall 1993) oder schlicht Unzufriedenheit mit der Leistungsfähigkeit existierender Politiken seitens politischer AkteurInnen (Rose 1991, 2005) werden angeführt.

Die Vielfältigkeit der Ansätze zum Thema Lernen in der Politik ist gleichzeitig als Stärke und Schwäche interpretierbar. Einerseits erlaubt diese Vielfalt die Verwendung des Instrumentariums der verschiedenen Ansätze in unterschiedlichen Bereichen. Andererseits wird durch die Verschiedenheit der einzelnen Zugänge die Ansammlung kumulativen Wissens zum Thema Politik-Lernen deutlich erschwert (Radaelli 2009). Tatsächlich kommunizieren die AutorInnen von Aufsätzen zu Lernen nur sehr ungenügend miteinander. In einer Untersuchung von 430 Artikeln in wissenschaftlichen Zeitschriften zum Thema Lernen in der Politik fanden Claire Dunlop und Claudio Radaelli heraus, dass mehr als drei Viertel der Beiträge sich entweder außerhalb von Politik bewegten, rein deskriptive oder normative Lernbegriffe verwendeten oder vorhandene Literatur zusammenfassten, ohne Versuch einer Konzeptionalisierung oder Systematisierung (Dunlop/Radaelli 2013). Richard Freeman findet, dass ein nicht unerheblicher Teil der Literatur zu Lernen in der Politik empirisch nicht gesättigt ist oder sich an „großen Würfen" aus einer Vogelperspektive heraus versucht (Freeman 2006).

Ein geringer Grad an Vereinheitlichung der Literatur zu Lernen in der Politik konnte schon zu Beginn der 1990er Jahre konstatiert werden (Bennett/ Howlett 1992) – ebenso wie mehr als zehn Jahre später (Maier et al. 2003a). Tatsächlich ist die Übereinstimmung der zu Lernen in der Politik arbeitenden AutorInnen in etwa so zusammenzufassen, dass Lernen in der Politik sich auf die dauerhaften Verhaltensänderungen, die auf neuen Informationen beruhen, bezieht (etwa Bandelow 2003). Darüber hinaus herrscht wenig Übereinstimmung, was etwa die Auswirkungen der neuen Informationen betrifft sowie die Natur der Verhaltensänderungen. Dies hat viel mit der unterschiedlichen Konzeptualisierung von Lernen zur Erklärung politischen Wandels zu tun. Während für eine pragmatische, praxisorientierte Politikanalyse die verbesserte Erreichung von Zielen (Rose 1991) als Definition ausreichen mag, konzentriert sich etwa Hall (1993) vor allem auf die Veränderung von Einstellungen, Überzeugungen und daraus folgendem Verhalten, wobei die Notwendigkeit einer verbesserten Zielerreichung explizit negiert wird (Hall 1993, 293).

Eine damit zusammenhängende Kritik bezieht sich auf Ambiguitäten der verwendeten Lernbegriffe (Bennett/Howlett 1992, James/Lodge 2003, Maier et al. 2003a). Defizite wurden auch in Bezug auf die Analyse der Prozesse des politischen Lernens festgestellt, welche im Vergleich zur Beantwortung der Frage, was gelernt wurde (Bandelow 2003), oft unterbelichtet blieb. Zudem wurde Lernansätzen eine implizite Rationalität in dem Sinn unterstellt, dass Lernen in jedem Fall einen positiven Beitrag zur Lösung politischer Probleme bedeute (Nullmeier 2003). Auch wurde eine zu geringe Problematisierung der methodologischen Schwierigkeiten von Lernannahmen in der Politik beanstandet (Biegelbauer 2007a).

Lernansätze im Überblick

Beratungsorientierte Ansätze

Ansätze, die sich mit Lernen in der Politik beschäftigen, lassen sich in drei Kategorien einteilen (ähnlich Bandelow 2003). Die frühesten Ansätze kommen aus dem Bereich der Policy Analyse und stehen in der Tradition der Ahnväter dieser Subdisziplin, wie etwa Harold Lasswell (Lerner/Lasswell 1951). Für diese Form wissenschaftlichen Arbeitens stand die Beratungsleistung der WissenschaftlerInnen für die Politik im Sinne der Forderung nach einem wissenschaftlich gestützten, rationalen Politikprozess im Vordergrund. Karl Deutsch entwickelte in den 1960er Jahren eine kybernetische Systemtheorie der Politik (Deutsch 1966), die üblicherweise als erster Lernansatz für Politik verstanden wird. Für Deutsch bestand eine Regierung aus kommunikativen Netzwerken, die über Rückkoppelungseffekte ihre Lernkapazitäten steigern konnten und sollten. 1974 befand Hugh Heclo in seiner Studie der britischen und schwedischen Sozialpolitik, dass Politik entgegen der in den Sozialwissenschaften vorherrschenden Meinung nicht nur durch die Analyse von Machtverhältnissen und Konflikten zu verstehen sei. PolitikerInnen müssten sich, so die Annahme, auch mit Unsicherheit auseinandersetzen, womit Politik auch als eine Form kollektiver Lösungssuche sozialer Probleme verstanden werden könne (Heclo 1974). Zur Beschreibung der Tätigkeiten politischer AkteurInnen verwendete Heclo die innovativen Begriffe „powering" und „puzzling": „Governments not only ‚power' ... they also puzzle. Policy-making is a form of collective puzzlement on societies behalf." (Heclo 1974, 305).

In der Tradition Deutschs und Heclos steht Richard Rose, der Anfang der 1990er Jahre den Begriff „lesson drawing" prägte (Rose 1991). Sein Konzept versucht alle Möglichkeiten von PolitikerInnen zu fassen, im Falle der Unzufriedenheit mit vorhandenen politischen Programmen aus den Erfahrungen anderer PolitikerInnen zu schöpfen. Lernen ist dabei sowohl über Zeit als auch über Raum möglich. Schlüsse („lessons") können aus eigenen Politiken, Politiken anderer AkteurInnen, aus dem gleichen und aus anderen Politikfeldern, aus der Vergangenheit, aber auch – und das erscheint Rose durch die zunehmende Internationalisierung besonders relevant – aus anderen Ländern gezogen werden. Gelernt werden kann aus positiven wie auch aus negativen Erfahrungen, wobei es in jedem Fall das erklärte Ziel ist, bessere Politiken zu entwerfen.

Diese älteste Linie von Ansätzen der Analyse von Lernen in der Politik besteht auch weiterhin. Richard Rose, der seine Arbeit von Anfang der 1990er Jahre mit Beispielen angereichert in einem Buch 2005 veröffentlicht hat, ist dafür ein gutes Beispiel. Das Werk ist – noch viel mehr als seine früheren Arbeiten – eine Anleitung, die sich direkt an PolitikerInnen wendet, die aus Erfahrungen mit bestehenden Politiken lernen wollen.

Im Vergleich zum angelsächsischen Bereich hat sich die kontinentaleuropäische Politikwissenschaft weniger mit diesen ursprünglich von ihr abstammenden „policy sciences" auseinandergesetzt[2]. Während die Bezeichnung für diesen, auf die Ideen Harold Lasswells (1970) zurückgehenden, beratungsorientierten Wissenschaftszweig vor allem im angloamerikanischen Raum nach wie vor Anwendung findet[3], wird ein erheblicher Teil der Politikberatung in kontinentaleuropäischen Ländern heute von ExpertInnen durchgeführt, die mit vergleichbaren Ideen, Vorstellungen und Instrumenten arbeiten. Diese identifizieren sich allerdings nicht mit dem Begriff „policy sciences", sondern sehen sich – ihrer Ausbildung entsprechend – meist eher als ÖkonomInnen. In Bezug auf Lernansätze ist hier auch jene Gruppe von Arbeiten einflussreich, die unter dem Begriff „Lernende Organisationen" zusammengefasst werden kann (Senge 1990, Easterby-Smith et al. 1999). Dabei werden verschiedenartigste Organisationen als lernende Systeme verstanden, wobei die Beratungsleistung üblicherweise auf die (Wieder-)Herstellung und Optimierung selbstorganisierter innerorganisationaler Lernsysteme abzielt.

---

[2] In der deutschen Politikfeldanalyse gibt es eine akademische Auseinandersetzung mit den Vorstellungen Lasswells (Schubert/Bandelow 2003, Jann/Wegrich 2003, Schneider 2008, Blum/Schubert 2009, Janning/Toens 2008, Saretzki 2008), im Rahmen stärker interpretativ ausgerichteter Ansätze eine kritische Übernahme Lasswells ursprünglicher Zielsetzung (Fischer 2003, Hajer/Wagenaar 2003).

[3] Auch das in den letzten Jahren im Beratungskontext zunehmend einflussreiche „evidence based policy making" stammt aus dem angelsächsischen Bereich (Clarence 2002, Pawson 2002, Sanderson 2006, Nowotny 2007, Biegelbauer 2009, Frey 2010).

Die zweite Gruppe von Ansätzen ist weniger beratungsorientiert, sondern der Analyse politischer Prozesse verpflichtet. Die meisten dieser Ansätze haben mit der grundsätzlichen Ausrichtung der vorher besprochenen Arbeiten, die sich den „policy sciences" zugehörig sehen, nicht viel zu tun. Zum Gutteil entstammen sie der sich auch in angelsächsischen Ländern nach wie vor als Subfeld der Politikwissenschaft verortenden Policy Analyse (Parsons 1995). Besonders einflussreich ist in diesem Zusammenhang der „advocacy coalition" Ansatz von Paul Sabatier (Sabatier/Jenkins-Smith 1993). Politische Prozesse werden hier in Policy-Subsystemen verortet und durch – meist sehr wenige – Interessenkoalitionen von verschiedenen politischen AkteurInnen charakterisiert. Lernen kann entweder innerhalb oder zwischen diesen Koalitionen stattfinden. Lernen wird dabei durch Interessen erschwert bzw. erleichtert, die auf der Basis von „belief systems", das sind grundlegende Einstellungen und abstrakte politische Überzeugungen, von den Mitgliedern der Koalitionen gebildet und interpretiert werden. Ein wesentlicher Unterschied zur ersten Gruppe von Lernansätzen ist nicht nur die geringere Bedeutung der politischen Beratungstätigkeit, sondern auch, dass weder implizit noch explizit eine Gerichtetheit des Lernprozesses im Sinne eines Fortschritts unterstellt wird. Es wird also nicht davon ausgegangen, dass Politik durch Lernen von politischen AkteurInnen automatisch besser würde.

John Kingdon kann in diese zweite Gruppe von Ansätzen eingereiht werden, auch wenn er sich nicht primär mit Lernen in der Politik auseinandersetzt (Kingdon 1995, Zahariadis 1999, 2008). Im Mittelpunkt seiner Analyse steht, ähnlich wie bei Sabatier und anderen AnwenderInnen des „advocacy coalition" Ansatzes (Sabatier/Jenkins-Smith 1999), die Erklärung von Politikwandel. Ein wesentlicher Unterschied zu den Arbeiten, die den „advocacy coalition" Ansatz verwenden, ist die Betonung von historischer Kontingenz, aber auch von blankem Zufall beim Zustandekommen von Politiklösungen. Kingdon entwickelt auf der Grundlage der Arbeiten von Michael Cohen, James March und Johan Olsen zu organisatorischen Entscheidungen (Cohen et al. 1972) ein Modell von Politik, in dem Problem-, Policy- und Politik-"Ströme" parallel existieren und zwischen denen zu bestimmten Zeitpunkten ein Austausch stattfinden kann. In dem Zusammenhang spielen „policy entrepreneure" als AkteurInnen eine wesentliche Rolle die innerhalb von günstigen Zeitfenstern die einzelnen Ströme miteinander verknüpfen können. Dabei kommt es auch zu einem Transport von Ideen im „Policy-Strom", aus denen Politiklösungen entstehen können. Kingdons einflussreiche Arbeit rückt damit nicht nur auf Grund seines Untersuchungsinteresses, sondern auch wegen der Ideenzentriertheit seines Politikmodells in die Gruppe der ideenorientierten Ansätze, die gleichzeitig mit den Lernansätzen in den 1990er und 2000er Jahren an Wichtigkeit gewonnen haben (Yee 1996, Braun/Busch 1999).

An Politikwandel und dessen Erklärung sind auch solche Arbeiten interessiert, welche Konvergenz (Knill/Lenschow 2005) und Diffusion von Politiken zwischen verschiedenen Bundesländern oder Staaten untersuchen (Bennett 1991, Walker 2006). Während die Diffusionsannahme von Politiken lernende AkteurInnen nicht berücksichtigt, beschäftigen sich die Arbeiten, in deren Mittelpunkt Policy Transfer steht, sehr wohl auch mit AkteurInnen (De Jong et al. 2002). Besonders einflussreich sind die Arbeiten von David Dolowitz und David Marsh (1996, 2000), die auch das von Rose entwickelte „lesson drawing" für ihre Arbeit verwendet haben.[4] Dolowitz und Marsh entwickelten als heuristisches Konzept ein Policy Transfer-Kontinuum, mit den beiden Extrempositionen von „lesson drawing" unter perfekter Rationalität und erzwungenem Transfer. Unter erzwungenem Transfer verstehen die Autoren nicht nur den Einsatz physischer Gewalt, sondern auch den Versuch, internationale Akzeptanz durch die Implementation bestimmter Politiken zu erreichen oder die Erfüllung von Konditionen von internationalen Organisationen wie etwa dem Internationalen Währungsfonds. Die von Dolowitz und Marsh aufgezeigten Erklärungen für die Entstehung nicht erfolgreicher Politiken nach einem Politiktransfer verweisen auf die große Nähe zu anderen Lernansätzen. Dazu zählen auf Basis von unzureichender Information schlecht vorbereiteter Transfer, nicht-kompletter Transfer, im Rahmen dessen Teile einer Politik ignoriert werden, und unpassender Transfer, innerhalb dessen Unterschiede in den Wertstrukturen von „Verleiher" und „Ausleiher" von Politiken zu gegensätzlichen Zielsetzungen von Politiken führen (Dolowitz/ Marsh 2000).

Soziologisch orientierte Ansätze

Im Lauf der zweiten Hälfte der 1990er Jahre wurde eine dritte Gruppe von Lernansätzen immer wichtiger. Eine Reihe von Veröffentlichungen eint seither die zunehmende Rezeption von Arbeiten aus der Soziologie. Hier sind einerseits interpretative Ansätze auf der Basis von soziologischem Konstruktivismus

---

[4] Die dreißig Projekte des von 1999 bis 2004 laufenden „future governance"-Projekts, das vom britischen ESRC finanziert wurde, beschäftigten sich alle mit „lesson drawing" über regionale und nationale Grenzen hinweg. De facto ist die Mehrheit der Projekte eher dem Policy-Transfer-Ansatz zuzurechnen.

33

(Bandelow 2005), kognitivistisch orientierte Arbeiten (Nullmeier 1993, 2003) sowie Arbeiten zu Organisationslernen (Olsen/Peters 1996) geprägte Ansätze zu nennen. Der Einfluss der soziologischen Literatur ist an der Terminologie dieser Forschungsansätze ablesbar, in der etwa tatsächlich von „Sozialem Lernen" die Rede ist, aber auch Typologien aus Soziologie, Raumplanung und Mikroökonomie übernommen wurden, wie etwa die Einteilung in verschiedene Formen des Lernens, die auf die Arbeit von Argyris und Schön (1978, Grin/Loeber 2007, Loeber 2008) zurückgeht und auf die später noch näher eingegangen wird.

Zudem unterscheidet das Erkenntnisinteresse an der sozialen Formung von Normen und Zielstrukturen individueller wie organisationaler AkteurInnen diese dritte Gruppe von Lernansätzen von den beiden ersteren. Besonders deutlich wird das in Olsen und Peters Sammelband (1996) über Erfahrungslernen in den administrativen Reformen von acht Demokratien. Die Beiträge in dem Buch sind dem soziologischen (Neo-)Institutionalismus zuordenbar (Peters 1999).

Interessant ist die relativ späte Rezeption von Theorien zu Organisationslernen in der Politikwissenschaft. In der Soziologie wurde bereits Anfang der 1960er Jahre zu diesem Thema gearbeitet.[5] Auch in der Betriebswirtschaftslehre wurde zu diesem Zeitpunkt Organisationslernen untersucht (Chandler 1962).

Die vielleicht einflussreichste Arbeit aus dieser Gruppe von Lernansätzen stammt bereits vom Beginn der 1990er Jahre. Es handelt sich um Peter Halls Theorie des Sozialen Lernens. Als Erklärung des wirtschaftspolitischen Wechsels vom Keynesianismus zum Neoliberalismus in den 1970er und 1980er Jahren entwickelt Hall ein komplexes Modell von Politikwandel (1986, 1989, 1993). Ähnlich wie bei Sabatier kommen systemexternen und -internen Faktoren verschiedene Rollen für die Erklärung von Veränderungen von Politik zu. Im Unterschied zu Sabatier unterscheidet Hall allerdings zwischen drei verschiedenen Lernformen, die sich im ersten Fall auf die Einstellungen von Steuerungsinstrumenten, im zweiten Fall auf die Wahl neuer Steuerungsinstrumente sowie im dritten Fall auf grundlegende paradigmatische Wechsel von Instrumenten, Zielsetzungen und damit in Zusammenhang stehenden Kausalitätsannahmen beziehen (Hall 1993).

Dieser dritten Gruppe von Lernansätzen ist gemeinsam, dass die Erklärungsmodelle oftmals vielfältiger als die der beiden anderen Gruppen sind. Zudem erhalten Fragestellungen, mit denen sich auch andere AutorInnen im Bereich der Lernansätze schon auseinander gesetzt hatten, ein neues Begriffsinstrumentarium zur Seite gestellt. So kann etwa die alte Frage nach dem Ver-

---

[5] Für Überblicke siehe Easterby-Smith et al. 1999, Malek/Hilkermeier 2003.

hältnis zwischen individuellen und organisationalen Lernprozessen in der Politik neu gestellt werden. Eine bessere Unterscheidung zwischen Normen und Werten, Zielen und Interpretationen von Ereignissen auf Basis der drei vorher genannten Faktoren führt ebenso wie eine umfangreichere Typologisierung von verschiedenen Lernformen zu einer Ausdifferenzierung des Instrumentariums der Lernansätze.

AkteurInnen des Lernens

Entsprechend ihres Forschungsinteresses, aber auch der gewählten Untersuchungsfelder, unterscheidet sich die Konzeptualisierung der AkteurInnen des Lernens bei den verschiedenen Lernansätzen. Dabei kann prinzipiell zwischen engen und weiten Auffassungen von möglichen AkteurInnen der Lernprozesse unterschieden werden. Im Fall der engeren Auffassungen handelt es sich entweder um einzelne BeamtInnen oder PolitikerInnen in entscheidenden Positionen, bei weiteren Auffassungen werden zu den Akteursgruppen NGOs, Massenmedien oder gar die Gesellschaft als Ganzes gezählt. Schließlich kann auch noch zwischen individuellen und kollektiven AkteurInnen unterschieden werden, wobei Ansätze mit engen AkteurInnenkreisen nicht notwendigerweise individuelle AkteurInnen für Lernen verantwortlich machen, während weiter gefasste Ansätze nicht notwendigerweise kollektive Akteure annehmen.

Einen engen AkteurInnenkreis verortet Rose (1991): Wie bei Halls ersten beiden Formen des Lernens, sind auch für Rose PolitikerInnen und BeamtInnen die HauptakteurInnen des Lernens in der Politik. Da allerdings ähnlich wie in macht- und konfliktzentrierten Ansätzen EntscheidungsträgerInnen niemals losgelöst von gesellschaftlichen Machtgeflechten untersucht werden sollten, sind auch die EntscheidungsträgerInnen im Fall von Lernansätzen nicht isoliert zu betrachten. Vielmehr sind PolitikerInnen und BeamtInnen als EntscheiderInnen entweder in Institutionen eingebunden (Hall 1986) oder als NachfragerInnen von Wissen indirekt an „epistemic communities" angekoppelt (Haas 1992, Rose 1991). Solche ExpertInnennetzwerke werden unterschiedlich dargestellt. Sie können sich entweder auf die internationale Ebene beschränken (Haas 1992), in analoger Art auf subnationalen und nationalen Ebenen existieren (Rose 1991) oder auch kollektive Nodalpunkte, etwa in der Form von Think Tanks aufweisen (Stone 2004).

In den stärker soziologisch orientierten Lernansätzen ist die Rolle zusätzlicher gesellschaftlicher AkteurInnen deutlich größer. So beruhen die ersten beiden Lernformen im Modell von Peter Hall (1993), bezogen auf die Einstellungen und Formen von Politikinstrumenten, auf kognitiven Prozessen innerhalb von Politikeliten, während die dritte und umfangreichste Lernform, der paradigmatische Politikwechsel, sich als Effekt breiterer gesellschaftlicher Diskurse unter Einbeziehung der Massenmedien versteht. Im Fall von Heclo (1974) sind Lernprozesse in der Politik in erster Linie eine Reaktion auf soziale Kräfte, die sich in Parteienauseinandersetzungen, Interessengruppenwettbewerb und breiterer sozioökonomischer Entwicklung widerspiegeln. Den Extremfall stellt hier wohl die Arbeit von Dolowitz und Marsh zu Policy Transfer dar (2000). Hier werden neben gewählten PolitikerInnen, BeamtInnen und ExpertInnen auch Think Tanks, transnationale Unternehmungen und supranationale Institutionen als für den Politiktransfer wichtige AkteurInnen aufgelistet.

Eine weitere Unterscheidung kann in Bezug auf die Natur der AkteurInnen, bei denen Lernen verortet wird, getroffen werden. Diese können kollektive oder individuelle AkteurInnen sein. Letzteres ist der Fall bei Richard Rose (1991), bei dem die „Schlüsse" („lessons") von einzelnen EntscheidungsträgerInnen auf Basis von Informationen von einzelnen ExpertInnen gezogen werden. Auch Hall (1986, 1993) geht von der großen Bedeutung individueller AkteurInnen aus, auch wenn deren Handlungen durch die Normen, Werte und historischen Kontingenzen jener Institutionen beschränkt sind, in welche die AkteurInnen eingebettet sind.

In den Arbeiten Sabatiers spielen individuelle und kollektive AkteurInnen eine Rolle (Sabatier/Jenkins-Smith 1993, 1999). Allerdings sind sie in Netzwerke eingebunden, die sich politikfeldspezifisch bilden und in Akteurskoalitionen wiederfinden. Auf Grund von geteilten „belief systems" entwickeln sich diese individuellen AkteurInnen im Rahmen der „advocacy coalitions" zunehmend zu kollektiven Akteuren. Kissling-Näf und Knoepfel untersuchen in ihrer Studie von 28 Fallstudien aus der Schweizer Umwelt-, Landwirtschaftsund Gesundheitspolitik individuelle ebenso wie organisationale Akteure. Diese verorten sie als Teil politischer Netzwerke, deren Untersuchung einen zentralen Punkt ihrer Arbeit ausmacht (Kissling-Näf/Knoepfel 1998).

Der überwiegende Teil der vorhandenen Studien zu Lernen in der Politik geht davon aus, dass PolitikerInnen unter den Bedingungen unsicheren Wissens um die Ursachen politischer Phänomene und um die Erfolgsbedingungen politischer Instrumentarien, sowie unter unklaren Zukunftsaussichten arbeiten und keine fixen Präferenzen in Bezug auf politische Maßnahmen haben. In den meisten Fällen der Findung politischer Entscheidungen neigen PolitikerInnen dazu, besonders in tendenziell apolitischen Fällen, Probleme an BeamtInnen zu delegieren. BeamtInnen sind Teil jener Gruppe von WissensexpertInnen, die über eine privilegierte Stellung im Erzeugen von Politik verfügen (Radaelli 2005). Aufgrund der Knappheit der Ressourcen Wissen und Zeit bedienen sich PolitikerInnen und auch BeamtInnen in Situationen komplexen Regierens ebenso anderer WissensexpertInnen, wie etwa wissenschaftlicher ExpertInnen, die in epistemic communities (Haas 1992) oder auch in internationalen Organisationen (Stone 2000, 2008) verortbar sind.

Gegenstände des Lernens

Ähnlich wie für die Subjekte des Lernens, lässt sich auch für die Objekte des Lernens eine erhebliche Variation feststellen. Heclo verbleibt hier eher allgemein, bei ihm können Politikprozesse und -inhalte auf Basis von gemachten Erfahrungen dem Lernen unterliegen (Heclo 1974). Bei Rose überprüfen die AkteurInnen andere Programme und entwickeln daraus Modelle, die mit den Resultaten und Prozessen der eigenen Programme verglichen werden. Daraus werden Schlüsse darüber gezogen, was auf welche Art und Weise verbessert werden soll (Rose 1991). Das bedeutet aber auch, dass die Ziele in diesem Modell im Wesentlichen vorgegeben sind.

Olsen und Peters basieren ihre Studie über administrative Reformen auf den Begrifflichkeiten von Organisationslernen. Die Autoren gehen dabei davon aus, dass die Möglichkeiten von AkteurInnen, aus Erfahrungen zu lernen, dadurch eingeschränkt werden, dass hier Handlungen stärker durch Wertehaltungen und Grundsätze als durch Kosten-Nutzen-Kalkulationen und das Streben nach optimaler Effizienz bestimmt werden (Olsen/Peters 1996). Erfahrungen sind also nur in wenigen Fällen in der Lage, jene tiefsitzenden und grundlegenden Haltungen zu verändern, die Handlungen von politischen AkteurInnen bestimmen. Derartige Veränderungen sind meist nur als Folge von Krisen möglich.

Bei Sabatier kann in vier verschiedenen Bereichen gelernt werden: In Bezug auf zu bearbeitende Probleme und Faktoren, die diese beeinflussen, sowie über die Wirkmächtigkeit der eigenen Politiken. Schließlich sind auch die Einstellungen gegenüber externen Dynamiken und die Wahrnehmungen wahrscheinlicher Auswirkungen von Policy Alternativen für Lernen zugänglich (Sabatier/Jenkins-Smith 1999). Ziel des Lernens ist dabei, die Welt besser zu verstehen, um die eigenen Interessen besser durchsetzen zu können. Eine besondere Rolle nehmen hier also die „belief systems" ein, auf Basis derer alle Handlungen bewertet und gesetzt werden und die schließlich auch die Grundlage für jene Ziele sind, die über weite Bereiche nur schwer veränderbar scheinen.

Während bei Sabatier der Hauptkern der „belief systems" von AkteurInnen und „advocacy coalitions" in fundamentaler Weise aus normativen Axiomen besteht und praktisch unveränderlich erscheint, sind die den Politiken zu Grunde liegenden Wert- und Kausalvorstellungen bei Hall veränderlich (Hall 1989, 1993). Freilich erfordert ein solches Soziales Lernen eine Krise, die ein System fundamental erschüttert. Die beiden sich auf Politikinstrumente beziehenden Formen des Lernens, geschehen häufig und benötigen keinen Systemschock. Nur im Fall der dritten Form des Lernens, die sich auf eine paradigmatische Veränderung eines Politikfeldes mit all seinen Werten, Normen und Kausalzusammenhängen bezieht, benötigt ein System externen Druck, um die hohen Beharrungskräfte einer pfadabhängigen, über einen längeren Zeitraum hinweg etablierten, Form von Politik zu verändern. Somit sind also bei Hall nicht nur die Politikinstrumente, sondern, grundsätzlicher und nur in seltenen Fällen, die Politikziele einem Lernen unterworfen. Das ist bei Sabatier nur im Fall jener Politikziele wahrscheinlich, die nicht direkt auf den Hauptkern der Wertestrukturen von AkteurInnen zurückgehen. Und auch die Ziele auf die das zutrifft benötigen externe Schocks und großen Druck um Lernen zugänglich gemacht werden zu können. Etwas pointiert lässt sich also behaupten, dass der „advocacy coalition" Ansatz sich wesentlich eingehender mit den Faktoren auseinandersetzt, die Lernen unmöglich machen, als mit den Einflussgrößen, die Lernen befördern.

Formen des Lernens

Verschiedene Typologien wurden aufgestellt, um Formen des Lernens zu klassifizieren und zu unterscheiden. In einem frühen Beitrag differenzieren Colin Bennett und Michael Howlett in einer kritischen Literaturübersicht zwischen „government learning", „lesson drawing" und „social learning" (Bennett/Howlett 1992). „Government learning" ist ein Begriff aus der Arbeit von Lloyd Etheredge (1981), in der in Anlehnung an die Erkenntnisse der Individualpsychologie Lernen als eine Steigerung von Effizienz und Erfahrenheit – hier in bezug auf Regierungen – angesehen wird. Es geht dabei also um ein prozessbezogenes Lernen, an dessen Ende ein Wandel von Organisationsstrukturen steht. Die AkteurInnen von „government learning" sind PolitikerInnen und BeamtInnen.

Im Gegensatz dazu stehen Studien, die sich auf den Begriff des „lesson drawing" beziehen, der stark auf den Arbeiten von Richard Rose beruht. Im Mittelpunkt des „lesson drawing" stehen Politiknetzwerke, in deren Rahmen „Schlüsse" aus den Erfahrungen mit Instrumenten gezogen werden und als dessen Output die Anpassung und der Wechsel von Programmen steht. Im Fall von „social learning" sind die HauptakteurInnen nach Bennett und Howlett „policy communities", die Politikideen austauschen und verändern. Am Ende des Prozesses steht ein Wechsel der Politikparadigmen. Im Fall der letzten Lernform,

Soziales Lernen, ist nicht ganz klar, ob sich Bennett und Howlett ausschließlich auf Peter Hall oder auch auf Hugh Heclo und Paul Sabatier stützen.

Rose definiert „lesson drawing" als eine „political moral drawn from analysing the actions of other governments" (Rose 1991, 7). Es handelt sich somit um mehr als die Evaluation einer Policy – es enthält auch eine Wertung über Wünschbarkeit und Umsetzbarkeit einer importierten Policy. Rose unterscheidet verschiedene Arten des Ziehens von „Schlüssen", die ein Kontinuum bilden: das Kopieren einer Policy, die Emulation (an verschiedene Umstände angepasste Übernahme einer Policy), die Hybridisierung (Kombination von Elementen von Policies aus zwei verschiedenen Quellen), die Synthese (Kombination von Policies aus mehreren Quellen) und die Inspiration (Verwendung als Anstoß für die Entwicklung eigener Policies).

Ein weiterer Charakterisierungsversuch wird von Peter May vorgenommen, der zwischen „political" und „policy learning" unterscheidet (May 1992). „Political learning" bezieht sich hier auf Politikprozesse und strategische Zielsetzungen politischer AkteurInnen. „Policy learning" bezieht sich hingegen auf die Inhalte von politischen Programmen und wird von May in Instrumentelles Lernen und Soziales Lernen eingeteilt. Bei Instrumentellem Lernen stehen die Qualitäten von Politikinstrumenten und Implementationsdesigns zur Disposition. Soziales Lernen bedeutet hier Lernen über die soziale Konstruktion von Politikproblemen, die Reichweite und die Ziele der Politik. Für Peter May ist die Vorstellung instrumentellen Politiklernens stark in der beratungsorientierten Literatur über Politikanalyse und -evaluation verortbar. Im Zentrum des Sozialen Lernens steht hingegen der Prozess der sozialen Konstruktion von Ursache-Wirkungszusammenhängen, Präferenzen, Effekte von Politik, deren Ziele und die Vorstellungen von Politikideen, welche Politiken zu Grunde liegen. Dieser Begriff des Sozialen Lernens unterscheidet sich somit graduell von der Art und Weise wie Peter Hall diesen Terminus verwendet. Wie bereits zuvor ausgeführt, steht bei Hall Soziales Lernen für einen radikalen Wechsel in der Politik, der Instrumente, Zielvorstellungen und Politiken zu Grunde liegende Ideen betrifft (Oliver/Pemberton 2004).

In einem stärker soziologisch ausgerichteten Kontext sprechen Olsen und Peters in ihrer Studie über Erfahrungslernen im Zusammenhang mit Bürokratiereformen von zwei verschiedenen Formen des Lernens in der Politik (Olsen/Peters 1996). Bei der ersten Form des Lernens bleiben die AkteurInnen innerhalb eines etablierten Sets an Glaubensannahmen, Handlungen und Strukturen. In der zweiten Form des Lernens unterliegen diese Variablen einer Veränderung. Aus der Perspektive des soziologischen Neo-Institutionalismus argumentieren Olsen und Peters, dass die zweite Form des Lernens wesentlich weniger wahrscheinlich ist als die erste Form. Als Gründe für diese Feststellung wird die Neigung von Organisationen angegeben, bestehende Normen und Wertesysteme, Paradigmen, Technologien und Kompetenzen eher inkrementell zu verändern oder durch die Wiederholung institutioneller Routinen eher zu verstärken als zu verändern.

Eine weitere Unterscheidung von verschiedenen Lernformen beruht auf der Arbeit von Gregory Bateson, der in seinen frühen Arbeiten zwischen „proto-learning" und „deutero-learning" unterscheidet (Bateson 1972). Unter ersterem Begriff versteht Bateson Lernen auf Grund neuer Informationen, während er unter zweiterem Begriff ein Lernen von Lernstrategien versteht. Später wurde eine Unterscheidung in der Organisationssoziologie eingeführt, die bis zum heutigen Tag als Forschungsstandard gilt. Dabei wurde das Lernen erster Ordnung (proto-learning) von Bateson nochmals in Ein-Schleifen- und Mehr-Schleifen-Lernen unterteilt. Mit dieser Typologie unterscheiden Chris Argyris und Donald Schön (1978) zwischen einem Lernen, im Rahmen dessen inkrementelle Änderungen geschehen, und einem Lernen, in dem sich die dem Handeln zu Grunde liegende Theorie radikal verändert (Doppel-Schleifen-Lernen).

Einen umfassenden Versuch, die verschiedenen Lernformen in ein Schema einzuordnen, unternimmt Nils Bandelow (2003). Er übernimmt die grundsätzliche Einteilung aus der Organisationssoziologie in Ein-Schleifen-, Doppel-Schleifen- und Deutero-Lernen, die er mit den Begriffen Einfaches, Komplexes und Reflexives Lernen versieht. Bandelow subsummiert zudem unter dem Begriff Einfaches Lernen die beratungsorientierten Lernansätze und unter dem Begriff Komplexes Lernen analyseorientierte und soziologisch orientierte Ansätze. Die Kategorie des Reflexiven Lernens sieht er in der praktischen Politik im Bereich des Benchmarking und in der politikwissenschaftlichen Theorieentwicklung am ehesten im Rahmen politökonomischer Ansätze und des Konzepts des Policy Transfers erfüllt. Im Rahmen von Tabelle 1 werden die einflussreichsten der bisher angeführten Lernansätze nochmals in einem Überblick zusammengeführt

Tabelle 1: Überblick über verschiedene Lernansätze

	Autoren	Akteure des Lernens	Gegenstände des Lernens	Formen des Lernens
Beratungs-orientierte Ansätze	Heclo	„policy middlemen" (VermittlerInnen), kollektive Akteure, Staat	Prozesse, Inhalte	1. unreflektierte inkrementelle Veränderungen; 2. Erfahrungslernen, Versuch und Irrtum
	Rose	BeamtInnen, PolitikerInnen	Programme	„lesson drawing"
Analyse-orientierte Ansätze	Sabatier	„advocacy coalitions" (Netzwerke) und deren TeilnehmerInnen (Individuen und kollektive Akteure)	Probleme; Faktoren, die Probleme beeinflussen; Wirkmächtigkeiten von Policies; Einstellungen gegenüber externen Dynamiken; vermutete Auswirkungen von Policy Alternativen	„policy oriented learning": innerhalb „advocacy coalitions" (häufig), zwischen „advocacy coalitions" (selten)
	Dolowitz/ Marsh	BeamtInnen, PolitikerInnen, ExpertInnen, Think Tanks, multinationale Konzerne, supranationale Institutionen	Transfer von Policies: Wissen um Policies, Institutionen, Ideen, administrative Arrangements	Policy Transfer Kontinuum: von „lesson drawing" (perfekte Rationalität) bis zu erzwungenem Transfer
Soziologisch orientierte Ansätze	Hall	Lernen 1. und 2. Ordnung: ExpertInnen, BeamtInnen, PolitikerInnen als Teil von „policy communities" und Institutionen; Lernen 3. Ordnung: breitere gesellschaftliche Kräfte	Lernen 1. Ordnung: Einstellungen von Instrumenten; Lernen 2. Ordnung: Instrumente; Lernen 3. Ordnung: Normen, Ursache-Wirkungszusammen-hänge, Ziele von Policies	Lernen 1. und 2. Ordnung: „instrumental learning"; Lernen 3. Ordnung: „social learning"
	Olson/ Peters	BeamtInnen, PolitikerInnen als Teil von Institutionen	Prozesse des Lernens durch die Erfahrungen abgefragt werden; Ergebnisse des Lernens: Wissen, Fähigkeiten, Leistung, Vorbereitung auf die Zukunft	„endogeneous": Lernen innerhalb eines etablierten Sets an Grundannahmen und Verhaltens-routinen; „exogeneous": Veränderung dieses Sets

Quelle: eigene Übersicht; vgl. Bennett/Howlett 1992, May 1992, Bandelow 2003.

In ihrer umfangreichen Untersuchung der wissenschaftlichen Literatur zu Lernen in der Politik finden Claire Dunlop und Claudio Radaelli vier Lerntypen, anhand derer sie die bisherigen Forschungsaktivitäten einteilen (2013). Dabei handelt es sich erstens um den am häufigsten vorkommenden Typus von Lernen im Rahmen von „epistemic communities", innerhalb dessen Fragestellungen um die Auswirkungen der Mitarbeit von ExpertInnen an der Herstellung von Politik und allgemeiner um die Rolle von Wissen besonders wichtig sind (Haas 1992, Radaelli 1995, Weiss 1998, Bogner 2007, Boswell 2008, Dunlop 2009, Hertin et al. 2009, Schrefler 2010). Am zweithäufigsten finden sie den Typus des Lernens als Produkt reflexiver Prozesse, in dem es im Rahmen von Netzwerken oder Koalitionen zu sozialem Lernen kommt. Dunlop und Radaelli schreiben, dass ein Großteil dieser Literatur normative Untertöne habe, beispielsweise wenn es um den Nutzen partizipativer Verfahren oder von „good governance" ginge (Loeber et al. 2007). Eine wichtige Ausnahme im Hinblick auf die Annahme normativer Prinzipien ist allerdings der einflussreiche „advocacy coalition" Ansatz (Sabatier/Jenkins-Smith 1993, 1999; Sabatier/Weible 2007). Nur wenige Forschungsergebnisse existieren zu den letzten beiden Typen, Lernen auf der Basis von Verhandlungen und sozialer Interaktion (Liberatore 1999), sowie Lernen im Schatten von Hierarchien (Scharpf 1988).

Analyse und Bewertung der Lernansätze

In der eingangs angekündigten Bewertung der Leistungsfähigkeit von Lernansätzen sollen diese nun im Licht der Kritik an den Arbeiten analysiert und evaluiert werden.

In der Charakterisierung der AkteurInnen, die sich in den verschiedenen Lernansätzen wiederfindet, spiegelt sich nicht nur die forschungsleitende Zielsetzung der jeweiligen AutorInnen (beratungs-, analyse- oder soziologisch orientiert), sondern auch und vor allem die Natur des Untersuchungsfeldes. „Policy determines politics", das Diktum von Theodore Lowi (1972, 299; Heinelt 2003) bewahrheitet sich auch hier. Heclo findet in seiner vergleichenden Studie zur Sozialpolitik, dass die Entstehung politischer Maßnahmen einerseits durch ein kollektives Problemlösen, andererseits aber auch durch den Einsatz vorhandener Machtressourcen bedingt wird. Hall stellt fest, dass Politikwechsel im Fall von Wirtschaftspolitik in den meisten Fällen von ExpertInnen hinter verschlossenen Türen angedacht, debattiert und beschlossen werden, während größeren Weichenstellungen im Regelfall Wirtschaftskrisen vorhergehen, die oft einen Austausch der politischen Elite mit sich bringen. Sabatier findet in seiner Analyse von Umweltpolitik größere Koalitionen von AkteurInnen vor, die durch gemeinsame Werte geeint werden und in erster Linie durch die Aufnahme von neuen Informationen, die von ExpertInnen zur Verfügung gestellt werden, im Stande sind zu lernen. Wäre es wahrscheinlich, dass Heclo in seiner Untersuchung von einer besonderen Bedeutung bunt zusammengewürfelter Koalitionen ausgehen kann? Oder eine außerordentliche Relevanz vorgebrachten ExpertInnenwissens in der Sozialpolitik vermutet? In der, wie kaum ein anderes Politikfeld, durch politische Glaubenssätze geprägten Sozialpolitik wäre das wohl schwer vorstellbar. Hätte Hall zum Ergebnis kommen können, dass Parteienwettbewerb, allgemeine sozioökonomische Entwicklung und breite gesamtgesellschaftliche Diskussionen die Mehrheit der Politikänderungen im Bereich Wirtschaftspolitik erklären würden? Als Allgemeinbefund wäre das in einem derart technischen und für Laien schwer fassbaren Politikfeld wie Wirtschaftspolitik kaum denkbar. Ebenso unwahrscheinlich wäre es gewesen, dass Sabatier in seiner Untersuchung der Umweltpolitik eine Anhäufung expertInnengetriebener Entscheidungen unter Ausschluss weiter Bevölkerungsteile als Erklärung angeboten hätte. Denn gerade die Umweltpolitik zeichnet sich in vielen Fällen durch großes öffentliches Interesse und in Folge durch den Wunsch nach Teilhabe seitens der Bevölkerung aus.

In allen drei Ansätzen spiegeln sich also die Politikfelder wider, zu deren Erklärung sie entwickelt wurden. Diese Erkenntnis trifft zwar auch auf andere Bereiche der Politikwissenschaft zu, in besonderer Weise jedoch auf die Untersuchung von Lernen in der Politik mit ihrer Konzentration auf Einzelfallstudien. Erst in den letzten Jahren wurden Versuche unternommen, mit einheitlichen Konzeptionen und Begriffsapparaten Fallstudien in verschiedenen Politikfeldern durchzuführen. Dies trifft vor allem auf die besonders einflussreichen Modelle von Peter Hall und Paul Sabatier zu, die auf verschiedene Politikbereiche angewendet wurden (vgl. etwa Sabatier/Jenkins-Smith 1993, 1999; Oliver/Pemberton 2004, Böcher 2007b). Eine der wenigen Studien, die von vornherein Daten aus einem Vergleich verschiedener Politikfelder einbezogen hat, ist die Arbeit von Kissling-Näf/Knoepfel, die dann auch zum Ergebnis kommt, dass die Möglichkeit zu Lernen in hohem Maße von der Art des Politikfelds abhängig sei (Kissling-Näf/Knoepfel 1998).

In den einzelnen Lernansätzen spiegeln sich nicht nur jene Politikfelder wider, aus denen die Fallbeispiele stammen, auch unterschiedliche Theorie-Schulen finden sich in den einzelnen Ansätzen. Ein besonderes Beispiel sind hier die verschiedenen Ausprägungen des Neo-Institutionalismus, eine Strömung, die in ihrer aktuellen Form in den 1980er Jahren entstand und die seit den 1990er Jahren in vielen Bereichen der Politikwissenschaft zu einer wichtigen Denkschule geworden ist (Hall/Taylor 1996, Peters 1999, Olsen 2006). Eine einflussreiche Spielart ist der historische Neo-Institutionalismus, der etwa in den

Arbeiten von Peter Hall besonders wichtig ist (Hall 1986). In Halls Untersuchung der makroökonomischen Politiken Großbritanniens und Frankreichs ist die historische Kontingenz von Politiken und der diese strukturierenden Institutionen von zentraler Bedeutung. Hall kann die Veränderungen der Politiken, die in den beiden Ländern in Zeiträumen von mehreren Jahrzehnten stattfanden, in seiner Arbeit überzeugend erklären, doch die Rolle einzelner AkteurInnen und Akteursgruppen bleibt eher unterbeleuchtet. Dies erscheint typisch für den historischen Neo-Institutionalismus, der die (oft graduelle) Entstehung einer oder eines Sets von Institutionen oder Politiken gut erklären kann, gleichzeitig jedoch größere Veränderungen von Institutionen und Politiken nur schwer einzufangen im Stande ist (Peters 1999). Der Mechanismus, mit dessen Hilfe Hall diese Episoden von Politikwandel zu erklären sucht, ist das Soziale Lernen (Hall 1993). Aber auch hier bleibt die Rolle individueller AkteurInnen eher klein und vergleichsweise undifferenziert, wenn sich das Hauptinteresse von Hall auf kollektive Akteure richtet.

Auf einer noch grundsätzlicheren epistemologischen Ebene spiegeln sich im Rahmen der verschiedenen Lernansätze auch die Auswirkungen der Positivismus-Debatte wider. Allerdings wird diese Diskussion oft nicht explizit geführt.[6] Während etwa die sozial konstruierte Natur von Politikproblemen und Politikzielen im Regelfall nicht hinterfragt wird (Rose 1991), wird sie in einigen Ansätzen zu einem zentralen Punkt der Erklärung von Politik mittels Sozialem Lernen (Hall 1993, Bandelow 2005). Grundlegende epistemologische Unterschiede deuten sich auch in Bezug auf die Ansprüche politikwissenschaftlicher Theoriebildung an. Diesbezüglich haben nicht nur die beratungsorientierten Lernansätze implizite oder explizite Ansprüche an ihre Mitwirkung an der politischen Realität.

Ebenfalls implizit in einer Reihe von Arbeiten ist die Vorstellung einer klaren Rationalität von Lernen. Oliver James und Martin Lodge kritisieren etwa den „lesson drawing"-Ansatz von Rose, indem sie feststellen, dass konventionelle rationale Erklärungen von Politik „lesson drawing" sehr ähnlich sind (James-/Lodge 2003). In beiden Fällen geht es darum, dass politische Entscheidungen in Hinblick auf die Zielerreichung durch strukturierte Interventionen

---

[6] Eine diesbezügliche Ausnahme stellt das Symposium des Journal for European Public Policy zum von Sabatier 1999 herausgegebenen Sammelband „Theories of the Policy Process. Theoretical Lenses on Public Policy" dar. Ein zentraler Punkt der dortigen Diskussion war der Vorwurf an Sabatier, er hätte konstruktivistische Ansätze aus seinem Buch zu leichtfertig mit dem Verweis auf deren Nicht-Falsifizierbarkeit ausgegrenzt (Parsons 2000, Radaelli 2000b, Sabatier 2000, Dudley 2000). Zu post-positivistischen Alternativen zum diese Debatten oft scheuenden Mainstream der Politikwissenschaft siehe Fischer 2003, Gottweis 2003b.

öffentlicher Körperschaften gemacht werden. Dabei geht es um die Umsetzung beschlossener Ziele in einer systematischen und umfassenden Art und Weise, die auch die Überprüfung von Politik im Licht bereits gemachter Erfahrungen beinhaltet: „... it is hard to think of any form of rational policy making that does not, in some way, involve using knowledge about policies in another time or place to draw positive or negative lessons" (James/Lodge 2003, 181).

Implizite rationalistische Unterstellungen, im Sinne eines steten Fortschritts, über den Ablauf von Politik werden allerdings nicht nur im Fall von beratungsorientierten Lernansätzen verwendet. Derartige Erwartungen werden bereits durch die Terminologie von Lernansätzen erzeugt – auch dort, wo sie eigentlich nicht mitgedacht werden. Bereits die Verwendung des Begriffs „Lernen" zur Erklärung von politischen Handlungen kreiert in Folge der Parallelität des Alltagsbegriffes vom Lernen eine Vorstellung der Verbesserung von Politik. Tatsächlich ist in der alltäglichen Verwendung des Lernbegriffs ein „falsches" Lernen im Sinne des Ziehens falscher Schlussfolgerungen oder falscher „Lektionen" nicht vorgesehen.[7] Zumindest aus zwei Gründen ist es wichtig den Begriff von Lernen in der Politik vom Alltags-Lernbegriff systematisch zu unterscheiden: Erstens sind rationalistische Politikvorstellungen unterkomplex und vermögen der Realität politischer AkteurInnen, die unter Zeitdruck mit beschränkten Informationen und limitierten Ressourcen ausgestattet handeln müssen, nicht gerecht zu werden. Zweitens unterstellt ein derartiger Lernbegriff eine technokratische Vorstellung von Politik, die gleichsam automatisch zu informierteren, aufgeklärteren und richtigeren Problemlösungen findet. Damit steht sie allerdings automatisch im Gegensatz zu einer auch macht- und interessenzentrierten Politik und läuft somit Gefahr, zentrale politikwissenschaftliche Faktoren wie Macht, Interesse und Repräsentation auszublenden (Nullmeier 2003, Goldfinch 2006, Böcher 2007b).

Ein weiterer wichtiger Kritikpunkt, der immer wieder an Lernansätzen geäußert wird, ist der geringe Grad an Konkretheit bezüglich der Lernobjekte, der Lernsubjekte und der Art des Lernens. Dabei ist ein wesentliches Problem, das Lernen von Individuen mit dem Lernen von Organisationen zu verbinden. Die konkrete Frage, deren Beantwortung oftmals nicht versucht wurde, lautet also: Kann das Lernen eines kollektiven Akteurs auf das Lernen eines, mehrerer oder aller seiner Mitglieder zurückgeführt werden (Crossan et al. 1999, Maier et al. 2003a)? In besonderem Maße verbleibt hier bisher die Rolle von Machtstrukturen ein Forschungsdesiderat. Im Falle der Betrachtung des Lernens von Organisationen wurden innerorganisatorische Strukturen bislang oft zu

---

[7] Im Gegensatz zum sozialwissenschaftlichen Begriff von Lernen in der Politik (vgl. Larsen 2002).

wenig beobachtet (Malek/Hilkermeier 2003). Das relativ größte Interesse galt in politikwissenschaftlichen Arbeiten bisher der Frage, was gelernt wurde. Im Hinblick auf die Darstellung eines Politikprozesses ist das verständlich, aber für eine Weiterentwicklung der Lernansätze genügt das nicht.

Rückblickend auf die Theorieentwicklung der vergangenen Jahre kann festgestellt werden, dass die verschiedenen Ansätze, die sich mit Lernen in der Politik auseinandersetzen, im Lauf der Zeit innerhalb der Politikwissenschaft nicht nur an Bedeutung, sondern auch an Komplexität gewonnen haben. Parallel zur Entwicklung des Faches bildete sich auch die Zielsetzung der Lernansätze aus. Dominierte in den 1960er und teilweise auch noch den 1970er Jahren die Vorstellung, dass in der Politikwissenschaft ein rationales Politikmachen zu befördern sei, wurde dies später durch die Ambition einer besseren Erklärung politischer Prozesse ergänzt und in weiten Teilen auch ersetzt.. Die Politikwissenschaft hat bereits zu Zeiten ihrer Begründung, als auch im Rahmen der behaviouralistischen Revolution der 1950er Jahre von benachbarten sozialwissenschaftlichen Disziplinen, allen voran der Soziologie, profitiert. So kam es auch in den 1990er Jahren zu einem Transfer von Ideen aus der Organisations-Soziologie in den Bereich der Lernansätze in der Politikwissenschaft. Soziologische Konzepte fanden dabei entweder direkt ihren Weg in die Politikwissenschaft, wie im Fall des soziologischen (Neo-)Institutionalismus (March/ Olsen 1989, DiMaggio/Powell 1991, Peters 1999), oder aber über den Weg von Raumplanung und Mikroökonomie, wie im Fall der Arbeit von Argyris und Schön (1978, 1996). Der Grenzbereich zwischen Mikroökonomie, Soziologie und Politikwissenschaft hält für die Ansätze, die Lernen zur Erklärung politischen Handelns verwenden, weitere Anregungen bereit. Ein Beispiel dafür ist die in der Politikwissenschaft bis zu den späten 2000er Jahren weitgehend ignorierte Diskussion um das technisch-rational orientierte „evidence based policy making", die sich vor allem auf Techniken, Ausführung und Auswirkungen von Evaluationen auf die Erstellung von Politik bezieht (Clarence 2002; Sanderson 2002; Nutley 2003 et al., 2006 et al.; Biegelbauer 2009, Frey/Ledermann 2010).[8] Ein gegenläufiges Beispiel sind die interpretativen Ansätze, in denen Lernen als Mechanismus zur Reproduktion und Perturbation sozialer Praktiken verstanden wird (Parsons 2002; Gottweis 2003a, 2007; Freeman 2006; Grin/Loeber 2007; Yanow/Schwartz-Shea 2006).

Auch lässt sich sagen, dass einige der Versprechungen der Ansätze zu Lernen in der Politik bereits eingelöst wurden. Ein Beitrag zum besseren

---

[8] Vgl. dazu Diskussionen in den Zeitschriften „Evaluation", „Evidence & Policy" und „Public Policy and Administration".

Verständnis der Bildung von Präferenzen politischer AkteurInnen konnte durch die Ausrichtung der Lernansätze auf kognitive Prozesse und die Entstehung und Auswirkungen von Ideen in der Politik geleistet werden. Auch konnten im Bereich der Analyse von Globalisierungsprozessen politische und ökonomische Entwicklungen unter Berücksichtigung des Einflusses und der Rolle von Ideen neu gefasst werden (Hall 1986, 1993; Blyth 2001; Beland 2006). In diesem Zusammenhang wurde auch die Rolle internationaler Organisationen untersucht (Radaelli 2000a, 2009; Stone 2004, 2008). Lernansätze haben sich als flexibel erwiesen im Hinblick auf die Kombination mit anderen politikwissenschaftlichen Kategorien wie Macht, Interessen und Repräsentation – auch wenn die Beziehungen der jeweiligen Kategorien zueinander wohl noch zu wenig Aufmerksamkeit erhalten haben.

Zudem lassen sich für die letzten zwei Jahrzehnte politikwissenschaftlicher Auseinandersetzung mit Lernansätzen eine Reihe von Fortschritten konstatieren. So kam es zu einer generellen Tendenz zur Erhöhung der Komplexität des Lernbegriffs, die sich beispielsweise in der Ausdifferenzierung verschiedener Arten des Lernens widerspiegelte. Wie bereits zuvor ausgeführt, handelt es sich dabei etwa um die Unterscheidung zwischen „political" und „policy oriented learning" (May 1992), dem Lernen erster, zweiter, dritter Ordnung (Hall 1993, Oliver /Pemberton 2004) oder auch die aus der Organisationssoziologie übernommene Einteilung in Einschleifen-, Doppelschleifen- und Deutero-Lernen (Argyris/ Schön 1978, Bandelow 2003). Ebenso kam es zu einer Vervielfältigung der in Betracht gezogenen politischen AkteurInnen, von einer ursprünglichen Konzentration auf PolitikerInnen und BeamtInnen zu einer Einbeziehung anderer gesellschaftlicher Akteursgruppen, wie etwa Nichtregierungsorganisationen, Massenmedien und ExpertInnennetzwerken.

Auch die verwendeten Lernbegriffe selber unterlagen einer Ausdifferenzierung. Wenn in früheren beratungsorientierten Lernansätzen in erster Linie von der besseren Erfüllung von Programmzielen die Rede war, so gerieten später zunehmend Wertesysteme, darauf beruhende Ziele und den Politiken zugrunde liegende Kausalitätsannahmen ins Blickfeld von Lernansätzen. Die Möglichkeit des Nachvollziehens der subjektiv erfassten Realitäten und der darauf basierenden Zielvorstellungen der einzelnen AkteurInnen oder Akteursgruppen erlaubt ein tieferes Verständnis über die Entstehung politischer Programme. Diese stärker sozialkonstruktivistisch angelegte Perspektive lässt die Analyse von Politik auch weniger technokratisch erscheinen. Damit in Verbindung steht auch das tendenzielle Zurückweichen implizit oder explizit normativer Lernbegriffe, die lange die Mehrheit der auf Lernansätzen beruhenden Arbeiten ausgemacht haben. Durch die Übernahme sozialkonstruktivistischer Vorstellungen von Politik hat sich auch die Position der die Politik beforschenden Sozialwissenschaft selbst verändert, die nun über die möglicherweise bessere Zielerreichung von lernenden AkteurInnen nicht mehr selbst richten muss. Stattdessen ist es nun möglich, sich auf die Prozesse der Herstellung von Zielen, Kausalitätsannahmen sowie die Politik begleitenden, begründenden und legitimierenden Diskurse zu konzentrieren.

Wie der Abriss der bisherigen Arbeiten zum Thema Lernen in der Politik zeigt, unterscheiden sich die einzelnen Ansätze teils beträchtlich voneinander. Dadurch werden eine Reihe von Fragen zu Konzeptionalisierung und Methoden der Forschung zum Begriff des Lernens aufgeworfen, denen sich das nächste Kapitel widmen wird.

In diesem Kapitel wird es um Fragen der praktischen Forschungsarbeit gehen: wie kann Lernen in der Politik definiert werden und welche Formen und Settings von Lernen sind unterscheidbar? Wie können die Begrifflichkeiten konzeptionalisiert und operationalisiert werden? Wie kann Lernen bearbeitet werden? Dabei wird neben allgemeinen Überlegungen auch die konkrete Ausgestaltung der Arbeit zu diesem Buch thematisiert.

3. Wie wissen, ob in der Politik gelernt wurde

Was ist Politiklernen: Definitionen

Wie im letzen Kapitel erläutert, haben Lernansätze viel Zustimmung, aber auch eine Reihe von kritischen Kommentaren hervorgerufen (James/Lodge 2003, Maier et al. 2003a). Der vielleicht wichtigste Kritikpunkt – die Gefahr, einen Sammelbegriff zu entwickeln, mit dem jede Handlung als Lernen dargestellt wird – wird in der Folge erörtert werden. Diese Gefahr ist mit dem Problem verbunden, ein Konzept klar zu definieren, das sich – wie so oft in der sozialwissenschaftlichen Arbeit – bei näherer Betrachtung als nur schwer festlegbar erweist. Wie kann also Politiklernen bestimmt werden?

Die erste Hürde, die im Forschungsprozess überwunden werden muss, ist die Definition des vorliegenden Begriffes. Hier soll der Begriff „Politiklernen" als Kurzform für „Politik-orientiertes Lernen" verstanden werden. Politiken als solche können nicht lernen, sondern nur der Gegenstand des Lernens sein, d.h. Lernen kann auf sie ausgerichtet sein. Die Subjekte der Lernprozesse können Personen als Individuen oder als Teil von Organisationen und Netzwerken sein. Im Folgenden soll der Begriff des „Politiklernens" anstelle des Begriffes „Politik-orientiertes Lernen" verwendet werden, da dieser häufiger verwendet wird als letzterer. „Politik-orientiertes Lernen" wird zudem oft mit dem zuvor vorgestellten „advocacy coalition"-Ansatz in Verbindung gebracht, der nur einen, wenn auch einen wichtigen Ansatz bezüglich Lernen in der Politik darstellt (Sabatier/Weible 2007).

Wie bereits dargelegt existiert eine Reihe unterschiedlicher Definitionen von Politiklernen, jedoch gibt es bis heute keine Definition, die von einer Mehrheit der WissenschaftlerInnen anerkannt ist. So können beispielsweise sowohl (in der Vergangenheit getroffene) Entscheidungen als auch Erkenntnisse, Fähigkeiten und Einstellungen (moralische und kausale Überzeugungen), die in der Zukunft zu Entscheidungen führen könnten, Gegenstand des Lernens sein. Zudem steht eine Prozessdimension des Lernens, bezogen auf die Art und Weise des Lernens, einer ergebnisorientierten Dimension, bezogen auf das Ergebnis des Lernvorgangs, gegenüber. Es sind somit verschiedene Definitionen von Politiklernen möglich, wobei an dieser Stelle drei erwähnt werden sollen.

Erstens, kann Politiklernen als reine Handlungsänderung verstanden werden. Diese eher ungenaue Definition bildet oft die implizite Grundlage des Begriffs in öffentlichen Diskussionen. Zweitens, kann eine Handlungsänderung oder Handlungsbestätigung, die sich aus der Bewertung oder Evaluierung anderer Politiken ergibt, als Politiklernen verstanden werden. Es ist dabei möglich, dass diese Vorstellung von Lernen Elemente von „trial and error" beinhaltet (Rose 1993) und ebenso unbewusst wie ungeplant erfolgt. Drittens, kann Politiklernen als eine aus einer systematischen Evaluierung anderer Politiken resultierende Handlungsänderung oder Handlungsbestätigung konzeptualisiert werden. Eine derartige systematische Evaluierung muss bewusst, explizit und geplant erfolgen. Eine solche Definition von Politiklernen findet sich häufig implizit in der Arbeit von professionellen PolitikberaterInnen, vor allem in der umfangreichen Diskussion zum „evidence based policy making" (evidenzbasierte Politikgestaltung; Hammersley 2005, Nutley/Homel 2006, Monaghan 2010).

Die erste Definition ist sehr weit, wohingegen die letzte sehr eng gefasst ist. Beide Definitionen sind mit Gefahren verbunden: Zu eng gefasste Festlegungen von Politiklernen laufen Gefahr, Fälle von Lernen zu übersehen und sich auf technokratische Ansätze zur Politikgestaltung zu konzentrieren, die strukturierte, von BeamtInnen und professionellen PolitikberaterInnen gesteuerte Prozesse zum Ziel haben. Jene Fälle, in denen die Festlegung weit gefasst ist, bergen noch größere Gefahren in sich, weil sie riskieren, jede Handlung als Lernen zu interpretieren.

Es ist daher sinnvoll, eine Definition von Politiklernen zu verwenden, die gleichzeitig exakt und doch flexibel genug ist, um auf unterschiedliche Politikfelder zu unterschiedlichen Zeiten anwendbar zu sein. Folgende Definition soll hier vorgeschlagen werden: Der Begriff „Politiklernen" steht für *die Änderung politikrelevanten Wissens und/oder Fähigkeiten und/oder Einstellungen, die das Ergebnis neuer Informationen und/oder der Bewertung von vergangenen, gegenwärtigen und zukünftigen Politiken ist.*

Ein wichtiges Element dieser Definition ist die reflexive Dimension des Lernprozesses, die sich auf die Bewertung einer Politik und deren Resultate konzentriert. Damit werden die Folgen von Politik überdacht und neues Wissen, Fähigkeiten sowie Einstellungen zur Grundlage von Überlegungen, die unmittelbar oder auch erst in der Zukunft zu politischen Handlungen führen können.[9]

---

[9] Wie Olsen und Peters überzeugend argumentieren, kann Politiklernen folgende Ergebnisse nach sich ziehen: Prozesse, Fähigkeiten, Leistungen, vorbereitet sein auf die Zukunft (Olsen/Peters 1996).

Neue Erkenntnisse, Fähigkeiten und Einstellungen können zu einem Wandel in der Politik führen – zum einen, im Sinne von kodifizierten Ergebnissen wie etwa Programmdokumenten, Gesetzesvorlagen, Gesetzen oder unkodifizierten Ergebnissen (die beispielsweise in politischen Praktiken undeklariert und möglicherweise sogar unbewusst – wie beim Lernen – erfolgen können) sowie zum anderen, im Sinne von Verfahren, die dann zu derartigen Ergebnissen führen können.

Es besteht auch die Möglichkeit, dass Politiklernen stattgefunden hat, aber keinerlei Handlungen daraus resultieren. Ein Beispiel dafür ist „satisficing behaviour" (Simon 1957), wobei eine bestimmte Politik vor dem Hintergrund knapper Ressourcen als zufrieden stellend erachtet wird: Wenn eine EntscheidungsträgerIn mehr Zeit, Geld oder Personal zur Verfügung gehabt hätte, hätte sie vielleicht länger nach alternativen Lösungen gesucht, aber unter den gegebenen Einschränkungen ist sie mit den erzielten Lösungen zufrieden. Ein anderes Beispiel wäre der Fall, in dem eine politische Maßnahme eigentlich als für veränderungswert gehalten, der politische Widerstand gegen eine Änderung aber – verglichen mit den vom Einsatz der Politik erwarteten Vorteilen – als zu stark eingeschätzt wird. Ein weiteres Beispiel, wäre eine bestehende Politik, die ihre Ziele – möglicherweise sogar besser als erwartet – zu erreichen scheint.

Nachdem nun verschiedene Definitionen von Politiklernen diskutiert wurden, ist es notwendig, das Konzept des Politiklernens zu operationalisieren, damit es auf beobachtete Gesellschaftsphänomene anwendbar ist. Dabei besteht erneut die Gefahr, dass alles als Lernen missverstanden werden kann. Beispielsweise müssen die Ergebnisse von Verhandlungen einerseits und von Lernprozessen andererseits differenzierbar sein. Ist dies nicht möglich, so läuft der Begriff des Lernens Gefahr, bedeutungslos zu werden – besonders, da Wissen über Politiken auf die eine oder andere Weise immer in Entscheidungsfindungsprozesse einfließt (James/Lodge 2003).

Vor der Diskussion der verschiedenen Möglichkeiten zur Auswahl von Methoden, sollten drei soziale Phänomene erörtert werden, die auf den ersten Blick Politiklernen ähnlich sind: Isomorphismus, „superstitious learning" und Wahlentscheidungen. Unter Isomorphismus versteht man die Tendenz, sein eigenes Handeln entsprechend dem Verhalten anderer AkteurInnen zu ändern (DiMaggio/Powell 1991). Im Falle des mimetischen Isomorphismus erfolgt dies dadurch, dass die AkteurInnen daran glauben, dass die von jemand anderem verwendeten Lösungen hilfreich seien – wobei die Bemühungen häufig nicht so sehr auf die Lösung von Problemen, sondern mehr auf die Erzielung von Legitimität ausgerichtet sind (Radaelli 1999, 2000a). Eine derartige Verhaltensänderung führt allerdings nicht zu kognitiven Veränderungen und einem besseren Verständnis des Politikproblems, wie es in der zuvor gewählten Definition von Politiklernen gefordert wurde. Man könnte daher sagen, dass Isomorphismus mehr auf Mitläufereffekten als auf erfahrungsorientiertem Lernen gründet (Schimank 2006).

Eine andere dem Politiklernen ähnliche Strategie stellt das „superstitious learning" dar. Dabei handelt es sich nicht um Lehren, die aus der umfassenden Bewertung von Politik gezogen werden, sondern um solche, die auf der Basis von vorläufigen Schlussfolgerungen entstehen (May 1992). Dies kann beispielsweise geschehen, wenn EntscheidungsträgerInnen nach einer raschen Legitimierung ihrer Handlungen trachten und/oder wenn normative Prädispositionen gegenüber der Funktionsweise eines Politikinstruments sie dazu veranlassen, dessen Auswirkungen positiver zu sehen als dies gerechtfertigt wäre. Der Mangel an Zeit spielt häufig eine Rolle bei (Aus-)Wahlentscheidungen, die oft unter Zeitdruck und ohne große Berücksichtigung von Fakten getroffen werden. Bei Wahlentscheidungen kommt es zu keinen kognitiven Prozessen, die zu einem besseren Verständnis eines Politikproblems und dessen Lösung führen könnten. Isomorphismus und „superstitious learning" fallen beide unter den Begriff des „oberflächlichen Lernens", (Aus-)Wahlentscheidungen unter den Begriff des Nicht-Lernens.

Unterscheidung zwischen verschiedenen Formen des Lernens in der Politik

Wie im vorhergehenden Kapitel ausgeführt, wurde in den letzten Jahrzehnten eine Reihe von Kategorisierungen von Lernen in der Politik vorgeschlagen. Viele davon behalten die grundlegenden Definitionen, wie sie von Peter May (1992) eingeführt wurden, bei. Wie schon zuvor angedeutet, unterscheidet May zwischen zwei Formen des Policy-Lernens und politischem Lernen. Beim *instrumentellen Policy-Lernen* geht es um die Brauchbarkeit von Politikinstrumenten und Implementationsdesigns, während es beim *sozialen Policy-Lernen* um die soziale Konstruktion von Politikproblemen, des Aufgabenbereichs und von Politik-Zielen geht. Im Unterschied dazu geht es beim *politischen Lernen* um Politikprozesse und strategische Zielsetzungen, im Rahmen derer mit Problemen, Ideen und Politikmaßnahmen immer geschickter umgegangen werden soll, um eine bestimmte Politik einführen zu können (May 1992, 332). Im Laufe der Zeit haben sich diese Unterscheidungen bewährt und bilden die Basis für eine Typologie, die in Tabelle 2 dargestellt wird.

Die Unterscheidung zwischen instrumentellem, sozialem und politischem Lernen, wie sie von Peter May eingeführt wurde, wird hier beibehalten. Allerdings werden noch zusätzliche Kategorien hinzugefügt: Beispielsweise die Kategorie des Umsetzungslernens, das sich mit Politikimplementation befasst und dem Begriff des instrumentellen Lernens nahesteht (Schofield 2004). Der Unterschied zwischen instrumentellem und Umsetzungslernen ist, dass es bei instrumentellem Lernen um Fragen der Auswahl und Entwicklung von Instrumenten geht, während sich Umsetzungslernen mit der Art und Weise auseinandersetzt, wie Politikinstrumente permanent interpretiert, adaptiert und mit einer neuen Bedeutung in den Praktiken von AkteurInnen versehen werden, die an der Implementation von Policies arbeiten (Wenger 1998, Wagenaar 2004). In der täglichen Arbeit mit Politikprogrammen werden diese Instrumente im Rahmen eines Anpassungsprozesses verändert, was zu einer Art „Design Creep" führt und in der Implementationsforschung, die sich mit der Umsetzung von Policies beschäftigt, schon länger bekannt ist (Pressman/Wildavsky 1973, Winter 2003).

Instrumentelles Lernen und Umsetzungslernen sind zudem mit unterschiedlichen Akteurskonstellationen verbunden. Während instrumentelles Lernen bei BeamtInnen, aber auch bei PolitikerInnen eine Rolle spielen kann, sind die wichtigsten AkteurInnen des Umsetzungslernens jene BeamtInnen und MitarbeiterInnen von ausgelagerten Dienststellen, die mit der Implementation von politischen Maßnahmen betraut sind.

Soziales Lernen kann sich an Policy-Zielen, ihrer Akzeptanz sowie Durchführbarkeit orientieren, aber auch an Mechanismen, theoretischen Grundlagen und Vorstellungen davon, wie politische Maßnahmen auf ihr Umfeld einwirken (Hall 1989). Reflexives Lernen orientiert sich an der Art und Weise, in der Lernen stattfinden kann, beispielsweise an seinen Regeln und Mechanismen (Bandelow 2003). AkteurInnen können mit der Politikgestaltung unzufrieden werden und deshalb neue Instrumente einführen oder Reflexionsprozesse anders koordinieren, um somit zu verändern, auf welche Art und Weise Lernen stattfinden kann.

Tabelle 2: Typologie der Lernformen und Lernziele

Lernform	Lernziel	Zu beantwortende Fragen
Instrumentelles Policy-Lernen	Politikinstrumente	Wodurch können Policy-Ziele erreicht werden? Wie können verfügbare Instrumente weiter entwickelt werden?
Umsetzungslernen	Politikimplementation: Umsetzung von Politikinstrumenten	Wie können Politikinstrumente an praktische Probleme angepasst werden, die bei der täglichen Verwaltung von Politikprogrammen auftreten?
Soziales Policy-Lernen	Policy-Ziele	Sind Policy-Ziele vor dem Hintergrund dominanter Wertvorstellungen akzeptabel? Sind sie durchführbar?
	Policy-Theorie und Mechanismen	Was ist die Auswirkung der Policy? Auf welche Art funktioniert eine Policy?
Reflexives Lernen	Regeln und Mechanismen des Lernens	Wie kann die Art und Weise, in der Lernen stattfindet, grundlegend verändert werden?
Politisches Lernen	Zielerreichung	Welche Policy-Ziele sind anzustreben, damit ein politisches Ziel (z. B. Einfluss durch Posten/Funktionen zu gewinnen oder wiedergewählt zu werden) erreicht werden kann?
	Politischer Prozess: Strategien	Wie kann man den politischen Prozess verändern, damit eine politische Maßnahme, die dabei hilft, ein Ziel zu erreichen, institutionalisiert wird?
	Politischer Prozess: Verfahren	Wie kann der Politikprozess selbst nach Reflexion der Politikprozesse und Resultate verändert werden um ein politisches Ziel zu erreichen?
Oberflächliches Lernen	Erwartungen erfüllen	Wie kann man Erwartungen anderer AkteurInnen erfüllen, ohne sich tatsächlichem (potenziell zeit- und ressourcenintensivem) Lernen zu verschreiben?
Nicht-Lernen	Politisches Handeln	Wie kann der Öffentlichkeit gezeigt werden, dass die politische AkteurIn über die Kompetenzen verfügt, rasch und entschlossen Dinge zu verändern?

Quelle: May 1992, eigene Überlegungen.

Beim politischen Lernen geht es darum, wie Ziele erreicht werden. AkteurInnen definieren dabei politische Vorgaben, um bestimmte Ziele zu erreichen, z. B. um wiedergewählt zu werden oder ein bestimmtes politisches Amt zu erhalten. Sie versuchen, dieses Amt unter anderem dadurch zu erhalten, indem sie danach streben, politische Maßnahmen durchzusetzen. Beim politischen Lernen kann es auch um Strategien gehen, politische Prozesse derart zu beeinflussen, dass eine Policy umgesetzt und institutionalisiert werden kann. Auch hier geht es wieder um den Versuch, Ämter und Positionen zu erringen und zu erhalten, nicht jedoch um die Reflexionsprozesse selbst, wie beim reflexiven Lernen.

Nachdem es Lernen gibt, muss es auch Nicht-Lernen und „oberflächliches Lernen" geben. Beim Nicht-Lernen handelt es sich um politische Veränderungen, die nicht aus kognitiven Prozessen resultieren. Beispiele hierfür wären Politikwandel als Reaktion auf Zwangsausübung oder politische Krisen, in denen eine politische AkteurIn beweisen will, dass sie in einer bestimmten als Krise wahrgenommenen Situation entschlossen handeln kann; eine Reaktion, die hauptsächlich auf kurzfristigen Interessen politischer EntscheidungsträgerInnen beruht; auf ähnliche Art und Weise kann Wandel nur auf einer kurzfristigen Präferenzanalyse der WählerInnen basieren, die beispielsweise von Spin-Doktoren im Vorfeld von Wahlen herbeigeführt wurde. Nicht-Lernen kann zudem auftreten, wenn sich das politische Umfeld, jedoch nicht die einzelnen Policies ändern und wenn es zur selben Zeit keine merklichen Bemühungen gibt, diese Veränderungen zu evaluieren.

Beim oberflächlichen Lernen geht es darum, Erwartungen anderer Akteur-Innen zu erfüllen und um Politikwandel, der aus der Nachahmung anderer Policies resultiert. Dies kann z. B. beim „naming and shaming" durch internationale Organisationen, wie der OECD oder der EU, beim öffentlichen Anprangern politischer Praktiken oder Versäumnisse bei der Einhaltung von Richtlinien, der Fall sein. Anstatt sich zeit- und ressourcenintensiven Lernprozessen zu widmen, können sich AkteurInnen dafür entscheiden, andere Politiken zu kopieren, ähnlich dem, was als mimetischer Isomorphismus bezeichnet wurde (DiMaggio/Powell 1991, Radaelli 2000a). Dies unterscheidet sich von der Entwicklung von Elementen politischer Argumentation („Verkaufsargumente") im Rahmen von politischem Lernen, wo es um die Überzeugung von Politikadressaten oder von Koalitionspartnern geht.

Zwischen diesen verschiedenen Formen des Lernens existieren Zusammenhänge. Alle politischen AkteurInnen lernen aus Erfahrung. Dabei gilt: Lernen erleichtert Lernen. Auf individueller sowie kollektiver Ebene wird die Kapazität Informationen aufzunehmen und zu lernen durch vorhergehende Lernerfahrungen erhöht (Levinthal/March 1993). Die Kompetenz lernen zu können, nimmt demnach im Laufe der Ausübung der Tätigkeit zu (Schofield 2004), wobei

Erfahrungen mit verschiedenen Formen des Lernens wechselseitig unterstützend wirken. So kann etwa Lernen aus der Erfahrung Anderer das Lernen aus eigener Erfahrung befördern und die Interpretation eigener Erfahrungen durch Einblicke und Meinungen anderer AkteurInnen erleichtert werden (Freeman 2006).

Lernen beinhaltet immer auch ein Element der Interpretation von Informationen und des Sinn-Machens (Bandelow 1999, Gottweis 2007, Grin/ Loeber 2007), eine Tätigkeit die verschiedene AkteurInnen eines Politikfeldes oder Subsystems gemeinsam durchführen – meist allerdings nicht harmonisch, sondern im jeweiligen Bestreben Deutungshoheit über ein Ereignis zu erringen. In politischen Systemen kommt dabei BeamtInnen eine zentrale Rolle zu. Sie sammeln, codieren, analysieren, interpretieren und bewahren Erfahrungswissen aus der Politik (Heclo 1974).

Aus einer systemischen Perspektive betrachtet ist Lernen oft kein einseitiger Prozess, sondern kann zu einer für alle Beteiligten vorteilhaften Situation führen. Von einem Austauschprozess an Informationen und Erfahrungen kann nicht nur die EmpfängerIn, sondern auch die Informationen bereit stellende PartnerIn profitieren. Gesellschaftliche Innovationen entstehen oft nicht nur an einem Punkt, sondern gleichzeitig in ähnlicher Form an mehreren Orten eines sozialen Systems (Schön 1973), was unter anderem mit der Häufigkeit von Lernen in Netzwerken und Austauschbeziehungen zu tun hat.

Wo findet Politiklernen statt: Orte und AkteurInnen

Die Bedeutung der AkteurInnen in diesen verschiedenen Lernformen ist sehr unterschiedlich und hängt zum Beispiel von der Ausgestaltung des politischen Systems, der Politikfelder und der Dynamik des weiteren politischen Umfelds ab, das auch die Ebene der Europäischen Integration und Faktoren wie geopolitische Situationen oder Wirtschaftskrisen mit einschließen. In den meisten Fällen haben BeamtInnen viel mehr Bedeutung, als man das den Massenmedien zufolge glauben könnte. Die BeamtInnen spielen in der Politikgestaltung tatsächlich eine wichtige und oft unterschätzte Rolle (Kerwin 1999, Page/Jenkins 2005, Biegelbauer/Grießler 2009). In der oben erläuterten Klassifizierung verschiedener Lernformen in der Politik gibt es nur zwei Kategorien, in denen die Rolle von BeamtInnen weniger bedeutend ist, als die, anderer Gruppen von AkteurInnen: Zum einen im Umsetzungslernen, bei dem unabhängige Agenturen, oft im Gefolge von New Public Management Reformen (Olson/ Peters 1996, Neisser/Hammerschmid 1998, Peters/Pierre 2001, Hammerschmid/ Meyer 2005), in vielen Fällen eine dominante Rolle bei der Umsetzung von Policies spielen; zum anderen im politischen Lernen, bei dem PolitikerInnen eine wichtige Rolle beim Erstellen von Policy-Zielen und teilweise beim Entwickeln von Strategien innehaben. Die unterschiedlichen Rahmenbedingungen, in denen Politikgestaltung stattfindet, und durch die verschiedene Gruppen von AkteurInnen eine mehr oder weniger wichtige Rolle spielen, werden in zwei unterschiedlichen Lern-Settings, in denen Lernen in der Politik normalerweise stattfindet, zum Ausdruck gebracht. Diese werden in Tabelle 3 dargestellt, wobei die AkteurInnen in der rechten Spalte nach ihrer Bedeutsamkeit gereiht sind:

Tabelle 3: Typologie von Lern-Settings

Lern-Setting in der Politik	Bedeutsamkeit der AkteurInnen
High-Level: stark politisierte Themen, die im Rampenlicht der Öffentlichkeit debattiert werden	PolitikerInnen, BeamtInnen, ExpertInnen, Massenmedien
Low-Level: schwächer politisierte Themen, die im Schatten der Bürokratie diskutiert werden	BeamtInnen, ExpertInnen, PolitikerInnen, Politische Klientel/Policy-Community

Quelle: Beláand 2006, eigene Überlegungen.

Wenn Lernen in der Politik analysiert wird, spielen beide Lern-Settings eine bedeutende Rolle: High-Level-Lernsituationen werden in der Öffentlichkeit debattiert und ihnen wird nicht nur seitens der breiten Öffentlichkeit, sondern auch von PolitikwissenschaftlerInnen Aufmerksamkeit geschenkt. PolitikerInnen können bestimmte, stark politisierte Themen im Rampenlicht der Öffentlichkeit angehen, um aktiv und kompetent zu wirken. BeamtInnen können diese Themen als eine Möglichkeit sehen, um ihre Karriere voran zu bringen und versuchen, von PolitikerInnen als kompetent wahrgenommen zu werden. Policy-ExpertInnen können wiederum durchaus ähnliche Gründe dafür haben, an öffentlichen Debatten bei stark politisierten Themen teilzunehmen, etwa um sich eine gewisse Reputation zu verschaffen. Von Low-Level-Lernsituationen kann erwartet werden, dass sie von BeamtInnen dominiert werden, die zunächst ein Thema auf die Agenda setzen und es dann durch die verschiedenen Phasen der Entscheidungsvorbereitung und -findung führen (Schnapp 2004). Ein wichtiger Faktor kann dabei das Karrierebewusstsein der BeamtIn sein, aber im gleichen Ausmaß ist die Motivation wesentlich, gute Arbeit im öffentlichen Dienst leisten zu wollen (Peters 2001, Gratz 2011). Es ist häufig der Fall, dass Policy-

ExpertInnen aufgrund ihres Wissens und ihrer Fähigkeiten oder weil sie Teil einer politischen Klientel im Rahmen eines Austauschverhältnisses mit den BeamtInnen sind, in die bürokratische Politikgestaltung mit einbezogen werden. PolitikerInnen beteiligen sich in den meisten Fällen nicht an dieser Art der Politikgestaltung, die oft ihre Eigeninteressen betreffend wenig zweckdienlich ist. Meist kümmert sich das Kabinett der MinisterIn um diese Art der Politikgestaltung (Tálos/Kittel 2001; Müller 2006, 2007). Die MinisterIn bestätigt lediglich das Politikdokument nach einem kurzen Briefing und legt dieses dann dem Ministerrat vor.

Die Bedeutung der Unterscheidung zwischen diesen beiden Settings, in denen Politikgestaltung und Lernen stattfinden kann, liegt nicht nur im unterschiedlichen Gewicht einzelner Gruppen von AkteurInnen, sondern auch in Grundregeln, die in den jeweiligen Settings gelten. Diese Grundregeln wiederum können die Wahrscheinlichkeit, dass bestimmte Lernformen auftreten, beeinflussen. In Tabelle 4 werden einige der Unterschiede zwischen diesen beiden Settings dargestellt.

PolitikerInnen, als HauptakteurInnen von High-Level-Settings wollen Dinge ändern oder Veränderungen aktiv verhindern. Für beides benötigen sie Funktionen, Posten und Stimmen, um in der Lage zu sein, Politik zu beeinflussen. PolitikerInnen brauchen die Öffentlichkeit, damit diese von ihnen erfährt und weiß, dass sie die Versprechen, die sie während des letzten Wahlkampfes abgegeben haben, auch wirklich eingehalten haben (Plasser 2004). Vor Fernsehkameras müssen sie kompetent und entschlossen wirken – ob sie zu entschlossenem Handeln in der Lage sind, hängt dabei in der Realität sowohl von der Struktur des politischen Systems als auch vom Politikbereich ab. So verhandeln etwa Koalitionsregierungen in parlamentarischen Regierungssystemen Politiklösungen aus und die KoalitionspartnerInnen müssen Kompromisse eingehen.

Um erfolgreich sein zu können, tendieren PolitikerInnen dazu, der Öffentlichkeit zu versichern, dass ihre politischen Ziele einer Mehrheit der WählerInnen nicht schaden werden, sondern einem großen Teil ihrer WählerInnenschaft einen Vorteil bringt (Lowi 1972, Wilson 1980, Parsons 2003). Die Regeln einer von Medien maßgeblich beeinflussten Politikgestaltung geben PolitikerInnen dabei vor, dass sie politische Fehlschläge um jeden Preis vermeiden müssen: Lernen sollte nicht das Resultat von politischen Fehlschlägen (besonders nicht von eigenen negativen Erfahrungen), sondern das von Erfolgsgeschichten aus der Vergangenheit bzw. anderen Politikfeldern oder Ländern sein. Diese sollten idealerweise auf Studien und Ergebnissen von Evaluierungen basieren, die dann der Öffentlichkeit präsentiert werden können.

Tabelle 4: Unterschiede zwischen Lern-Settings

	High-Level Setting	Low-Level Setting
Motivation der HauptakteurInnen	PolitikerInnen wollen in der Lösung von Problemen kompetent und entschlossen wirken, um Veränderungen herbeizuführen und Wahlen zu gewinnen	BeamtInnen wollen kompetent erscheinen, Probleme lösen und ihre Karriere voranbringen
Policy-Ziele	Idealerweise erleidet niemand oder nur eine kleine und/oder disperse Gruppe einen Nachteil, wodurch der Widerstand für die Politikgestaltung gering ist, während eine große und/oder einflussreichere Gruppe profitiert	Politische Klientel profitiert
Politikstil	Entscheidungsfreudig und zielorientiert; hängt jedoch stark vom politischen System und Politikbereich ab	Entscheidungen benötigen oft Zeit, sind kontingent und nicht das Ergebnis von raschen Handlungen
Rolle von Erfolg und Misserfolg	Besonders wichtig, in der Öffentlichkeit keinen Misserfolg zu haben, wodurch Lernen erschwert wird	Politische Desaster müssen vermieden werden, aber graduelle Fehlschläge sind möglich
Bedeutung des Lernens	Politisches Lernen ist sehr wichtig; Policy-Lernen ist eine gute Legitimation, aber die Lernquelle sollten Erfolgsgeschichten sein	Politisches Lernen ist wichtig; Policy-Lernen ist ebenfalls wichtig

Quelle: Eigene Darstellung.

BeamtInnen, die HauptakteurInnen bei Low-Level-Settings, möchten Kompetenz beweisen, wenn sie politische Programme administrieren und Probleme lösen. Sie möchten interessante Aufgaben übertragen bekommen, sich selbst beweisen und auf der Karriereleiter vorankommen. Im Rahmen einer bürokratischen Politikgestaltung sind Austauschverhältnisse mit der politischen Klientel, auf die politische Programme oder Bestimmungen abzielen, wahrscheinlich. BeamtInnen identifizieren Bedürfnisse in einem bestimmten Politikfeld, führen Maßnahmen ein, um diesen Bedürfnissen gerecht zu werden und bekommen von den

Zielgruppen Feedback bezüglich dieser Policy (Peters 2001). Im Laufe der Zeit wird sich so eine politische Klientel entwickeln, die von den BeamtInnen genauso profitiert, wie die BeamtInnen vom positiven Feedback ihrer Klientel profitieren. Im Extremfall jedoch können diese Austauschverhältnisse die demokratische Politikgestaltung zersetzen und werden dann als Klientelismus (Eisenstadt/Lemarchand 1981) oder „iron triangle" bezeichnet (White 1973, Hrebrenar/Scott 1990).

Anders als bei Politik im Rampenlicht der Öffentlichkeit, benötigt die bürokratische Politikgestaltung Zeit und Entscheidungen, die oftmals eher langsam wachsen und nicht das Resultat schneller Handlungen sind (Weiss 1988, Gratz 2011). BeamtInnen versuchen politischen Desastern auszuweichen. Graduelle politische Fehlschläge können jedoch weniger problematisch sein, insbesondere wenn daraus Vorschläge für Veränderungen resultieren.

Aus dem bisher Erörterten ergibt sich, dass nicht erwartet werden kann, dass Policy-Lernen im Rampenlicht der Öffentlichkeit allzu häufig auftreten wird. Lernen, egal ob aus eigenen oder den Erfahrungen anderer AkteurInnen, ob aus theoretischen Überlegungen heraus oder auf der Basis von neuen Informationen, die auf eine andere Art und Weise gewonnen wurden, ist ein kognitiver Prozess und benötigt Zeit und Reflexion. Die jeweiligen AkteurInnen benötigen dafür einen gewissen Handlungsspielraum und dürfen daher keinem engen Regelwerk unterliegen, das von einer Politik diktiert wird, die stark von den Medien und Interessensgruppen geleitet wird. Politische Fehlschläge müssen als solche verstanden und anerkannt werden, wenn sie zu Lernen in der Politik führen sollen. Zudem sollten neue Erkenntnisse in Form von Studien oder Ergebnissen von Evaluierungen herangezogen werden, um bestehende Maßnahmen verwerfen zu können und nicht nur in erster Linie dazu dienen, eine Legitimation für das Weiterführen einer Politik zu liefern. Entlang dieser Gedankengänge sollte bereits ein klarer Unterschied zwischen einer Politikgestaltung, die hauptsächlich von Interessen geleitet wird, und einer, die auf Lernen basiert, erkennbar sein.

Politisches Lernen ist ein integraler Bestandteil des täglichen Geschäfts von PolitikerInnen. Um die oben erwähnten Ziele, Funktionen, Ämter und Stimmen erreichen zu können, müssen politische Programme ausverhandelt, präsentiert und umgesetzt werden. Dafür muss es ein Verständnis geben, worum es bei diesen politischen Programmen geht, es muss Theorien dazu geben, wie sie ihre Ziele erreichen können und es muss eine Vorstellung davon geben, wie KoalitionspartnerInnen und skeptische Interessensgruppen für diese Strategien gewonnen werden können.

Policy-bezogenes Lernen findet sich eher in der bürokratischen Politikgestaltung als in High-Level-Settings. Der Beurteilung von vorangegangenen Aktivitäten und Erfahrungen anderer AkteurInnen wird insgesamt im öffentlichen Dienst mehr Zeit gewidmet, als im Rampenlicht der Öffentlichkeit. Die öffentliche Verwaltung ist weniger durch das enge Korsett der durch die massenmediale Öffentlichkeit vorgegebenen Regeln gebunden (Plasser 2004, Plasser et al. 2004) – obwohl sie natürlich über ein eigenes System von Regeln, Normen und Praktiken verfügt (Kreisky 1986, Olsen/Peters 1996, Wagenaar 2004, Müller 2007, Gratz 2011). Politisches Lernen ist nicht nur Bestandteil des täglichen Geschäfts von PolitikerInnen, sondern ist auch im öffentlichen Dienst von Bedeutung. Politische Initiativen müssen gegenüber anderen Maßnahmen verteidigt und durch die ministeriellen Hierarchien sowie Koordinierungspraktiken der Regierung geführt werden. All diese Aktivitäten bedingen die Notwendigkeit einer Prozessexpertise, die ständig aktualisiert werden muss (Peters 2001, Page/Jenkins 2005, Biegelbauer/Grießler 2009).

Die Beobachtung von Politiklernen

Wie kann nun in der Forschungspraxis zwischen Politiklernen und strategischem Verhalten von politischen AkteurInnen, welches zum tagespolitischen Alltag gehört, unterschieden werden – wie etwa im Fall von Verhandlungssituationen, in denen alle Beteiligten versuchen Ergebnisse zu erzielen, die ihren Interessen dienlich sind (Holzinger 2004, Saretzki 2009)? Eine Lösung wäre die von AnthropologInnen oft gewählte Methode der teilnehmenden Beobachtung, welche die Gewinnung sehr detaillierter Daten ermöglicht (Lüders 2005, Atteslander 2008). Leider stoßen SozialwissenschaftlerInnen oft auf Schwierigkeiten beim Aufbau des erforderlichen Vertrauens, das es ihnen beispielsweise ermöglichen würde, zwei Parlamentsmitglieder bei einem politischen Abtausch zu beobachten – d.h. beim Versuch eine Pattsituation zu überwinden und ihre favorisierten Gesetzesteile durch einen Parlamentsausschuss zu bekommen. In der Politikwissenschaft ist die Verwendung der Methode der teilnehmenden Beobachtung in weiten Bereichen so gut wie unmöglich.[10]

Eine andere Lösung für das Problem würde darin liegen, die politischen AkteurInnen einfach nach den Gründen für ihre Entscheidungen zu fragen. Dadurch ergibt sich die Möglichkeit, mehr über die Handlungen der interviewten Person und deren eigene Interpretation dieser Handlungen zu lernen. Auf diese Weise ist es möglich, in das implizite Wissen der interviewten Person, deren

---

[10] Und geschieht dementsprechend selten, mit wenigen Ausnahmen wie Nullmeier et al. 2003, Wiesner 2003.

Verständnis wie die Entscheidungsfindung funktioniert und wie die sozialen Praktiken der Entscheidungsfindung aussehen, einzutauchen (Wagenaar 2004, Yanow 2006, Durnová 2011).

Aus dieser Darstellung wird deutlich, dass ein Interview hier nicht nur als Instrument gesehen wird, das von einer neutralen ForscherIn zur Gewinnung von Daten aus einem passiven Forschungsgegenstand über eine objektive Welt verwendet wird. Vielmehr wird es als komplexe soziale Interaktion verstanden, in der InterviewerIn und Interviewte im Verlauf des Interviews unterschiedliche und oft sogar mehrere Rollen einnehmen (Bogner/Menz 2005, Hermanns 2005). So betrachtet ergibt sich für die ForscherIn die Möglichkeit, von Informationen Gebrauch zu machen, die manchmal als wertlos behandelt werden – wie beispielsweise Ex-Post-Rationalisierungen oder politische Rhetorik. Diese Daten sollten nicht außer Acht gelassen werden, da sie Aufschluss darüber geben, wie die AkteurInnen ihr Verständnis von Politikproblemen, Theorien, Lösungen und Legitimierungsstrategien interpretieren und welche Bedeutungen sie diesen beimessen (Hopf 2005, Yanow/Schwartz-Shea 2006).

Eine wichtige Strategie, um Ex-Post-Rationalisierungen und politische Rhetorik erkennen zu können, ist die Triangulation, d.h. die Multiplikation der Blickwinkel der ForscherIn auf den Politikprozess durch die Einbeziehung einer Reihe von verschiedenen Quellen. Dabei ist es möglich, unterschiedlichstes Material von einer Vielzahl von AkteurInnen zu berücksichtigen, so etwa Strategiepapiere, Gesetzesentwürfe, Wahlprogramme oder andere Unterlagen, die hinsichtlich der angegebenen Gründe für durchgeführte oder gewünschte politische Maßnahmen untersucht werden können (Flick 2004, Mayring 2005, Wolff 2005).

Die Daten können sogar noch an Wert gewinnen, wenn sie nicht nur zu einem bestimmten Zeitpunkt, sondern als Teil einer Zeitreihenanalyse bewertet werden. In letzterem Fall können im Zeitverlauf mögliche Veränderungen in den Positionen der AkteurInnen festgestellt werden. Tatsächlich ist eine derartige Strategie zweckmäßig, da das Konzept des Politiklernens am überzeugendsten ist, wenn die BeobachterIn versucht Änderungen in der über einen längeren Zeitraum hinweg zu betrachten (Sabatier/Jenkins-Smith 1999, Bandelow 2003).

Natürlich könnten diese Änderungen sowohl das Ergebnis von Politiklernen als auch eines strategischen Verhaltens sein, wie etwa die Bemühungen, den Koalitionspartner zu beschwichtigen oder auf einen Wandel in der öffentlichen Meinung zu reagieren. Das bedeutet, dass das zentral vorliegende Problem, d.h. zwischen Politiklernen und anderen Gründen für einen Politikwandel unterscheiden zu können, noch immer nur teilweise behandelt worden ist. Wenn die Unterscheidung zwischen Politiklernen als Ursache für Politikwandel (oder für eine Bestätigung von Politik) und anderen Ursachen für Politikwandel, die sogar kovariant sein können, dermaßen große Schwierigkeiten bereitet, dann macht es Sinn, nach einer zentralen Vorbedingung für Politiklernen zu suchen und aus deren Vorhandensein auf die Existenz eines Falles von Politiklernen zu schließen (Biegelbauer 2007a).

Wenn die reflexive Seite des Politiklernens als dessen zentrale Eigenschaft verstanden wird, kann die Existenz, Erweiterung und/oder wechselnde Qualität von politikrelevantem Wissen als eine bedeutende Voraussetzung für Politiklernen angesehen werden (Dunlop/Radaelli 2013). Die ForscherIn müsste dann nach dem Wissen suchen, auf dem sich eine bestimmte Politik zum Zeitpunkt 0 gründet (welches wiederum durch eine wie zuvor beschriebene Analyse von Dokumenten und Aussagen ermittelt werden kann) und dieses mit dem vorhandenen Wissen zum Zeitpunkt +1 vergleichen, als die Politik bewertet und entweder bestätigt oder geändert wurde.

Politiklernen hat wahrscheinlich dann stattgefunden, wenn sich das Wissen einer einzelnen für eine bestimmte Politik verantwortlichen AkteurIn oder – was wahrscheinlicher ist – einer Gruppe von AkteurInnen mit der Zeit geändert hat, diese Veränderung als relevant für die Bewertung der Politik erachtet wird und durch einige Statements der beteiligten AkteurInnen, die mittels teilnehmender Beobachtung, Interviews, Dokumentenanalyse oder anderen Methoden gewonnen wurden, mit der Politik verbunden ist.

Was bisher über die Feststellung von Politiklernen gesagt wurde, konzentriert sich hauptsächlich auf das explizite, politikprozessrelevante Wissen. Das meiste für die Entscheidungsfindung verwendete Wissen ist aber implizit: Die Art und Weise, wie lösbare Politikprobleme ausgewählt, erfolgreich Verhandlungen geführt, Koalitionen gebildet und Kompromisse geschlossen werden können, ist kaum aus Büchern erlernbar. Die meisten dieser Aktivitäten sind implizit und werden üblicherweise bei der Jobausübung erlernt und praktiziert (Wenger 1998) – zuerst in den niedrigeren Positionen in den politischen Parteien oder in Einrichtungen wie HochschülerInnenschaften, Jugendorganisationen von Parteien und lokalen Parteiorganisationen und erst später in höheren Positionen, wie Parlament oder Regierung.

Folglich besteht eine andere Möglichkeit, Politiklernen durch Analyse von verwendetem Wissen festzustellen, darin, nicht nur die Aussagen von politischen AkteurInnen, sondern auch ihre tatsächlichen Praktiken zu betrachten (Cook/ Brown 1999). Das Wissen findet sich in den Praktiken und Routinen der AkteurInnen wieder, wobei diese keinesfalls unveränderlich sind, sondern immer in Reaktion auf Veränderungen in der Gesellschaftsordnung, in die sowohl die Praktiken als auch die AkteurInnen eingebettet sind, entstehen (Reckwitz 2006, Pritzlaff/Nullmeier 2009, Rüb 2009). Ähnlich dem zuvor Beschriebenen können diese Veränderungen vom Zeitpunkt 0 bis zum Zeitpunkt +1 verfolgt und analysiert werden. Dabei ist unwahrscheinlich, dass die Ergebnisse einer solchen Untersuchung mit jenen identisch sind, die durch eine Analyse des zuvor diskutierten expliziten Wissens gewonnen wurden. Ein solcher interpretativer Ansatz zu politikrelevantem Wissen ist näher bei den AkteurInnen und konzentriert sich weniger auf das, was offiziell gesagt und geschrieben wurde, sondern mehr auf die Praktiken im Sinne einer Verknüpfung von „doing and knowing" (Wagenaar 2004).

Eine Differenzierung zwischen Lernen in der Politik und anderen Entscheidungsfindungsformen ist trotz der Komplexität und der dadurch erforderlichen umfassenden Politikanalyse möglich, solange die von den politischen AkteurInnen und von anderen Quellen zur Verfügung gestellten Informationen einer kritischen Bewertung unterzogen und der jeweilige gesellschaftliche Kontext berücksichtigt werden. Beispiele dafür wären etwa der Bedarf, einem (neuen) Politikfeld eine Bedeutung zuzuschreiben, Politikmaßnahmen zu legitimieren oder kreative Wege zum Umgang mit vielfältigen Problemen zu finden, die aus den komplexen, unklaren und oft nicht genug (vor-)definierten Politikstrukturen entstehen. All dies erfordert eine detaillierte Analyse der Politikprozesse, was das Konzept für große Fallzahlen unhandlich macht.

Gleichzeitig sind Forschungsarbeiten zu Lernen in der Politik geradezu prädestiniert für die Anwendung von Process-Tracing (Starke 2011). Process-Tracing beschreibt den Versuch eine oder wenige Fallstudien mit akribischer Genauigkeit zu untersuchen, anstatt einer statistischen Korrelation als Ausfluss der Analyse einer großen Anzahl von Fällen den Vorzug zu geben (Hawkins 2009). Dabei sollen die Prozesse und Mechanismen eines oder mehrerer Ereignisse beschrieben und analysiert werden um Theorien zu generieren oder zu überprüfen (George/Bennett 2005).

Dazu können Analysetechniken innerhalb von Fallstudien oder zwischen Fallstudien angewendet werden. Im ersten Fall geht es darum die Verbindung zwischen einer konkreten Ausgangssituation und dem Ergebnis eines bestimmten Prozesses herzustellen, idealerweise durch einen kausalen Zusammenhang. Im zweiten Fall geht es um die Gewinnung von Informationen über Mechanismen, welche die Ausgangssituationen und Ergebnisse von Prozessen verbinden und durch den Vergleich verschiedener Fälle gewonnen werden können (Mahoney 2007). Bei beiden Fällen werden oft verschiedene Modelle zur Erklärung eines Ereignisses miteinander verglichen und die wichtigsten Faktoren, die zu einer Erklärung beitragen können, gegeneinander abgewogen. Bei diesem Vergleich der verschiedenen Erklärungsmöglichkeiten, also etwa der Erklärung eines politischen Ereignisses mit dem Versuch der Interessendurchsetzung oder dem Bemühen um die Lösung von Problemen, muss bedacht werden, dass verschiedene Erklärungsansätze miteinander in Verbindung stehen können.

Einfache Kausalmodelle im Sinne eines Reiz-Reaktions-Models erscheinen in einer derartigen Analyse als unterkomplex (Caporaso 2009).

Im Rahmen von Process-Tracing erhält die historische Sequenz der Geschehnisse eine besondere Bedeutung, durch deren Beschreibung und Analyse bereits ein Schritt zur Erklärung eines Ereignisses gemacht wird (George/Bennett 2005). Allerdings entsteht durch die zeitliche Gerichtetheit der Analyse und der Tatsache, dass die Betrachtung einer derartigen Kette von Geschehnissen normalerweise am Ende einer derartigen Sequenz von Handlungen geschieht, die Gefahr, dass eine Fallstudie vom Endergebnis her gedacht wird. Dies bedeutet die potentielle Rationalisierung eines Politikprozesses im Rahmen des Versuchs der Erzählung eines konsistenten Handlungsstrangs als Teil der Politikanalyse – also das Eintreten genau jenes Effekts, der durch den Einsatz von Process-Tracing vermieden werden soll. Geeignete Gegenmaßnahmen gegen eine derartige, übermäßige Vereinfachung sind die genaue Betrachtung der Kontextbedingungen (Durnová 2011) und der sich im Zeitverlauf dynamisch verändernden Akteurseinstellungen sowie eine Triangulierung verschiedener Quellen und Methoden (Flick 2004).

Auf ein weiteres Problem bei der Analyse von Lernprozessen machen Bennett und Howlett (1992) aufmerksam. Die Komplexität der Lernsubjekte, -objekte und -effekte sowie deren Beziehungen zueinander, ist oft so groß, dass für einen erfolgreichen Nachweis von Lernprozessen eine genaue Bearbeitung einer relativ kleinen Anzahl vergleichbarer Fälle notwendig erscheint. Hier eröffnet sich ein Dilemma der empirischen Sozialwissenschaften: entweder die Bevorzugung der Analyse historischer Fälle, die sich auf ausgewähltes schriftliches Material – und auf die im Laufe der Jahre verblassenden Erinnerungen von InterviewpartnerInnen – verlassen muss. Die Alternative dazu ist die Untersuchung von Fallstudien jüngeren Datums und sich daher aufgrund des oftmaligen Fehlens von zugänglichen Dokumenten in die Abhängigkeit von InterviewpartnerInnen und damit möglicherweise auf politisches Glatteis zu begeben. GesprächspartnerInnen sichern sich bei politischen Themen oft auf mögliche Auswirkungen ihrer Aussagen hin ab und sind entweder entsprechend vorsichtig oder positionieren sich in Interviews strategisch (Bogner/Menz 2005). Hier erscheint als einziger Ausweg ein besonders kleinteiliges Arbeiten im Rahmen der Politikanalysen, ein bewusster Umgang mit Interviewsituationen und der Gewinnung von Daten aus ExpertInneninterviews sowie die Vervielfältigung der Datenquellen, die nach Möglichkeit auch die Ausnützung von Archiven beinhalten sollte. Eine solche Herangehensweise erleichtert auch den Einsatz längerer Zeitserienanalysen, wie sie etwa von Sabatier und Jenkins-Smith für die Anwendung des „advocacy coalition"-Ansatzes gefordert werden (Sabatier/Jenkins-Smith 1993, Bandelow 2003, Biegelbauer 2009).

Indikatoren für Politiklernen

Doch welche Indikatoren lassen sich abseits der allgemeinen Überlegungen zur Unterscheidung verschiedener Formen von Lernen in der Politik verwenden? Bereits zuvor wurde darauf hingewiesen, dass Wissen eine zentrale Kategorie bei der Analyse von Lernen in der Politik darstellt und dass die Veränderung jenes Wissens, auf dem politische Handlungen basieren, einen wesentlichen Indikator für Lernen darstellt. Auf der Basis der zu Beginn dieses Kapitels festgehaltenen Definition von Lernen in der Politik, lassen sich auch die politikrelevanten Einstellungen und Fähigkeiten von AkteurInnen als Indikatoren nennen. Dabei sind Einstellungen aus Interviews, politischen Statements und Dokumenten ablesbar, Fähigkeiten dagegen schwerer erfassbar.

Über die einzelnen Komponenten der zuvor genannten Definitionen von Lernen in der Politik hinaus sind aber auch die politischen Maßnahmen selbst beobachtbar und analysierbar. In der folgenden Tabelle werden für die sechs zuvor vorgestellten Formen des Lernens in der Politik sowie für Nicht-Lernen notwendige Bedingungen geklärt und Indikatoren vorgeschlagen.

Aus diesen notwendigen Bedingungen für Lernen folgen die vorgeschlagenen Indikatoren. Im Fall des instrumentellen Policy-Lernens sollte Lernen auf einem besseren Verständnis des Instrumentariums, das den Kern von Politikmaßnahmen bildet, beruhen. Daher wären Indikatoren also eine beobachtbare Veränderung von Politikinstrumenten bei gleichzeitig besserem Verständnis der Instrumente. Analog dazu sind Indikatoren für Umsetzungslernen eine beobachtbare, inkrementelle Anpassung politischer Maßnahmen auf der Basis operationaler Erfahrungen bei der Umsetzung politischer Maßnahmen. Im Falle des sozialen Policy-Lernens sind Indikatoren eine neue Definition von Politik, die sowohl Politikziele, als auch den Umfang von Politik oder Politiktheorien im Sinne des Funktionierens von politischen Maßnahmen umfasst, bei gleichzeitigem besserem Verständnis derselben. Beim reflexiven Lernen ist ein Indikator die Erstellung oder Veränderung von jenen Instrumenten, die dabei helfen Lernen zu organisieren. Indikatoren für politisches Lernen sind der Wechsel oder die explizite Bestätigung der Taktiken und Strategien von AkteurInnen in Bezug auf politische Ziele und Prozesse bei gleichzeitigem besserem Verständnis derselben. Im Fall von oberflächlichem Lernen ist ein Indikator, dass politische Maßnahmen an Vorbilder aus anderen Politikfeldern oder anderen Ländern angepasst wurden, ohne dass es Anzeichen für tiefere Lernprozesse gibt. Nicht-Lernen ist dann indiziert, wenn Veränderungen von Politik ohne ein Anzeichen von Lernprozessen erfolgen.

Für die Analyse von Lernen in der Politik bieten sich typische Instrumente der Policy-Analyse an, vor allem Interviews und Dokumentenanalysen. Dabei gibt es eine ganze Reihe potentieller Quellen:

- internationale und nationale Politikdokumente,
- Presseaussendungen und massenmediale Berichterstattung,
- Gesetzestexte, Begleitmaterialien und Programmdokumente,
- Akten,
- Richtlinien und Beschreibungen von Politikinstrumenten im Internet,
- ExpertInneninterviews,
- Ergebnisse von Evaluationen,
- sozialwissenschaftliche Publikationen,
- Beobachtungen der Aktivitäten der Policy-Community.

Tabelle 5:   Indikatoren für Lernen in der Politik

	Instrumentelles Policy-Lernen	Umsetzungslernen	Soziales Policy-Lernen	Reflexives Lernen	Politisches Lernen	Oberflächliches Lernen	Nicht-Lernen
Notwendige Bedingungen für Lernen	Besseres Verständnis von Instrumenten auf der Basis einer Überprüfung von politischen Maßnahmen	Besseres Verständnis praktischer Umsetzungsmöglichkeiten von Planungsdokumenten und Instrumenten	Besseres Verständnis von dominanten Vorstellungen über Ziele und Theorien zu Politikproblemen oder Lösungsvorschlägen	Besseres Verständnis von Regeln und Mechanismen von Lernen in der Politik	Bewusstsein politischer Möglichkeiten und Beeinflussung dieser Faktoren	Wissen darüber welche politischen Maßnahmen andere AkteurInnen mit ähnlichen Problemen implementieren	Kein Interesse an Lernen

Indikatoren für Lernen	Veränderung von Instrumenten; bewiesenes besseres Verständnis von Instrumenten	Inkrementelle Anpassung politischer Maßnahmen auf Basis operationaler Erfahrungen	Neue Definition von Politik, die Ziele und/oder Umfang von Politik und/oder Politiktheorien/ Mechanismen umfasst; besseres Verständnis derselben	Erstellung oder Veränderung von Instrumenten, die Lernen organisieren; besseres Verständnis derselben	Wechsel oder Bestätigung politischer Taktiken und Strategien von AkteurInnen in Bezug auf Ziele und Prozesse; besseres Verständnis derselben	Politische Maßnahmen wurden an andere Modelle angepasst, ohne dass es Anzeichen für tiefere Lernprozesse gibt	Veränderung von Politik ohne Anzeichen für Lernprozesse

Quelle: May 1992, eigene Überlegungen.

Die Arbeit zu diesem Buch: Vorgehensweise

Die zuvor beschriebenen Definitionen, Unterscheidungen und Überlegungen zu Operationalisierung sowie Indikatoren für Lernen in der Politik waren die Grundlagen für die Arbeit zu diesem Buch. Darüber hinaus stellt die vorliegende Zeitserienanalyse über drei Dekaden, von den 1980er bis zu den 2000er Jahren, den Versuch dar ein Politikfeld in einem Land systemisch zu betrachten. Verschiedene miteinander in Zusammenhang stehende Fallstudien aus dem Politikbereich Forschung, Technologie und Innovation (FTI) sollen die Interaktionen wesentlicher AkteurInnen im Subsystem der österreichischen FTI-Politik abbilden. Dabei wurden mittels Process-Tracing in einem kleinteiligen Vorgehen die Interaktionen der AkteurInnen nachgebildet und analysiert, mit dem Ziel, Prozessen und Mechanismen des Lernens in der Politik auf die Spur zu kommen.

Dazu wurden alle zuvor angeführten Informationsquellen verwendet, nach Möglichkeit unter Berücksichtigung des sequenziellen Ablaufs der Politikprozesse. Vor allem im Fall von Politikdokumenten, Programmdokumenten, Evaluationsstudien und Akten wurde bei Verfügbarkeit dieser Informationen die zeitliche Entwicklung der einzelnen Schriftstücke untersucht. Die dadurch zu Stande gekommenen Datenmengen mussten einem Auswahlprozess und einer kritischen Bewertung unterzogen werden. Dies geschah in erster Linie durch die Untersuchung von Medienberichterstattung und das Durchführen von ExpertInneninterviews, aber auch durch die Einbettung der gewonnenen Erkenntnisse in die politischen Rahmenbedingungen bildenden Dokumente wie Koalitionsabkommen und ähnliche Politikpapiere. Neben intensiven Internetrecherchen wurden Literatur- und Archivstudien bei der Administrativen Bibliothek des Bundes, den Bibliotheken des Verkehrsministeriums und des österreichischen Parlaments, mehreren Universitätsbibliotheken sowie der österreichischen Nationalbibliothek durchgeführt.

Das dem Buch zugrunde liegende empirische Material umfasst 40 semistrukturierte, Leitfadengestützte Interviews mit BeamtInnen und ehemaligen BeamtInnen der an der österreichischen FTI-Politik beteiligten Bundesministerien, mit zwei ehemaligen österreichischen WissenschaftsministerInnen und mit mehreren FTI-PolitikberaterInnen. Die Interviews dauerten üblicherweise zwischen einer und zwei Stunden. Zudem wurde eine deutlich größere Zahl an unstrukturierten Hintergrundinterviews durchgeführt. Die Leitfadeninterviews wurden transkribiert und inhaltsanalytisch nach wesentlichen Argumentationssträngen, Strukturen, Narrativen und Repräsentationen von politikbezogenem Wissen ausgewertet (Bogner/Menz 2005, Hopf 2005, Littig 2005). Die Hintergrundinterviews wurden im Regelfall noch vor Ort handschriftlich als Feldnotizen zusammengefasst (Emerson et al. 1995).

Aufgrund der geringen Anzahl von AkteurInnen in der österreichischen FTI-Policy-Community war es notwendig alle Interviews mit dem deutlichen Hinweis auf Vertraulichkeit zu führen. Andernfalls wäre die Gefahr zu groß gewesen, dass sich InterviewpartnerInnen aus Angst davor andere AkteurInnen vor den Kopf zu stoßen, zu heiklen Themen nicht geäußert hätten (was trotzdem manchmal geschehen ist). Aus diesem Grund wurden alle Informationen aus den Interviews anonymisiert und mit Zahlencodes versehen, die aus zwei mit Bindestrich getrennten Teilen bestehen. Der erste Teil kennzeichnet den Zusammenhang innerhalb dessen eine InterviewpartnerIn als ExpertIn befragt wurde, der zweite Teil identifiziert die InterviewpartnerIn nach einer internen Codeliste. Zusätzlich wurden Informationen, welche die InterviewpartnerInnen bloßstellen hätten können, aus den Veröffentlichungen entfernt – auch wenn dies manchmal bedeutete, der LeserIn dadurch interessante Informationen vorzuenthalten. Diese Vorgehensweise erscheint angemessen vor dem Hintergrund, dass manche AkteurInnen trotz aller Anonymisierungsversuche für erfahrene Mitglieder der Policy-Community identifizierbar sein könnten.

Eine weitere Quelle empirischen Datenmaterials war die Beobachtung des Subsystems als eine Art „außenstehender Insider", der einen regelmäßigen Wechsel von Innen- und Außensicht auf die FTI-Policy-Community ermöglicht und auch nahelegt (Yanow 2000). Dabei kam es zu Besuchen von Workshops, Konferenzen und anderen Treffen der österreichischen, europäischen und internationalen Policy-Community der FTI-Politik, beispielsweise organisiert vom Wissenschaftsministerium, dem Verkehrsministerium, der Österreichischen Forschungsförderungsgesellschaft (FFG) oder der Plattform Forschungs- und Technologieevaluation (FTEval). Einem „Going Native", im Sinne einer kompletten Immersion im Forschungsfeld, wurde durch lediglich unregelmäßige Teilnahme an derartigen Veranstaltungen entgegengewirkt. Dabei stellte sich die Beibehaltung der peripheren Position im Untersuchungsfeld aufgrund des persönlichen Interesses am Themenbereich dennoch als schwierig heraus. Bei den Treffen der Policy-Community wurde der Umgang der Personen untereinander, im Sinne etwa der Widerspiegelung formeller und informeller Hierarchien in Formen der Konversation und nonverbaler Interaktion, auftretende Rituale als Spiegel von Normen und Werten, sowie die Rahmenbedingungen von Treffen, wie die Kommunikationsstrukturen beeinflussende architektonische Merkmale oder raumgestalterische Maßnahmen wie die Bestuhlung in bestimmten Anordnungen, beobachtet.

Versuche der Komplexität der Beziehungen der einzelnen AkteurInnen Rechnung zu tragen, schlugen sich in der Triangulation verschiedener Quellen nieder, beispielsweise in der bewussten Auswahl von InterviewpartnerInnen aus verschiedenen Institutionen, in der (oft gerechtfertigten) Erwartung unterschiedliche Meinungen und Standpunkte zu den einzelnen politischen Vorgängen zu erhalten. Bei der Absicherung faktischer Ereignisse durch die Verwendung verschiedener Quellen ging es vor allem darum, die politischen Vorgänge, die im Zentrum der Untersuchung standen, besser zu verstehen. Durch die Verwendung verschiedener Datensorten und Quellen wurde die Triangulation als Instrument verwendet, um der häufigen Ex-Post-Rationalisierungen von Ereignissen in Interviewsituationen entgegenzuwirken (Bogner/Menz 2005).

Das gesamte Vorgehen war von einem Bemühen gekennzeichnet, der komplexen Wirklichkeit politischer Prozesse, die stark durch verschiedene Formen von Interessen und verschiedene Arten von Wissen gekennzeichnet ist, Rechnung zu tragen. Die für ein besseres Verständnis im Rahmen einer sozialwissenschaftlichen Analyse notwendige Reduktion von Komplexität, sollte möglichst behutsam und schrittweise vor sich gehen, um die Qualität der verwendeten Daten möglichst lange in möglichst großem Ausmaß beizubehalten.

In den folgenden vier Kapiteln wird im Rahmen von sechs Fallstudien jenes empirische Material präsentiert, auf dem der Vergleich und die abschließende Analyse des Themas Lernen in der Politik beruhen. Dabei wird ein umfassendes Bild der österreichischen FTI-Politik von den 1980er bis zu den 2000er Jahren entworfen.

Das nächste Kapitel behandelt das Schwerpunktprogramm Mikroelektronik und Informationsverarbeitung (MEIV), dessen Vorgeschichte bis in die 1970er Jahre zurückreicht und das eines der ersten beiden österreichischen FTI-politischen Programme war. Bereits in diesem frühen Stadium des sich entwickelnden Politikfeldes bildeten sich Strukturen heraus, die bis in die frühen 2000er Jahre bestimmend waren.

Im darauf folgenden Kapitel wird die Geschichte der ersten dauerhaften Struktur der österreichischen FTI-Politik, die des Innovations- und Technologiefonds (ITF), beschrieben. Die wechselhafte Geschichte dieser Institution ist ein Spiegel der Beziehungen der wichtigsten Akteure des noch immer jungen Politikfeldes, die sich seither nur graduell verändert haben.

Zwei weitere Fallstudien beschäftigen sich mit Programmen, die im Rahmen des ITF abgewickelt wurden. Es handelt sich dabei um die Programme „Seed Financing" und „FlexCIM". Im Zusammenhang mit der Beschreibung der Analyse der politischen Prozesse und Auseinandersetzungen, die im ITF stattfanden, können die spezifischen Lernprozesse im Rahmen dieser beiden Programme beschrieben werden.

Das folgende Kapitel setzt sich mit der Entwicklung neuer Formen der FTI-Politik im Zuge der fortschreitenden Internationalisierung in der zweiten Hälfte der 1990er Jahre auseinander. Neben der Beschreibung anderer Programme wird der Fokus auf das Kompetenzzentrenprogramm Kplus und dessen Nachfolger COMET gerichtet. Der österreichische EU-Beitritt ermöglichte neue Formen des Lernens in der Politik, die sich deutlich auf Entstehung, Organisation und Weiterentwicklung der Kompetenzzentrenprogramme auswirkten.

Dies gilt auch für die Entstehung der Österreichischen Forschungsförderungsgesellschaft (FFG), die ohne die vorherigen Entwicklungsschritte der österreichischen FTI-Politik im Rahmen des EU-Beitritts und die damit zusammenhängenden Kompetenzzentrenprogramme schwer vorstellbar gewesen wäre. Die grundlegende Reform der österreichischen FTI-politischen Strukturen und die dafür zentrale Entstehung der FFG Mitte der 2000er Jahre ist Teil des vorletzten, vergleichendenKapitels zu 45 Jahren österreichischer Forschungspolitik und 25 Jahren Technologiepolitik.

In den letzten beiden Kapiteln des Buches werden in einem Rückgriff auf die ersten Abschnitte des Buches die verschiedenen Formen von Lernen in der Politik miteinander verglichen sowie die Vorbedingungen für Lernen in der Politik diskutiert.

Der durch die Länge der untersuchten Zeitspanne entstehende systemische Blick auf die österreichische FTI-Politik ist aus verschiedenen Gründen besonders wichtig. Einerseits wird Lernen in der Politik in seiner Gesamtheit erst aus einer derartigen Perspektive sichtbar, andererseits werden jene sozialen Prozesse, im Rahmen derer sich ein neues Politikfeld und die dazu gehörige Policy-Community herausbilden, ebenfalls erst durch die Berücksichtigung eines größeren Zeitabschnittes sichtbar.

Schließlich können die zentralen Aufgaben dieses Buches, vor allem die Zeichnung eines realistischen Bildes von Politik als historisch kontingenten, sozialen Prozess und das bessere Verständnis verschiedener Formen des Lernens in der Politik, nur dann erfüllt werden, wenn die Umwelt der jeweiligen politischen Prozesse und Maßnahmen in die Analyse mit einbezogen wird. Politik und damit auch Lernen in der Politik sind von den jeweiligen spezifischen Kontextbedingungen abhängig, die sich im Laufe der Zeit verändern. In den folgenden Fallstudien wird deshalb auf die Beschreibung der jeweiligen historischen Zusammenhänge, in denen sich die österreichische FTI-Politik wiederfand, besonderen Wert gelegt.

Dementsprechend weisen die einzelnen empirischen Kapitel auch eine gemeinsame Struktur auf. In den ersten Abschnitten werden der historische Hintergrund und die Geschichte des jeweiligen Programms beziehungsweise der Organisation beschrieben. Als nächstes werden das Programm beziehungsweise die Organisation sowie deren charakteristische Normen, Regeln, Routinen und Praktiken analysiert. In den letzten Teilen der jeweiligen Kapitel werden Formen und Verwendung von Wissen diskutiert sowie die Rolle und Formen von Lernen in der Politik untersucht.

Über diese gemeinsame Struktur der empirischen Fallstudien hinaus werden einzelne Abschnitte in die jeweiligen Kapitel eingefügt, die Besonderheiten der Programme und Organisationen diskutieren, etwa die Bedeutung der OECD in der Anfangszeit der österreichischen FTI-Politik, der EU in den 1990er und 2000er Jahren, oder die zentrale Rolle der sich herausbildenden Policy-Community und deren Vorstellungen und Wissensvorräte mit der Gründung des ITF.

4. Das erste österreichische technologiepolitische Programm

Mitte der 1970er Jahre veränderte sich die Governance der Wirtschaft in den meisten westlichen Industriestaaten dramatisch. Die Wirtschaftspolitik war bis dato in der Vorstellung der politischen EntscheidungsträgerInnen, wie auch der Öffentlichkeit durch das von Regierungen angewandte Nachfrage-Management geprägt. Diese Politik basierte auf John Maynard Keynes Arbeiten aus den 1930er Jahren, die von allen westlichen Staaten nach dem Zweiten Weltkrieg angewendet wurden (Keynes 1973 (1936), Shonfield 1965). Aufgrund einer Reihe von Faktoren (Lipietz 1985, Hall 1989, Jessop 1997), wie etwa der Energiekrise von 1974, funktionierten die wirtschaftspolitischen Maßnahmen jedoch nicht mehr wie gewohnt und eine Suche nach Alternativen begann, die sich schon bald nicht mehr nur auf die Wirtschaftspolitik beschränkte.

Industrie-, Forschungs-, Technologie- und Innovationspolitik wurden in Frage gestellt. Eine neue Form von Forschungs-, Technologie- und Innovationspolitik (FTI-Politik) wurde dabei als mögliche Antwort auf die Wirtschaftskrise gesehen, welche die Konkurrenzfähigkeit der Volkswirtschaften erhöhen sollte. Für diese politischen Maßnahmen, die im Vereinigten Königreich bereits in den frühen 1970er Jahren auf Grundlage des Rothschild-Reports eingeführt wurden (Rothschild 1971), war eine Reihe neuer Ideen von zentraler Bedeutung. Im Gegensatz zur früheren Wissenschaftsfinanzierung durch institutionelle Grundfinanzierung und zu der Erwartung, dass ForscherInnen nützliche Innovationen von sich aus generieren würden, zielten die neuen Politiken auf spezielle Gebiete, Themen und Prozesse ab und versuchten, WissenschaftlerInnen in bestimmte Richtungen zu lenken (Etzkowitz 2003, Sharp 2003). Die Forderung der Industrie lautete, WissenschaftlerInnen sollten unternehmens- und gesellschaftsrelevante Fragen erforschen. Dabei war das Ergebnis des FTI-Systems auf die Bedürfnisse der Industrie ausgerichtet. Diese Ideen kamen in verschiedenen – kapitalistischen wie sozialistischen – Industrieländern während der 1970er und 1980er Jahre zur Anwendung (Biegelbauer 2000).

In diesem Kapitel wird versucht den Wandel in der österreichischen FTI-Politik in den 1970er und 1980er Jahren nachzuzeichnen und zu verstehen. Die Hauptaktivität der österreichischen Forschungspolitik der 1970er und frühen

1980er Jahre bestand in der Schaffung neuer Kapazitäten. Dies änderte sich erst mit der Einführung der ersten österreichischen Technologiepolitikprogramme, dem Schwerpunktprogramm Mikroelektronik und Informationsverarbeitung (fortan MEIV-Programm genannt) und dem kleineren Schwerpunktprogramm Biotechnologie und Gentechnologie.

Im Folgenden wird zuerst ein Überblick über die österreichische FTI-Politik vom Zweiten Weltkrieg bis zu den 1980er Jahren und eine Darstellung der Mikroelektronik als einem Schwerpunkt der österreichischen FTI-Politik gegeben. Als Hauptbeispiel dient hierbei die erste Phase des MEIV-Programms der österreichischen Regierung (1985–1987), die beschrieben, analysiert und bewertet wird. Danach sollen die in den Policy-Prozess integrierten Formen von Wissen genauer analysiert werden: Woher kommt „das neue Wissen", welche Funktion haben die verschiedenen Policy-Instrumente auf nationaler sowie internationaler Ebene? Im Anschluss daran wird ein Versuch zur Erklärung des Geschehenen unternommen, indem einerseits die involvierten Interessen und andererseits die Rolle und Herkunft von politikrelevantem Wissen in der Fallstudie untersucht werden. Darüber hinaus wird bewertet, ob Politiklernen tatsächlich stattgefunden hat und welcher Art dieses Lernen war.

Geschichte und Hintergrund

In den 1940er und 1950er Jahren waren österreichische FTI-Politiken fast ausschließlich auf den Wiederaufbau der Infrastruktur des Hochschulbereichs ausgerichtet. Mit Ausgaben für FTI von ca. 0,2–0,3% des BIP blieb das Land weit unter der Ausgabenquote anderer Industrieländer (Fröschl 1976, Goldmann 1990, Pichler et al. 2007). Zur Verbesserung des österreichischen FTI-Systems wurden in den 1960er Jahren mehrere Institute errichtet, von denen die meisten Teil der Ludwig Boltzmann Gesellschaft und der Österreichischen Akademie der Wissenschaften wurden – wobei das Institut für Höhere Studien eine der wenigen Ausnahmen war (Fleck 2000, Kramer 2002, König 2010). Zu einigen Themen wurden langwierige Debatten geführt, wie etwa zur Frage der Einrichtung eines zentralen Forschungsrates, der von den Sozialdemokraten bereits 1948 vorgeschlagen und von der Arbeiterkammer 1963 gefordert wurde[11] (Fröschl 1976, 234), oder zur Frage einer institutionellen Lösung für die Forschungsfinanzierung (Fröschl 1976, 242). Jedoch kann man aufgrund des episodischen Charakters, der geringen Institutionalisierung und der mangelnden

---

[11] Dieser Forschungsrat wurde in einer anderen Form erst im Jahr 2000 realisiert.

Förderung vor 1967 kaum von einer kohärenten Forschungspolitik sprechen (Pichler et al. 2007).

Der Anfang der österreichischen Forschungspolitik kann in dem von der konservativen Alleinregierung 1967 erlassenen Forschungsförderungsgesetz gesehen werden, mit dem zwei unabhängige Institutionen geschaffen wurden: der Fonds zur Förderung der wissenschaftlichen Forschung (FWF) und der Forschungsförderungsfonds für die gewerbliche Wirtschaft (FFF). Beide Institutionen erwiesen sich als ebenso erfolgreiche wie stabile Einrichtungen, die nach fast vier Jahrzehnten noch immer existieren.[12] Die Gründung der beiden Institutionen erfolgte ein Jahr vor der Einrichtung des ebenfalls noch immer bestehenden Jubiläumsfonds der Österreichischen Nationalbank, der auf die Förderung von Projekten der Grundlagen- und angewandten Forschung abzielt.

In den 1970er Jahren beschleunigte sich der Aufholprozess des österreichischen Innovationssystems, der Mitte der 1960er Jahre begonnen hatte. Es wurden mehr Mittel für die FTI-Politik zur Verfügung gestellt, mehr Institute gegründet, das Hochschulwesen modernisiert und offener gestaltet. Die wahrscheinlich bedeutendste institutionelle Innovation in der Forschungspolitik der 1960er und 1970er Jahre war aber die 1970 erfolgte Einrichtung des Bundesministeriums für Wissenschaft und Forschung (BMWF, allgemein bekannt als „Wissenschaftsministerium" – ein Begriff, der auch hier verwendet werden soll). Mit dem neuen Ministerium gewann die Wissenschaft Zutritt zu den höchsten Regierungsebenen – ein Ereignis, das auch ein rapide ansteigendes Finanzierungsvolumen und eine weiter voranschreitende Institutionalisierung des Politikfelds nach sich zog.

In der Analyse der österreichischen FTI-Politik wird eine Trennung zwischen einer „naiven" und einer „realistischen" Phase vorgenommen, wobei Erstere von den 1960er bis zu den späten 1970er Jahren reichte und Letztere mit Anfang der 1980er Jahre begann (Melchior 1990, Gottweis/Latzer 2006, Mayer 2003). In der Zeit, die im Nachhinein als „naive" Phase der österreichischen FTI-Politik gesehen werden kann, waren die EntscheidungsträgerInnen davon überzeugt, dass die Finanzierung der Grundlagenforschung ausreichen würde, um innovative Produkte und brauchbare Produktionsprozesse für Unternehmen zu generieren. Diese Vorstellung zu FTI, die man auch als „science push"-Paradigma bezeichnen kann, wurde in den 1970er Jahren auf internationaler Ebene vermehrt durch das so genannte „demand pull"-Paradigma ersetzt, das dadurch gekennzeichnet ist, dass Unternehmen Innovationen aus den Forschungseinrichtungen nachfragen (Biegelbauer/Borrás 2003). Diese Vorstellung

---

[12] Der FWF besteht noch immer in seiner Gründungsform, während der FFF seit September 2004 zu einem Bereich der Österreichischen Forschungsförderungsgesellschaft (FFG) wurde.

von Forschung setzte sich in Österreich in den 1980er Jahren durch und führte zu Politiken, die später als „realistisch" bezeichnet wurden.

Mikroelektronik und Informationsverarbeitung als Zielsetzung für die österreichische FTI-Politik

Das politische Interesse an der Forschung zu MEIV stieg in den 1960er Jahren und erreichte seine Hochblüte in den 1970er und 1980er Jahren. Diese vermehrte Aufmerksamkeit führte zu Innovationen in der MEIV, die als eine neue industrielle Revolution („Informationsrevolution") gesehen wurden, die nur mit der Einführung der Dampfmaschine oder der Elektrizität in den Produktionsprozess vergleichbar war. Darüber hinaus wurde darin eine Möglichkeit zur Überwindung der andauernden Wirtschaftskrise gesehen. Beispiele für staatliche Forschungsprogramme mit dem Schwerpunkt auf MEIV findent sich etwa in Japan, wo die Regierung die auf Computerchiptechnologien fokussierenden VLSI- (1976) und 5th-Generation-Programme (1981) einführte (Branstetter/ Sakakibara 2001).

Die Suche nach den Gründen für die japanischen Wirtschaftserfolge hatte in den späten 1970er Jahren die entsprechenden Policy-Ideen in die Bundesrepublik Deutschland gebracht. 1982 begann das deutsche Bundesministerium für Forschung und Technologie (BMFT) die japanischen Modelle unter dem Titel „Verbundforschung" (Kooperation zwischen Unternehmen und Forschungseinrichtungen zur Förderung von Politiken; Lütz 1993) unter anderem im Programm „Anwendungen der Mikroelektronik" systematisch einzusetzen (VDI 1983, 1985).

Kurz darauf wurde das britische Alvey Programm für Forschung und technologische Entwicklung in der Informationstechnologie („British Alvey Programme of R&D in Advanced Information Technology") initiiert, das von 1983 bis 1990 lief (Oakley/Owen 1990, Sharp 2003). Zur selben Zeit war in den USA die Forschung zu Mikroelektronik und Informationsverarbeitung häufig das Ziel von militärischen, sowie „dual use" (militärischen und zivilen) Initiativen, wie etwa die „Strategic Computing Initiative" 1983 und das „Sematech consortium", in denen präkompetitive Forschung in der MEIV finanziert und betrieben wurde (Jacobsen 1992).

In der Geschichte des österreichischen Wissenschaftsministeriums wurde die Mikroelektronik und Informationsverarbeitung bereits früh als Schlüsseltechnologie erkannt (vergleiche Tabelle 6). Schon 1973, drei Jahre nach der Gründung des Ministeriums, wurde eine Abteilung für Mikroelektronik eingerichtet. 1975 wurden zwei Organisationen gegründet, die dem Ministerium als

Fachagenturen dienten und unterschiedliche Adressatenkreise hatten. Dabei handelte es sich um die Österreichische Computer Gesellschaft (ÖCG), die sich mehr an die Unternehmen und die Öffentlichkeit richtete, und die Gesellschaft für Mikroelektronik, die sich an die universitäre Forschung wandte. 1978 wurde die Projektgruppe Mikroelektronik gegründet, ein Gremium zur Beratung des Wissenschaftsministeriums, das unter der nominellen Leitung der Ministerin für Wissenschaft und Forschung Hertha Firnberg stand. In den frühen 1980er Jahren gehörten dem Komitee, das auch für auftragsforschungsbezogene Förder-entscheidungen verantwortlich war, ExpertInnen aus universitären und außer-universitären Forschungseinrichtungen, der Sozialpartner, der Ministerien, des FFF, des FWF, der ÖCG und des verstaatlichten Stahlproduzenten VÖEST an (BMWF 1981).

1981 veröffentlichten Peter Fleissner, Peter Paul Sint und andere WissenschaftlerInnen der Österreichischen Akademie der Wissenschaften und des Wirtschaftsförderungsinstituts (WIFO) eine vom Wissenschaftsministerium finanzierte Studie zum Einsatz, zur Verbreitung und zu den Folgen der Mikroelektronik (BMWF 1981). Diese basierte auf einem ökonometrischen Input-Output-Modell, das mit anderen qualitativen und quantitativen For-schungsmethoden kombiniert wurde. Die Studie reflektierte die Forschung zu internationalen Marktentwicklungen, erklärte technische Aspekte jüngster und zu erwartender Entwicklungen und enthielt eine Bewertung des bereits bestehenden und mittelfristig zu erwartenden Durchdringungsgrades der österreichischen Wirtschaft mit neuen MEIV-Technologien. Zudem wurden makroökonomische Szenarien für die 1980er Jahre entwickelt und Fragen der Ausbildung und Arbeitsorganisation sowie gesellschaftliche Aspekte des Einsatzes von Mikroelektronik diskutiert.

Eines der zentralen Ergebnisse der Studie war, dass Österreich im inter-nationalen Vergleich in mehrfacher Weise im Rückstand war. Nicht nur waren einige Wachstumstechnologien in der MEIV in der österreichischen Wirtschaft nicht vertreten, sondern es gab auch nur wenige Unternehmen, die sich auf die eigentliche Produktion von MEIV-Technologien spezialisiert hatten. Darüber hinaus bestand in allen Bildungsschichten ein Mangel an MEIV-geschultem Personal. In den 1980er Jahren wurde die Studie in allen veröffentlichten, Mikroelektronik-bezogenen Strategiepapieren des Wissenschaftsministeriums zitiert (BMWF 1983a, 1983b, 1985a, 1988) und regelmäßig auch zur Begründung für die Einführung bestimmter Policy-Ziele oder -Instrumente herangezogen.

Tabelle 6: Übersicht zur Mikroelektronik-bezogenen FTI-Politik in Österreich in den 1970er und 1980er Jahren

1970	Errichtung des ersten österreichischen Wissenschaftsministeriums (BMWF).
1973	Errichtung der ME-Abteilung als Teil des Wissenschaftsministeriums.
1975	Gründung der Österreichischen Computergesellschaft (ÖCG) und Gesellschaft für Mikroelektronik.
1978	Errichtung der „Projektgruppe Mikroelektronik" im Wissenschaftsministerium (unter anderem zuständig für die Förderentscheidungen zur Bottom-Up-Auftragsforschung).
1981	Veröffentlichung der Mikroelektronikstudie des WIFO und der Österreichischen Akademie der Wissenschaften (Mikroelektronik – Anwendung, Verbreitung und Auswirkungen am Beispiel Österreichs).
1982	Enquete zur Ermittlung von MEIV-Schlüsselbereichen für ein Programm.
1983	Veröffentlichung des Strategiepapiers des Wissenschaftsministeriums „Forschungskonzeption 80er Jahre" (das die Forderung nach Kooperation zwischen Wissenschaft und Industrie und Planung eines MEIV-Programms beinhaltete).
1983	Veröffentlichung des Strategiepapiers des Wissenschaftsministeriums „Mikroelektronik und Informationsverarbeitung, Forschungskonzept für die 1980er" (das die Forderung nach Kooperation zwischen Wissenschaft und Industrie und Planung eines MEIV-Programms beinhaltete).
1984	Vorstellung des MEIV-Programm-Konzepts während eines Regierungsworkshops von Minister Fischer (Wissenschaftsminister) und Staatssekretär Lacina (BKA).
1984	Verabschiedung des MEIV-Programms durch den Ministerrat.
1985	Veröffentlichung der ersten Richtlinien des MEIV-Programms.
1985	Veröffentlichung der Studie „Mikroelektronik und Informationsverarbeitung: Leistungsangebot der österreichischen Forschung" durch das BMWF, in der die nationale FTI-Kapazität in der ME bewertet wird.
1985	Änderung des Bewerbungsverfahrens für das MEIV-Programm und Verabschiedung der zweiten Richtlinien.
1986	Veröffentlichung der dritten Richtlinien des MEIV-Programms.
1988	Übernahme des MEIV-Programms in den neu geschaffenen Innovations- und Technologiefonds (ITF).

1988	Veröffentlichung des Strategiepapiers „Forschungskonzept Mikroelektronik und Informationsverarbeitung. Ziele und Potential der universitären und universitätsnahen Forschung in Österreich", in dem das MEIV-Konzept und eine Bewertung der nationalen MEIV-Forschungskapazitäten gegenübergestellt werden.
1989	Beginn der Evaluation des MEIV-Programms durch ein vom WIFO geführtes Konsortium.
1990	Beendigung des MEIV-Programms, nachdem es von 1988 bis 1989 als Teil des ITF verlängert wurde.
1991	Veröffentlichung des Evaluierungsberichts zum MEIV-Programm.

1982 wurde von der ME-Abteilung des Wissenschaftsministeriums eine Enquete zur Identifizierung von Schlüsselbereichen in der MEIV veranstaltet, mit deren Hilfe ein themenspezifisches Programm erstellt werden sollte. Mit der Forschungskonzeption 80, die von der Regierung 1983 verabschiedet wurde, wurde zudem die Bedeutung der Forschung zur Mikroelektronik zum ersten Mal in einem zentralen Politikdokument hervorgehoben (BMWF 1983a). Zehn Jahre nach der Forschungskonzeption 70 – dem ersten programmatischen österreichischen FTI-Strategiepapier – enstand in einem langwierigen, zwei Jahre andauernden Diskussionsprozess, an dem ExpertInnen aus der Wissenschaft, Industrie und Verwaltung beteiligt waren, die Forschungskonzeption 80 (Pichler et al. 2007).

In der Forschungskonzeption 80 wurden zum ersten Mal Schwerpunktbereiche für die österreichische FTI-Politik bestimmt: MEIV, neue Materialien, Recycling, Energie, Landwirtschaft und Wasser, Biotechnologie, sowie Weltraumforschung. Im selben Jahr wurde ein Forschungskonzept zur MEIV veröffentlicht (BMWF 1983b), in dem nicht nur die Forderung nach einem eigenen MEIV-Programm erhoben, sondern auch eine Stärkung der sektoralen Kooperation zwischen Wissenschaft und Industrie verlangt wurde.

1983 begann der ambitionierte Leiter der Mikroelektronik-Abteilung des Wissenschaftsministeriums[13] – der die Schlüsselfigur in den Versuchen war, ein österreichisches MEIV-Programm zu kreieren – eine Kooperation mit dem Bundeskanzleramt. Das Bundeskanzleramt war mit einer Wirtschaftsabteilung als Teil einer für die Koordination in Fragen der Wirtschaft und öffentlichen Industrie zuständigen Sektion ausgestattet. Diese Abteilung stand unter der

---

[13] 1985 bestand die ME-Abteilung aus sechs BeamtInnen.

Leitung eines Beamten, der sich ursprünglich mit Wirtschafts- und Industrie-politik beschäftigte, sich später aber zunehmend für Technologiepolitik inter-essierte. Beide Abteilungsleiter[14] traten mit ihren Ideen an ihre Vorgesetzten – Heinz Fischer, Minister für Wissenschaft und Forschung und Ferdinand Lacina, Staatssekretär im Bundeskanzleramt – heran. Beide Politiker sahen die Notwendigkeit, der Wirtschaftskrise aktiv zu begegnen und die Wettbewerbs-fähigkeit des Landes zu steigern.

Das Konzept für ein MEIV-Programm wurde von Fischer und Lacina Anfang 1984 in einer Regierungsklausur vorgestellt und vom Ministerrat im Juni desselben Jahres angenommen. Im November 1984 wurden die ministeriellen Kompetenzen neu aufgeteilt und ein neues Ministerium, das Bundesministerium für öffentliche Wirtschaft und Verkehr (BMöWV, allgemein bekannt als „Verkehrsministerium" – ein Begriff, der auch hier verwendet werden soll) wurde geschaffen, in dessen Aufgabenbereich unter anderem die Verwaltung der staatlichen Schwerindustrie fiel.[15] Deren Industriebetriebe nahmen nicht nur eine bedeutende Stellung beim Wiederaufbau des Landes nach dem Zweiten Weltkrieg ein, sondern waren auch traditionellerweise das Hauptziel der öster-reichischen Industriepolitik. Das Verkehrsministerium verfügte auch über jene die Industrie und Technologie betreffenden Kompetenzen, die zuvor im Bundeskanzleramt angesiedelt waren. Somit wurde das neue MEIV-Programm nicht als Kooperation von Wissenschaftsministerium und Bundeskanzleramt durchgeführt, sondern durch eine Kooperation von Wissenschafts- und Verkehrs-ministerium getragen.

Das Schwerpunktprogramm Mikroelektronik und Informationsverbreitung

Das MEIV-Programm, das von 1985 bis 1987 lief, bestand aus zwei Teilen. Der erste Teil, die „Forschungs- und Entwicklungsförderung", wurde vom Wissen-schaftsministerium verwaltet. Den Empfehlungen der Mikroelektronik-Studie von 1981 folgend, bestand die Aufgabe in der Erweiterung des österreichischen

---

[14] Im österreichischen öffentlichen Dienst ist die AbteilungsleiterIn eine mittlere Management-position, die zwischen der SektionsleiterIn und der GruppenleiterIn einerseits und der ReferatsleiterIn und der BeamtIn andererseits angesiedelt ist.

[15] Wie eine InterviewpartnerIn bemerkte (Interview 2-4), lag der Hauptgrund für diese Neuordnung der ministeriellen Kompetenzen in den ersten Jahren der neuen Koalition zwischen den Sozialdemokraten und der Freiheitlichen Partei darin, dass Bundeskanzler Fred Sinowatz der Meinung war, dass das Bundeskanzleramt nicht mit einer großen Anzahl an Zuständigkeiten für verschiedene Politikfelder überfrachtet werden sollte.

Personalstands in der MEIV, damit das Wissen in der Gesellschaft und der Wirtschaft schneller verbreitet werden konnte. Zu diesem Zweck wurden zwölf Schwerpunktinstitute bestimmt, die eine Vielzahl von Spezialisierungen in den im MEIV-Programm detailliert beschriebenen Schwerpunktbereichen aufwiesen. Diese Institute sollten die wissenschaftlich-technischen Teile der Bewerbungen der Unternehmen zum MEIV-Programm evaluieren, mit österreichischen Unternehmen im Programm kooperieren und Firmen bei der Einführung von MEIV-Technologien beraten. Die Fördermittel wurden in Form einer institutionellen Grundfinanzierung sowie in Form von Forschungsaufträgen bereit gestellt. Für diesen Programmteil sollten 30 Millionen österreichische Schilling (ATS) (entspricht 2,2 Mio. €) 1985, sowie jeweils 70 Millionen ATS (4,7 Mio. €) 1986 und 1987 ausgegeben werden.

Den zweiten und hinsichtlich des finanziellen Volumens viel größeren Teil des MEIV-Programms verwaltete das Verkehrsministerium. Dieser Teil wurde als „Anwendungsförderung" bezeichnet und sollte sich auf die Einführung und technologische Entwicklung von MEIV-Technologien in den Unternehmen konzentrieren. Von 1985 bis 1987 waren für diesen Teil des Programms jährliche Ausgaben von 250 Millionen ATS (ca. € 17 Millionen) vorgesehen.

Aufgrund der notwendigen Kooperation der beiden Ministerien war das Bewerbungsverfahren ziemlich komplex (vergleiche Abbildung 1). Vorgesehen war, dass die Bewerber, die Unternehmen sein mussten[16], ihre Bewerbungsunterlagen an das Wissenschaftsministerium oder an den Forschungsförderungsfonds für die gewerbliche Wirtschaft (FFF) senden sollten. Diese wurden dann an eines oder mehrere Schwerpunktinstitute zur wissenschaftlich-technischen Evaluierung weitergeleitet und an das Bundesministerium für soziale Verwaltung, den Österreichischen Gewerkschaftsbund (ÖGB) und das Institut für Sozioökonomische Entwicklungsforschung der Österreichischen Akademie der Wissenschaften gesendet – sofern eine Studie zur Einführung neuer Technologien von einer dieser Organisationen vorgeschlagen wurde. Ein weiteres Set an Unterlagen wurde an das Verkehrsministerium und die Finanzierungsgarantiegesellschaft (FGG) geschickt, wobei letztere die Bewerbungen nach ökonomischen Kriterien prüfen und danach die wissenschaftlich-technischen und ökonomischen Evaluierungen in einer Förderempfehlung zusammenfassen sollte. Die Evaluierungsergebnisse wurden dann an die Technologiefinanzierungskommission (TFK) weitergeleitet, welche die Entscheidung über die Förderung der Anträge traf und diese dem Verkehrsministerium schlussendlich als formell letzte Entscheidungsinstanz übergab. Die TFK folgte in den drei Jahren ihres

---

[16] Forschungseinrichtungen konnten nur als Partner fungieren.

Bestehens in allen Fällen dem Rat der Schwerpunktinstitute und der FGG und der Minister hielt sich in allen Fällen an die Vorschläge der TFK (Interview 1-3).

Die TFK fungierte zudem als Koordinations- und Diskussionsforum, in dem strategische Fragen der FTI-Förderung – wie etwa die bevorzugten Firmengrößen und Innovationstypen – diskutiert wurden. An diesen Diskussionen waren jeweils eine VertreterIn des Verkehrsministeriums, des Wissenschaftsministeriums, des Ministeriums für Wirtschaft, Handel und Industrie, des Finanzministeriums, des FFF und zweier Sozialpartner (Arbeiter- und Wirtschaftskammer) beteiligt. Allerdings waren nur die VertreterInnen der Ministerien stimmberechtigt.

Im Juli 1985, nur ein halbes Jahr nach Programmbeginn, wurde der Bewerbungsablaufs aufgrund der Befürchtungen zu kompliziert zu sein, bereits wieder geändert: Die Bewerbungsunterlagen wurden nicht mehr beim Wissenschaftsministerium und dem FFF eingereicht und von diesen weitergeleitet, sondern gleich dem Verkehrsministerium übermittelt. Zudem liefen die wissenschaftlich-technologischen und ökonomischen Bewertungen nicht mehr parallel ab, sondern es wurde zuerst die ökonomische und danach die wissenschaftlich-technologische Evaluation vorgenommen. Als Begründung für diese administrativen Änderungen wurde angegeben, dass das Verkehrsministerium generell über mehr Informationen zu anderen Investitionsprogrammen verfügen würde und daher die sich bewerbenden Unternehmen darüber besser informieren könnte.[17]

Parallel zu den Änderungen im Bewerbungsablauf wurden neue Richtlinien herausgegeben (vergleiche Tabelle 7). Eine Änderung bestand im Austausch einer detaillierten Liste von Kriterien zu wirtschaftlichen und projektspezifischen Daten mit einem neuen, weit gefassten Kriterienset. Eine weitere Änderung wurde im Frühjahr 1986 vorgenommen: Projekte mit einer Laufzeit von mehreren Jahren bekamen im ersten Jahr des Programms vorläufige Finanzierungsgarantien für die Folgejahre, die allerdings von der zukünftigen Budgetsituation abhängig waren. Ab dem Frühjahr 1986 war die Finanzierung von mehrjährigen Projekten zusätzlich von der erfolgreichen Erreichung von Projektmeilensteinen abhängig.

---

[17] Jedoch konnten diese Änderungen die administrativen Probleme des Programms nicht beseitigen. Wie der damals zuständige Beamte des Wissenschaftsministeriums bemerkte, kam es in den darauf folgenden beiden Jahren zu Verzögerungen seitens des Verkehrsministeriums, das Informationen nicht an das Wissenschaftsministerium weitergab und dadurch das Förderverfahren in die Länge zog (Interviews 1-2 und 1-5).

Abbildung 1:   Organisatorischer Aufbau des „Schwerpunktprogramms
Mikroelektronik-Informationsverarbeitung"

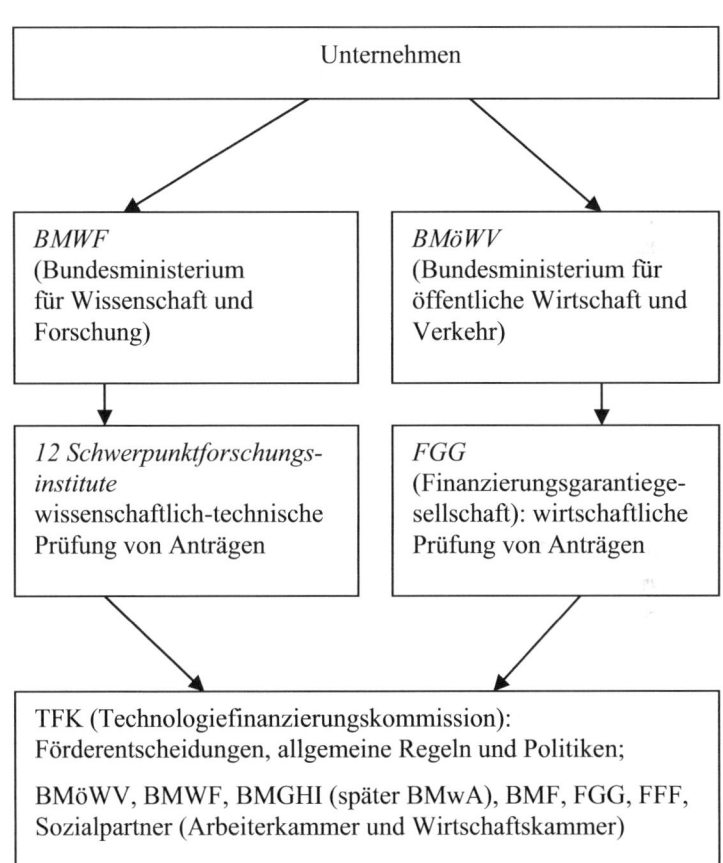

Mitte 1986 wurden die MEIV-Richtlinien ein weiteres Mal umgestaltet. Dabei handelte es sich um grundlegendere Änderungen. Die Beendigung des Programms „Einführung von Computer Aided Design und Computer Aided Manufacturing" („CAD/CAM-Einführungsprogramm") betreffend Hard- und Software im Juli 1986 bedeutete einen Politikwechsel.

Das „CAD/CAM-Einführungsprogramm" war ein Bestandteil des vom Verkehrsministerium betriebenen MEIV-Programmteils, das sich vom regulären Anwendungsförderungsprogramm dahingehend unterschied, dass es dabei nicht um FTI im eigentlichen Sinne, sondern um ein Investitionsförderungsprogramm handelte, das eigentlich zwischen Industrie- und Technologiepolitik angesiedelt war. Ein interner Evaluierungsbericht des Wissenschaftsministeriums zum MEIV-Programm begründete das frühzeitige Ende dieses Instruments damit, dass Mitte 1986 klar gewesen war, dass es keine Verlängerung der Finanzierung für das gesamte MEIV-Programm mehr geben würde. Daher waren finanzielle Einschnitte erforderlich, um auf die große Anzahl an Bewerbungen reagieren zu können, und zwar vorzugsweise in jenen Teilen des Programms, die sich als nicht FTI-spezifisch herausgestellt hatten (BMWF 1986). Eine Interviewpartnerln, die zu dieser Zeit im Wirtschaftsministerium angesiedelt war, sagte, dass sowohl Verkehrs- als auch Wissenschaftsministerium von der großen Menge an Bewerbungen zum „CAD/CAM-Einführungsprogramm" überrascht waren (Interview 1-5). Eine andere Interviewpartnerln, die damals im Bundeskanzleramt beschäftigt war, begründete die Kürzungen mit der bereits weiten Verbreitung von „CAD/CAM-Technologien" durch das Programm zu diesem Zeitpunkt (Interview 2-4). Außerdem zielte das „CAD/CAM-Einführungsprogramm" speziell auf kleine und mittlere Unternehmen (KMU) ab, wobei zunehmend der Eindruck entstand, dass jene KMU, welche die Einführung von CAD/CAM-verwandten Technologien in Erwägung zogen, in einer deutlich kürzeren als der ursprünglich vorhergesehenen Zeitspanne durch das Programm gefördert werden konnten. Dennoch – wie ein Vertreter der Wirtschaftskammer in einem Zeitungsartikel von 1987 hervorhob – herrschte Enttäuschung darüber, dass aufgrund der frühzeitigen Beendigung des Programms nicht alle (!) BewerberInnen zufrieden gestellt werden konnten (Nitsch 1987).

Die Beendigung der Finanzierung von mit der Einführung von neuen MEIV-Technologien verbundenen Bauarbeiten in Betrieben und die Nichtentschädigung der Markteinführungskosten stellten einen weiteren Politikwechsel dar (vergleiche Tabelle 2). Ein interner Evaluierungsbericht des Wissenschaftsministeriums aus dem Jahre 1986 erklärte diese beiden Änderungen mit dem Kostenreduzierungsbedarf und der Überzeugung der TFK, dass weder Bauarbeiten noch Markteinführungskosten zu den Kernbereichen des MEIV-Programms zählten (BMWF 1986).

Tabelle 7: Änderungen in den Richtlinien des MEIV-Programms

1. Richtlinien, 9.1.1985	2. Richtlinien, 1.8.1985	3. Richtlinien, 1.7.1986
Einführung von CAD/CAM	Einführung von CAD/CAM	Nicht mehr enthalten
Detaillierte Liste von Kriterien zu ökonomischen und projektspezifischen Daten	Durch sehr weit gefasste Kriterien ersetzt	Sehr weit gefasste Kriterien
Finanzierung von Bauarbeiten inkludiert	Finanzierung von Bauarbeiten inkludiert	Nicht mehr enthalten
Markteinführungskosten inkludiert	Markteinführungskosten inkludiert	Nicht explizit enthalten

Konflikte über Förderentscheidungen

Wie bereits zuvor kurz angedeutet, führte die im Rahmen des MEIV-Programms stattfindende Kooperation zwischen dem Verkehrs- und Wissenschaftsministerium zu einer Reihe von Auseinandersetzungen.[18] Eines der Probleme ergab sich aus der Bedeutung der Kooperationen zwischen den Unternehmen und den Forschungseinrichtungen. Als ein Ergebnis der konzeptionellen Zusammenarbeit von BeamtInnen des Wissenschaftsministeriums und des Bundeskanzleramts in den Jahren 1983 und 1984 wurde das Prinzip der Kooperation zwischen Wissenschaft und Industrie in der Evaluation der Bewerbungen bedeutsam. Dieser wichtige Punkt fand sich im Text wieder, mit dem Bundeskanzler Sinowatz im Sommer 1984 dem Ministerrat das Programm präsentierte. Darin wurde bereits im zweiten Absatz erwähnt, dass die Unternehmen bevorzugt behandelt werden sollten, die mit einer österreichischen Forschungseinrichtung zusammenarbeiten wollten und die unter Mitwirkung von Belegschafts- vertreterInnen und SozialwissenschaftlerInnen die Einführung neuer Technolo- gien planten. Dabei sollten Letztere für die Evaluierung der sozialen und ökolo- gischen Auswirkungen der neuen Technologien verantwortlich sein (BKA 1984).[19]

---

[18] Vergleiche hierzu die Schlussfolgerungen von Grießler, der die Etablierung des Foresight Programmes ATMOS in den frühen 1990er Jahren untersucht hat. Die Hauptakteure sind, ähnlich wie beim MEIV-Programm, das Wissenschaftsministerium und das Verkehrsministerium, die sich hinsichtlich des neuen Politikinstrumentes in einem tiefen Interessenkonflikt verstrickt fanden (Grießler 1995, 2003).

[19] „Bevorzugt behandelt werden Projektanträge, in denen die Zusammenarbeit des Antragstellers mit einem Schwerpunktinstitut oder einem sonstigen, einschlägigen österreichischen Forschungsinsti-

Während der zweite Absatz des Strategiepapiers die Bedeutung des Kooperationsprinzips und die Analyse der Folgen der neuen Technologien für die Umwelt und das Personal erörtert, stellt der erste Absatz die allgemeine Legitimation des gesamten Programms dar. Darin heißt es, dass die internationale Wettbewerbsfähigkeit der österreichischen Wirtschaft zunehmend von der Intensität und Qualität der Einführung neuer Technologien (vor allem der MEIV) zur Produkt- und Prozessinnovation abhängen werde (BKA 1984).[20]

Das Papier liefert somit die allgemeine Legitimation für das Programm („Erhöhung der Wettbewerbsfähigkeit der österreichischen Wirtschaft") und bestimmt die möglicherweise bedeutendste generelle Idee des Programms (das „Kooperationsprinzip").

Die allgemeine Legitimation konnte sowohl von den BeamtInnen des Verkehrs- als auch des Wissenschaftsministeriums, die später für die Abwicklung der Programme zuständig waren, leicht verstanden und befürwortet werden. Beide Ministerien sahen die Stärkung der Wettbewerbsfähigkeit als Teil ihrer Aufgabe, auch wenn sie sich dabei unterschiedlicher Mittel bedienten. Während die BeamtInnen des Verkehrsministeriums in der Industriepolitik Erfahrung hatten, als Teil derer sie Unternehmen mit direkten Subventionen förderten, waren ihre KollegInnen im Wissenschaftsministerium üblicherweise mit der Finanzierung von FTI beschäftigt. In Übereinstimmung mit den zuvor kurz beschriebenen internationalen Trends vertraute das Wissenschaftsministerium dabei im Laufe der 1970er Jahre auf den Forschungsauftrag als zweites Policy-Instrument, das zunehmend an Bedeutung gewann. Der Forschungsauftrag hatte eine doppelte Funktion: Zum einen konnte er als Mittel zur Politik-Beratung, zum anderen als Mittel zur Initiierung von Forschung in Bereichen, die als besonders relevant für die Entwicklung von Wissenschaft, Wirtschaft und Gesellschaft erachtet wurden, eingesetzt werden. Der Forschungsauftrag stellte aber auch keine unspezifische Subvention dar, da darin Ziele enthalten waren, die im Vertrag zwischen dem Wissenschaftsministerium und den WissenschaftlerInnen definiert waren (Zaruba 1978, 64). Somit unterschied sich die

---

tut explizit ausgewiesen ist und bei denen entsprechende sozialwissenschaftlich fundierte Begleitmaßnahmen unter Mitwirkung der Belegschaftsvertreter bei der Einführung neuer Technologien auf betrieblicher Ebene (z. B. Industrierobotereinsatz, Büroautomatisierung etc.) eingeplant sind." (BKA 1984, 2)

[20] „Maßgebend für diese Initiative war die Überlegung, dass die Strukturverbesserung und die internationale Konkurrenzfähigkeit unserer Wirtschaft in zunehmendem Maße davon abhängen werden, in welchem Ausmaß und in welcher konzeptiven Qualität österreichische Betriebe neue Technologien, allen voran die Mikroelektronik und die Informationsverarbeitung, für Produkt- und Prozessinnovationen anwenden und inwieweit sie sich dabei des vorhandenen Forschungs- und Entwicklungspotentials im universitären und außeruniversitären Bereich bedienen." (BKA 1984, 1)

Klientel der beiden Ministerien zumindest ebenso stark wie die von den beiden Organisationen verwendeten Policy-Instrumente Forschungsauftrag und Subvention.

Außerdem war es die Aufgabe der Ministerien ihre Klientel dazu zu bringen, recht unterschiedliche Dinge zu tun: Während die Firmen vermarktbare Produkte herstellen sollten, sollten die ForscherInnen wissenschaftliche und technische Probleme lösen. Und während die Bemühungen der Unternehmen zu Patenten führen sollten, die den Zugang zu den geschaffenen Innovationen beschränken sollten, sollte die Arbeit der ForscherInnen in offen zugänglichem Wissen resultieren, wie etwa in Form von Zeitschriftenartikeln.

Zwischen den Behörden kam es bald zu deutlichen Auffassungsunterschieden darüber, worum es im MEIV-Programm überhaupt ginge. Während die BeamtInnen im Wissenschaftsministerium die Zusammenarbeit von Wissenschaft und Industrie fördern wollten, konzentrierte sich das Personal des Verkehrsministeriums mehr auf die Erzeugung von Produktinnovationen. Dies zeigte sich darin, dass die BeamtInnen des Verkehrsministeriums ein eigenes Bewerbungsformular entworfen hatten, das Kooperation weder als notwendig noch als wichtig erachtete und daher auch keine Beschreibung einer derartigen Kooperation verlangt wurde (Biegelbauer 2005a). Jene BewerberInnen, die eine derartige Kooperation in ihren Antrag integriert hatten, taten dies entweder auf Eigeninitiative oder weil sie Formulare des Wissenschaftsministeriums gesehen bzw. mit dessen BeamtInnen gesprochen hatten. Obwohl die Anzahl an ausgehändigten Bewerbungsformularen ohne Bezug auf die Notwendigkeit von Kooperationen nach dem ersten Jahr (und nach diesbezüglichen Diskussionen unter VertreterInnen der beiden Ministerien) schnell zurückging, beinhalteten die meisten MEIV-Projekte letztlich trotzdem keine Form der Zusammenarbeit zwischen Unternehmen und Forschungseinrichtungen, obwohl dies eigentlich ein zentrales Prinzip des Förderprogramms sein sollte (Hutschenreiter et al. 1991, 309).

Wie zuvor erwähnt, hatten WissenschaftlerInnen laut dem ursprünglich im Ministerrat präsentierten Strategiepapier noch eine zweite Funktion: SozialwissenschaftlerInnen sollten einbezogen werden, um die Auswirkungen der MEIV-Technologien sowohl auf die Arbeit und Arbeitsorganisation der Firmenbelegschaften als auch auf die Umwelt zu untersuchen. Diese Entscheidung muss im Kontext der während der 1970er und 1980er Jahre intensiv geführten öffentlichen Diskussionen über die gesellschaftlichen Folgen der MEIV gesehen werden. Zentrale Themen waren die rationalisierungsbedingte Arbeitslosigkeit, die unter anderem durch die Einführung von Computern und allgemein durch die Automatisierung verursacht wurde, aber auch durch die aufgrund des Einsatzes von Computerterminals sich zunehmend wiederholenden

Tätigkeiten im Arbeitsalltag des Büropersonals und durch die Verwendung von Computerbildschirmen und neuer Input/Output-Geräte bedingten gesundheitlichen Probleme (BMWF 1981, Jacobsen 1992).

Während der ersten sechs Monate des MEIV-Programms, als noch die ursprünglichen Förderrichtlinien angewandt wurden, gingen die Bewerbungen ans Wissenschaftsministerium, das den Evaluierungsprozess koordinierte. Wie bereits erwähnt, war es Teil dieses Verfahrens, eine Liste der Bewerbungen an das Bundesministerium für soziale Verwaltung und den Österreichischen Gewerkschaftsbund (ÖGB) zu schicken, die in Kooperation mit einem Institut der Österreichischen Akademie der Wissenschaften, dem Institut für Sozioökonomische Entwicklungsforschung (ISEF), Technologiebewertungspraktiken als Teil der dafür infrage kommenden Förderungsansuchen durchführen sollten. Als jedoch die neuen Richtlinien, welche die Prozesskoordination durch das Verkehrsministerium vorsahen, etabliert waren, wurden keine Listen mehr an das Bundesministerium für soziale Verwaltung, den Gewerkschaftsbund und das Institut für Sozioökonomische Entwicklungsforschung geschickt.

Dies hatte zur Folge, dass die Technologiebewertung nur in wenigen Fällen Bestandteil der MEIV-Projekte wurde. Dies ist umso erstaunlicher, als es ein kostenloses Angebot vom ISEF zur Untersuchung der Auswirkungen von MEIV-Technologien auf Unternehmen gab. Zusätzlich hatte das Institut Briefe an jene sich bewerbenden Firmen geschickt, deren Projekte nach Einschätzung des Instituts weitreichende Auswirkungen auf Arbeit und Arbeitsorganisation hatten (Hutschenreiter et al. 1991).

Wie der Ex-Post-Evaluationsbericht zum MEIV-Programm anmerkt, war die sozialwissenschaftliche Forschung, wie sie in den Bewerbungsrichtlinien beschrieben wurde, weder in irgendeiner Phase des Programms bindend, noch herrschte Klarheit darüber, wie diese Forschung aussehen sollte (Hutschenreiter et al. 1991, 375). Es gibt mehrere mögliche Erklärungen für dieses Problem: Zu dem Zeitpunkt, an dem die Konkretisierung der Technologiebewertungspraxis im MEIV-Programm stattfinden hätte sollen, waren in Österreich nur wenige Erfahrungen mit dieser Art von Forschung vorhanden. Es ist allerdings unklar, warum nicht nach den ersten Projektphasen ein internes Verfahren zur Schaffung eines Mechanismus zur regelmäßigeren Einbeziehung von Technologiebewertungspraktiken geschaffen wurde.

Eine andere Erklärung für die erfolglosen Versuche, Arbeits- und Arbeitsorganisationsanalysen in die MEIV-Projekte zu integrieren, ist, dass sich das Verkehrsministerium, ähnlich der fehlenden Passagen zum Kooperationsprinzip im Antragsformular, nicht zur Notwendigkeit solcher Projektziele geäußert hatte. Dies stellte eine Parallele zu der Vorgangsweise der BeamtInnen des Verkehrsministeriums bezüglich der Zusammenarbeit zwischen Unternehmen und Forschungseinrichtungen dar. Außerdem kann auch hier angenommen werden, dass sich die unterschiedlichen Ziele und Instrumente, sowie andere Klientel der beiden Ministerien auf die Programmimplementierung auswirkten.

Es gab mehrere Versuche zur Beilegung der Auseinandersetzungen zwischen den beiden Ministerien, wobei die gemeinsamen Workshops der TFK und der Schwerpunktforschungsinstitute die wohl bemerkenswertesten waren. Beim dritten Workshop im November 1985, zu dem alle am Programmmanagement beteiligten Personen eingeladen waren, wurde eine Reihe von Problemen intensiv diskutiert. Das Protokoll wurde vom Bediensteten des Wissenschaftsministeriums verfasst, der in der Abteilung für Mikroelektronik hauptsächlich für die operative Seite des Programms zuständig war. Darin merkte dieser ohne weiteren Kommentar an, dass zum damaligen Zeitpunkt 21 von 59 Förderprojekten Kooperationscharakter hatten. Des Weiteren erwähnte er, dass die Probleme mit der Qualität der Projektbeschreibungen ein Diskussionsthema waren; ein weiteres Thema war, dass relativ wenig KMU erreicht wurden und dass die Bewerbungsunterlagen für KMU-AntragstellerInnen, die das Ausfüllen der Bewerbungen nicht gewohnt waren, zu kompliziert waren. Darüber hinaus wurden die Evaluierungsverfahren als zu langwierig kritisiert, da vor allem KMU nicht die nötigen Kapazitäten zur langfristigen Planung haben würden und das Geld schnell benötigten, um erfolgreich sein zu können.

Außerdem gab es Kritik an der Praxis der Förderung von nur anwendungsnahen Projekten. Interessanterweise diente als Grundlage für diese Kritik die mit dem britischen, kooperativen „Alvey"-Programm gemachten Erfahrungen. Dieses war aber präkompetitiver Art und bezog sich in der Berechnung der zu erwartenden vermarktbaren Produkte auf längere Zeitspannen (Oakley/Owen 1990).

Wie gezeigt werden wird, fand sich eine Reihe dieser Kritikpunkte in der Ex-Post-Evaluierung wieder, und im Großen und Ganzen wurde das MEIV-Programm für die verbleibende Laufzeit von diesen Problemen heimgesucht. Das MEIV-Programm lief bis Ende 1986 in der hier beschriebenen Form. Mit der Errichtung des Innovations- und Technologiefonds (ITF) im Jahre 1987 wurde es, zusammen mit einigen anderen Programmen, im Rahmen dieser Forschungsförderungsinstitution bis 1989 weiterbetrieben.

Die Evaluierung des MEIV-Programms

Das MEIV-Programm war in vielerlei Hinsicht bahnbrechend. Zuallererst war es das erste technologiepolitische Programm der österreichischen Geschichte. Während eine Reihe von Maßnahmen der Industriepolitik auch technologiepolitische Aspekte zum Inhalt gehabt hatten,[21] gab es vor dem MEIV-Programm keine Maßnahme, in der die Einführung und Verbreitung einer neuen Technologie systematisch gefördert wurde. Zudem lag der Schwerpunkt des MEIV-Programms auf Produktinnovationen und dadurch auf der Stärkung der österreichischen Wirtschaft, indem eine ihrer Schwächen beseitigt werden sollte.

Diese Schwäche bestand darin, dass das österreichische Innovationssystem zwar traditionell stark im Bereich der Prozessinnovationen, aber eher schwach bei Produktinnovationen war. Es war zudem bedeutsam, dass es sich beim MEIV-Programm nicht allein um ein reines Technologieprogramm handelte, sondern dass darin auch Elemente der Forschungspolitik enthalten waren. Das Programm brachte das (in der Realität dann aber kaum umgesetzte) Konzept der Förderung von Kooperationen zwischen Unternehmen und Forschungs-einrichtungen nach Österreich, was zur damaligen Zeit auch international noch recht neu war.

Außerdem bediente sich das Programm der Idee der Technologiebewertung, die in den 1970er Jahren erfunden wurde (Loeber 2004, Abels/Bora 2004, Loeber et al. 2011), aber bis Mitte der 1980er Jahre in Österreich kaum etabliert war. Darüber hinaus ging dem MEIV-Programm eine vergleichsweise lange Vorbereitungszeit voraus, in der eine Reihe von Studien durchgeführt wurde. Das Programm wurde 1985 und 1986 intern durch einen Beamten und 1989 und 1990 extern durch ein Konsortium von SozialwissenschaftlerInnen evaluiert. Dies unterschied sich von anderen Programmen, denn zu jener Zeit gehörte eine derartig aufwändige Vorbereitung und Kontrolle nicht zur Standardpraxis in anderen österreichischen Ministerien.

Die Ex-Post-Evaluierung aus dem Jahr 1991, die von ForscherInnen des WIFO, des Österreichischen Forschungszentrums Seibersdorf (ÖFZS, heute: Austrian Institute of Technology, AIT) sowie des Interdisziplinären Forschungs-zentrums Sozialwissenschaften (IFS) und ISEF durchgeführt wurde, weist für die Jahre 1985 bis 1987 Ausgaben von insgesamt ATS 487,6 Millionen (ca. € 33 Millionen) zur Förderung von 193 Projekten aus, die im Rahmen des MEIV-Programms vom Verkehrsministerium verwaltet wurden. 169 Projekte wurden mit ATS 95,5 Millionen (€ 6,5 Millionen) als Teil des „CAD/CAM-Einführungs-programms" gefördert, das ebenfalls in den Verantwortungsbereich des Verkehrs-ministeriums fiel. Diese Zahlen beinhalten nicht die Förderung der zwölf Schwerpunktinstitute, die vom Wissenschaftsministerium institutionelle und Auf-tragsforschungsförderung erhielten (Hutschenreiter et al. 1991).

---

[21] Zum Beispiel dadurch, dass sie für Firmen Anreize setzten, ihre Produktion zu modernisieren, während sie Märkte durch Handels- und Tarifgestaltungspolitiken abschirmten.

Rund ein Viertel des Geldes ging an Firmen mit weniger als 50 MitarbeiterInnen, die damals wie heute die große Mehrzahl österreichischer Unternehmen ausmachen. Ungefähr die Hälfte der Mittel ging an Unternehmen mit 50 bis 500 Beschäftigten und rund ein Viertel wurde für Projekte von Großunternehmen mit über 500 MitarbeiterInnen aufgewendet.

Die staatliche Industrie erhielt ca. 12% der Förderungen, weniger als für die klassische Industriepolitik der damaligen Zeit typisch war. Die meisten Projekte waren in der Industrie – zumeist in den Elektro- und Elektronikbereichen – angesiedelt, gefolgt von der Maschinen- und Stahlproduktion. Die Selektivität war im Vergleich zu anderen damaligen nationalen Industrie- und Wirtschaftspolitikprogrammen relativ hoch, mehr als 50% der Projektanträge wurden abgelehnt (Hutschenreiter et al. 1991).

40% der Innovationen waren Produktinnovationen und 30% kombinierte Produkt- und Prozessinnovationen. Die meisten geförderten Firmen waren im Mid-Tech-Bereich angesiedelt und eher exportorientiert. Im Evaluierungsbericht von 1991 wird das MEIV-Programm nur als teilweiser Erfolg dargestellt. Das Gesamtziel, die Förderung der österreichischen Wettbewerbsfähigkeit auf internationaler Ebene, wurde erreicht. Dennoch wurden hinsichtlich der einzelnen Ergebnisse des Programms eine Reihe von Einschränkungen vorgenommen.

Ein Problem war die Förderung von Projekten, die auch ohne Regierungsgelder durchgeführt worden wären. Einige dieser Projekte waren zur Zeit der Antragsüberprüfung bereits am Laufen. FirmenvertreterInnen begegneten dieser Kritik mit dem Argument, dass sie sich mithilfe der Regierungsfinanzierung viel schneller mit FTI beschäftigen könnten als ohne eine solche Förderung (Hutschenreiter et al. 1991). Natürlich ist dies nur für jene Firmen zutreffend, deren Projekte zum Zeitpunkt der Förderantragsstellung noch nicht begonnen hatten. Die interne Programmevaluierung des Wissenschaftsministeriums weist bereits 1986 auf dieses Problem hin und auch die fünf Jahre später durchgeführte Ex-Post-Evaluierung kommt zum selben Ergebnis.

Zudem wurde im Rahmen der internen Evaluierung angemerkt, dass nur relativ wenige KMU gefördert wurden (BMWF 1985b). Dies wurde einerseits mit dem effizienteren Lobbying von Großunternehmen, andererseits mit deren größeren Erfahrung bei der Antragstellung erklärt.

Eine weitere, in einer internen Evaluierung des Wissenschaftsministeriums erhobene Kritik bestand darin, dass die meisten geförderten Projekte nicht wirklich in die Kategorien „Hochtechnologie" und „risikoreich" fielen (BMWF 1985b). Wie eine BeamtIn im Interview meinte, stand das Verkehrsministerium solchen Projekten eher skeptisch gegenüber, da diese als ungeeignet für die Markteinführung angesehen wurden (Interview 1-5). Der Ex-Post-Evaluierungsbericht von 1991 teilte diese Kritik: Die Firmen, die sich erfolgreich um Gelder aus dem MEIV-Programm bewarben, waren eher in Mid-Tech-Sektoren zu finden, hatten bereits Erfahrung mit FTI und konzentrierten sich auf Produkte, die nicht am Anfang des Produktlebenszyklus standen.

Weitere kritische Anmerkungen bezogen sich auf den Umstand, dass Förderansuchen aufgrund der nacheinander und nicht parallel stattfindenden Bewertungen nicht miteinander verglichen wurden. Daher gab es zwischen den Bewerbungen auch keinen Wettbewerb. Darüber hinaus war sowohl für die internen als auch die externen GutachterInnen von Unternehmen klar, dass Firmen Schwierigkeiten mit dem technologischen Teil der Bewerbungsunterlagen hatten (Hutschenreiter et al. 1991).

Von grundlegenderer Natur waren jedoch zwei Kritikpunkte des Ex-Post-Evaluierungsteams: Zum einen befand das Team die Förderbereiche des Programms als zu weit gefasst und unspezifisch.[22] Zum anderen war es der Meinung, dass es einen vielfältigeren Policy-Mix hätte geben müssen, um auch stärkere Top-Down-Elemente im Programm zu haben.

In den internen Evaluierungen des Wissenschaftsministeriums und in der Ex-Post-Evaluierung, wurde kritisiert, dass nur bei einer Handvoll an Projekten eine Technologiebewertung durchgeführt wurde.

Formen und Verwendung von Wissen

Auf welcher Art von Wissen basierte nun die Einführung und Implementierung des ersten österreichischen Technologieprogramms? In diesem Zusammenhang ist es weniger interessant, eine allgemeine Zuordnung allen für den Policy-Prozess grundlegenden Wissens vorzunehmen. Viel interessanter hingegen ist die Untersuchung des spezialisierten Wissens, das die Entwicklung und Durchführung der MEIV-Schwerpunktprogramme ermöglichte. Eine derartige Analyse sollte auch die Möglichkeit schaffen, zu erkennen, woher das Wissen kam – etwa in welcher Weise nationale und internationale Quellen relevant waren – und wie es generiert wurde.

Zuallererst ist es wichtig zu erkennen, dass das MEIV-Programm nicht ohne die Erfahrungen hätte entwickelt werden können, die im Wissenschaftsministerium und den Vorläuferorganisationen des Verkehrsministeriums mit an-

---

[22] Dieser Punkt wurde auch von einem Vertreter des österreichischen Bundeskanzleramts kritisiert (Interview 2-4).

deren Programmen gesammelt worden waren.[23] Das Wissenschaftsministerium hatte über mehr als ein Jahrzehnt Erfahrung bei der Förderung von FTI durch institutionelle Zuschüsse und Auftragsforschung gewonnen. Einerseits führte diese Erfahrung zum Aufbau von institutionellen und personellen Kapazitäten in der MEIV-bezogenen FTI, denn das Wissenschaftsministerium verfolgte die Strategie, die nationalen Kapazitäten in der MEIV-bezogenen universitären und außeruniversitären Forschung zu erweitern. Andererseits führten die Erfahrungen der BeamtInnen des Wissenschaftsministeriums zu Praxiswissen, beispielsweise darüber, wie Gelder für die FTI-Politik beschafft, Politikmaßnahmen legitimiert, eine spezifische Klientel angesprochen und die erforderliche Einhaltung von Regeln durchgesetzt werden konnte, um erwünschte Effekte zu erzielen.

Die Erfahrungen mit den, verglichen mit dem MEIV-Schwerpunktprogramm, weniger ambitionierten und komplexen Politikinstrumenten der institutionellen Förderung und Auftragsforschung bildeten also den Wissensbestand, auf dem die ministeriellen AkteurInnen ihr innovatives Programm aufbauen konnten. Zusätzlich zu diesen eher allgemeinen Fähigkeiten verfügten die BeamtInnen – speziell in der ME-Abteilung – über viel Wissen über die Besonderheiten ihres Policy-Ziels Mikroelektronik. Seit den frühen 1970er Jahren hatten sie die internationale Fachliteratur zu verschiedenen Aspekten der Einführung dieser neuen Technologie und deren wirtschaftlichen und gesellschaftlichen Auswirkungen verfolgt.[24] Zudem standen sie in Kooperation mit der Projektgruppe Mikroelektronik, einer Gruppe von ExpertInnen, die das Wissenschaftsministerium beriet. Sie verfügten weiters über Wissen zu den in den Bereichen der Mikroelektronik und Informationsverarbeitung tätigen österreichischen WissenschaftlerInnen und sie standen auch in engem Kontakt mit Großunternehmen.

Mit Ende der 1970er Jahre hatten sich die UnternehmensvertreterInnen daran gewöhnt, beim Wissenschaftsministerium Lobbying zu betreiben. Es hatte damals auch bereits mehrere Bemühungen von der Regierung gegeben, die in

---

[23] Dabei werden wir uns im Folgenden auf das Wissenschaftsministerium konzentrieren, da das Ministerium während aller Phasen des Policy-Prozesses eine wichtige Rolle spielte und auch eine zentrale Stellung bei der Einführung des Programms einnahm.

[24] Es finden sich in der Administrativen Bibliothek des Bundes in Wien Dutzende von in den 1970er und 1980er Jahren verfassten Büchern und Studien zu MEIV-bezogenen Fragen, darunter viele internationale Quellen wie etwa die OECD und ausländische Regierungen. Am prominentesten vertreten ist wohl die BRD mit Berichten aus und gelegentlich auch über Deutschland. Die deutsche Beamtenschaft diente auch als Informationsübermittler von weiter entfernten Quellen. Ein Beispiel dafür ist die Übersetzung der japanischen FTI-Strategie der 1970er Jahre (Bundesministerium für Bildung und Wissenschaft 1972), die vom deutschen Wissenschaftsministerium durchgeführt wurde und die dann ihren Weg ins österreichische Wissenschaftsministerium fand.

Österreich vorhandenen MEIV-Unternehmen darin zu bestärken, FTI-Kapazitäten im Land aufzubauen. Dies führte später zur Errichtung von einigen Forschungszentren in Österreich, die von den Ländern, dem Bund und Unternehmen kofinanziert wurden.[25] Diese Initiativen zeigen die zunehmende Bedeutung von MEIV für die österreichische Bundesregierung.

Immer wieder wurde von InterviewpartnerInnen, aber auch in Strategiepapieren, Bezug auf OECD- und UNESCO-Konferenzen und -Beiträge als wichtige Grundlage für die FTI-Politikentwicklung der späten 1970er und frühen 1980er Jahre genommen. In der Forschungskonzeption '80 wurden im Kapitel zu den Grundsätzen und Zielen der österreichischen Forschungspolitik sowohl die UNESCO-Wissenschaftsministerkonferenz von 1978 als auch die OECD-Wissenschaftsministerkonferenz von 1981 mehrmals erwähnt. Diese Konferenzen wurden herangezogen, um die Handlungen und Zielsetzungen des Wissenschaftsministeriums auf nationaler Ebene zu begründen und zu legitimieren. Obwohl eine eindeutige Ursache-Wirkung-Beziehung nicht nachweisbar ist, haben mehrere InterviewpartnerInnen angemerkt, dass besonders die OECD-Konferenzen und -Dokumente einen bedeutenden Einfluss auf Agenda-Setting und Problemdefinition, sowie in geringerem Ausmaß auf den österreichischen FTI-Politik-Prozess hatten (Interviews 1-1, 2-8, 2-10). Dies galt auch für die MEIV-bezogene FTI, die über eine lange Geschichte an OECD-Policy-Fachwissen in Form des dortigen Ausschusses für Information, Computer und Kommunikationspolitik (ICCP) verfügte.

Ähnliche Kommentare gab es von Erich Fröschl, der die OECD in ihrer Funktion als Erstellerin von Konzepten für die im Zuge des Internationalisierungsprozesses stattfindende Anpassung der FTI-Politiken von kleinen europäischen Industrieländern als ein europäisches „Technokratie-Planungsunternehmen" bezeichnet. Nach seiner Einschätzung war die Forschungskonzeption 70 in recht erheblichem Umfang von Vorstellungen und Zielen dominiert, die von der OECD propagiert wurden (Fröschl 1976, 158/287).

Beispiele aus anderen Ländern hatten ebenfalls Einfluss auf die österreichische politische Entscheidungsfindung. Indizien dafür sind beispielsweise der Verweis auf Literatur von ausländischen Quellen, sowie die vom Wissenschaftsministerium in Auftrag gegebenen Studien über ausländische Ministerien und ihre MEIV-bezogenen Politiken. Obwohl Arbeiten der OECD zu MEIV-bezogenen Politiken existierten (OECD 1982), gab es keine österreichische Studie, in der vor der Durchführung des MEIV-Programms die

---

[25] Wie beispielsweise Siemens Villach, später Infineon.

Erfahrungen anderer Länder mit MEIV-bezogenen FTI-Politiken systematisch untereinander verglichen wurden.

Dies ist überraschend, wenn man bedenkt, wie viel Zeit und Mühe in die Entwicklung von MEIV-bezogenen FTI-Politiken aufgewendet wurde. Zudem wurden in den relevanten Strategiepapieren ausländische Beispiele als Legitimation für die Policy-Ziele des Wissenschaftsministeriums erwähnt. Häufig wurde auch das Motiv der internationalen Wettbewerbsfähigkeit und eines wahrgenommenen Abstandes zum internationalen Standard in den MEIV-bezogenen Technologien zitiert, um FTI-politische Anstrengungen zu rechtfertigen.

BeamtInnen des Wissenschaftsministeriums organisierten zwei Studienaufenthalte als direkte Vorbereitung für die MEIV-Schwerpunktprogramme (Interviews 1-1, 2-1). Im Jahre 1983 wurde eine Gruppe entsandt, die aus BeamtInnen des Wissenschaftsministeriums, ForscherInnen von drei österreichischen technischen Universitäten, ExpertInnen der Wirtschaftskammer und den Hauptverfassern der Studie zur MEIV von 1981, sowie zwei WirtschaftswissenschaftlerInnen des WIFO und der Österreichischen Akademie der Wissenschaften bestand. Diese Gruppe besuchte die Schweiz, wo die wirtschaftlichen Probleme der Uhrenindustrie zu einem Umdenken über Regierungsinterventionen in der Wirtschaft geführt hatten. Ein Ergebnis dieses Umdenkens war die Errichtung eines kooperativen FTI-Forschungszentrums, das sich mit MEIV befasste. Dieses wurde auch von der österreichischen Gruppe besichtigt. Der Studienaufenthalt wurde sehr   ernst genommen und auf höchsten Regierungsebenen unter direkter Beteiligung der Schweizer und österreichischen FTI-Minister vorbereitet. Auf einer etwas weniger hochrangigen Ebene wurde im Zuge eines im selben Jahr stattfindenden Besuches in Bayern ebenfalls eine Tour durch FTI-Zentren unternommen. Ergebnisse dieser Besuche waren keine konkreten Vorlagen für Programmentwürfe, sondern vielmehr Hintergrundwissen darüber, was, wie einer der InterviewpartnerInnen meinte, „die anderen" zu der Zeit taten (Interview 1-1).

Es ist nicht überraschend, dass die Europäische Wirtschaftsgemeinschaft (EWG) als Quelle für Politik-Ideen oder Politikrelevantes Wissen kaum eine Rolle spielte, da die diesbezüglichen Bemühungen der EWG erst am Anfang standen (Sharp/Peterson 1998, Pernicka et al. 2002). Die 1985 erschienene Publikation über die FTI-Kapazitäten des österreichischen MEIV-Sektors ist das einzige MEIV-bezogene Strategiepapier der 1980er Jahre, in dem die EWG oder eine EWG-bezogene Initiative erwähnt wurde (BMWF 1985a). Im Vorwort nimmt Minister Fischer Bezug auf die europäischen Forschungs- und Entwicklungsinitiativen EUREKA und die Europäische Raumfahrtsbehörde (European Space Agency – ESA), beides europäische Initiativen, die nicht direkt mit der EWG verbunden waren. Zudem beginnt die Broschüre mit einem Vergleich der FTI-Policy-Bemühungen in Japan, den USA, Frankreich, Deutschland und der EWG.

Eine weitere wichtige Wissensquelle war die bereits zuvor erwähnte Mikroelektronik-Studie von 1981. Diese Studie wurde während der 1980er Jahre sicherlich am häufigsten in auf MEIV-bezogenen Strategiepapieren zitiert. Ein wichtiger Aspekt ist, dass die Studie als Ideenquelle für die Bestimmung relevanter Probleme diente. Zudem lieferte das Papier Hinweise über die zu erwartenden Szenarien bei einem höheren oder niedrigeren Verbreitungsgrad von Mikroelektronik- und Informationsverarbeitungstechnologien in Österreich. Es diente daher nicht nur als Entscheidungsfindungsinstrument, sondern auch als Legitimation der Forderung nach mehr MEIV-bezogenen Politiken.

Diese Forderung wurde in den frühen 1980er Jahren lauter, als VertreterInnen von Forschungseinrichtungen anfingen, „bei der ME-Abteilung anzuklopfen" (Interview 1-1). Die Forschungseinrichtungen, die zumindest in vielen Fällen durch die MEIV-bezogenen Politiken des Wissenschaftsministeriums errichtet und gefördert wurden, begannen ein neues Programm zur Bereichserweiterung einzufordern. Die BeamtInnen nahmen an ihren Türen nicht nur die Klopfgeräusche von ProfessorInnen, sondern auch von UnternehmensvertreterInnen wahr, die bereits Kontakte zu einigen Forschungseinrichtungen geknüpft hatten. Diese Unternehmen verlangten Programme, die einen weiteren Ausbau ihrer FTI-Aktivitäten ermöglichen würden.

Rolle und Formen des Lernens

Was motivierte die BeamtInnen zum politischen Handeln? Wie schon erwähnt unterschied Hugo Heclo zwischen „powering" – auf die Verteidigung von Interessen bezogenes Handeln – und „puzzling", das auf Problemlösung abzielende Handeln (Heclo 1974). Folgt man dieser Klassifikation, so stellen sich mehrere Fragen: Wollten die BeamtInnen primär Probleme lösen - in diesem Fall - durch die Einführung einer neuen Technologie die österreichische Wirtschaft konkurrenzfähiger machen? Oder wurde das erworbene Wissen zur Legitimation von Politiken verwendet, beispielsweise weil die Klientel der ME-Abteilung ein Programm einforderte? Oder wollte der Abteilungsleiter Karriere machen, und der beste Weg dazu war es, ein erfolgreiches Programm zu haben, mit mehr

Ressourcen und Kompetenzen zur Programmerweiterung ausgestattet zu werden und damit mehr Einfluss innerhalb des Ministeriums zu erlangen?[26]

So weit aus internen Papieren und Unterlagen, Studien und Interviews rekonstruiert werden kann, ist eine Kombination von all dieser Faktoren sehr wahrscheinlich. Der Druck der Klientel der ME-Abteilung war insofern ein sich selbstverstärkender Prozess, als die Abteilung anfangs beim Aufbau des Politikfelds behilflich war, das nun nach mehr Fördermitteln verlangte. Natürlich lag diese Entwicklung insofern im Interesse der Abteilung, als sie ihre eigene Existenz legitimierte. Darüber hinaus identifizierte sich der Abteilungsleiter nicht nur persönlich mit den Zielen des Programms, sondern machte tatsächlich Karriere, unter anderem gerade wegen des MEIV-Schwerpunktprogramms, das als Erfolg gesehen wurde.[27] Dies wären klare Anzeichen für die herausragende Bedeutung von Interessen als erklärender Faktor im Policy-Prozess (powering).

Dennoch gab es aber auch ein Problem, das nach Lösungsansätzen verlangte (puzzling): Der in den frühen 1980er Jahren bestehende Abstand zwischen Österreich und der Mehrzahl der übrigen OECD-Länder in den MEIV-bezogenen Technologien ist anhand der österreichischen Wirtschaftsdaten feststellbar (BMWF 1981). Zudem war damals die Bedeutung der Technologie aufgrund der wirtschaftlichen Entwicklung anderer Länder klar ersichtlich. Daher konnte die ME-Abteilung des Wissenschaftsministeriums ein Problem präsentieren, mit dem sich die Regierung auseinandersetzen sollte, da die Unternehmen selbst die neuen Technologien nicht schnell genug zu absorbieren schienen. Der Weg, das Problem zu lösen, wurde von ausländischen Erfahrungen beeinflusst – Informationen darüber wurden aus einschlägiger Literatur, bei Studienaufenthalten und durch Kontakte mit internationalen Organisationen gesammelt. Je weiter der Politik-Prozess aber voranschritt, desto weniger waren ausländische Modelle von Bedeutung und desto mehr begannen die Mechanismen der österreichischen Politik eine Rolle zu spielen. Anfangs mussten im Entscheidungsfindungsprozess zahlreiche Interessen berücksichtigt werden – beziehungsweise eigentlich bereits bei der Vorbereitung der Entscheidungsfindung, die auf ministerieller Ebene stattfand. Die Sozialpartner, insbesondere die Wirtschaftskammer, wurden in alle Phasen miteinbezogen, typisch für das neokorporatistische österreichische politische System. Eine Kooperation mit dem Bundeskanzleramt wurde initiiert – als Reaktion auf die fehlenden Industriepolitikkompetenzen des Wissenschaftsministeriums. Die Vorschläge für ein

---

[26] Vergleiche die "public choice"-Literatur zu öffentlichen Bürokratien von Autoren wie etwa Gordon Tullock und William Niskanen und die Vorstellung einer „bureau maximisation" als Motivation von Handlungen von BeamtInnen (Tullock 1965, Niskanen 1971, Lane 1987).

[27] Er wurde zum Leiter der Forschungssektion des Wissenschaftsministeriums befördert.

Schwerpunktprogramm machten schließlich im Jahre 1983 die Runde – im ersten Jahr einer neuen Koalitionsregierung (bestehend aus Sozialdemokratischer Partei (SPÖ) und Freiheitlicher Partei (FPÖ)), die auf die 13-jährige sozialdemokratische Alleinregierung unter Bundeskanzler Bruno Kreisky folgte, und die auch einen jungen Minister für Wissenschaft und Forschung inkludierte, dessen Ernennung ein Möglichkeitsfenster für eine aktivere FTI-Politik der ME-Abteilung darstellte.

Hertha Firnberg, von 1970 bis 1983 Ministerin für Wissenschaft und Forschung, war eine ausdrückliche Gegnerin eines MEIV-Programms. Sie stellte ihre ablehnende Haltung just im Vorwort zum ersten MEIV-Forschungskonzept unter Beweis, das von der ministeriellen ME-Abteilung mit dem Ziel erstellt wurde, die Idee eines MEIV-Programms zu unterstützen (BMWF 1983b). Als Heinz Fischer 1983 als ihr Nachfolger sein Amt antrat, suchte er nach einer FTI-Politik, die Österreich dabei helfen könnte, mit den Auswirkungen der zweiten Ölkrise fertig zu werden. Der neue Wissenschaftsminister war schnell von der Idee eines MEIV-Programms überzeugt (wie dies auch sein Amtskollege im Bundeskanzleramt, Staatssekretär Ferdinand Lacina, war) – ein Politik-instrument, das mit Top-Down-Elementen auf die MEIV abzielte und eine Modernisierung der Wirtschaft und eine Vergrößerung der Wettbewerbsfähigkeit Österreichs versprach.

Daher ging, nach einem eher langatmigen Vorspiel, die eigentliche Arbeit am MEIV-Schwerpunktprogramm zügig vonstatten. Es dauerte weniger als ein Jahr, bis das Programm ausgearbeitet war und alle Entscheidungsfindungsebenen in den Ministerien, der Koalition zwischen SPÖ und FPÖ sowie den Ministerrat durchlaufen hatte. Dies war im Rahmen des konsensorientierten, neokorpora-tistischen österreichischen politischen Systems eine bemerkenswert kurze Zeitspanne!

Die Implementierung des Programms begann mit der Neuverteilung ministerieller Kompetenzen und der im Zusammenspiel von Wissenschafts- und Verkehrsministerium stattfindenden Konkretisierung des MEIV-Programms. In dieser Phase des Policy-Prozesses erreichte das HinundHer der AkteurInnen zwischen der Verteidigung von Interessen und der Lösung von Problemen eine neue Ebene. Wie zuvor erwähnt, waren beide Ministerien - jenseits der rechtlichen Situation, die sie aufgrund des politischen Willens der Regierung zur Kooperation zwang - an den gemeinsamen Auftrag gebunden, die Wettbewerbs-fähigkeit der österreichischen Wirtschaft zu stärken. Es herrschten aber durchaus verschiedene Auffassungen darüber, wie dies zu bewerkstelligen sei. So bestanden zwischen den Ministerien die beschriebenen Differenzen auf der Problemlösungsebene.

Hinzu kamen noch Kompetenz-, Interessens- und Machtverteilungsfragen. Die Frage, wer welche Aktivitäten fördern würde, wurde auf politischer Ebene geregelt. Wer aber würde die Bewerbungen erhalten, wer darüber entscheiden, welche Anträge gefördert werden sollten – und wer würde die Aussage treffen, was einen „richtigen" Antrag ausmacht? Wie gezeigt werden konnte, waren diese Problemstellungen auch zwischen den Ministerien umstritten. Erneut kann die Geschichte der Ereignisse auf zwei verschiedene Weisen dargestellt werden: als Wettstreit um Problemlösungen und Wettlauf um die besten Ideen oder als Kampf um Einflussnahme im Rahmen eines Programmes. Und wieder scheint die Erklärung in einer Kombination beider Elemente zu liegen.

Einerseits schienen die BeamtInnen in beiden Ministerien völlig davon überzeugt zu sein, dass es für den Programmerfolg notwendig war, ihre gewohnten Förderstrategien fortzuschreiben. Andererseits gab es aber offensichtlich einen Kampf um Programmeinflussnahme.[28] Während der Implementierungsphase konzentrierten sich die Konflikte dennoch eher auf die operative Ebene und auf Verhandlungen zu Problemlösungen, als auf allgemeine Politikziele und Budgets. Die Kontroversen drehten sich dabei um die Grundregeln und diese wurden über die Gesamtlaufzeit des Programms von den Erfahrungen, den wahrgenommenen budgetären Restriktionen und den von den projektbetreibenden Unternehmen und Forschungseinrichtungen erhaltenen Reaktionen beeinflusst. Natürlich blieben Machtkämpfe weiterhin ein Bestandteil der Auseinandersetzungen, zu diesem Zeitpunkt waren die Streitigkeiten aber mehr als in anderen Phasen des Politikprozesses auf die direkte Problemlösung gerichtet.

Die Verteidigung von Interessen und die Lösung von Problemen sind daher zwei ineinander greifende Erklärungen des politischen Prozesses, die sich zwar gemeinsam entwickelten, aber in keiner eindeutig kausalen Beziehung zueinander als Motivationen für politisches Handeln standen. Der Zusammenhang zwischen den beiden Faktoren kann nur angesichts der konkreten Situation, bestehend aus einer Vielzahl von Einflussgrößen (einschließlich der Aufgabenstellungen beider Ministerien), verstanden und interpretiert werden.

Die Überführung des MEIV-Programms in den ITF war auch eine Folge der durch die Schwerpunktprogramme verursachten administrativen Belastungen. Durch diese neue Konstruktion auf operativer Ebene konnten auch die Streitigkeiten zwischen den beiden Ministerien verringert werden. Als 1988 der Transfer des Schwerpunktprogramms für die MEIV in den ITF erfolgte, ging es in seine zweite Phase und von da an wurde es auch stiller um das Programm.

---

[28] Dieser Kampf ging so weit, dass einer MitarbeiterIn des Verkehrsministeriums aufgrund seines Verhaltens der Zutritt zum Wissenschaftsministerium verwehrt wurde (Interview 1-2).

Die Errichtung des ITF selbst kann als eine Form des Lernens – aus den Erfahrungen, die während der drei Jahre des MEIV-Schwerpunktprogramms gemacht wurden – interpretiert werden. Was ist aber mit den früheren Phasen des Programms? Sind hier Indizien für eine auf Lernen basierende Policy-Entwicklung zu erkennen? Welche Art von Wissen wurde auf der nationalen und internationalen Ebene gesammelt und mit welchen Instrumenten? Und welcher Art war das Lernen?

Wie bereits festgestellt, ist es nicht möglich, Lernen in der Politik direkt zu beobachten. Allerdings sind Anzeichen für Lernen als Erklärung für einen Politikwechsel erkennbar, indem man unter anderem analysiert, auf welche Art und Weise Wissen geschaffen und wie es im Politikprozess verwendet wurde. Wenn eine Policy verändert wurde und die Art der Wissensverwendung sich ebenfalls verändert hat, kann dies als Indiz für einen wissensbasierten Politikwechsel, auf der Grundlage von Lernen, gesehen werden.

Quellen des Lernens: Die internationale Ebene

Wie zuvor erwähnt, war die internationale Ebene für die Entwicklung der österreichischen FTI-Politik aus mehreren Gründen von Bedeutung. Einerseits hatte die Entwicklung von FTI-Politik im Ausland die zweifache Funktion als Schrittmacher und als Standardsetzer (Interview 2-8), speziell in Form von scheinbar magischen Zahlen (wie etwa dem OECD-Durchschnitt der FTI-Ausgaben in Prozent des BIP). Die internationale Ebene diente zudem, unter (teils impliziter) Referenz auf die Expertise der OECD, als Legitimation für politisches Handeln. Andererseits waren internationale Organisationen und Policies anderer Regierungen Ideenquellen – Orte, an denen Ideen für Policies gewonnen werden konnten. Ludwig Follner, Kabinettschef des Wissenschaftsministers Mitte der 1980er, schreibt, dass die Idee für eine 1982 eingeführte Förderung der Kooperation von Wissenschaft und Industrie einer zwei Jahre zuvor stattgefundenen OECD-Konferenz entstammte (Follner 1985, 127).[29] Im Falle des MEIV-Schwerpunktprogramms deuten Interviews darauf hin, dass Studienaufenthalte in Bayern und der Schweiz in einer Zeit, als das Policy-Problem bereits weitgehend bestimmt war und die Policy selbst noch am Anfang ihrer Entwicklung stand, eine ähnliche Funktion als Ideenquelle erfüllten.

---

[29] Diese Idee war die mehr als 25 Jahre existierende Aktion "Wissenschaftler für die Wirtschaft": Hier wurden junge WissenschaftlerInnen von der Universität dafür bezahlt, Forschung in Firmen zu betreiben, beispielsweise als Teil ihrer Dissertation.

Die OECD war in der Tat die bei weitem wichtigste internationale Organisation, die Ideen für das MEIV-Programm lieferte.[30] Die OECD wird oft als eine Organisation dargestellt, die das „idea game" professionell spielt und internationale Normen festsetzt (Marcussen 2004, Armingeon 2004). Im Falle der ersten Jahre der österreichischen FTI-Politik gestaltete sich die Rolle der OECD ambivalent: Während in mehreren Interviews das Thema einer Professionalisierung der FTI-Politik vorherrschend war (Interviews 2-8, 2-1), waren andere InterviewpartnerInnen kritischer und hegten Zweifel, dass das von BeamtInnen in den OECD-Kommissionen gesammelte Wissen seinen Weg in das Organisationsgedächtnis des Ministeriums fand (Interview 1-5). Andere wiesen darauf hin, dass die FTI-Politik-Evaluierungen der OECD in den 1980er Jahren den EntscheidungsträgerInnen oftmals als Legitimation dienten, um bei Bedarf Kritik entgegenzu können (Interview 1-1). Dies deutet darauf hin, dass der Einfluss der OECD auf die österreichische FTI-Politik im Allgemeinen und das MEIV-Programm im Speziellen in den 1980er Jahren begrenzt war. Die OECD spielte aber sehr wohl in ihrer Doppelfunktion der Erzeugung von Policy-Ideen und der Legitimation von politischem Handeln eine Rolle.

Ein weiterer Aspekt der Bedeutung der internationalen Ebene stellt das Faktum dar, dass das MEIV-Programm mit ähnlichen Politiken in anderen Ländern verglichen wurde. Der Beamte des Wissenschaftsministeriums, der hauptsächlich für die Durchführung des MEIV-Programms zuständig war, stand in Kontakt mit dem deutschen Wissenschaftsministerium, dem BMFT, und verfolgte dessen Sonderprogramm „Anwendung der Mikroelektronik", das von 1982 bis 1984 lief. Im Rahmen dieses Programms wurden DM 450 Millionen (ca. € 229 Millionen) in 1740 Unternehmen investiert. Diese Monitoringaktivitäten waren jedoch nicht Teil der offiziellen Strategie des österreichischen Wissenschaftsministeriums.

Ex-Post-Evaluierungen gehörten Ende der 80er Jahre in Österreich noch immer nicht zur gängigen Praxis. Und der bloße Umstand, die Evaluierungen durchzuführen, stellte daher einen wichtigen Impuls für das neue Politikfeld dar. Die Evaluierung erforderte die Prüfung der Ziele und der Auswirkungen des MEIV-Programms sowie deren Vergleiche mit ähnlichen nationalen und internationalen Programmen.

---

[30] Dafür lassen sich zwei Gründe ausmachen: Erstens gehörte Österreich zur Zeit des MEIV-Programms nicht der EWG an und zweitens hatte die OECD in den 1970er und 1980er Jahren eine dominierende Rolle als internationaler Lieferant von Wissen über und Ideenquelle für Wirtschafts- und Wissenschaftspolitik. Die E(W)G wurde erst im Lauf der 1980er Jahre für die FTI-Politik relevant (Grande 1995, Biegelbauer 1998, Pernicka et al. 2002, Edler 2003).

In der Anfangsphase der Entwicklung des MEIV-Programms dürfte die Ex-Ante-Studie des Jahres 1981 (BMWF 1981) eine ähnliche Funktion erfüllt haben wie die OECD: Sie half das Policy-Problem zu bestimmen – dessen Existenz allerdings unter den BeamtInnen bereits vorausgesetzt worden war. Weil detaillierteres Material zum Thema Verbreitung – oder richtiger: fehlende Verbreitung – von Mikroelektronik und Informationsverarbeitungstechnologien in der österreichischen Wirtschaft zur Verfügung gestellt wurde, konnte das Problem nicht nur besser beschrieben und verstanden werden, sondern damit der Forderung nach politischem Handeln auch stärkeres Gewicht verliehen werden. Somit erfüllte auch diese Studie eine Doppelfunktion: Die BeamtInnen konnten neues Wissen gewinnen, dieses Wissen zur Entwicklung von Politiken verwenden und gleichzeitig damit auch ihre Bemühungen um das neue Politikfeld legitimieren. Tatsächlich forderten die VerfasserInnen der Studie eine Kooperation zwischen Unternehmen und Forschungseinrichtungen – ohne dabei allerdings auf Details möglicher Kooperationsformen einzugehen.

Im Anschluss an die, von der Studie aus dem Jahr 1981 dominierten, ersten Phase der Problembestimmung, wurden Enqueten und Workshops mit ExpertInnen aus Forschungseinrichtungen, Unternehmen und den Sozialpartnern abgehalten. Diese Instrumente erfüllten unterschiedliche Funktionen. Erstens wurden sie als weitere Ideenquellen verwendet. Zweitens scheinen sie dazu verwendet worden sein, die Policy-Ideen der BeamtInnen zu testen. Drittens waren sie bereits Teil des Verhandlungsprozesses zwischen Ministerien, UnternehmerInnen und ForscherInnen. Da das Schwerpunktprogramm zur MEIV eine völlig neue politische Maßnahme für Österreich darstellte, war es ziemlich wahrscheinlich, dass nicht nur von den Ergebnissen, d. h. der Policy selbst, gelernt werden konnte, sondern auch von den Prozessen, die zum Programm geführt hatten.

Tatsächlich waren frühere politische Maßnahmen des Wissenschaftsministeriums nicht in dieser Art und Weise entwickelt worden. Während es bereits zuvor zu Kooperationen mit externen ExpertInnen gekommen war – beispielsweise in Form der Ex-Ante-Studien und in Form von Projektgruppen oder beratenden Ausschüssen des Wissenschaftsministeriums mit Sozialpartnern, Unternehmen und ForscherInnen, war die Vorbereitung des MEIV-Schwerpunktprogramms detaillierter und beinhaltete über einen längeren Zeitraum hinweg eine Reihe von Instrumenten und Feedback-Zyklen.

Da das MEIV-Programm den Beginn eines neuen Politikfeldes in Österreich, der Technologiepolitik, darstellte, wären auch neue Policy-Routinen zur Schaffung des Programms denkbar gewesen. Zu diesen kam es aber nicht, da die BeamtInnen des Wissenschaftsministeriums dieselben Verfahren wählten, die sie aus anderen Politikfeldern kannten. Beispielsweise bezogen die BeamtInnen die Interessen der Wirtschafts- und der Arbeiterkammer in den Politik-vorbereitungsprozess mit ein, ein Prozess, der auch ein Standardverfahren in anderen von der sozialpartnerschaftlichen Logik getriebenen österreichischen Politikfeldern war und ist.

Ein weiteres Indiz für Lernen, im Sinne eines Umsetzungslernens, kann auf operativer Ebene gefunden werden. Aufgrund der zweiwöchentlichen Sitzungen, der täglichen Kontakte mit ProjektpartnerInnen und der Einbeziehung der MitarbeiterInnen der Finanzierungsgarantiegesellschaft in die Technologie-finanzierungskommission (TFK), schien die TFK über die Entwicklung des MEIV-Schwerpunktprogramms gut informiert zu sein. Die Änderung der Richtlinien im Sommer 1986 basierte auf dem Wissen, das zur Arbeitsweise und den Auswirkungen des Programms gesammelt wurde. Ein Beispiel dafür ist das Bewerbungsformular, das in Reaktion auf die Probleme der AntragstellerInnen von KMU geändert wurde. Zwei weitere Beispiele sind der Ausschluss der Kostenkategorien Errichtungs- und Markteinführungskosten, sowie die Beendigung des „CAD/CAM-Einführungsprogramms". Während die beiden Kostenkategorien mit dem Willen das Programm funktionaler zu gestalten und damit tatsächlich eine stärkere Lenkungswirkung mit demselben Geldbetrag zu erzielen, verbunden zu sein schienen, war die Beendigung des „CAD/CAM-Einführungsprogramms" eine unerwartete Entscheidung. Wie bereits erwähnt, vertraten BeamtInnen in den Interviews die Ansicht, dass die Technologie bereits ein Jahr nach Start des Programms zufriedenstellend verbreitet worden war (Interviews 2-4, 1-5). Als Grundlage für ihre Einschätzung nannten sie die täglichen Kontakte mit Personen aus der Industrie und die eingehenden Bewerbungen. Diese Art von Lernen könnte demnach als „learning by doing", als eine Art ungeplantes, erfahrungsbasiertes Lernen gesehen werden. Ungeplant ist es insofern, als in den dem MEIV-Programm zugrunde liegenden Strategie-papieren nicht erwähnt wird, dass ein Teil des Programms bei Erreichung von Programm-Nebenzielen, wie beispielsweise das bereits vorhandene Wissen zu CAD/CAM, beendet werden sollte.

Unterschiedliche Formen des Lernens

Wie gezeigt werden konnte, kam es in der Entwicklung und Durchführung des MEIV-Programms zu unterschiedlichen Formen des Lernens in der Politik. Instrumentelles Lernen kann im Entschluss der Beendigung des „CAD/CAM-Einführungsprogramms" identifiziert werden. Soziales Lernen zeigt sich im veränderten Verständnis der Bewertung des MEIV-Programms von Seiten der beiden Ministerien. Sowohl instrumentelles als auch soziales Lernen können am deutlichsten im Übergang von der ersten Phase des MEIV-Programms von 1985 bis 1987 hin zu seiner zweiten Phase von 1988 bis 1989, als das Programm Teil des ITF wurde, gesehen werden. Mit dem Transfer des MEIV-Programms in den ITF befassten sich die Ministerien nicht mehr mit dem operativen Tagesgeschäft der FTI-Programme – dem am meisten Probleme verursachenden Teil –was vom Standpunkt der BeamtInnen aus ein wichtiges Argument für den ITF war (Interview 1-1).

Darüber hinaus kam es, im internationalen Vergleich mit etwas Verspätung, zu generellen Änderungen in der Vorstellung, wie die Ministerialbürokratie in Wirtschaft und Gesellschaft eingreifen sollte und zu einer langsamen Abkehr vom Keynesianismus. Die weit verbreitete Auffassung, die Verluste der österreichischen staatlichen Industrie wären ein Ergebnis dirigistischer Wirt-schaftspolitiken gewesen, führte zu der Überzeugung, dass die Interventionen der Bürokratie in die Wirtschaft begrenzter und weniger direkt sein müssten. Dies war ein weiterer Grund, warum viele BeamtInnen die Auslagerung der Policy-Programme in Agenturen wie den ITF befürworteten (Interviews 1-1, 2-8).

Das meiste Policy-Lernen in der Vorbereitung des MEIV-Programms war geplant und ein Resultat von Policy-Instrumenten wie etwa Ex-Ante-Studien, ExpertInnen-Hearings, Enqueten oder Studienreisen. Dagegen waren große Teile des Umsetzungslernens, das sich beispielsweise in den Änderungen der Richtlinien in Bezug auf die Nichtfinanzierung von Baukosten widerspiegelt, in der Implementierungsphase des Programms ungeplant und erfolgten über-raschend.

Wenn der Begriff „Lernen in der Politik" nicht seine Bedeutung verlieren soll, kann nicht jeder sich während der Laufzeit des MEIV-Schwerpunkt-programms ereignende Politikwechsel als Anzeichen für auf Lernen basierende Policy-Entwicklung gesehen werden. Ein gutes Beispiel dafür sind die Richtlinienänderungen nach einem halben Jahr des Programms, die dazu führten, dass sich das ohnehin nicht reibungslos verlaufende Antragsverfahren noch weiter in die Länge zog. Die Änderung des Adressaten der Anträge und des Bewerbungsprozesses selbst waren sehr wahrscheinlich eher ein Resultat des Ringens um Kompetenzen zwischen beiden Ministerien als ein Anzeichen von erfahrungsbasiertem Lernen.

Dennoch konnte bereits in der ersten Fallstudie gezeigt werden, dass die Anwendung des Begriffs des Lernens in der Politik bei der Erklärung einer Reihe von Handlungen in den vorliegenden Fällen behilflich sein kann. Hier ist von Bedeutung, dass die Einführung der Technologiepolitik in Österreich – mit dem MEIV-Programm als ihrem ersten Schritt – als eine Form von Lernen in der

Politik verstanden werden kann. Schließlich wurde die durch die Einführung der MEIV-Technologien erhoffte Steigerung der Wettbewerbsfähigkeit der österreichischen Wirtschaft als eine Antwort auf die anhaltende Wirtschaftskrise, die das Land in den 1970er und 1980er Jahren erlebte, und auf die sich im Umgang mit der Krise als unfähig erwiesenen bestehenden Maßnahmen gesehen. Zur Errichtung des ersten österreichischen Technologiepolitikprogramms bezogen die österreichischen MinisterialbeamtInnen ihr Wissen aus einer Vielfalt an Quellen und aus den Erfahrungen einer Vielzahl von AkteurInnen. Wie gezeigt wurde, entwickelte sich das Programm zum einen aufgrund der Verteidigung von Interessen, zum anderen aufgrund von erfahrungsbasiertem Lernen, wobei ideelle Faktoren den Bezugsrahmen für politisches Handeln bildeten. Schließlich stellte der Transfer des MEIV-Programms in den neu errichteten ITF ein weiteres Indiz für Lernen in der Politik dar.

Wenn wir davon ausgehen, dass Lernen in der Politik eine nützliche Kategorie ist, dann sollten wir uns die Möglichkeit bewahren, dass auch falsche Lehren aus Erfahrung gezogen werden können. Allerdings widerspricht dies dem alltagssprachlichen Verständnis und Gebrauch des Begriffes „Lernen", der einen Glauben an Fortschritt und an den evolutionären, ihre Funktionen immer besser erfüllenden Charakter von Policies impliziert. Und obwohl solch einem rationalistischen Verständnis von Lernen von einem Teil der relevanten Literatur widersprochen wird (Böschen 2003, Maier et al. 2003a), bedient sich ein größerer Teil dieser Literatur implizit eines derartigen Verständnisses und verfängt sich in einem Automatismus, als dessen Teil Politik durch Lernen verbessert wird.

Während klar ist, dass die politischen Akteure (zumeist BeamtInnen des Wissenschaftsministeriums und des Verkehrsministeriums) über weite Strecken dieser Fallstudie andere Lehren aus ihren vorhandenen Erfahrungen und Informationen ziehen hätten können, scheint es jedenfalls nicht so, dass die von ihnen auf Grundlage ihrer Erfahrungen getroffenen Entscheidungen immer zu einer Programmverbesserung – gemessen an den Zielen des Programms – geführt haben.

Dies wirft auch die Frage nach den Gegenständen des Lernens auf. Eine Reihe von AutorInnen bleiben bemerkenswert vage, was die AkteurInnen des Lernprozesses betrifft: Wer lernt? Handelt es sich dabei um Personen, um Organisationen oder um Systeme? Wenn wir den Umstand akzeptieren, dass Lernen auf mehreren oder allen diesen Ebenen möglich ist, wie erfolgt dann die Transformation der Lernerfahrung von der einen zur anderen Ebene? Wenn es zutrifft, dass die BeamtInnen auf der operativen Ebene des MEIV-Schwerpunktprogramms aus ihren Erfahrungen mit dem Programm gelernt haben (wie dies der Fall zu sein scheint), konnten dann ihre Erfahrungen in institutionelle Routinen und Normen einfließen, sodass die Organisationen Wissenschafts- und Verkehrsministerium letztendlich als solche etwas gelernt haben? Obgleich die Situation für eine derartige Institutionalisierung von Lernerfahrungen geeignet gewesen zu sein schien, wird das nächste Kapitel zeigen, ob die Erfahrungen des Programms tatsächlich Auswirkungen auf andere FTI-Policy-Instrumente, wie etwa den ITF hatten.

5. Der Innovations- und Technologiefonds

Das Mikroelektronik- und Informationsverarbeitungsprogramm (MEIV) sowie das Biotechnologie- und Gentechnologieprogramm stellten die allerersten Schritte einer auch auf Technologie bezogenen österreichischen FTI-Politik dar. Die Gründung des Innovations- und Technologiefonds (ITF) war richtungsweisend für die österreichische FTI-Politik. Im Zusammenhang mit den durch den ITF eingeführten Praktiken haben sich Regeln, Werte und Kooperationsformen entwickelt, die noch immer die österreichische FTI-Politik bestimmen. Die Beispiele reichen von der Art der Verwertung des ExpertInnenwissens bis hin zu dem Umstand, dass die ITF-Richtlinien – trotz marginaler Änderungen – bis Mitte der 2000er Jahre noch immer verwendet wurden.

Dieses Kapitel beschäftigt sich mit der Frage, ob diese beginnende Institutionalisierung des Politikfelds zur Lösung der sich im Zuge des MEIV-Programms ergebenen Probleme beigetragen hat. Im Speziellen geht es dabei um Koordinationsprobleme zwischen den Ministerien, sowie um Probleme in der Administration des Programms, die sich etwa aus den langwierigen Entscheidungsfindungsprozessen ergaben. Kam es zu erfahrungsorientiertem Lernen bei der Gründung und bei den Reformen des ITF? Welche Policy-Instrumente zur Erfahrungs- und Wissensgewinnung kamen während der Lebensdauer des ITF zur Anwendung? Haben sich die FTI-Politikrelevanten Wissensbestände der beteiligten AkteurInnen verändert, und wenn ja, in welcher Art und Weise und wie sehen die AkteurInnen diese Veränderungen? Welche Bedeutung kam bei diesen Veränderungen den nationalen und internationalen Rollenmodellen zu? Wie kam es zu den fortgesetzten Reformbemühungen um den ITF?

Der übrige Teil des Kapitels ist folgendermaßen strukturiert: Zuerst wird die Geschichte des ITF dargestellt. Danach werden einige Kernprobleme des ITF erörtert. Im anschließenden Abschnitt werden die im Policy-Prozess verwendeten Wissenstypen beleuchtet. Der letzte Teil behandelt das Auftreten, die Beschaffenheit und den Erklärungswert von Lernen in der Politik für die Fallstudie ITF.

Geschichte und Hintergrund

Aufgrund der im letzten Abschnitt geschilderten Koordinationsprobleme zwischen Wissenschafts- und Verkehrsministerium, sowie einer neuen Haltung von Politik und Teilen der Gesellschaft im Diskurs um Staatseingriffe (Hall 1986, 1989; Jessop 1997, 2001), wurde 1987 darüber diskutiert, einen neuen Fonds zur Technologie- und Innovationsfinanzierung zu schaffen. Die Vorbereitungsarbeiten für den neuen Fonds wurden von einer Arbeitsgruppe geleistet, der dieselben Personen angehörten, die auch an der Technologiefinanzierungskommission (TFK) beteiligt waren. Als der Entwurf zur Regulierung des ITF im November 1987 zur Vorlage ins Parlament kam, entstand eine der seltenen parlamentarischen Debatten zur Technologiepolitik[31].

Am 20. November 1987 verabschiedete der Finanzausschuss des österreichischen Parlaments mit den Stimmen der Sozialdemokratischen Partei Österreichs (SPÖ) und der konservativen Österreichischen Volkspartei (ÖVP) das Gesetz zum ITF. Zu dieser Zeit bildeten die SPÖ und ÖVP eine Koalitionsregierung, die über eine absolute Mehrheit der Parlamentssitze verfügte. Ein wichtiger Bestandteil des Koalitionsabkommens war die Privatisierung der österreichischen verstaatlichten Industrie, einschließlich der Energieversorgungsunternehmen. Einige dieser Unternehmen sollten innerhalb der nächsten vier Jahre verkauft werden. Dabei war vorgesehen, die Zinsen der Kapitalbeteiligungen von acht Milliarden österreichischen Schilling (8 Milliarden ATS, ca. 580 Millionen €) als Finanzmittel dem ITF zuzuführen und über den Fonds zu verteilen.

Das Gesetz wurde von der rechtsgerichteten Freiheitlichen Partei Österreichs (FPÖ) heftig kritisiert. Ein Kritikpunkt unter anderem war, dass das Gesetz in der Logik der großen Koalition beschlossen wurde, welche die meisten wichtigen Positionen in der Politik (und speziell in der öffentlichen Wirtschaft) unter die Einflusssphäre des konservativen bzw. sozialdemokratischen Lagers brachte. Tatsächlich sollten von den ersten 500 Millionen ATS (ca. 36 Millionen €) 250 Millionen ATS in Programme des vom sozialdemokratischen Minister Rudolf Streicher geleiteten Verkehrsministeriums fließen und 250 Millionen ATS in Programme des unter der Leitung des konservativen Ministers Hans Tuppy stehenden Wissenschaftsministeriums. Die FPÖ kritisierte auch die komplexe Organisation des ITF, die es erforderlich machte, dass im Rahmen eines Lenkungsausschusses (das Kuratorium) nicht nur das Wissenschafts- und

---

[31] Stenographisches Protokoll Nationalrat, 17. Geschäftsperiode, 36. Sitzung, 24. November 1987, 4111–4145.

das Verkehrsministerium, sondern auch das Wirtschaftsministerium, das Finanzministerium und das Bundeskanzleramt die Tätigkeiten des Fonds koordinieren
würden. Das Kuratorium sollte unter der Leitung von Bundeskanzler Franz
Vranitzky stehen, bei dem letztendlich die Entscheidung über die Programm-
gestaltung des ITF und die Aufteilung der Mittel auf die einzelnen Ministerien
lag. Des Weiteren kritisierte die FPÖ den Umstand, dass der neue ITF – neben
dem Fonds zur Förderung der Wissenschaftlichen Forschung (FWF), dem
Forschungsförderungsfonds für die gewerbliche Wirtschaft (FFF) und dem
Europäischen Wiederaufbauprogramm (ERP) – der vierte Fonds zur Finanzierung von Forschung, Technologieentwicklung und Innovation sein würde.

In derselben Debatte nannten die VertreterInnen der großen Koalition als
Begründung für die Errichtung des ITF, dass mit dem neuen Fonds das Problem
der mangelnden Umsetzung der Ergebnisse der österreichischen Grundlagenforschung in Technologie und die damit verbundenen negativen Folgen für die
Unternehmen beseitigt werden könnten. Dieser im Vergleich zu anderen Ländern
bestehende Technologierückstand Österreichs wurde bereits vom „Beirat für
Wirtschafts- und Sozialfragen" diagnostiziert (1987). Der Beirat galt als
wichtiger Think-Tank der österreichischen Sozialpartnerschaft, in dem
ExpertInnen der Arbeiter- und der Wirtschaftskammer unter Beteiligung
unabhängiger ExpertInnen Strategiepapiere speziell für den wirtschaftspolitischen Bereich erstellten.

Die Debatte zeigte auch, dass es trotz der prinzipiellen Unterstützung der
Gesetzesvorlage durch beide Koalitionspartner Meinungsverschiedenheiten
zwischen SPÖ und ÖVP gab. Ein Streitpunkt war, dass die SPÖ sowohl die
Forschungseinrichtungen, als auch die Unternehmen fördern wollte, während für
die ÖVP nur Unternehmen eine Förderung zukommen sollte. Beide Parteien
einigten sich schließlich auf einen Kompromiss, der auch die Finanzierung von
Forschungseinrichtungen ermöglichte, wenngleich nur Unternehmen einen
Förderungsantrag stellen konnten. Wie die Parlamentsprotokolle zeigen, wurden
zudem mehrmals Vergleiche mit den Ausgaben anderer OECD-Staaten für
Forschung und Technologieentwicklung zur Begründung der Unterstützung der
ITF-Gesetzesvorlage herangezogen.[32]

Das Gesetz zum ITF (BGBl Nr. 603/1987) trat am 1. Januar 1988 in Kraft.
In der Zeit nach dem Ende der parlamentarischen Debatten mussten Richtlinien
für die neue Organisation erstellt werden. Dies wurde rasch erreicht: Dieselbe
Personengruppe – vorwiegend zusammengesetzt aus VertreterInnen der für

---

[32] Stenographisches Protokoll Nationalrat, 17. Geschäftsperiode, 36. Sitzung, 24. November 1987,
4111–4145.

Wissenschaft und Forschung zuständigen Ministerien, den Sozialpartnern sowie der SPÖ und ÖVP – die bereits am Gesetzesentwurf mitgearbeitet hatte, arbeitete nun auf Grundlage des Gesetzes bis zum Februar 1988 die Richtlinien des ITF aus. Die Richtlinien sahen vor, dass maximal 50% der Finanzierung eines Projektes vom ITF getragen werden sollte. Die Finanzierung aus verschiedenen staatlichen und privaten Quellen war dabei möglich, hinsichtlich der staatlichen Finanzierung allerdings nur bis zu einer Höchstgrenze von 75%.

Die Struktur des ITF bestand aus einem formellen und einem informellen Teil. Im Zuge der Diskussionen über den neuen Fonds war die Idee entstanden, ein interministerielles Komitee zur Leitung und Koordination der Einrichtung unter der Führung des Bundeskanzlers einzusetzen. Dieses Komitee wurde auch in Form des ITF-Kuratoriums im Gesetz verankert. Das Kuratorium setzte sich aus dem Kanzler, dem Wirtschaftsminister, dem Finanzminister, dem Verkehrs-minister, dem Wissenschaftsminister, jeweils einer VertreterIn der Arbeiter- und der Wirtschaftskammer sowie zwei VertreterInnen der SPÖ und der ÖVP zusammen. Laut Gesetz war das Kuratorium für die Erstellung der Programme, die Förderungsentscheidung, die Ausarbeitung von Richtlinien, die Koordi-nierung der Fondsaktivitäten und auch für die Entscheidung über größere Projektanträge zuständig. Zusätzlich zum Kuratorium wurde ein weiteres Gremium – der ITF-Ausschuss - gebildet, der jedoch im Gesetz keine Er-wähnung fand. Der ITF-Ausschuss war dabei im Wesentlichen die alte, im Rahmen des MEIV-Programms gegründete, TFK. Wie sich bald herausstellte, übernahm der Ausschuss eine Reihe von Aufgaben, die laut Gesetz in den Zuständigkeitsbereich des Kuratoriums fiel.

Wenige Jahre nach der Gründung des ITF traf der Ausschuss alle wichtigen Entscheidungen, während das Kuratorium nur einmal im Jahr tagte, um im Wesentlichen in kaum zwei Stunden die Vorschläge des ITF-Ausschusses abzuzeichnen. Zwischen 1996 und Mitte 1999 fanden keine Tagungen des Kuratoriums statt und seine Kompetenzen wurden zur Gänze vom ITF-Ausschuss übernommen. Der Ausschuss erörterte Schwerpunktprogramme, Förderungsentscheidungen sowie Reformvorschläge und koordinierte die laufenden Aktivitäten des ITF.

Wie InterviewpartnerInnen bemerkten, erregte die Präsentation von Governance-Strukturen der österreichischen FTI-Politik vor internationalem Publikum immer den Neid ausländischer KollegInnen: dies aufgrund des Umstandes, dass das Hauptinstrument der österreichischen FTI-Politik vom Oberhaupt der Bundesregierung, dem Kanzler, geleitet wurde, was in den Augen landesunkundiger BeobachterInnen mit einer Priorisierung der FTI-Politik verwechselt wurde (Interviews 2-5, 3-5). Denn wie ein Interviewpartner bemerkte: „Was schnell auf der politischen Tagesordnung nach oben rückt, ist auch schnell wieder vom Tisch" (Interview 2-5). Dieser Satz beschreibt auf treffliche Weise das Schicksal des ITF.

Der ITF startete 1988 mit fünf Schwerpunkt-Programmen, von denen das umfangreichste das Mikroelektronik- und Informationsverarbeitungsprogramm war. Das MEIV-Programm lief – wie das Biotechnologie- und Gentechnologie-programm – bis Ende 1990. Der erste Workshop des ITF-Ausschusses, bei dem die Evaluation der MEIV- und Biotechnologieschwerpunktprogramme präsentiert wurde, fand vor Ende 1990 statt (Biegelbauer 2005b). Darüber hinaus wurden die Ergebnisse einer umfangreichen Studie zur Technologiepolitik in Österreich – das Austrian Technology Monitoring System (ATMOS) – präsentiert. Die ATMOS-Studie sollte die Grundlage für technologiepolitische Entscheidungen im Rahmen des ITF schaffen (Grießler 1995, 2003).

Diese Ereignisse führten zu einem neuen Profil des ITF. Das neue Leitbild sah vor, dass der ITF in Zukunft im Rahmen der Wirtschaftspolitik ein strategisches Koordinationsinstrument der staatlichen Technologiepolitik sein sollte. Im Zuge des österreichischen Beitritts zur Europäischen Union (EU) im Jahre 1995, erstellte eine Arbeitsgruppe externer ExpertInnen Empfehlungen für ein neues Leitbild des ITF, welches 1996 übernommen wurde. Dieses sah einen integrativeren und kooperativeren Ansatz zur FTI-Politik vor, der neben den Technologieprogrammen zur Finanzierungsbereitstellung auch Programme zur Schaffung von Infrastruktur, Humankapital, Wissen und Problemlösungs-potenzial umfassen sollte. Der Ansatz beinhaltete eine strategische Ausrichtung auf die Ziele des Fonds und Instrumente zu einer besseren Evaluierung von bestehenden und geplanten Programmen (Biegelbauer 2005b).

Aufgrund des wachsenden Budgetdefizits wurde 1993 ein neues ITF-Gesetz verabschiedet. Dies hatte zur Folge, dass der ITF nicht länger aus den Zinserträgen der acht Milliarden ATS Erlöse aus der Privatisierung der Energieversorgungsbetriebe finanziert wurde, sondern aus den Zinsen eines hypothetischen Fonds mit derselben Summe. Zudem standen dem ITF im Zuge der in den 1990er Jahren sinkenden Zinsen immer weniger Finanzmittel zur Verfügung – ohne eine Perspektive auf zusätzliche Fondsmittel.

Während der Laufzeit des ITF wurden weitere Änderungen vorgenommen. 1995 begann das Wirtschaftsministerium eine größere Rolle im Management des ITF zu spielen. Ab diesem Zeitpunkt war es berechtigt, Programme mit Finanzmitteln des ITF zu betreiben. Ein Jahr später, 1996, mussten aufgrund des österreichischen EU-Beitritts und Österreichs verstärktem Engagement in der Europäischen Weltraumbehörde (ESA, European Space Agency) neue Richtlinien erlassen werden. Die 1997 von der Bundesregierung bereitgestellte zusätzliche Finanzierung, die so genannten „Technologiemilliarden", führten zur Erstellung von Technologieprogrammen, die von den Bundesministerien außerhalb des ITF betrieben wurden. Mit der neuen Koalitionsregierung, die 2000 von der ÖVP und der FPÖ gebildet wurde, setzte sich der sukzessive Bedeutungsverlust des ITF für die österreichische FTI-Politik weiter fort. Anfänglich stellte die Koalitionsregierung dem ITF keine Gelder mehr zur Verfügung, bis sie 2003 schließlich den Fonds auflöste (Pichler et al. 2007, Biegelbauer 2010).

Durch die gesamte Geschichte des ITF hindurch wurde die Organisation von vier Kernproblemen heimgesucht. Diese waren Schwierigkeiten mit der Koordination, der Finanzierung, der Unabhängigkeit, sowie den Strukturen des ITF.

Koordination und Kontrolle

Die Koordinierungsfrage war von Beginn an, mit der Einführung der Schwerpunktprogramme zu MEIV und Biotechnologie, von zentraler Bedeutung für die österreichische FTI-Politik. Bereits damals konkurrierten die einzelnen Ministerien um Finanzierung und Einflussnahme. Diese Konkurrenzsituation wurde durch das Hinzukommen weiterer Akteure und die Einführung komplexerer Strukturen in dem noch immer relativ neuen Politikfeld verschärft. Das Wissenschafts- und das Verkehrsministerium, beide Pioniere auf dem Gebiet der FTI-Politik, sahen sich dem Bundeskanzleramt gegenüber, dem in den 1980er und 1990er Jahren – mit Ausnahme der Amtsperiode von Bundeskanzler Fred Sinowatz (1983–1986) – die Koordinationsaufgabe zukam. Zudem versuchte das Finanzministerium schon früh, das Budget der FTI-politischen Akteure unter Kontrolle zu halten. Der Einfluss des Finanzministeriums stieg schlagartig mit einer wachsenden Anzahl an Programmen, der im Falle des ITF während der zweiten Hälfte der 1990er Jahre, nicht mit einer Aufstockung an Fördermitteln begegnet wurde. Schließlich versuchte auch das Wirtschaftsministerium einen direkteren Einfluss sowie Zugriff auf ITF-Mittel zu bekommen; dies gelang 1995 mit der Beteiligung am ITF.

Als klar wurde, dass das ITF-Kuratorium weder genügend Termine noch genügend Zeit für die anstehenden Probleme aufbringen können (oder wollen) würde, setzte sich der informelle ITF-Ausschuss, der anfänglich nur Förderentscheidungen traf, verstärkt in Szene. Tatsächlich war der ITF-Ausschuss während der ersten Hälfte der 1990er Jahre die einzige Einrichtung zur Koordinierung der österreichischen FTI-Politik (Interview 2-5). Wie eine InterviewpartnerIn hervorhob, hatte das Gremium insofern einen „pädagogischen Effekt", als sich andere Förderstellen am Profil des ITF orientierten (Interview 2-5). Die Gründe dafür bestanden möglicherweise darin, dass die wichtigsten institutionellen Akteure der FTI-Politik im ITF-Ausschuss vertreten waren und zudem viele ihrer VertreterInnen auch Mitglieder in Aufsichtsräten und Ausschüssen anderer, in der Forschungs-, Technologie-, Industrie- und Wirtschaftspolitik tätigen Institutionen waren. In den 13 Jahren seines Bestehens entwickelte der ITF-Ausschuss zahlreiche Gremien zur Lösung von Koordinations- und Kontrollproblemen. Einigen dieser temporären Gremien gehörten auch externe ExpertInnen an. Manche InterviewpartnerInnen sahen in dieser Vielfalt eine Stärke, für andere wiederum lag darin eine Schwäche. Nach Meinung zweier InterviewpartnerInnen war es zentral, dass es keinem FTI-politischen Akteur möglich war, seine eigene Agenda auf Kosten anderer durchzusetzen, und somit alle AkteurInnen miteinander kommunizieren mussten (Interviews 1-3, 2-4). Für Andere wiederum bedeutete dies, dass sich der ITF in einer Pattsituation befand (Interviews 2-2, 3-5, 3-6).

Neben dem ITF-Ausschuss wurde ein weiteres informelles Instrument zur Koordination der österreichischen FTI-Politik geschaffen – die Sektionsleiterrunde Technologie. In dieser informellen Gruppe waren die Sektionen mit FTI-politischen Kompetenzen aus Wissenschafts-, Verkehrs- und Wirtschaftsministerium sowie Bundeskanzleramt vertreten. Dabei war vorgesehen, dass jedes Ministerium drei Personen in die Besprechungen entsendet, die im Rotationsprinzip jeweils von einer der vier Ministerien organisiert werden würden. Die Besprechungen fanden von Mitte der 1980er bis zu den frühen 2000er Jahren statt und funktionierten primär auf der Basis persönlicher Bekanntschaften zwischen den Sektionsleitern. Die wesentliche Stärke dieser Gruppe war das schnelle Reagieren auf neue Problemstellungen, bedingt durch ihre Informalität. Dies war allerdings zugleich auch ihre größte Schwäche, da es wegen der fehlenden Regeln immer wieder zu persönlichen Differenzen zwischen den AkteurInnen kam.

Finanzierungsdefizite

Eine Bestimmung im ITF-Gesetz von 1987 legte fest, dass die österreichischen Beiträge zur Europäischen Weltraumagentur (European Space Agency – ESA) für 1988 bis zu einer Höhe von 70 Millionen ATS (ca. fünf Millionen €) aus den Mitteln des ITF entnommen werden konnten. Im Gesetz gab es keine weiteren Bestimmungen, die das Budget des ITF betrafen. Allerdings fasste Bundeskanzler Vranitzky in der ersten Kuratoriumssitzung die Entscheidung, dass die für 1988 zur Verfügung stehenden Mittel zu gleichen Teilen dem Wissenschafts- und Verkehrsministerium zufließen sollten. Ab diesem Zeitpunkt gab es jährliche Debatten zwischen dem Wissenschafts- und dem Verkehrsministerium über die österreichischen ESA-Beiträge. Da das Wissenschaftsministerium

Schwierigkeiten hatte, die ESA-Beiträge aus dem regulären Budget zu finanzieren, griff es auf die ITF-Finanzierung zurück. Während das Wissenschaftsministerium der Meinung war, dass die ESA-Beiträge einen wertvollen Beitrag für die österreichische Wirtschaft darstellten, vertrat das Verkehrsministerium die Auffassung, dass diese Beiträge nicht den Unternehmen, sondern nur den Forschungseinrichtungen nützen und daher außerhalb seiner Kompetenzen und seines Anteils am ITF-Budget liegen würden.

Wissenschaftsminister Erhard Busek, nicht nur Parteiobmann der konservativen Volkspartei, sondern auch Vizekanzler der Koalitionsregierung, war ein glühender Verteidiger der österreichischen ESA-Beteiligung. Seine Position wurde mit der Zeit auch von einer stärker werdenden Gruppe von Aerospace-Firmen unterstützt, die in der ESA eine Möglichkeit sahen, auf europäischen Märkten Fuß zu fassen. Aufgrund der speziellen Finanzierungsverteilung der ESA, die die strikte Formel des „juste retour" beinhaltet (jedes Mitgliedsland erhält die Anzahl an Aufträgen, die seinen ESA-Beiträgen entspricht), waren die Firmen an einer ESA-Mitgliedschaft Österreichs sehr interessiert.

In den Jahren nach 1988 musste das Wissenschaftsministerium seine ESA-Beiträge aus seinem eigenen Anteil am ITF aufbringen, d. h. die ESA-Beiträge wurden von der für das Wissenschaftsministerium reservierten Hälfte des ITF-Budges abgezogen. 1993 führten die anhaltenden, von Minister Busek scharf geführten Diskussionen dazu, dass das Verkehrsministerium jene Teile der ESA-Beiträge übernahm, die in seinen Zuständigkeitsbereich, den der Telekommunikation, fielen. 1995, als Busek das Wissenschaftsministerium verließ, wurde eine neue Lösung gefunden: Das Wissenschaftsministerium konnte nun die ESA-Beiträge bis zu einer finanziellen Obergrenze von 250 Millionen ATS (18 Millionen €) von den ITF-Mitteln abziehen. Den Rest der ITF-Mittel teilten sich Verkehrs- und Wirtschaftsministerium. Es kam jedoch bereits im selben Jahr bei der Kuratoriumssitzung zu Kontroversen über die neue Regelung, als der neue sozialdemokratische Wissenschaftsminister Rudolf Scholten rund 271 Millionen ATS (20 Millionen €) für die ESA forderte, was die im bisherigen Abkommen vereinbarte Obergrenze klar überstieg. 1995 hatte der ITF 485 Millionen ATS (33 Millionen) zur Verfügung, sodass nach Abzug der 250 Millionen ATS (17 Millionen) für die österreichischen ESA-Beiträge dem Wirtschafts- und Verkehrsministerium jeweils weniger als 120 Millionen ATS (8 Millionen) blieben. Während der zweiten Hälfte der 1990er Jahre blieb diese Situation unverändert, was dazu führte, dass der ITF, trotz großer Ambitionen, langsam in Vergessenheit geriet.

Die Diskussionen über die Frage, ob der ITF eine unabhängige Organisation werden sollte oder nicht, spiegelten sich in den Parlamentsprotokollen wider (Stenographisches Protokoll 24.11.1987). Während die Opposition Kritik daran übte, dass es einen neuen Fonds in der FTI-Politik geben würde, betonten die Koalitionsparteien die hohe Wirtschaftlichkeit der gewählten Lösungsstrategie: Es würde keine neue Organisation installiert werden, sondern die beiden bereits bestehenden Fonds – FFF und ERP – würden aufbauend auf ihrer Fachkompetenz und jahrelangen Erfahrung die Agenden des ITF mit erledigen. Interessanterweise konzentrierten sich die in den Vorbereitungstreffen der interministeriellen Gruppe stattfindenden Diskussionen nie auf die Frage, ob der ITF eine eigenständige Organisation werden sollte. Stattdessen ging es zentral um die Frage, welcher bestehende Fonds die Agenden des neuen ITF übernehmen sollte. Dies bedeutete, dass der eingeschlagene institutionelle Weg der österreichischen FTI-Politik nicht verlassen wurde. Der neue ITF verfügte über eine ziemlich ähnliche Struktur wie die Schwerpunktprogramme zu MEIV und Biotechnologie– trotz der offensichtlichen Koordinationsprobleme in der Abwicklung der Schwerpunktprogramme. Natürlich bedeutete dies auch, dass das Wissenschafts- und das Verkehrsministerium weiterhin die bestimmenden Akteure im Politikfeld blieben.

Zu jener Zeit waren bereits sowohl der FFF als auch der ERP, die 1967 bzw. 1962 gegründet worden waren, gut etabliert. Der FFF führte ein vom tagespolitischen Geschehen ziemlich isoliertes Dasein und war darauf ausgerichtet, diese Unabhängigkeit zu wahren. Die Institution war stark am Bottom-Up-Prinzip orientiert. Firmen, die sich um Forschungsförderung bewarben, hatten bei der Antragsstellung umfassende Kriterien zu beachten. Der ERP orientierte sich in ähnlicher Weise am Bottom-Up-Prinzip, verhielt sich aber der Politik gegenüber weniger abweisend. Dies war unter anderem auf den Umstand zurückzuführen, dass es Usus war, stark anwendungsorientierte bzw. infrastrukturbezogene Projekte über den ERP zu fördern. Darüber hinaus war der ERP bis Mitte der 1980er Jahre zuerst Teil des Bundeskanzleramts und später des Verkehrsministeriums. Staatssekretär Ferdinand Lacina war es, der die „Agencification" des ERP und seine größere Unabhängigkeit initiierte, um das operative Geschäft des Fonds ökonomischer, schneller und den Wünschen der Wirtschaft gegenüber reaktionsfähiger zu gestalten. Dennoch blieb der ERP mit dem Verkehrsministerium verbunden, symbolisiert durch den Umstand, dass der Fonds während des Bestehens des ITF mit seinem Büro in einem Gebäude des Verkehrsministeriums blieb.

Schon kurz nach der Gründung des ITF stellte sich die Frage, welche Anträge an den FFF und welche an den ERP gerichtet werden sollten. In den ersten Sitzungen des ITF-Ausschusses wurde auf eine Lösungsstrategie zurückgegriffen, die ursprünglich von PolitikerInnen entworfen worden war: Anwendungsorientierte Projekte sollten an den ERP, forschungsorientierte Projekte an den FFF gerichtet werden. Diese Unterscheidung erwies sich zwar als nicht praktikabel, wurde jedoch – in scheinbarer Ermangelung besserer Lösungsalternativen – beibehalten. Die Fonds fanden allerdings eine informelle Lösung: Kleinen und mittleren Unternehmen (KMU) wurde geraten, sich an den FFF zu wenden, Großunternehmen dagegen sollten ihre Bewerbungen an den ERP richten. Von den Firmen, die sich an den FFF wandten, waren es wiederum die Kleinunternehmen, die in die normalen FFF-Programme aufgenommen wurden. Dabei wurde innerhalb von ca. sechs Wochen über die Förderungswürdigkeit eines Antrages entschieden, während die ITF-Förderungsentscheidungen länger dauerten. An den ITF wurden größere Firmen weitergeleitet, mit der Begründung, größere Firmen hätten einen weiteren Planungshorizont sowie größere Projekte und wären zudem finanziell besser ausgestattet. Die Entscheidung, ob eine Firma vom FFF oder ERP gefördert werden würde, wurde daher ausschließlich auf der Basis von Argumenten hinsichtlich der Größe der Unternehmen und nicht hinsichtlich des Projektinhalts getroffen. Wie eine InterviewpartnerIn bemerkte, vergingen einige Jahre, bevor sich der ITF-Ausschuss wieder des Problems der Kompetenzaufteilung annahm. Diese Streitfrage wurde Mitte der 1990er Jahre mit der Entwicklung neuer Programme gelöst, die hinsichtlich des Inhalts der Bewerbungen und des Umfangs der Schwerpunktprogramme deutlich spezifischer waren (Interview 2-5). Tatsächlich waren die ersten ITF-Schwerpunktprogramme recht weit definiert. Diese ungenauen Definitionen wurden von einigen InterviewpartnerInnen als Stärke des ITF angesehen (Interview 2-5), während andere genau in diesem breiten Umfang der ITF-Programme und darin, dass sie bis Mitte der 1990er Jahre nicht auf spezifische Technologien abzielten, ein Problem sahen (Interview 2-2).

Managementstrukturen

Beurteilt man das Ende der 1980er Jahre noch immer recht neue Feld der FTI-Politik allein nach dem ITF-Gesetz und den damals bestehenden Strategiepapieren, so verfügte es über eine ziemlich klare Struktur. Die Koordination des Wissenschafts- und des Verkehrsministeriums, die sich den ITF für ihre politischen Aktivitäten zunutze machten, erfolgte in Abstimmung mit dem Finanzministerium durch das Bundeskanzleramt. Allerdings unterschied sich die politische Realität erheblich davon. Die politischen Strukturen waren ziemlich unübersichtlich und vor allem im Bezug auf die Kompetenzverteilung ungeklärt, was auf mehreren Ebenen der österreichischen FTI-Förderung zu strukturellen Ungleichgewichten führte.

Auf der politischen Ebene zeigte das Bundeskanzleramt kein besonders großes Interesse an einer stärkeren Involvierung in die FTI-Politik, die – wie sich bald herausstellte – zu einem von Auseinandersetzungen geprägten Politikfeld wurde. Überdies waren die meisten Kompetenzen und der überwiegende Teil des Personals, sowie beinahe die gesamten Fördermittel für die FTI-Politik in den Händen des Wissenschafts- und des Verkehrsministeriums. Der Bundeskanzler war somit in einem Konflikt zwischen dem sozialdemokratischen Verkehrsminister Streicher und dem konservativen Vizekanzler und Wissenschaftsminister Busek gefangen. Selbst wenn – verglichen mit dem Gesamthaushalt der beiden Ministerien – nicht viel Geld im Spiel war, bestand doch immer die Gefahr, dass der Konflikt außer Kontrolle geraten könnte und zumindest das bereits komplizierte Dasein der Koalitionsregierung noch schwieriger gestalten würde.

Wie bereits zuvor erwähnt, fanden die ungeklärten politischen Strukturen ihren Niederschlag in der Konfiguration der Fonds. Während die anderen im F&E-Bereich aktiven Fonds – der Forschungsförderungsfonds für die gewerbliche Wirtschaft (FFF), das Europäische Wiederaufbauprogramm (ERP) und der Fonds zur Förderung der Wissenschaftlichen Forschung (FWF) – über klare Aufgaben verfügten, war die Struktur des ITF weitaus weniger durchdacht. Der FFF war aufgrund seines Bottom-Up-Ansatzes ziemlich unzufrieden mit der Top-Down-Struktur des ITF. Der ITF war daher nur schwer kompatibel mit der Unternehmenskultur, den Aufgaben und der organisatorischen Konfiguration des FFF, die vollkommen auf dem Bottom-Up-Prinzip beruhten. In dieser Struktur entwickelte der ITF keine eigene Identität, hatte keine eigene Klientel, verfügte über keine Belegschaft, die sich mit dem ITF hätten identifizieren können, und – vielleicht am wichtigsten – hatte auch keinen Förderer in der Politik (Interview 3-5). In der Tat behandelten die Ministerien den ITF manchmal, als ob sie es dabei nicht mit einem Technologiefonds mit einer Zahl von Schwerpunktprogrammen, sondern noch immer mit Auftragsforschung – dem Hauptinstrument der österreichischen F&E-Politik vor der Entwicklung der Schwerpunktprogramme – zu tun hätten. Wie ein Spitzenbeamter bemerkte: „Das Schöne am ITF war, dass wir noch immer dieselben Programme betreiben konnten wie zuvor, aber weniger Arbeit damit hatten" (Interview 1-1).

Die ungeklärten Strukturen auf der Ebene der Politik und auf der Ebene der Förderagenturen schlugen sich ebenso auf der Projektebene nieder. Wie zuvor erwähnt, waren die Schwerpunktprogramme in den ersten Jahren in ihrer

Ausrichtung ziemlich umfangreich, wodurch sie sehr unterschiedliche Projekte, bezogen auf Inhalt und Zusammensetzung der Projektpartner, finanzieren konnten. Firmen, die ein Projekt einreichen wollten, erhielten oft Informationen, auf Basis derer sie beim FFF um Förderung ansuchten. Einige Zeit später bekamen sie dann einen Anruf vom ERP, der den Antrag behandelte und wurden schließlich durch den ITF gefördert. Dies sorgte für Verwirrung und führte zu Beschwerden seitens der Firmen (Interview 2-5). Im Laufe der Zeit unternahm der ITF-Ausschuss vermehrt Anstrengungen, um auf diese Probleme reagieren zu können und entwickelte Programme mit klareren Zielsetzungen. Unter anderem wurde eine neue Struktur eingeführt, eine Art Vermittlungsebene zwischen Schwerpunktprogrammen und Projekten, die so genannten Schirmprojekte. Diese Schirmprojekte hatten die Aufgabe, mehrere Projekte unter einem Management zusammenzufassen. Sie waren einerseits eine Reaktion auf die Vermischung unterschiedlicher Projekte, die unter dem Titel eines bestimmten Schwerpunktprogramms gleichzeitig liefen. Andererseits waren sie eine Initiative der Ministerien in Bezug auf den Widerwillen vonseiten der Förderagenturen, Top-Down-Strukturen zu akzeptieren.

Die Rolle verschiedener Wissensformen

Politisches Handeln basiert auf Wissen. Im Falle der Gründung des ITF stammt ein großer Teil des Wissens aus den Erfahrungen der politischen AkteurInnen, die bereits in den beiden Schwerpunktprogrammen zu MEIV und Biotechnologie involviert waren.[33] Die beiden Schwerpunktprogramme, die die Vorläufer des ITF in der österreichischen FTI-Politik waren, basierten auf Wissen aus einer Vielzahl an Quellen, vorwiegend Erfahrungen aus anderen Politikfeldern, Ergebnisse von Politik-Initiativen in Bayern und der Schweiz und aus Studien, die von der OECD und vom Wissenschaftsministerium an österreichische Wirtschafts- und SozialwissenschaftlerInnen vergeben wurden (Biegelbauer 2005a). Der wesentliche Unterschied zwischen der Schaffung der beiden Schwerpunktprogramme 1985 und der Gründung des ITF 1987 lag darin, dass im letzteren Fall bereits Erfahrungswissen zur Konstruktion und Gestaltung von FTI-Programmen verfügbar war. Dass die am ITF-Gesetzesentwurf arbeitende

---

[33] Dies bedeutet nicht, dass sich die Gründung des ITF bereits durch eine Analyse des für die Errichtung des Fonds verwendeten Wissens erklären lässt. Eine Erklärung muss den Umstand berücksichtigen, dass die zentralen politischen AkteurInnen auf ministerialer Ebene kein Interesse daran hatten, die Art und Weise zu ändern, wie Politik gestaltet wurde und die Finanzierung von FTI vonstattenging – solange ihr Einfluss auf diese Prozesse unverändert blieb.

interministerielle ExpertInnengruppe weder die Erfahrung anderer Länder diskutierte, noch ihre Handlungen auf die Expertise von PolitikberaterInnen oder der OECD stützte, mag auf das Vorhandensein einiger Vertrautheit mit FTI-Politik- Programmen zurückzuführen sein.

Dies traf jedoch nicht auf die Errichtung der konkreten ITF-Programme zu. In den Diskussionen zu diesen Programmen können häufig Verweise auf die OECD gefunden werden, wobei einige davon vorwiegend Legitimations-charakter hatten. In anderen Fällen sah man sich die Situation im Ausland, vor allem in Deutschland, genauer an. Im Falle des seit 1989 bestehenden Seed Financing-Programmes übernahm ein Beamter, der in der Entwicklung dieser Initiative die Rolle des „Policy-Entrepreneurs" innehatte, einige Ideen aus den USA und verband diese mit Elementen eines deutschen Seed Financing-Programmes (Interview 2-10). Dem von 1991 bis 1996 laufenden FlexCIM-Programm diente nicht nur die ATMOS-Studie als Grundlage, sondern darüber hinaus auch die Meinung dreier internationaler ExpertInnen. Für das von 1993 bis 1998 bestehende Schwerpunktprogramm Softwaretechnologie hatte die „Europäische System und Software Initiative" (ESSI) Vorbildwirkung.

Im Zuge der Gründung des ITF erkannten die mit FTI betrauten BeamtInnen, dass die Zahl an ExpertInnen, die mit ihrem Fachwissen zur FTI-Politik zu Rate gezogen werden konnten, in Österreich relativ gering war. Es wurde daher schon bald eine Gruppe von SozialwissenschaftlerInnen, NaturwissenschaftlerInnen und ÖkonomInnen der Universität Graz, der Technischen Universität Wien, dem Österreichischen Forschungszentrum Seibersdorf (ÖFZS, heute: Austrian Institute of Technology, AIT) und des Wirtschaftsforschungsinstituts (WIFO) gebildet, die unter der Leitung des Wissenschafts- und des Verkehrsministeriums stand. Es war ein langwieriger und eher mühsamer Prozess, in dem diese ForscherInnen ihre Zusammenarbeit begannen und das österreichische Technologie-monitoringsystem (Austrian Technology Monitoring System, ATMOS) entwickelten. Bei ATMOS handelte es sich um ein Policy-Instrument, das Elemente einer prognostischen Studie, Sektoranalysen und makroökonomischer Modelle miteinander verknüpfte (ATMOS 1990).

Im Rahmen dieser Initiative wurden mehrere technologische Bereiche abgedeckt: Prozesstechnologien, computerintegrierte Produktion, neue Materialien, medizinische Technologien, Laser- und Verkehrstechnologien. Das zentrale Ziel von ATMOS bestand in der Bereitstellung neuer Erkenntnisse in Form eines dauerhaften Informationsflusses für die Entscheidungsfindungs-prozesse in der österreichischen FTI-Politik. Diese zentrale Zielsetzung wurde durch Nebenziele wie etwa die Bestimmung von prioritären Bereichen, die Schaffung eines anerkannten Priorisierungsverfahrens, die Einrichtung einer

Forschungsgruppe zur Technologiepolitik, die Förderung der Koordination zwischen den PolitikakteurInnen und die Legitimierung der Politik durch von ATMOS gewonnene, wissenschaftliche Erkenntnisse untermauert (Grießler 1995, 157). Diese Ziele sollten durch Literaturrecherchen, ExpertInnen-interviews, Workshops mit internationalen ExpertInnen und die Einrichtung einer Datenbank über führende österreichische Unternehmen und ihr Innova-tionsverhalten erreicht werden. Die Analyse der Auswirkungen bestimmter Technologien auf österreichische Unternehmen sollte zusammen mit dem Monitoring der nationalen und internationalen FTI-Politiken zu Empfehlungen, Wahlmöglichkeiten und Maßnahmen für die österreichische Politik führen.

Ein Zwischenbericht der ATMOS-Gruppe führte 1990 zu heftigen Dis-kussionen und daraufhin zu einer Neuausrichtung des Programms, das vom Großteil der Mitglieder des ITF-Ausschusses in der bestehenden Form als zu technisch angesehen worden war. Wie Erich Grießler (1995) betont, stieß ATMOS nicht auf Ablehnung wegen der erkannten Schwächen des Programms – wie etwa der technokratische Ansatz, der sich nicht an systematische und objektive Kriterien hielt, die Vernachlässigung der Mikroökonomie der Innovation sowie Bedenken hinsichtlich der Praktikabilität und eine mehr generelle methodologische Kritik. Die wahren Gründe lagen eher darin, dass die Initiative in einen Konflikt zwischen dem Wissenschafts- und dem Verkehrs-ministerium hineingezogen wurde, wobei beide versuchten, ihre Interessens-sphären zu wahren. Die Ängste mehrerer AkteurInnen, dass ihre Freiheit bei der Wahl des FTI-politischen Kurses von einem neuen Politikinstrument einge-schränkt werden könnte – und zwar insofern, als dieses die Vorgehensweise aufgrund wissenschaftlicher Analysen und internationaler Erfahrungen festsetzen würde –, hatten ebenso negative Auswirkungen auf ATMOS (Grießler 1995).

Obwohl die Studie innerhalb des ITF als Grundlage für mehrere Schwer-punktprogramme zitiert wurde, war sie, gemessen an ihren eigenen Zielen, nicht erfolgreich. Die Initiative führte nicht zu einer Neuorientierung der österreichischen FTI-Politik, brachte aber mit dem TIP-Programm (Technologie, Information, Politikberatung) eine wichtige Plattform hervor, welche die österreichische FTI-Politik bis heute beeinflusst. TIP war ein von Wissenschafts, Verkehrs- und Wirtschaftsministerium finanziertes Netzwerk von ExpertInnen des ÖFZS und des WIFO. Das TIP-Programm startete 1993, seither wurde es mehrere Male verlängert und sein Netzwerk um Joanneum Research erweitert. TIP-ExpertInnen waren in die meisten Technologiepolitikinitiativen der öster-reichischen Bundesregierung, sowie in viele regionale Initiativen involviert.

Diese PolitikberaterInnen waren – zusammen mit dem sich aus dem EU-Beitritt und der Globalisierung ergebenden Druck – einer von drei ausschlag-gebenden Faktoren für die Internationalisierung der österreichischen Technologiepolitik. Die TIP-ExpertInnen waren sowohl treibende Kräfte der Internationalisierung, als auch zugleich getrieben vom Internationalisierungsdruck. Einerseits war die Gründung und staatliche Finanzierung von TIP eine Reaktion auf den Internationalisierungsdruck auf die Verwaltung, andererseits suchten die am Programm beteiligten ExpertInnen nach Fachwissen und zusätzlicher Finanzierung auf der internationalen Ebene.

Im Zuge der Entwicklung der österreichischen FTI-Politik wurde Wissen sowohl von den BeraterInnen als auch von den politischen AkteurInnen generiert. Auch wenn Studien und Präsentationen als ein Weg des Wissenstransfers von den ExpertInnen zu den politischen AkteurInnen in der Politik und Verwaltung galten, wiesen mehrere InterviewpartnerInnen darauf hin, dass viele Studien – auch in dem Fall, dass sie gelesen wurden – keine unmittelbare Wirkung hatten. Wie ein Interviewpartner betonte, war der Haupteffekt des TIP-Netzwerks nicht auf deren Studien zurückzuführen, sondern auf den Wissenspool, der für EntscheidungsträgerInnen leicht zugänglich war, indem sie einfach nur zum Telefonhörer greifen und einen der ExpertInnen anzurufen brauchten (Interview 2-4).

In den 1990er und 2000er Jahren wurde es zunehmend schwieriger zwischen Wissen aus internationalen und nationalen Quellen zu unterscheiden, da nationale und internationale Institutionen immer stärker miteinander verflochten waren. Das führte langsam zu einem Mehrebenensystem von Governance im Politikfeld. Während das Wissen des für das Politikfeld in den 1980er Jahren wichtigsten internationalen Akteurs OECD mithilfe von Studien, Strategiepapieren und persönlichen Bekanntschaften im Rahmen der ministeriellen Treffen transferiert wurde, war es Anfang der 1990er Jahre weniger klar, über welche Kanäle Informationen von der Pariser OECD-Zentrale nach Wien flossen. Zwei Formen des Wissenstransfers können dabei unterschieden werden: Erstens wurde Wissen, teils durch BeamtInnen, teils durch das TIP-Netzwerk transportiert, wobei die AkteurInnen Zugang zur OECD durch die Teilnahme an Arbeitsgruppen und Konferenzen erlangten. Eine InterviewpartnerIn sprach dabei von einer „Wissensverdichtung" bei den OECD-Tagungen, womit sie darauf hinwies, dass dort nicht nur neue Ideen diskutiert wurden, sondern auch bereits verfügbares Wissen aktualisiert wurde (Interview 2-1). Zweitens war die OECD auch ein wesentlicher Faktor in der Internationalisierung der Verwaltungsverfahren, die in den 1970er Jahren mit dem Zustrom einer Generation von stärker internationalisierten BeamtInnen mit Englischsprachkenntnissen begann (Interview 2-8).

Der österreichische Beitritt zur EU hatte ähnliche Auswirkungen auf die nationale FTI-Policy-Community wie die verstärkten Kontakte mit der OECD 20 Jahre zuvor. Für die BeamtInnen bedeutete der EU-Beitritt eine rasante

Internationalisierung, die ihren deutlichsten Ausdruck in einer neuen mehr-sprachigen Generation von BeamtInnen fand, welche in der ersten Hälfte der 1990er Jahre – kurz bevor sich die Bundesverwaltung zu Belegschaftskürzungen gezwungen sah – eingestellt wurde. Die Notwendigkeit, auf die Vorschläge der europäischen Institutionen, vor allem des EU-Rates und seiner vielen Arbeitsgruppen, eine schriftliche Antwort zu geben, und der anhaltende Strom an Papieren, die im Rahmen dieser Strukturen produziert wurden, führten zu einer erhöhten Formalisierung der Verwaltungsverfahren. Dies geschah vor dem EU-Beitritt, speziell auf der höchsten Ebene der österreichischen Bundesverwaltung, häufig eher auf der Grundlage von informellen „Gentlemen Agreements" als auf der Basis von stärker formalisierten Verfahren (Interview 2-1). Der informelle Charakter der österreichischen Verwaltung basierte auf der Bedeutung von Vertrauen sowie der politischen Kultur, die durch die Sozialpartnerschaft strukturiert wurde (Gerlich/Pfefferle 2006).

Auch für die Policy-ExpertInnen brachte der Beitritt zur EU eine Internationalisierung mit sich, da sie sich nicht nur – wie im OECD-Kontext – mit lose strukturierten Arbeitsgruppen, sondern auch mit im Zuge von EU-Entscheidungsfindungsprozessen gebildeten dichteren Netzwerken konfrontiert sahen (Stampfer 2003a). Dies trifft besonders auf die Europäische Kommission zu, die durch den Kontakt zu Policy-ExpertInnen nicht nur Fachwissen zu gewinnen sucht, sondern sich auch bemüht, ihre Entscheidungsfindungs-grundlage durch die Einbeziehung von Interessensgruppen und ExpertInnen zu erweitern (Stone Sweet et al. 2001, Pernicka et al. 2002). Darüber hinaus mussten die österreichischen PolitikberaterInnen den BeamtInnen sowohl die neuen Spielregeln als auch neue Problemstellungen, die bis dahin nicht aufgetreten waren, näher bringen. Denn für die österreichische FTI-Politik war es vor dem EU-Beitritt nicht erforderlich, beispielsweise Gutachten zu Hochseeschifffahrttechnologie oder Düsenjets vorzubereiten, wie das bei den Entscheidungsfindungsmechanismen der Forschungsrahmenprogramme der EU der Fall ist (Biegelbauer 2003).

Der Beitritt zur EU bedeutete für die politischen EntscheidungsträgerInnen und BeraterInnen, dass sie mit einer Vielzahl neuer Entscheidungsfindungs-perspektiven konfrontiert wurden, die zu einem weiteren Anstieg an – häufig vergleichenden – von österreichischen ExpertInnen erstellten Studien führte. Jedoch waren nicht nur ExpertInnen und BeamtInnen, sondern auch die Forschungsförderungsfonds mit neuen Problematiken und Entscheidungs-findungsverfahren konfrontiert.

Sowohl der FWF als auch der FFF waren stark auf Österreich ausgerichtete, klientInnenorientierte, dem Bottom-Up-Prinzip verhaftete Organisationen. Im Laufe der 1990er Jahre mussten daher beide Organisationen ihre Arbeitsweise ändern. Im Falle des FWF führte dies zu dessen Teilnahme an einer Vielzahl von bi- und multilateralen Initiativen. Seit seiner Gründung gab es Memoranden auf bilateraler Ebene zur Verständigung zwischen dem FWF und ausländischen Förderorganisationen. Diese Memoranden verloren gegenüber regionalen und europäischen Initiativen rasch an Bedeutung. Viele dieser Initiativen waren nicht mit der EU verbunden, standen allerdings oftmals im Kontext des Europäisierungsprozesses (Interview 2-7). Obwohl der FFF weniger in kooperative Forschung zwischen PartnerInnen verschiedener Länder involviert war, verspürte er ebenso die Auswirkungen der Internationalisierung. Der FFF hatte eine lange Geschichte an bilateralen Kontakten zu anderen FTI-Politik-ausgerichteten Forschungsförderungsorganisationen und war auch Teil des „6 Country Programms", das 1975 von den Niederlanden, Deutschland, Frankreich, dem Vereinigten Königreich, Irland und Kanada initiiert wurde. Der Beitritt Österreichs zur EU führte außerdem zur Teilnahme des FFF an der multilateralen europäischen Initiative TAFTIE, der Vereinigung zur Implementierung von Technologie in Europa. TAFTIE kann als Netzwerk von F&E-Förderorganisationen beschrieben werden, die sich mit einer Reihe von Tätigkeiten beschäftigen, in dem Erfahrungen ausgetauscht und gemeinsame Studien durchgeführt werden. Dieser Austausch führte beim FFF zu institutionellen Innovationen, wie etwa neuen Evaluationsrichtlinien, neuen Monitoringsystemen, neuen Managementinstrumenten, sowie neuen Formen von Studien (Interviews 2-1, 2-2).

Erklärungsansätze und Lernen in der Politik

Wie bereits zuvor hervorgehoben wurde, fanden bei der Errichtung des ITF nur wenige Erfahrungen aus den beiden früheren Schwerpunktprogrammen zu MEIV sowie Bio- und Gentechnologie Beachtung. In seiner Zusammensetzung folgte der ITF eher dem schon bei der Schaffung der Schwerpunktprogramme gewählten Pfad. Der wesentliche Unterschied zu früher bestand darin, dass ein interministerielles Komitee eingerichtet wurde, das später die Bezeichnung Kuratorium erhielt und in dem die Entscheidungsfindung auf höchster Ebene stattfinden sollte. Eine Erklärung für das geringe Lernen aus den Erfahrungen mit den beiden Schwerpunktprogrammen, liegt in der kurzen Zeitspanne zwischen dem Start der Programme (1985) und der Errichtung des ITF (1987).

Zudem kamen die Evaluierungen schlichtweg zu spät, um einen Effekt auf die erste Welle der ITF-Programme zu erzielen. Da die Folgeprogramme anders strukturiert waren, konnten die Erfahrungen der ersten Programme nur in geringem Ausmaß direkt auf die folgenden Programme übertragen werden. Eine

InterviewpartnerIn merkte an: „Wenn wir die Evaluierungsergebnisse gewusst hätten … hätten wir unsere nächsten Schritte ändern müssen" (Interview 2-5). Dies war einer der Gründe, die zu instrumentellem Lernen auf der Ebene des Programmmanagements und Designs führten: Für die zweite Programmwelle in den frühen 1990er Jahren wurden zunehmend Pilotphasen und Halbzeit-evaluierungen eingeführt, wie etwa im „FlexCIM-Programm", das eine nachträgliche Änderung der Programme aufgrund der Bewertung der Ergebnisse aus den ersten Programmphasen ermöglichte.

Ein grundlegendes Merkmal des ITF war die mehr oder weniger permanente Diskussion über seine Aufgaben, Programme und Strukturen, die den Fonds während seiner gesamten Geschichte verfolgte. In einer Sitzung des Kuratoriums wurde bereits Ende 1989, kaum zwei Jahre nach seiner Gründung, eine Reform des ITF geplant. Die Reformbemühungen führten zu einem neuen Leitbild, das während einer Kuratoriumssitzung Ende 1990 verabschiedet wurde: Der ITF sollte künftig ein koordinierendes Strategieinstrument der FTI-Politik sein. Anfang 1992 vertrat jedoch eine Arbeitsgruppe die Auffassung, dass das Leitbild bis dato nicht realisiert wurde. Zudem sprach die Gruppe von einer Konkurrenzsituation zwischen dem ERP und ITF hinsichtlich des operativen Geschäfts, sowie von einem Reformbedarf des ITF, um auf den bevorstehenden EU-Beitritt und auf die starke ESA-Involvierung reagieren zu können. So gab es 1992 einen weiteren Beschluss des Kuratoriums zur engeren Koordinierung der österreichischen FTI-Politikpositionen durch das Kuratorium.

Diese permanenten Reformen hatten recht unterschiedliche Ursprünge. Zum einen waren sie das Ergebnis des relativ niedrigen Institutionalisierungsgrads des ITF – wie bereits zuvor erwähnt, verfügte der ITF weder über ein eigenes Büro noch über eigenes Personal. Der ITF befand sich daher immer in einem Spannungsfeld zwischen Wissenschafts-, Verkehrs- und Wirtschaftsministerium, sowie den beiden Forschungsfinanzierungsorganisationen FFF und ERP, von denen vor allem der FFF sich nie mit der Existenz des ITF anfreunden konnte (Interview 3-5). Eine weitere Konfliktebene bestand darin, dass das Wirtschafts- und das Verkehrsministerium, später auch das Wirtschaftsministerium, mehr Geld zur Finanzierung von F&E-Programmen verwenden wollten, wohingegen das Finanzministerium daran interessiert war, das Ziel der Budgetdisziplin zu verfolgen und die Ausgaben zu begrenzen. Während die vorherigen Punkte auf Macht und Interessen im Sinne von Heclos „powering"-Verhalten abstellen, basieren weitere Erklärungen mehr auf Lernen im Sinne von Heclos „puzzling"-Verhalten (Heclo 1974).

An dieser Stelle muss berücksichtigt werden, dass der ITF das erste institutionalisierte Politik-Instrument in einem noch immer ziemlich neuen Politikfeld war. Daher waren Politik-Experimente nicht nur aufgrund des relativ niedrigen Institutionalisierungsgrads des ITF recht einfach, sondern auch notwendig, da die österreichischen EntscheidungsträgerInnen nur über wenige Erfahrungen mit FTI-Politikprogrammen verfügten. Außerdem war das Politikfeld recht dynamisch: Auch auf internationaler Ebene war es relativ neu und geprägt durch Akteure wie OECD, Europäische- Kommission, UNESCO und UNIDO, die häufig neue Strukturen und Institutionen schufen und einen ständigen Fluss an Strategiepapieren und Konferenzen für alle Entscheidungsfindungsebenen generierten (Edler 2000, 2003). Die dynamische Kraft des Politikfelds wurde durch den Umstand bestärkt, dass es einer der wenigen unumstrittenen Politikbereiche nach den Budgetkrisen der 1970er und 1980er Jahre war. Diese Krisen hatten zu einer kritischen Evaluierung vieler Regierungsprogramme und – allgemeiner – der Rolle des Staates gegenüber der Gesellschaft geführt. Für den ITF gab es Handlungsbedarf, um auf das sich schnell ändernde internationale Umfeld reagieren zu können und dieses Erfordernis führte zu einer Situation, aus der sich Lernchancen ergaben.

Wie zuvor erwähnt veränderte 1993 eine Novelle zum ITF-Gesetz die finanzielle Struktur des Fonds. Im selben Jahr wurden die ersten Änderungen im Programmmanagement wirksam, als es zur Einführung von Schirmprojekten und zu wiederholten Aufforderungen kam, ökologische sowie soziale Kriterien in die Evaluierung der Projektanträge mit einzubeziehen.

Die Schirmprojekte und die drei Jahre später erfolgende neuerliche Reform des Programmmanagements kann als Lernen in Bezug auf das Management einer wachsenden Zahl an Schwerpunktprogrammen im Rahmen des ITF gesehen werden. Der ITF-Ausschuss versuchte, mit diesen neuen Politik-Instrumenten der Komplexität der Programme, die relativ weit gefasst waren und Projekte beinhalteten, die nach Inhalt, Form, Größe sowie Art der in ihnen kooperierenden Organisationen ziemlich unterschiedlich waren, zu begegnen. Darüber hinaus stellten Schirm- und Programmmanagementstrukturen seitens der ministeriellen Akteure auch Versuche dar, die reine Bottom-Up Förder- und Organisationsstruktur von FFF und ERP wenigstens teilweise zu umgehen.

Die 1996 erfolgte Einführung des neuen Programmmanagements war aber auch eine Reaktion auf die unerwünschten Nebeneffekte der zuvor installierten Schirmprojekte. Da Schirmprojekte evaluiert und ihr Erfolg hinsichtlich der budgetären Größe, der Struktur und der Anzahl der jeweils umfassten Projekte gemessen wurde, versuchten SchirmprojektmanagerInnen, die Anzahl der Projekte in ihrer Schirmstruktur zu maximieren. Dies hatte wiederum bunt gemischte Projektbündel zur Folge (Interview 2-1, 3-5).

Ein unerwünschter Nebeneffekt der Änderungen in den Managementstrukturen war die Überbelastung des Managementteams, die sich aus der steigenden Komplexität des operativen Geschäfts des ITF ergab. Dieses bestand in der zweiten Hälfte der 1990er Jahre aus vier Ebenen: Das Projekt selbst, die Schirm- und Programmmanagementebenen, sowie die politische Struktur bestehend aus ITF-Ausschuss und Kuratorium. Das Ergebnis dieser Zunahme an Managementebenen und teilnehmenden AkteurInnen war die Abnahme der Regierbarkeit des Fonds – trotz aller Bemühungen, sie zu steigern!

Ende 1993 gab es einen weiteren Reformaufruf, der diesmal von der Bundesregierung ausging: Der ITF sollte eine Arbeitsgruppe bilden, um ein Technologiepolitikkonzept für die Bundesregierung zu erstellen, in dem der ITF eine zentrale Rolle einnehmen sollte. Obgleich die erste Version des Technologiepolitikkonzepts, die eine strikte Trennung der politisch-strategischen und operativen Ebenen in der Technologiepolitik vorsah, bei Minister Busek auf Ablehnung stieß (Pichler et al. 2007), kam es 1995 zu einer Reform des ITF. Die Reformen waren weit reichend: Das Wirtschaftsministerium konnte nun auch um Finanzierung beim ITF ansuchen, die vielen Unterausschüsse und Arbeitsgruppen sollten besser in den ITF-Ausschuss integriert werden, Politikberaterinnen sollten häufiger zu den ITF-Ausschusssitzungen eingeladen werden, der ITF sollte eine strategischere Rolle in der Technologiepolitik spielen, es sollte mehr Projekt- und Programmevaluierungen geben und den Bundesministerien sollte mehr Freiheit in ihrem Umgang mit ITF-Mitteln eingeräumt werden.

Der Zusammenführung des Wissenschafts- und des Verkehrsministeriums in ein neues Bundesministerium für Wissenschaft, Verkehr und kulturelle Angelegenheiten machte weitere Änderungen im ITF und der ESA-Finanzierung erforderlich (BMWVK/BMwA 1996). Die Reformen auf operationaler Ebene schritten zügig voran, obwohl der ITF im Vergleich zu anderen Programmen zunehmend an Bedeutung verlor. Ab 1997 flossen die „Technologiemilliarden" direkt an von Bundesministerien betriebene Programme, 1998 begann die „Agencification" des Politikfelds mit Gründung der TIG (Technologieimpulsgesellschaft) und die Bundesregierung schenkte dem ITF immer weniger Beachtung, was sich darin zeigte, dass das Kuratorium im Mai 1999 nach fast vier Jahren zum ersten Mal wieder zusammentrat.

Die vielfältigen Reformversuche, speziell jene, die auf die Trennung der Haushalte und die Vertretung von ministeriellen Interessen sowohl im Kuratorium als auch im ITF-Ausschuss abzielten, können damit erklärt werden, dass die zentralen politischen AkteurInnen im ITF- Wissenschafts-, Verkehrs- und später auch Wirtschaftsministerium - primär an der Verteidigung ihrer Interessen interessiert waren. Einige dieser Änderungen können jedoch besser verstanden werden, wenn sie mit Lernbegriffen gefasst werden. Während die meisten InterviewpartnerInnen der Meinung waren, dass der ITF Zeit seines Bestehens die primäre Arena für das Lernen in der österreichischen FTI-Politik darstellte, war hingegen die Art und Weise, wie politische AkteurInnen lernten, manchmal unerwartet.

Evaluierungen stellten in der Geschichte des ITF ein bedeutendes Instrument zur Unterstützung von Lernen in der Politik dar. Die Einführung von Evaluierungen wurde allerdings von einer InterviewpartnerIn als eher schmerzhaften Prozess beschrieben. In den Diskussionen in der Anfangsphase des ITF wurden (immer wieder) Vorwürfe erhoben, dass die Evaluationen bloß Instrumente zum Ausspionieren von Personen seien (Interview 2-12). 13 Jahre später, waren viele InterviewparterInnen der Ansicht, dass die Evaluationen wichtig waren, jedoch weniger wegen des angeblichen Erfahrungslernens. Vielmehr wurde die allgemeine Meinung vertreten, dass Lernen in Erwartung einer späteren Evaluation stattfand, das „pädagogische Effekte" hatte, „strategisches Planen erforderlich machte" (Interview 2-10), zum „Lernen, wie man lernt" (Interview 2-9) anregte und „zum Lernen über die Auswirkungen der Entscheidungsprozesse führte" (Interview 3-5). Tatsächlich ähneln diese Charakterisierungen über die Art und Weise wie in der Politik gelernt wurde, der Definition von reflexivem Lernen. Mit dem Abstand von mehr als einer Dekade, kann jedoch die Art und Weise wie im ITF gelernt wurde eher, als Vorbereitung von späterem reflexivem Lernen gewertet werden, denn als reflexives Lernen selbst.

Was den institutionellen Hintergrund des Lernens anging, so vollzog sich das Lernen zumeist nicht im Kuratorium, sondern eher im Rahmen des ITF-Ausschusses und dabei besonders in den einmal jährlich stattfindenden Workshops (ITF-Ausschuss-Klausuren). Hinsichtlich des Lernverhaltens war es die zentrale Funktion des Ausschusses, den Informationsaustausch zwischen den Programmverantwortlichen und den Personen im Ausschuss zu erleichtern, indem die täglichen Erfahrungen in neue Routinen und Regeln einflossen, was eine Form des „learning by doing" auf höherer Ebene darstellte und das praxisbezogene Umsetzungslernen der ProgrammmanagerInnen auf eine höhere Ebene des Programmdesigns überführen sollte. Dies konnte jedoch erst geschehen, nachdem der ITF-Ausschuss sein Tagesgeschäft standardisiert hatte – ein Prozess, der in den ersten Jahren nach der Gründung des Gremiums nur langsam voranschritt. Erst danach konnte der ITF-Ausschuss als Medium für weiter gefasste Diskussionen zur FTI-Politik fungieren.

In der Beurteilung der Nützlichkeit von Lernbegriffen bei der Analyse der Geschichte des ITF sollten zwei Punkte erwähnt werden. Es ist schwierig, anderes Lernverhalten als das auf der operationalen Ebene auszumachen, wenn man die Entwicklung des ITF punktuell betrachtet. Lernen wird auch hier nur dann sichtbar, wenn Entwicklungen über einen längeren Zeitraum hinweg betrachtet werden (Sabatier/Jenkins 1993, Bandelow 2003). Beispielsweise ist es schwierig, umfassendes Lernen in der Politik auszumachen, wenn nur die ersten beiden Schwerpunktprogramme der österreichischen FTI-Politik betrachtet und mit den ersten Programmen des ITF zwei Jahre später verglichen werden. Wird der zeitliche Horizont der Analyse jedoch von zwei auf fünf oder, noch besser, zehn Jahre ausgedehnt, wird ein Anstieg an Professionalisierung sichtbar: Programmbeschreibungen werden detaillierter, Richtlinien klarer und Policy-Instrumente zur Unterstützung von Lernen in der Politik wie etwa Ex-ante- und Ex-post-Evaluierungen und Monitoringverfahren zu Standardprozeduren.

Während die Anwendung eines Lernansatzes zu einem besseren Verständnis der Veränderungen führt, die der ITF in seiner 13-jährigen Geschichte durchlaufen hat, ist eine umfassende Analyse des Fonds nur dann möglich, wenn der Lernansatz mit einer Untersuchung der Interessensstrukturen und Machtbeziehungen verknüpft wird, die in diesem Kapitel angestrengt wurde. Die Geschichte des ITF erscheint in einem klareren Licht, wenn das eben diskutierte, fast vollständige Fehlen der höchsten politischen Ebenen bei Entscheidungsprozessen (sowohl seitens der Legislative als auch der Exekutive), die Rivalität der mit F&E-Kompetenzen betrauten Bundesministerien, das Fehlen eines ITF-Büros, sowie die Bottom-Up-Ausrichtung des FFF und teilweise auch des ERP als Rahmenbedingungen, mit denen Lernen konfrontiert war, berücksichtigt werden.

6. Die ITF-Programme „Seed-Financing" und „FlexCIM"

Dieser Abschnitt konzentriert sich weniger auf die strategische Ebene der bundespolitischen Entscheidungsfindung, sondern mehr auf die darunterliegende Programmebene. Im Konkreten sollen dabei zwei österreichische FTI-Programme, die im Rahmen des ITF errichtet worden sind, analysiert werden. Das 1989 zur Finanzierung der Gründung von neuen, risikoreichen Hochtechnologieunternehmen eingerichtete Seed-Financing-Programm besteht auch 23 Jahre später noch immer. Das Programm „Flexible Computerintegrierte Fertigung" (FlexCIM) lief von 1992 bis 1996. Beide Programme wurden mehrmals evaluiert und werden als Erfolgsgeschichten der österreichischen FTI-Politik angesehen. Die Programme werden hier hinsichtlich der Politikvorbereitung, der Entscheidungsfindung, der Implementation sowie der Evaluation untersucht. Dabei werden die Auswirkungen der vier im vorherigen Kapitel erwähnten Kernprobleme des ITF und der Bewältigungsstrategien der AkteurInnen einer genaueren Betrachtung auf politischer und operationaler Ebene unterzogen. Darüber hinaus wird die Frage untersucht, inwiefern Erfahrungslernen sowohl auf der Programm- als auch der operationalen Ebene stattgefunden hat. Dazu werden auch die Wissensbestände der beteiligten AkteurInnen sowie die Funktionen der nationalen und internationalen Vorbilder in den vielfachen Reformbemühungen während der Laufzeit der Programme analysiert.

Der übrige Teil dieses Kapitels ist wie folgt aufgebaut: Im ersten Teil erfolgt die Analyse des Seed-Financing-Programms. Danach wird das FlexCIM-Programm behandelt und daran anschließend folgt die abschließende Analyse beider Programme.

Das Seed-Financing-Programm

Geschichte und Hintergrund

Liest man die Parlamentsdebatten zum ITF, so wird klar, dass seitens der PolitikerInnen der Wunsch bestand, über ein Programm zu verfügen, das gezielt die hohen Risiken in der Unternehmensgründungsphase – speziell bei Hightech-Firmen – abdecken sollte. Im März 1988 fand dazu ein Treffen von VertreterInnen des Bundeskanzleramts, des Wirtschaftsministeriums, des Finanzministeriums, des Verkehrsministeriums, des Wissenschaftsministeriums, der Wirtschaftskammer, der Österreichischen Volkspartei (ÖVP) und des Leiters der Innovations-Agentur statt. Obwohl es offiziell eine Sitzung des ITF-Kuratoriums war, handelte es sich dabei in Wirklichkeit um den ITF-Ausschuss, da weder der Bundeskanzler noch eine BundesministerIn der Gruppe angehörten. Eine Reihe von Besprechungen folgten, und – wie sich bald herausstellte – war es für die am Diskussionsprozess beteiligten AkteurInnen schwierig, einen Konsens über den Inhalt des Seed-Financing-Programms, dessen Ziele und wie diese am besten zu erreichen seien, zu finden. Ein Unterausschuss bestehend aus VertreterInnen des Verkehrs-, des Wissenschafts- sowie des Wirtschafts-ministeriums, des Bundeskanzleramts und der Finanzierungsgarantiegesellschaft (FGG) wurde deshalb bald eingerichtet. Die meisten Diskussionen der zehn Sitzungen dieses Unterausschusses konzentrierten sich auf die Frage, wer in der Umsetzung des neuen Programmes mit wem kooperieren und wer das neue Politikinstrument kontrollieren würde.

Ein Streitpunkt war, dass die Innovations-Agentur die FGG als Partner zur Durchführung des Programms haben wollte, wohingegen es die VertreterInnen der Ministerien vorzogen, die Innovations-Agentur alleinverantwortlich mit der Programmabwicklung zu betrauen. Eine weitere Diskussion drehte sich um die Frage, welches Ministerium für die Kontrolle des neuen Programms zuständig sein würde: Während das Verkehrsministerium der Auffassung war, dass die Finanzierung der Gründung neuer Unternehmen in seinen Zuständigkeitsbereich fallen würde, bestand das Wissenschaftsministerium auf die Kofinanzierung des Programms. Das Wirtschaftsministerium, das aufgrund der Bestimmungen des ITF-Gesetzes, zu diesem Zeitpunkt (noch) keinen Zugriff auf die ITF-Förder-mittel hatte, wollte dennoch ebenfalls aktiv an den Förderentscheidungen teilhaben. Nach fünf Monaten Diskussion hatte der Unterausschuss ein Papier entwickelt, das ein drei Phasen umfassendes Programm vorsah. In Phase 1 würden die BewerberInnen einen kleinen Geldbetrag für ein erstes Konzept erhalten, in dem sie unter anderem ihre Geschäftsidee erklären sollten. Einige wenige BewerberInnen sollten dann ausgewählt werden und in Phase 2 eintreten, in der ein kompletter Geschäftsplan erstellt werden und die Unternehmens-gründung erfolgen sollte. In der dritten Phase sollten die Unternehmen bereits ein Wachstum auf dem freien Markt aufweisen. In dieser dritten Phase war die direkte Finanzierung der Firmen aufgrund des ITF-Gesetzes nicht mehr möglich, jedoch sollte die Möglichkeit einer kontinuierlichen Beratung durch die ExpertInnen der Innovations-Agentur bestehen. Die Steuerung des Programm-ablaufs würde bei der Innovations-Agentur liegen, wobei die Förder-entscheidungen vom „Seed-Financing-Board", bestehend aus VertreterInnen der Verkehrs-, Wissenschafts- und Wirtschaftsministerien und maximal zwei ExpertInnen, getroffen werden sollten. Als im Dezember 1998 das Konzept für das Seed-Financing-Programm im Rahmen des ITF-Kuratoriums diskutiert wurde, war das Board erweitert worden. Neben dem Vorsitzenden des Boards, der vom Verkehrsministerium nominiert wurde, entsendeten das Wissenschafts-ministerium und das Wirtschaftsministerium noch zusätzlich jeweils eine VertreterIn, außerdem kamen noch drei ExpertInnen von österreichischen RisikokapitalgeberInnen hinzu. Zu diesem Zeitpunkt herrschte noch immer Unklarheit darüber, welches Ministerium letztendlich für die Förder-entscheidungen zuständig sein würde. Die Richtlinien, die schließlich vom Verkehrs- und vom Wissenschaftsministerium im April 1989 erlassen wurden, sahen ein Board vor, das nochmals um einen Experten des Europäischen Wiederaufbauprogramms (ERP) erweitert wurde und das die Möglichkeit einer weiteren Vergrößerung offen ließ. Der Vorsitzende des neuen Organs fiel unter die Zuständigkeit des Verkehrsministeriums und der Verkehrsminister war verantwortlich für alle Förderentscheidungen.

Nach fast eineinhalb Jahre andauernden Vorbereitungen und Verhand-lungen zwischen den verschiedenen AkteurInnen wurde das Seed-Financing-Programm am 1. Juni 1989 gestartet. Zwei Jahre später wurde die erste Programmevaluierung durchgeführt, deren Endbericht Ende 1991 vorlag. Das Wiener Beratungsunternehmen Triconsult wurde damit beauftragt, eine Markt- und Imageanalyse des Seed-Financing-Programms vorzunehmen. Die BeraterInnen von Triconsult kritisierten, dass die Innovationsagentur junge Firmen nur unzureichend mit Auskunft und Beratung unterstützten. Zudem war es nicht ausreichend bekannt, dass die Innovationsagentur jungen Firmen überhaupt zur Beratung offen stand. Ein weiteres Problem wurde in den Richtlinien und der genauen Bestimmung, welche Unternehmen eigentlich förderungswürdig waren, gesehen. Ein zentraler Kritikpunkt dabei war, dass das Seed-Financing-Programm seine Aktivitäten auf Hochtechnologieunternehmen konzentrieren wollte, ohne jedoch dabei den Bereich Hochtechnologie genauer definiert zu haben. Schließlich stieß die Art, wie Förderentscheidungen getroffen wurden, auf Kritik, da diese als intransparent angesehen wurden.

Als Reaktion auf die Evaluierung wurde vom ITF-Ausschuss eine Arbeitsgruppe zur Reformierung des Seed-Financing-Programms eingerichtet. Obwohl Diskussionen über eine Neuorientierung der Vermarktungsaktivitäten des Programms stattgefunden hatten, stellte ein mit der Evaluierung des Seed-Financing-Programms betrautes Team externer BeraterInnen fünf Jahre später, im Jahr 1996 fest, dass es – mit Ausnahme einer einmaligen Kampagne 1994 – keine systematischen Vermarktungsbemühungen seitens des ITF gab. Und obwohl die Kriterien für Förderentscheidungen geändert worden waren, hielt das externe BeraterInnenteam die Kritik hinsichtlich der im Rahmen des Programms unklaren Bestimmung von Hochtechnologie aufrecht. Im Allgemeinen ist das Ergebnis der ausführlichen, 350 Seiten umfassenden, Evaluierung des Seed-Financing-Programms positiv – trotz der beiden genannten Kritikpunkte und der Kritik an einer gewissen Risikoaversion bei den Förderentscheidungen.

1992 hatten zwei der drei Risikofinanziers das Board verlassen. Aufgrund des dadurch entstandenen Mangels an erfahrenen FachexpertInnen, mussten die Richtlinien geändert werden, um einen geeigneten Ersatz für die Abgänge außerhalb der kleinen Risikokapitalszene zu finden. Der Umbau des Förderausschusses erfolgte im April 1992 mit der Aufnahme eines Experten des Forschungsförderungsfonds für die gewerbliche Wirtschaft (FFF) und des Direktors des oberösterreichischen Softwareparks Schloss Hagenberg. Im Zuge einer 1994 stattfindenden ministeriellen Umstrukturierung wurde das Seed-Financing-Programm für einige Jahre beim Wirtschaftsministerium angesiedelt, bis es schließlich im Jahr 2000 ans Verkehrsministerium zurückkehrte.

Die Rolle verschiedener Wissensformen

Im Rahmen des ITF verfügt das Seed-Financing-Programm über einen Sonderstatus. Erstens war es das einzige Programm, das weder vom FFF noch vom ERP betrieben wurde, sondern von der Innovationsagentur – einer Organisation die sich sonst nicht mit FTI-Politik, sondern eher mit Wirtschaftspolitik beschäftigte. Zweitens stellte das Seed-Financing-Programm die einzige Initiative dar, bei der Vorwissen für PolitikakteurInnen verfügbar war. Obwohl es in Österreich nie einen Versuch zur Finanzierung von neuen Unternehmensgründungen im Hochtechnologiebereich gegeben hatte, konnte das neue Programm auf vorhandener Expertise in der Förderung von Programmen für neue Firmen, die auf regionaler und Bundesebene betrieben wurden, aufbauen. Dies war einer der angeführten Gründe für die Aufnahme von RisikokapitalgeberInnen in das Board des Seed-Financing-Programms und ebenso für den

Betrieb des operativen Geschäfts durch die Innovationsagentur (Interviews 2-9, 2-10).

Interessanterweise stellte die Idee, eine Initiative für Neugründungen im Bereich Hochtechnologie zu starten, keine Anpassung von allgemeinen, auf Jungunternehmen in anderen Wirtschaftsbereichen abzielenden wirtschafts-politischen Maßnahmen dar, sondern scheint von Programmen der Vereinigten Staaten von Amerika (USA) und der Bundesrepublik Deutschland (BRD) inspiriert worden zu sein (Interview 2-10). Einige InterviewpartnerInnen erzählten, dass ein junger Beamter des Verkehrsministeriums als Policy-Entrepreneur maßgeblich an der Gründung des Programms beteiligt war (Interviews 2-9, 2-11). Dieser junge Ministerialbeamte, der aufgrund eines früheren Studienaufenthalts eine besondere Affinität zu den Vereinigten Staaten hatte, ging zurück in die USA, um dort im Rahmen eines Fulbright-Visitors-Programms wirtschafts- und technologiepolitische Maßnahmen zu studieren. Der Beamte war allerdings der Meinung, dass das US-Modell nicht direkt auf Österreich übertragbar war, vor allem weil die neuen Firmen in Österreich wegen der höheren Risikoaversion der MarktteilnehmerInnen zur Finanzierung der Geschäftstätigkeit nicht auf den Kapitalmarkt ausweichen konnten. Eine zweite Reise führte den Beamten 1988 nach Deutschland, wo er ein Unternehmens-gründungsprogramm im Bereich Hochtechnologie, das TOU (Technologie-orientierte Unternehmensgründungen), untersuchte. Dieses Modell diente als Vorlage für das Zwei-Phasen-Modell des Seed-Financing-Programms. Darüber hinaus diente das deutsche TOU-Programm zur Legitimierung des neuen Programms: „...[D]ies sind nicht bloß amerikanische Ideen, sondern sogar die Deutschen tun das" (Interview 2-10), war die Argumentationslinie des jungen Beamten, um das neue Seed-Financing-Programm voranzutreiben.

Aufgrund dieser Legitimierungsstrategie unter Bezugnahme auf Beispiele in angesehenen und ökonomisch weiterentwickelten Ländern wie den Vereinigten Staaten und der Bundesrepublik Deutschland, sowie der Bildung einer Koalition mit VertreterInnen der Arbeiterkammer und der Wirtschaftskammer war es für den Policy-Entrepreneur möglich, die Skepsis des Finanzministeriums zu beseitigen. Dies war notwendig, da das Finanzministerium zuvor den Standpunkt vertreten hatte, dass es nicht die Aufgabe des Staates wäre, sich an der riskanten Tätigkeit der Finanzierungsbereitstellung für die Gründung von Hoch-technologiefirmen zu beteiligen.

Die Doppelstrategie, sich hoch entwickelter, ausländischer Staaten als Politikmodelle zu bedienen – einerseits bereits existierende Politiken dieser Länder an die österreichischen Rahmenbedingungen anzupassen, und anderer-seits das bloße Vorhandensein von ausländischen Beispielen zur Legitimierung der Einführung der neuen Politik in Österreich zu verwenden – spiegelt sich im

Konzept des Seed-Financing-Programms wieder, das im Dezember 1988 im ITF-Kuratorium diskutiert wurde. Das Narrativ, das zur Legitimierung und Erklärung des neuen Programms herangezogen wurde, lässt sich folgendermaßen beschreiben: Neugründungen im Bereich Hochtechnologie seien wichtig, um die dynamische Kraft der österreichischen Wirtschaft zu stärken. Jedoch sei aufgrund von Marktversagen nicht genügend Privatkapital für die Gründung neuer Firmen verfügbar, was das Eingreifen des Staats erforderlich mache. Internationale Beispiele sind dabei das „Small Business Innovation Research Programme" (SBIRP) in den USA und das TOU-Programm in der BRD. Trotz des vorhandenen Wissens zur Neugründungsberatung wurden die ersten Jahre des Programms als eher steinig beschrieben, wobei eine InterviewpartnerIn den Begriff „Fiasko" verwendete (Interview 2-11). Das vorhandene Know-how schien begrenzt gewesen zu sein, was durch die häufigen Personalwechsel seitens der Innovationsagentur noch verschärft wurde. Zudem führte der Umstand, dass die Risikofinanziers bereits nach zweijähriger Programmlaufzeit das Board verließen, zu einem Erfahrungsverlust. Die Tatsache, dass die gleichen Personen, die mit der Evaluierung der Geschäftsideen betraut waren, auch die AntragstellerInnen in Phase 1 und 2 des Programms betreuten, wurde ebenfalls als Problem angesehen. Eine Person, die zu jener Zeit dem Board angehörte, sah „die Mitarbeiter der Innovationsagentur ... als Anwälte der Bewerber" (Interview 2-11). Ein anderes Mitglied des Boards sprach von einem Prozess des „Learning-by-doing", der durch häufige Anpassungen, die später zu einer Standardisierung der Geschäftspraktiken führte, gekennzeichnet war (Interview 2-10).

Mitte der 1990er Jahre wurde die Phase 1 des Seed-Financing-Programms vom neuen Direktor der Innovationsagentur gestrichen, um Mitnahmeeffekte zu vermeiden – entgegen der Meinung einiger Mitglieder des Boards. Außerdem hatte sich die Finanzierungsstrategie von verlorenen Zuschüssen hin zu weichen Krediten geändert. Später wurden nur noch Kredite an junge Unternehmen vergeben, die auf Basis der Profitabilität der Firmen zurückgezahlt werden mussten.

Das FlexCIM-Programm

Geschichte und Hintergrund

In den frühen 1990er Jahren hatten die Diskussionen über den Einsatz von Informationstechnologien in der österreichischen Wirtschaft unter anderem zu einem Bericht über den damals aktuellen Stand der Technik geführt, der einen integralen Bestandteil der ersten österreichischen Technologie-Vorausschau-Studie „Austrian Technology Monitoring System" (ATMOS) bildete (Grießler 1995, 2003). Trotz der turbulenten Debatten über die Ergebnisse von ATMOS und der heftigen Kritik von einigen am Diskussionsprozess des Projekts beteiligten AkteurInnen, führte die Studie dazu, dass das ITF-Kuratorium in seiner Sitzung im Dezember 1990 die Entscheidung traf, ein Schwerpunktprogramm im Bereich der Computerintegrierten Fertigung (CIM) einzurichten. Im Juni 1991 lagen zwei Konzepte für ein derartiges Programm vor: eines vom Verkehrsministerium und ein weiteres vom Wissenschaftsministerium. Beide Programme fokussierten auf die Verbreitung der neuen Computerintegrierten Fertigungstechnologien in kleineren und mittleren Unternehmen (KMUs). Kurz danach entschied der ITF-Ausschuss, einen Unterausschuss zur Ausarbeitung des geplanten Programms zu bilden. Zu den wöchentlich stattfindenden Besprechungen, deren Vorsitz von einem Beamten des Wissenschaftsministeriums geführt wurde, trafen sich, unter anderem, VertreterInnen des FFF, der Arbeiterkammer, der Wirtschaftskammer, sowie des Verkehrs- und des Wissenschaftsministeriums (Interview 2-12). Im September 1991 war das Programm schließlich fertig ausgearbeitet und erhielt die Bezeichnung „Flexible Automatisation in Klein- und Mittelbetrieben" (FlexCIM).

Das Strategiepapier zur Förderung des Programms, das im Oktober 1991 unterzeichnet wurde, weist darauf hin, dass es durch die Einführung der neuen Informationstechnologien in den Fertigungsprozess zu einer Reihe von Änderungen für die österreichischen Firmen kommen werde. Da die österreichische Unternehmensstruktur von KMUs dominiert wird, für welche die Einführung der neuen und kostspieligen Technologien schwierig zu sein schien, sollte das Programm die österreichischen Unternehmen bei der Einführung der neuen Technologien unterstützen, indem Personal geschult, CIM-Kenntnisse verbreitet und Unterstützung bei der Erstellung von Machbarkeitsstudien sowie der Einrichtung neuer Projekte angeboten werden sollte. Als generelle Zielrichtung sollte das Programm die Forschungs- und Technologieentwicklung zur CIM sowie die Verbreitung von Technologien fördern.

Die FlexCIM-Initiative, die aus zwei unterschiedlichen Phasen bestand, war zu ihrer Zeit ziemlich innovativ: In der ersten Phase war die Finanzierung einer Machbarkeitsstudie zur Einführung von CIM-Technologien mit bis zu 2,5 Millionen österreichischen Schilling (ca. 180.000 €) vorgesehen. In der zweiten Phase konnte die Finanzierung der eigentlichen Forschungsarbeit und der Technologieentwicklung zur CIM erfolgen. Während den beiden Phasen sollten die Kosten für die Organisation, Evaluierung, Analyse und Schulung vorwiegend für KMUs finanziert werden – Unternehmen mit mehr als 500 MitarbeiterInnen sollten nur dann finanziert werden, wenn ihre Projekte beispielhaft für kleinere Unternehmen gewesen wären.

Darüber hinaus sollte das FlexCIM-Programm aus einer zweijährigen Pilotphase und einer zweiten, dreijährigen Phase bestehen. Zwischen den beiden Abschnitten sollte eine Evaluierung erfolgen, um etwaige Korrekturen am Programm vornehmen zu können. Eine Gruppe von ExpertInnen sollte das Programm-Monitoring übernehmen. Dabei sollten auch die sozialen und ökologischen Effekte des Programms berücksichtigt werden. Das Programm-management sollte zudem besonderes Augenmerk auf die Beratung, Analyse und Schulung legen. Einen weiteren Schwerpunkt bildeten Public-Relations-Maßnahmen, und so wurden zum ersten Mal in der Geschichte des ITF eine Reihe von Veranstaltungen in Kooperation mit regionalen Innovationszentren und dem Wirtschaftsförderungsinstitut (WIFI) der Wirtschaftskammer or-ganisiert.

Das FlexCIM-Programm startete im Oktober 1991. Zwei Jahre später wurden das Österreichische Forschungszentrum Seibersdorf (ÖFZS, heute: Austrian Institute of Technology, AIT) und das Österreichische Institut für Wirtschaftsforschung (WIFO) mit der Durchführung einer Evaluierungsstudie zum FlexCIM-Programm beauftragt. Diese Studie war Teil des Lang-zeitberatungsprojektes TIP (Technologie, Information, Politikberatung). Aufgabe der Studie war es, die ersten zwei Jahre des Programms zu untersuchen. Die Evaluierung beinhaltete eine Umfrage unter den geförderten Unternehmen sowie Interviews mit ausgewählten, am Programm beteiligten Firmen, BeraterInnen, Mitgliedern des Lenkungsausschusses und der Geschäftsführung des FFF und des ERP. Die Evaluierungsstudie bezeichnete das FlexCIM-Programm aufgrund seiner „sehr expliziten und spezifischen Technologieorientierung" (Polt et al. 1994, Abstract) als – gemessen an internationalen Standards – vergleichsweise innovativ. Zudem wurde angemerkt, dass es den Anschein hatte, dass das Programm selbst kaum der Auslöser für neue Forschungs- und Technologie-entwicklungsprojekte war. Allerdings führte es bei den Unternehmen zu einer intensiveren Beschäftigung mit vorbereitenden Planungsvorgängen, was sich in der ausführlichen Beschreibung und Erweiterung von CIM-Konzepten zeigte. Gleichermaßen wurde die Involvierung von BeraterInnen von den Befragten als positiv bewertet. Die geplante umfassende Mitwirkung von Unternehmens-mitarbeiterInnen bei der CIM-Einführung konnte jedoch nur selten erreicht werden – zumeist war diese auf hochrangige Führungskräfte und Projekt-managerInnen beschränkt. Weiter hob die Evaluierungsstudie das wenig entwickelte Programmmarketing und das ineffektive Programmmonitoring seitens des ITF-Unterausschusses zu FlexCIM kritisch hervor. Daher wurde die

Einsetzung einer ProgrammmanagerIn von den GutachterInnen vorgeschlagen, wobei entsprechende internationale Beispiele berücksichtigt werden sollten. Eine ManagerIn sollte sich dabei um das Marketing kümmern, die Koordinierung von FlexCIM mit anderen Fördermaßnahmen übernehmen, und – besonders im Fall der KMUs – Schirmprojekte mit der Aufgabe, mehrere kleinere Projekte miteinander zu vernetzen, definieren, sowie für das Controlling und die Evaluierung des Programms zuständig sein (Polt et al. 1994).

1999 traf das Verkehrsministerium die Entscheidung, eine weitere Evaluierung des bereits im August 1996 beendeten FlexCIM-Programms vorzunehmen. Diese Evaluierung war recht ungewöhnlich, da Evaluierungsstudien in Österreich bis zu diesem Zeitpunkt nie mit einer zeitlichen Verzögerung von mehreren Jahren durchgeführt worden waren. Die Begründung des Ministeriums lag darin, die langfristigen Auswirkungen des Technologieprogramms untersuchen zu wollen (Interview 2-12). Die Evaluierung selbst war neuartig, weil sie mit der Evaluierung des Schweizer CIM-Programms, die von einer Schweizer Beratungsfirma durchgeführt wurde und der Evaluierung eines ähnlichen deutschen Programms, die ein deutsches Wirtschaftsforschungsinstitut durchgeführt hatte, verbunden wurde.

In der Studie wurde festgestellt, dass das FlexCIM-Programm in den 1990er Jahren eines der wichtigsten Programme des ITF hinsichtlich der Finanzierung als auch der Zahl der Projekte und Firmen darstellte (Polt et al. 2005). Den Kern der Evaluierungsstudie bildete eine Umfrage unter den Firmen, die durch das FlexCIM-Programm finanziert wurden. Dies stand in Verbindung mit einer ökonometrischen Wirkungsanalyse der Programme, in der Daten aus einer schriftlichen Befragung mit Informationen aus einer Stichprobe von Firmen, die nicht am Programm teilgenommen hatten, verglichen wurden (Polt et al. 2005). Grundtenor der Evaluierungsstudie war, dass das FlexCIM-Programm in Bezug auf seine Ziele erfolgreich war. Als Kritikpunkt wurde jedoch festgehalten, dass das Programm vorwiegend mittelständische Unternehmen und nur wenige Kleinbetriebe erreichte. Darüber hinaus befand die Studie, dass die finanzierten Unternehmen – im Gegensatz zu jenen, die keine Programmförderung erhielten – einem klaren Impuls, den Einsatz von CIM-Technologien zu forcieren, unterlagen. Dieser positive Effekt hing allerdings von der Firmengröße ab: Das Programm funktionierte für KMUs, nicht aber für Großbetriebe. Letztere wiesen Mitnahmeeffekte auf – sie hätten CIM-Technologien sowohl mit als auch ohne Finanzierung durch das FlexCIM-Programm eingeführt. Andere kritische Anmerkungen betrafen den Umstand, dass die Evaluierungen bereits zu Beginn des Programmes geplant hätten werden sollen, um die Verfügbarkeit der Daten für eine Ex-Post-Evaluierung gewährleisten zu können, selbst wenn die Evaluierung erst einige Jahre nach Programmende stattfindet. Das Forschungsteam wies außerdem darauf hin, dass der vielleicht wichtigste Punkt der früheren Evaluierung aus dem Jahre 1994 – die Einführung eines Programmmanagements – nicht umgesetzt wurde.

Die Rolle verschiedener Wissensformen

Bereits in jenem Teil des Strategiepapiers, der das Design des FlexCIM-Programms vorstellte, ist eine Bemerkung über die ungewöhnliche Komplexität der CIM-Technologie enthalten. Diese Komplexität bewirkte eine weitgehende Unklarheit bezüglich der Erwartungen an das technologische Niveau, auf dem sich österreichische Firmen für FTI-Projekte bewerben würden und über den tatsächlichen Bedarf an dieser Technologie seitens österreichischer Unternehmen. Die VerfasserInnen des Strategiepapiers waren Mitglieder des zuvor erwähnten ITF-Unterausschusses, der das geplante Programm ausarbeiten sollte und der später den Kern der ExpertInnengruppe bildete, die für die gesamte Laufzeit das Monitoring des FlexCIM-Programms innehatte. Die VerfasserInnen gaben auch an, dass die Planung und Durchführung der ergänzenden Maßnahmen Zeit benötigen würden, die damals nicht verfügbar war. Aufgrund dieser Umstände, sollte laut Strategiepapier eine zweijährige Pilotphase eingeführt und eine Monitoring-Gruppe eingesetzt werden. Diese Bemerkungen wurden alle auch im ministeriellen Erlass vom Oktober 1991 angeführt, der das FlexCIM-Programm ausformulierte.

Eine externe Evaluierung der Pilotphase war jedoch weder im ursprünglichen Strategiepapier, noch im ministeriellen Erlass enthalten. Der Vorschlag eine externe Evaluierung des FlexCIM-Programms durchzuführen, kam weder von der Verwaltung noch von PolitikerInnen, sondern von jenen ForscherInnen des TIP, die später auch die Studie durchführten (Interview 2-13).

Das FlexCIM-Programm war innovativ hinsichtlich der Art und Weise, wie es ExpertInnenwissen verwendete, und zwar nicht nur wegen der Evaluierung der Pilotphase, sondern auch, weil die Evaluierung des ursprünglichen Strategiepapiers vom September 1991 durch drei internationale ExpertInnen erfolgte, die vom Wissenschaftsministerium zur Einschätzung des Programmes eingeladen wurden. Interessanterweise lagen die ExpertInnengutachten erst im November 1991 vor, d.h. einige Wochen nachdem der ministerielle Erlass über das FlexCIM-Programm bereits verabschiedet worden war und die Programmvorbereitungen voll angelaufen waren. Im Nachhinein betrachtet, ist dies bedauerlich, da die Hinweise der internationalen ExpertInnen hilfreich gewesen wären – die wesentlichsten der Kritikpunkte wurden auch in der Evaluierung der Pilotphase des Programms von österreichischen EvaluatorInnen angemerkt.

Einige Bemerkungen der internationalen ExpertInnen bezogen sich auf die Deutlichkeit und Detailliertheit des Strategiepapiers: Projektauswahlkriterien sollten expliziter formuliert werden und es war unklar, wie die Evaluierung der Pilotphase vonstattengehen sollte. Weitere kritische Bemerkungen konzentrierten sich auf die Frage des Projektmanagements, über das in den Augen der internationalen ExpertInnen ebenfalls weitgehende Unklarheit bestand. Schließlich wurde der Umstand kritisiert, dass im Strategiepapier Erfahrungen anderer europäischer Länder vergleichbarer Größe fast gänzlich unerwähnt blieben. Der Kern dieser Kritik trifft zwar zu, da andere Länder tatsächlich nur flüchtig in der Einleitung des Strategiepapiers genannt werden. Allerdings bestätigte ein für die Gründung des FlexCIM-Programms zuständiger Beamter, dass die Erfahrungen anderer Länder von Bedeutung und ihm bewusst gewesen war, dass zu jener Zeit in der Schweiz ein ähnliches Programm lief und dass CIM-Technologien von der BRD bereits seit einigen Jahren finanziert wurden (Interview 2-12).

Das Beobachten von FTI-Programmen anderer Länder, oft aus persönlichem Interesse der BeamtInnen heraus, scheint bis in die frühen 1980er Jahre zurückzureichen. Zu diesem Zeitpunkt stieg das Interesse der österreichischen Verwaltung an FTI-Programmen, welche die direkte Finanzierung von Forschungsprojekten im Laufe der 1980er und 1990er Jahre zunehmend ersetzen sollte (Pichler et al. 2007).

In Deutschland wurden CIM-Technologien und deren Anwendungen in Unternehmen seit 1988 finanziert (Pointner 2005). Kenntnisse über die deutschen und Schweizer Programme waren nicht nur in den Ministerien vorhanden, sondern auch in den Fördereinrichtungen (Interview 2-11). Was in den 1980er Jahren in der österreichischen FTI-Politikgestaltung hingegen weitgehend fehlte, war ein systematischer Überblick der FTI-Politik auf internationaler Ebene. Dieses Defizit wurde jedoch in den für die FTI-Politikgestaltung zuständigen österreichischen Ministerien erkannt und es wurde versucht, externe Expertisen in die Politikgestaltung mit einzubeziehen. Beispiele dafür waren die Evaluierungen des Mikroelektronik und Informationsverarbeitungsprogramms (MEIV) sowie des Gentechnik- und Biotechnologieprogramms (Hutschenreither et al. 1991), die ATMOS-Studie (Grießler 2003) und die Schaffung des TIP-Programms.

Diese externen Expertisen flossen auch in das FlexCIM-Programm ein. Im Strategiepapier zur Errichtung des Programms wird der CIM-Teil der ATMOS-Studie zitiert und – wie zuvor erwähnt – waren die österreichischen ExpertInnen, die mit der Evaluierung der Pilotphase des FlexCIM-Programms betraut waren,Teil der TIP-Gruppe. Während der Konnex zur Evaluierung des ersten österreichischen Technologieprogramms – des MEIV-Programms – weniger offensichtlich war, gibt es keinen Zweifel daran, dass die Ziele des FlexCIM-Programms konkreter waren, als jene des MEIV-Programms sechs Jahre zuvor: dies war auch ein wesentlicher Kritikpunkt, der in der MEIV-Programm-evaluation geäußert worden war.

Im Hinblick auf die Rolle von verschiedenen Wissensformen besteht einer der wichtigsten Aspekte des FlexCIM-Programms darin, dass es zu den ersten Programmen in der österreichischen FTI-Politik gehörte, das einer Evaluierung unterzogen worden war. Mehrere InterviewpartnerInnen wiesen darauf hin, dass in den ersten Jahren der österreichischen FTI-Politikgestaltung Evaluierungen nicht nur unüblich waren, sondern oft auch auf aktiven Widerstand von Seiten der ProgrammadministratorInnen und der BeamtInnen stießen (Interviews 2-1, 2-10, 2-13). In den frühen 1990er Jahren wurden Evaluierungspraktiken noch immer vom Verdacht begleitet, dass jemand ein bestimmtes Programm oder Projekt beenden wolle und die Evaluierungsstudie zu diesem Zweck instrumentalisiert werden würde. Die Evaluierung des FlexCIM-Programms traf allerdings auf ProgrammadministratorInnen, deren Vertrauen in den Erfolg des Programms groß war. Seitens des Wissenschafts- und des Verkehrsministeriums wurde die Erfahrung mit dem Evaluierungsprozess und den externen ExpertInnen größtenteils als hilfreich angesehen und im Nachhinein als eine vertrauensbildende Maßnahme gegenüber Evaluierungsstudien beschrieben (Interview 2-13).

Die Evaluierung der Pilotphase des FlexCIM-Programms war ein zwei-schneidiges Schwert. Als Grundtenor des Evaluierungsberichts wird dem Programm Erfolg bescheinigt. Wie berichtet kritisierte das ExpertInnenteam jedoch die geringen Bemühungen um Programmmarketing und –monitoring. Der Hauptvorschlag der Evaluierungsstudie lag folgerichtig in der Schaffung eines aktiveren Programmmanagements. Diese Änderungen im Programmmanagement und -monitoring wurden jedoch nie vorgenommen.

Dennoch ist die Wahrscheinlichkeit groß, dass der Bericht wesentlich zur Entscheidung des ITF-Ausschusses beitrug, in den Folgejahren für die meisten ITF-Programme Schirmprojekte und ein Programmmanagement einzuführen. Bezogen auf die zeitliche Verzögerung zwischen der Beratung durch die ExpertInnen und den Effekten ihrer Expertise auf die Entscheidungsfindung sprach ein Interviewpartner von „trickle-down-Effekten". Das verzögerte „Einsickern" von ExpertInnenwissen ist die Folge davon, dass Entscheidungs-trägerInnen darüber befinden müssen, welche Teile der ExpertInnen-Ratschläge von höherer und welche von geringerer Priorität sind (Interview 2-13). Dabei wird vor dem Hintergrund knapper Zeit- und Geldressourcen meist der größere Teil der Empfehlungen einer Evaluation auf die lange Bank geschoben. Eine weitere Erklärung für die zeitliche Verzögerung zwischen der Veröffentlichung der Evaluierungsstudie und der teilweisen Umsetzung der ExpertInnen-Ratschläge liegt in den komplizierten Entscheidungsfindungsroutinen der österreichischen FTI-Politikgestaltung im Rahmen des ITF begründet.

Erklärungsansätze und Lernen in den beiden Fällen

Im Falle des Seed-Financing-Programms waren bereits die Entscheidungsfindungsstrukturen recht kompliziert und nicht sehr effizient. Diese Strukturen waren dabei nicht das Resultat des Versuches, ein bestehendes Politikproblem auf rationale Art und Weise zu lösen, sondern waren das Ergebnis von Konflikten über sich überschneidende Kompetenzen und Einflusssphären sowie einer Reihe von Kompromissen. Der übermäßig lange, nahezu eineinhalb Jahre andauernde Diskussionsprozess bis zum Start des Programms kann dabei als Indikator für den Umfang der zu lösenden Konflikte verwendet werden (Biegelbauer 2009).

Wie zuvor gezeigt, scheint das erfahrungsbasierte Lernen aus Politikinstrumenten im Falle des Seed-Financing-Programms begrenzt gewesen zu sein. Ein Grund dafür war der geringe Austausch von Informationen zwischen den Ministerien. Der Umstand, dass das Seed-Financing-Programm zweimal transferiert wurde, behinderte den Erfahrungsaustausch, auf dessen Basis für eine Weiterentwicklung des Programmes gelernt werden hätte können. Auf der Programmebene gestaltete sich das erfahrungsbasierte Lernen ebenso als schwierig, da es eine beträchtliche Personalfluktuation im Programmträger, der Innovationsagentur, gab (Interview 2-11).

Erfahrungsbasiertes Lernen ist nicht nur zeit-, sondern auch raumübergreifend möglich (Rose 1993, 2005; Zeitlin 2006). Der an der Gründung des Programms maßgeblich beteiligte Policy-Entrepreneur nahm mehrfach Bezug auf amerikanische und deutsche Modelle. Dadurch wurde das österreichische Modell von internationalen Vorbildern inspiriert (Interview 2-10). Ebenso von Bedeutung war die Legitimierungsfunktion, die diese Modelle im Ringen um das Programm hatten.

Ähnliche Schlüsse können aus der Geschichte des FlexCIM-Programms gezogen werden. Die Einladung an internationale ExpertInnen zur Abgabe von Kommentaren zum Strategiepapier, auf das sich das Programm gründete, erfolgte erst *nach* dem ministeriellen Erlass zur Errichtung des Programms. Dies war höchst bedauerlich, da die Kommentare, ähnlich wie die in den Evaluierungsberichten von 1993 und 1999 enthaltene Kritik, auf Schwächen im Aufbau des Projektmanagements hinwiesen. Mit anderen Worten: der wichtigste Kritikpunkt aus den Evaluierungen von 1993 und 1999 hätte umgangen werden

143

können, wenn die Kommentare zum Programm noch vor dem Programmstart zu tatsächlichen Veränderungen geführt hätten. Es scheint daher wahrscheinlich, dass das Hinzuziehen internationaler ExpertInnen eher ein halbherziger Versuch zur Legitimierung des Programmes war, als ein tatsächliches Bemühen um Evidenz, die dem neuen Programm zugrunde liegen sollte (Biegelbauer 2009).

Zusammenfassend lässt sich anmerken, dass die politikrelevanten Erfahrungen, welche die Grundlage für erfahrungsbasiertes Lernen bildeten, aus mehreren Quellen stammten. Zum einen handelte es sich dabei um die von den EntscheidungsträgerInnen mit den ersten österreichischen FTI-Programmen gemachten Erfahrungen – wie bei der Schaffung der Programmmanagement-strukturen im ITF, die zuvor von den EvaluatorInnen des FlexCIM-Programms gefordert worden waren. Zum anderen war es das durch den Einsatz ähnlicher Programme in anderen Politikfeldern generierte Wissen – so etwa beim Transfer von Praktiken von anderen Seed-Financing-Programmen zum Seed-Financing-Programm des ITF. Außerdem waren es die Erfahrungen anderer Länder, etwa mit ähnlichen Programmen in den USA und Deutschland, die als Inspiration für das Seed-Financing-Programm dienten.

Im folgenden Kapitel soll der Frage nachgegangen werden, ob die in den bisherigen Fallstudien geschilderten Koordinationsprobleme zwischen den verschiedenen mit der FTI-Politik betrauten Ministerien im Verlauf der weiteren Geschichte der österreichischen FTI-Politik behoben werden konnten.

7. Kompetenzzentren-Programm „K$_{plus}$"

1998 wurde in Österreich ein neues Programm zur FTI-Politik entwickelt, das sich radikal von früheren Initiativen unterschied. Das Kompetenzzentren-Programm „K$_{plus}$" war, gemessen an internationalen Standards, nicht unbedingt neu – das Programm wurde stark von Vorgängern in anderen OECD (Organisation for Economic Cooperation and Development)-Ländern wie etwa Kanada oder Schweden beeinflusst. Für die österreichische FTI-Politik war es aber eine radikale Innovation, weil das neue Politikinstrument, gemessen an österreichischen Standards, nicht nur eine beträchtliche Größe hatte, sondern auch komplexer als alle anderen österreichischen FTI- oder Industriepolitikmaßnahmen zuvor war. Zudem war der Prozess, der zum Kplus-Programm führte, für die österreichische FTI-Politik recht ungewöhnlich, da er nicht viele Ähnlichkeiten zum sonst vorherrschenden Entscheidungsfindungsstil aufwies. Bislang waren in der österreichischen FTI-Politik die FTI-relevanten Ministerien, verschiedene AkteurInnen auf Bundesebene, externe ExpertInnen sowie die Sozialpartner in die komplizierten Diskussionsprozesse mit eingebunden. Dies ähnelte dem Politikstil, der in anderen Politikfeldern im Rahmen der sozialpartnerschaftlichen Interessensabstimmung zwischen Arbeitgeber- und ArbeitnehmerInnenvertretung entwickelt worden war (Karlhofer/Tálos 1999, Tálos/Kittel 2001).

All diese Qualitäten – hohe Komplexität, neuer Entscheidungsfindungsstil, anderer Typ von Politikinstrument – verdeutlichen, dass das Kplus-Programm ein erster Schritt des Wandels der österreichischen FTI-Politik war, der durch das neue Universitätsgesetz von 2002 und das Forschungsförderungs-Strukturreformgesetz von 2004 seine Fortsetzung fand. Das Universitätsgesetz 2002 entließ die Universitäten in die Vollrechtsfähigkeit, machte sie unabhängiger als sie das zuvor gewesen waren, bewirkte eine komplette Reorganisation ihrer inneren Strukturen, wertete das Rektorat und die Professorenkurie auf und implementierte den Bolognaprozess mit seinem dreigliedrigen Studienaufbau (Bachelor, Master und Doktorratsstudien). Das Forschungsförderungs-Strukturreformgesetz von 2004 hatte als wesentlichstes Ziel die Fusionierung von mehreren bestehenden Förderorganisationen zu der zu errichtenden Österreichischen Forschungsförderungsgesellschaft (FFG) (vergleiche Kapitel 8 in diesem Buch).

Die Rolle des K_{plus}-Programms als Modell einer neuen FTI-Politik ist umso mehr von Bedeutung, da das Programm schnell als Erfolgsgeschichte wahrgenommen wurde (OECD 2004, Edler et al. 2004) und als Vorbild für andere Programme sowohl auf nationaler als auch auf internationaler Ebene diente. In ähnlicher Weise schuf die Errichtung der Technologie Impulse Gesellschaft (TIG), eine unabhängige Agentur mit der Hauptaufgabe des Managements des K_{plus}-Programms, einen Bezugspunkt für die „Agencification" der österreichischen FTI-Politik in den 2000er Jahren.

Dieses Kapitel behandelt die Frage, wie es zu einer bedeutenden Politikinnovation wie dem K_{plus}-Programm in einem Subsystem der Politik kommen konnte, das zuvor über einen länger andauernden Zeitraum hinweg gegenüber Änderungen immun war (Mayer 2003). Zudem geht es um die Frage, wie sich die österreichische FTI-Politik in den folgenden Jahren entwickelt hat. Um eine Antwort auf diese Fragen geben zu können, wird im Folgenden untersucht, wie es zur Durchsetzung des K_{plus}-Programmes kam.

Der restliche Teil des Kapitels ist wie folgt aufgebaut: Zuerst werden verschiedene, umfassende Reformversuche der 1990er Jahre beschrieben, die schließlich zum K_{plus}-Programm, sowie später auch zu anderen Kompetenzzentrenprogrammen führten. Daran anschließend geht es um die Evaluation der Programme und deren Neuformulierung. Abschließend werden Herkunft und Merkmale des im Politikprozess verwendeten Wissens sowie Elemente des Politiklernens analysiert.

Geschichte und Hintergrund

Drei Politikinitiativen

1994 und 1995 hatte eine Gruppe nationaler ExpertInnen des Österreichischen Forschungszentrums Seibersdorf (ÖFZS, heute: AIT Austrian Institute of Technology), des Joanneum Research und des Wirtschaftsforschungsinstituts (WIFO) ein neues Technologiepolitikkonzept ausgearbeitet, welches das aus 1989 stammende Konzept ersetzen sollte, das als zu vage und nicht aktuell genug galt. Das neue Papier wurde unter den Sozialpartnern, den VertreterInnen der Forschungsfonds, den BeamtInnen der mit FTI-betrauten Ministerien und einer Reihe anderer in diesen Bereichen tätigen AkteurInnen debattiert. Beinahe zwei Jahre lang zirkulierten unterschiedliche Versionen des Strategiepapiers. Das neue Konzept wurde 1996 von der österreichischen Bundesregierung verabschiedet

(BMWVK 1996a). Dabei war ein festgelegtes Ziel dieses Technologiepolitikkonzepts die Stärkung der Kooperation zwischen Wissenschaft und Industrie.

Zur selben Zeit wurde das Papier „Produktionsfaktor Wissen" (BMWVK
1996b) von einer kleinen Gruppe von BeamtInnen im neu geschaffenen
Bundesministerium für Wissenschaft, Verkehr und Kunst, das aus dem Bundesministerium für öffentliche Wirtschaft und Verkehr und dem Bundesministerium
für Wissenschaft und Forschung gebildet wurde, entwickelt. Ein junger Beamter
trieb die Entwicklung des Papiers voran und startete einen Prozess, der eine
Reihe von Personen verschiedener Institutionen des österreichischen FTI-
Systems involvierte (Interview 3-5). Der Hintergrund dieser Aktivitäten war das
Abzielen der österreichischen Bundesregierung auf eine Technologiemaßnahme,
in deren Rahmen für die Jahre 1997 und 1998 eine Milliarde österreichische
Schilling („Die Technologiemilliarde", ca. 70 Millionen €) zur Finanzierung
neuer FTI-Policy-Maßnahmen verwendet werden sollte.

Im Zuge des Diskussionsprozesses wurde eine Reihe von Defiziten der
österreichischen FTI-Politik zum Thema der Debatten. Zu dieser Zeit waren
sowohl BeamtInnen, als auch ForscherInnen von den vorhandenen FTI-
Politikinstrumenten desillusioniert. Mitte der 1990er Jahre bedienten sich die
FTI-Ministerien in Österreich in beträchtlichem Umfang der beiden Politikinstrumente institutionelle Grundfinanzierung und Projektfinanzierung. Das
Hauptproblem der institutionellen Grundfinanzierung war dabei, dass diese kaum
lenkend wirkte, da es für diese Art der Förderung keine Konditionen gab. Das
zentrale Problem der direkten Projektfinanzierung von Forschungsanträgen
dagegen bestand darin, dass diese verglichen mit den dafür vorgesehenen, recht
bescheidenen Geldbeträgen einen relativ hohen Verwaltungsaufwand für das
Ministerium verursachten. Aufgrund der vorherrschenden Bedingungen Mitte
der 1990er Jahre litten beide Instrumente – institutionelle Grundfinanzierung
sowie Projektfinanzierung – unter mangelnder Dotierung. Dies traf auch auf die
wenigen zur damaligen Zeit existierenden Programme zu, die im Innovations-
und Technologiefonds (ITF) gebündelt waren. Allerdings waren nicht nur das
Ministerium für Wissenschaft und Verkehr, sondern auch die ForscherInnen an
den Universitäten und vor allem die ForscherInnen an außeruniversitären
Einrichtungen mit der Situation unzufrieden. Während die BeamtInnen ein
Instrument zur Strukturierung des österreichischen FTI-Systems forderten,
wollten die ForscherInnen einen längeren Planungshorizont, um sich an größeren
Projekten beteiligen zu können. Zum ersten Mal in der österreichischen Debatte
zur FTI-Politik, verwendete das Papier „Produktionsfaktor Wissen" den Begriff
„Kompetenzzentrum" für ein Politikinstrument, das Maßnahmen der institutionellen Finanzierung und der Projektfinanzierung miteinander verbinden
sollte (BMWVK 1996b, 9). Obwohl das Instrument weitgehend undefiniert war,

bestand schon damals Klarheit darüber, dass Kompetenzzentren ein kooperatives FTI-Politikinstrument sein sollten, in dem verschiedene Organisationen wie etwa Universitäten, außeruniversitäre Forschungseinrichtungen, Fachhochschulen und Firmen zusammenarbeiten sollten. Es sollte dafür eine Finanzierung vor allem seitens der Bundesregierung, der Industrie sowie der Länder zur Verfügung gestellt werden.

Nach den Wahlen im Jahr 1995 kam es in den ersten Monaten des Jahres 1996 erneut zur Bildung einer Koalitionsregierung zwischen den beiden größten Parteien – der Sozialdemokratischen Partei Österreichs (SPÖ) und der Österreichischen Volkspartei (ÖVP). Die im März 1996 geschlossene Koalitionsvereinbarung befasste sich auch mit FTI-Politik. In der Vereinbarung waren eine Reihe von Maßnahmen vorgesehen, unter anderem eine Steigerung der FTI-Aktivitäten der österreichischen Wirtschaft, die Verwendung eines Teils der Privatisierungserträge für FTI-Maßnahmen, sowie eine erhöhte Kooperation zwischen Forschung und Industrie (BMWVK 1996b, 11). Dem Thema FTI-Politik wurde mehr Aufmerksamkeit gewidmet als in den Jahren zuvor, was darin zum Ausdruck kam, dass Politikmaßnahmen in dieser Zeit im Parlament diskutiert wurden. Dies war bis dahin nur selten der Fall gewesen.[34]

Im Februar 1997 ernannten Bundeskanzler Viktor Klima und Vizekanzler Wolfgang Schüssel den damaligen Generaldirektor von Siemens Österreich, Albert Hochleitner, und den Direktor des Fonds zur Förderung der wissenschaftlichen Forschung (FWF), Arno Schmidt, zu ihren Technologieberatern. Diese hatten die Aufgabe, ein Konzept für die FTI-Politik der österreichischen Bundesregierung zu entwerfen – die sie vier Monate später mit der Vorstellung des Papiers „Forschung und Wettbewerb: Technologieoffensive für das 21. Jahrhundert" (Schmidt/Hochleitner et al. 1997) auch erfüllten. In dem Papier wurde kritisiert, dass, obwohl FTI ein wichtiger Produktionsfaktor sei und Auswirkungen auf die Wettbewerbsfähigkeit moderner Volkswirtschaften habe, die Entscheidungsfindungsstrukturen des österreichischen FTI-Systems so dargestellt waren, dass die Entwicklung einer umfassenden Strategie für FTI nicht möglich zu sein schien.

Die Entwicklung einer FTI-Strategie sollte einem neuen Rat für Forschung und Technologie, ausgestattet mit einem Büro für Forschung und Technologie

---

[34] Der Industrieunterausschuss des Technologieausschusses, in dem die meisten Diskussionen stattfanden, fungierte weniger als Nährboden für neue Ideen, sondern eher als eine Kommunikationsplattform, in der sich verschiedene AkteurInnen der österreichischen FTI-Politik wie der Bundesminister für Wissenschaft und Verkehr und der Bundesminister für wirtschaftliche Angelegenheiten, ihre Pläne vorstellen konnten.

als operativer Einheit, obliegen. Die FTI-Kompetenzen, die 1997 nicht nur auf das Ministerium für Wissenschaft und Verkehr und das Wirtschaftsministerium, sondern auch auf kleinere Ministerien mit geringerem Interesse an FTI (wie etwa dem Ministerium für Landwirtschaft) verteilt waren, sollten in dieser neuen Struktur gebündelt werden. Die neue Organisation sollte mit beratender Funktion für die Bundesregierung ausgestattet sein und die Aufsicht über die Arbeit des Büros für Forschung und Technologie innehaben. Der Rat sollte sich aus dem Bundesminister für Wissenschaft und Verkehr, dem Bundesminister für wirtschaftliche Angelegenheiten sowie vier VertreterInnen der Wirtschaft und vier WissenschaftlerInnen zusammensetzen. Alle Ratsmitglieder sollten dabei von der Bundesregierung ausgewählt werden. Es wurde die Einrichtung von drei Fonds vorgeschlagen: ein neuer Fonds für Kompetenzzentren, Impulsprogramme und Regierungsinitiativen (KIR), der Forschungsförderungsfonds für die gewerbliche Wirtschaft (FFF), der primär Klein- und Mittelbetriebe (KMUs) finanzieren sollte und der FWF, der vor allem Grundlagenforschung abdecken sollte. Der ITF dagegen sollte aufgelöst werden. Außerdem sollten steuerliche Förderungen für FTI in der Industrie erweitert werden.

Eine der Hauptfinanzierungsquellen für die neuen Regierungsinitiativen sollte vom Fonds des Europäischen Wiederaufbauprogramms (ERP) stammen, welcher drei Jahrzehnte zuvor aus den US-Marshall-Plan-Geldern entstanden war. Der KIR-Fonds war das größte der vorgeschlagenen Instrumente. Er sollte den ITF, den technologiezentrierten Teil des ERP-Fonds und Teile der Projektfinanzierung von Forschungsaufträgen der Bundesministerien ersetzen. Unter anderem sollte der KIR-Fonds die Errichtung, Finanzierung und Evaluierung des neuen Instruments der Kompetenzzentren vornehmen. Die institutionelle Grundfinanzierung für die Universitäten, die Fachhochschulen, das Österreichische Forschungszentrum Seibersdorf (ÖFZS) und kleinere Forschungsorganisationen sollte reduziert und die Finanzierungsbasis der österreichischen Forschungseinrichtungen vom neuen KIR-Fonds ergänzt werden. Das Konzept der Kompetenzzentren wurde im neuen Strategiepapier konkretisiert. Es war vorgesehen, dass die Finanzierung eines derartigen Zentrums für fünf Jahre gesichert sein müsse und dass Evaluierungen öfters stattfinden sollten. Allerdings war das Papier bezüglich der Kompetenzzentren noch immer ziemlich vage, was bemerkenswert ist angesichts der Tatsache, dass diese Zentren den vielleicht innovativsten und sicherlich wichtigsten Teil der FTI-Initiative von 1997 darstellten.

Das Papier „Forschung und Wettbewerb" von 1997 stützte sich auf eine Reihe von Innovationspolitik-Studien aus Mitte der 1990er Jahre, sowie auf einen Bericht des Rektors der Technischen Universität Wien, Peter Skalicky, und des ehemaligen Rektors der Technischen Universität Graz, Hartmut Kahlert, die

1996 nach Australien flogen, sich dort mit dem australischen Kompetenzzentren-Netzwerk beschäftigten und darüber eine Arbeit verfassten. Angesichts der großen Ähnlichkeiten muss aber die wichtigste Quelle für das Strategiepapier von 1997 das Papier „Produktionsfaktor Wissen" von 1996 gewesen sein. Dies ist wenig überraschend, da dieselbe Person, die Hauptautor des Strategiepapiers von 1996 war, auch Mitverfasser des Papiers von 1997 war (Biegelbauer 2007b).

Die Monate, die auf die Präsentation des Papiers der beiden Technologie-berater der österreichischen Bundesregierung, Hochleitner und Schmidt, folgten, waren von langwierigen Diskussionen und Lobbying-Aktivitäten mehrerer AkteurInnen gekennzeichnet. Während der Kanzler und der Vizekanzler signalisierten, dass sie die Initiative befürworteten, gab es von mehreren Seiten Widerstand. Der Minister für Wissenschaft und Verkehr sowie der Minister für wirtschaftliche Angelegenheiten waren von Anfang an unzufrieden mit der Bestellung der beiden Technologieberater der Regierung, da diese Aufgaben übernahmen, für die unter normalen Umständen die beiden Ministerien und somit sie selbst zuständig gewesen wären. Die beiden Minister sahen sich mit einem vollständigen Reorganisationsplan des österreichischen FTI-Systems konfrontiert, dem sie nicht zugestimmt hatten. Aber nicht nur die Minister, auch eine Reihe von BeamtInnen waren mit dieser geplanten Reorganisation unzufrieden. Speziell die höchste Ebene der BeamtInnen hätte gegenüber einer außen stehenden Organisation an Einfluss auf das Politikfeld verloren – und dies auf eine Art, die beispiellos in der österreichischen Verwaltungsgeschichte der Nachkriegszeit gewesen wäre. Auch der ERP-Fonds hätte nicht nur an Einfluss verloren, sondern wäre in der Weise, in der er zuvor bestanden hatte, aufgelöst worden. Der ERP-Fonds hatte bis dahin mehr als drei Jahrzehnte lang erfolgreich die Infrastruktur- und FTI-Bemühungen der österreichischen Unternehmen finanziert. Der Fonds konnte jedoch Bedenken über eine mögliche Beschränkung der Verwendung von ERP-Mittel aufgrund der Tatsache erheben, dass das Geld ein Geschenk der amerikanischen Regierung gewesen war – welche den Verwendungszweck dieser Mittel bestimmt und beschränkt hatte.

Wie ein Interviewpartner bemerkte, hatten die VertreterInnen des ERP-Fonds davor gewarnt, dass „die 6. US-Flotte bereits in erhöhter Alarm-bereitschaft war" (Interview 2-11). Obwohl dies ironisch gemeint war, wäre es tatsächlich unklar gewesen, was die offizielle Position der Regierung der Vereinigten Staaten zur Auflösung des Fonds gewesen wäre. Außerdem mobilisierte der ERP-Fonds zur Verteidigung seiner Existenz auch seine Klientel der österreichischen Unternehmen.

Zudem herrschte Unklarheit über den Standort des neuen Rats und dessen Büro. Dies war insofern Gegenstand einer Debatte, da sowohl das Ministerium für Wissenschaft und Verkehr, als auch das Wirtschaftsministerium Interesse daran zeigten, die neue Institution bei sich anzusiedeln. Eine diskutierte Lösung bestand darin, die neue Organisation beim Bundeskanzleramt (BKA) anzulagern. Das hätte aber eine Übernahme der FTI-Kompetenzen durch den Kanzler bedeutet, was wiederum die Funktion einer Repräsentation Österreichs beim FTI-Ministerrat während der ersten österreichischen EU-Präsidentschaft in der zweiten Hälfte des Jahres 1998 beinhaltet hätte, in der die Abschlussverhandlungen zum 5. EU-Rahmenprogramm zur FTI stattfanden (vgl. Pernicka et al. 2002). Berichten zufolge, wurde diese Lösung allerdings vom Kanzler nicht unterstützt und daher eine interministerielle Arbeitsgruppe zur weiteren Diskussion dieser Fragen gegründet – ein Schritt, den ein Interviewpartner als „Begräbnis erster Klasse" beschrieb (Interview 3-4). Dieser Schritt bedeutete tatsächlich, bis auf weiteres, das Ende der Schmidt-Hochleitner-Initiative.

Eine radikale Innovation: Das K_{plus}-Programm

Im September 1997 gab ein Beamter des Ministeriums für Wissenschaft und Verkehr Vorbereitungsarbeiten für das spätere K_{plus}-Kompetenzzentrenprogramm in Auftrag. In wenigen Monaten hatte eine Gruppe, bestehend aus einigen PolitikberaterInnen des Programms „Technologie, Information, Politikberatung" (TIP) sowie dem jungen Beamten des Ministeriums für Wissenschaft und Verkehr, der bereits eine wichtige Rolle in den Strategiepapieren „Produktionsfaktor Wissen" und „Forschung und Wettbewerb" innehatte, ein Papier zur Förderung eines Kompetenzzentrenprogramms ausgearbeitet. Neben den erwähnten HauptautorInnen des Berichts bestand die Arbeitsgruppe auch aus VertreterInnen der Sozialpartner, dem Leiter des FWF und manchmal auch einer MitarbeiterIn aus dem Kabinett des Wissenschafts- und Verkehrsministers. Das Strategiepapier wurde zweimal vor einer Gruppe von UnternehmensvertreterInnen und der österreichischen Wirtschaftskammer sowie einer Gruppe von WissenschaftlerInnen und FWF-VertreterInnen präsentiert. Im Dezember 1997 konnte das Papier „K_{plus} Forschungskompetenz plus Wirtschaftskompetenz" (BMWV 1997) vorgestellt werden.

Zu jener Zeit beinhaltete diese Politikinitiative bereits die meisten der Details, deren Umsetzung später im Kompetenzzentrenprogramm K_{plus} erfolgen würde. Die Argumentation für das Programm war, dass die Beziehungen zwischen dem öffentlichen Forschungssektor und der Industrie unterentwickelt waren. Ein Kompetenzzentrenprogramm sollte Anreize für Unternehmen schaffen, damit diese ihre Forschungsausgaben erhöhen würden, welche zur damaligen Zeit als zu niedrig empfunden wurden. Das K_{plus}-Programm sollte die Zusammenarbeit zwischen Wissenschaft und Industrie sowie die Wettbewerbsfähigkeit der österreichischen Wirtschaft als auch ihres Wissenschaftssystems fördern (BMWV 1997, II). Kanada und Australien wurden als Länder angeführt, die ähnliche, erfolgreich laufende Zentren installiert hatten. Allerdings wurden Anpassungen hinsichtlich der internationalen Beispiele vorgenommen, um den besonderen Eigenheiten des österreichischen Innovationssystems (BMWV 1997) gerecht zu werden. Im Papier wurde die Errichtung von 20 Kompetenzzentren vorgeschlagen, die auf Partnerschaften zwischen Universitäten, Industrie und Staat beruhen sollten. In diesen Zentren, die zu 60% von öffentlichen Geldern, sowie dem Rest aus der Privatwirtschaft finanziert werden sollten, sollten ForscherInnen von Universitäten und Unternehmen zusammenarbeiten.

Einer der Vorteile des vorgeschlagenen Programms bestand darin, dass das Auswahlverfahren für die Zentren streng auf einem Kriterienkatalog basieren sollte, der davor bekannt gemacht werden und die Grundlage für ein zweistufiges Verfahren bilden sollte. In der ersten Stufe sollte nur ein kurzes Papier eingereicht werden, während in der zweiten Stufe ein vollständiger Antrag evaluiert werden würde. Die Auswahl würde dabei ausschließlich auf der Basis von ExpertInnengutachten erfolgen. Mehrere unabhängige Firmen sollten sich dann gemeinsam mit Forschungseinrichtungen an einem Zentrum beteiligen. Darüber hinaus sollten ausländische Unternehmen zur Beteiligung an den Zentren eingeladen werden, wodurch die Einbettung österreichischer Unternehmen und Forschungseinrichtungen in ein internationales und wettbewerbsfähiges Umfeld sichergestellt wäre. Die Kooperationen sollten nicht nur in der gemeinsamen Arbeit im Bereich FTI zum Ausdruck kommen, sondern auch die Ausbildung junger WissenschaftlerInnen und den Austausch von Personal umfassen. Das Auswahlkomitee, das eine Entscheidung auf Grundlage der Gutachten treffen würde, sollte dabei aus WissenschaftlerInnen aus den jeweiligen Fachbereichen, ExpertInnen aus der Wirtschaft und professionellen EvaluatorInnen bestehen.

Die Zentren sollten nach einer anfänglichen dreijährigen Wachstumsphase, die mit einer Evaluierung der Zentren enden sollte, 25 bis 60 Personen umfassen. Im Falle einer positiven Evaluierung sollte eine Finanzierung für weitere vier Jahre gewährt werden. Nach diesen insgesamt sieben Jahren war eine Bewerbung für eine zweite Siebenjahresperiode möglich – eine Bestimmung, die nie umgesetzt wurde. Das Papier schlug auch eine Pilotphase vor, an der nur einige wenige Zentren beteiligt sein sollten. In dieser Phase sollten allfällige notwendige Änderungen am Kompetenzzentrenprogramm vorgenommen werden. Es sollte ein Ziel-Katalog bestimmt werden, der als Grundlage für die Programmevaluierung dienen und auch ergebnisorientierte Elemente beinhalten sollte. Im Verlauf der ersten sieben Jahre sollten ungefähr 35 % des Budgets eines K$_{plus}$-Zentrums vom Bund und 25% von den Ländern aufgebracht werden (BMWV 1997).

Ein Großteil des Strategiepapiers befasste sich mit der Frage, wie die Kompetenzzentren ausgewählt werden sollten. Ein ungewöhnlich ausführlicher Kriterienkatalog umfasste dabei die Ziele des Zentrums, seine Mitglieder, seine Forschungskompetenz, die Verbindungen zur Wissenschaft und zu den Unternehmen, die Personalentwicklung, die Internationalität, die Struktur, die Finanzierung sowie die Organisation und das Management.

Während der Entwicklung des Strategiepapiers, das später die Grundlage des Kompetenzzentrenprogrammes bildete, wurden von einer kleinen Gruppe von Personen bestehend aus ExpertInnen des TIP-Programms und BeamtInnen des Ministeriums für Wissenschaft und Verkehr Studienreisen nach Schweden und Kanada unternommen. Eine dritte Reise erfolgte kurze Zeit später nach Australien. In all diesen Ländern gab es Kompetenzzentrenprogramme, die erfolgreich waren (vgl. StarMAP 2004). Der Minister für Wissenschaft und Verkehr, Caspar Einem, war nicht direkt in die Entwicklung des K$_{plus}$-Programmes involviert, wurde aber von seinem Büro auf dem Laufenden gehalten. Er entschied in der Folge einen Teil der „Technologiemilliarde" für die Pilotphase des K$_{plus}$-Programmes zu verwenden (Interview 3-3, 3-5).

Es ist überraschend, dass es keinen großen Widerstand gegen eine derart umfangreiche und innovative FTI-Maßnahme wie das Kplus-Programm in Österreich gegeben hat. Verglichen mit der Geschichte anderer FTI-Programme wie dem Schwerpunktprogramm „Mikroelektronik und Informationsverarbeitung" (MEIV) oder dem Programm „Flexible Computerintegrierte Fertigung" (FlexCIM), verlief die Errichtung des Kompetenzzentrenprogramms nicht nur ziemlich reibungslos, sondern auch sehr schnell. Ein Interviewpartner erklärte den fehlenden Widerstand damit, dass eine Reihe von AkteurInnen im Politikfeld genug von den Schwächen des ITF – nämlich seinem Mangel an politischer Steuerung, den sich zwischen den verschiedenen Ministerien und anderen AkteurInnen ergebenden Kooperationsproblemen und sicherlich nicht zuletzt der fehlenden Finanzierung – hatte (Interview 3-5, Grießler 2003, Biegelbauer 2005b, Pichler et al. 2007).

Eine weitere Erklärung bezieht sich auf den umfassenderen und radikaleren Ansatz des Schmidt-Hochleitner-Papiers, das die komplette Dekonstruktion und Neuordnung der politischen Institutionen, die das österreichische FTI-System regelten, forderte. Nach dem Widerstand einiger AkteurInnen auf Ministerebene, wie auch auf Beamtenebene gegen diesen umfassenden Umbau des FTI-Systems, war es vergleichsweise leichter, ein einzelnes Programm zu „verkaufen", zumal dieses keine Umstrukturierung der ministeriellen Kompetenzen und der Finanzierung der bestehenden Forschungsförderung erforderlich machte.

Ein dritter Bestandteil einer Erklärung könnte sich auf die Strategie des Policy-Entrepreneurs vom Ministerium für Wissenschaft und Verkehr beziehen, die vom damals für die österreichische FTI-Politik in den 1980er und 1990er Jahren typischen Politikstil abwich und deswegen andere AkteurInnen überraschte. Die BeamtInnen des Ministeriums luden keine VertreterInnen der anderen Ministerien, vor allem keine des Wirtschaftsministeriums zu Diskussionen über die Errichtung des neuen Programms ein, sondern arbeiteten mit einer kleinen Gruppe an Personen. Als das Strategiepapier den anderen AkteurInnen des österreichischen FTI-Systems präsentiert wurde, war das Programm nicht nur bereits vollständig ausgearbeitet, sondern die ministeriellen AkteurInnen waren auch nicht mehr dazu bereit, grundlegende Änderungen am geplanten Programm vorzunehmen.

Eine letzte Erklärung würde den Umstand berücksichtigen, dass für das K_{plus}-Programm eines der zentralen Probleme der österreichischen FTI-Politik bis Mitte der 1990er Jahre – die mangelnde Finanzierung – nicht galt. Als das Programm bereits in seiner Pilotphase war, ergab sich eine Möglichkeit, die neue Maßnahme auch über einen längeren Zeitraum hinweg zu finanzieren. Die Österreichischen Bundesbahnen (ÖBB) hatten ihr Glasfaserkabelnetz an das deutsche Unternehmen Mannesmann, das dieses für Telekommunikationszwecke nützen wollte, verkauft. Nach Verhandlungen mit BeamtInnen des Finanzministeriums und des Bundeskanzleramts, entschied der Minister für Wissenschaft und Verkehr, den Löwenanteil dieser Finanzmittel für die ersten zwei Ausschreibungen des K_{plus}-Programms zu verwenden. Somit war die neue Politikmaßnahme unabhängig vom ordentlichen Bundesbudget und frei von langwierigen und komplizierten interministeriellen Verhandlungen um die Finanzierung (Biegelbauer 2007b).

Ein weiteres ungelöstes Problem, war die Frage, wo das neue Programm angesiedelt werden sollte. Bereits im Laufe des Jahres 1998 wurde die Entscheidung darüber getroffen, dass das Programm nicht innerhalb des Ministeriums für Wissenschaft und Verkehr betrieben werden sollte, sondern dass das Management von einer unabhängigen Stelle wahrgenommen werden sollte. Zu diesem Zweck erfolgte die Umwandlung einer bereits bestehenden Organisation, der Wirtschaftsparkentwicklungsgesellschaft (WEG), in die Technologie Impulse Gesellschaft (TIG). Im Bereich der österreichischen FTI-Politik war dies die erste unabhängige operative Agentur, die Programme und Richtlinien initiieren und sich mit Projekten beschäftigen konnte. Die Organisation war, ähnlich wie der FFF und der FWF, in ihren Entscheidungen vergleichsweise unabhängig und dies ungeachtet des Umstandes, dass sie

Programme managte, die hauptsächlich vom Ministerium für Wissenschaft und Verkehr, dem späteren Ministerium für Verkehr, Innovation und Technologie (BMVIT), finanziert wurden. Die TIG wurde 1999 gegründet, zu einer Zeit, als die Pilotphase des K_{plus}-Programms schon im Gange war.

Das K_{plus}-Programm hatte bereits Anfang 1998 mit der Pilotphase begonnen, in der Ende 1998 fünf Zentren ausgewählt worden waren. In einer zweiten Ausschreibung zu Beginn des Jahres 2000 wurden sieben, und als Teil der dritten Ausschreibung Anfang 2002 sechs zusätzliche Zentren ausgewählt.

Weitere Initiativen: Die „K_{ind}"- und „K_{net}"-Programme

1998, kurz nachdem im Ministerium für Wissenschaft und Verkehr die Arbeiten zum K_{plus}-Programm begonnen hatten, befasste sich das Wirtschaftsministerium mit dem Plan eigene Kompetenzzentren aufzubauen. Diese Bemühungen führten zur Errichtung der „K_{ind}-Industrie-Kompetenzzentren" und der „K_{net}-Kompetenznetzwerke". Die K_{ind}- und K_{net}-Programme dienten der Entwicklung von Technologie-Clustern und beide wurden von Unternehmen und Forschungseinrichtungen im selben Zeitrahmen wie das K_{plus}-Programm, über sieben Jahre hinweg, betrieben.

Neben der allgemeinen Zielsetzung, der Kooperation zwischen Wissenschaft und Industrie, können noch weitere Ähnlichkeiten zwischen den vom Ministerium für Wissenschaft und Verkehr und den vom Wirtschaftsministerium stammenden Kompetenzzentrenprogrammen gefunden werden. Beispielsweise die Entwicklung von Know-how zur Steigerung der Chancen österreichischer TeilnehmerInnen an internationalen FTI-Programmen, die Zusammenführung von Ressourcen zur Bildung kritischer Massen für die industrielle Forschung und Entwicklung, sowie die Intensivierung der privaten Finanzierung von FTI (Edler et al. 2004). Dennoch gab es auch Unterschiede zwischen den beiden Programmen: Das K_{plus}-Programm war wesentlich formalisierter und strukturierter als die K_{ind}- und K_{net}-Programme; zudem war das K_{plus}-Programm stärker wissensorientiert und zielte auf die Förderung hervorragender Forschungsleistungen ab, während die K_{ind}- und K_{net}-Programme stärker industrieorientiert und mehr am Technologietransfer interessiert waren; das K_{plus}-Programm erforderte außerdem die Schaffung neuer Strukturen, in denen die ForscherInnen an einem physischen Ort konzentriert waren, während die K_{ind}- und K_{net}-Programme auch aus virtuellen Zentren und Netzwerken bestehen konnten.

Angesichts der starken Ähnlichkeiten zwischen den beiden Programmen stellt sich die Frage, warum diese im österreichischen FTI-System, das vergleichsweise klein ist, parallel bestehen konnten. Der Hauptgrund dafür scheint im institutionellen Aufbau des österreichischen FTI-Systems zu liegen, dessen zentrales Merkmal die Kompetenzverteilung zwischen mehreren Ministerien ist. Offenbar gab es Bemühungen innerhalb des Wirtschaftsministeriums, die Programmideen der K_{plus}- und der K_{ind}-Industrie-Kompetenzzentren zusammen-zulegen, diese wurden jedoch von dessen Minister, Hannes Farnleitner, abgeblockt (Interview 2-6). Darüber hinaus gab es Widerstand auf der höchsten Ebene der BeamtInnenschaft des Ministeriums für Wissenschaft und Verkehr gegen die Einbeziehung der Verwaltungseinheiten des Wirtschaftsministeriums in das im Jahr 2000 neu gegründete Ministerium für Verkehr, Innovation und Technologie (BMVIT) – eine derartige Reorganisation wäre letztendlich auf eine Fusion der beiden Programme hinausgelaufen (Interview 2-6, 2-4).

Eine weitere Gruppe von Institutionen, die den Kompetenzzentren recht ähnlich sind, ist in der Christian-Doppler-Forschungsgesellschaft (CDG) organisiert. Die CDG wurde 1989 gegründet, um die österreichische verstaat-lichte Industrie mit modernster FTI zu unterstützen. In den 1990er Jahren wurde die CDG unabhängig und erhielt ihre Finanzierung von einer Reihe von Industrieunternehmen, von denen die meisten privat waren. Die einzelnen Christian-Doppler-Labore (CDL) fokussieren auf die auf Mitgliedsunternehmen ausgerichtete Forschung, welche die Hälfte der Laborbudgets ausmacht. Die CDL sind an österreichischen Universitäten und außeruniversitären Forschungs-einrichtungen angesiedelt und stehen in enger und kontinuierlicher Zusammen-arbeit mit Unternehmen. Die CDL waren gemeinsam mit den Kompetenz-zentrenprogrammen in den 2000er Jahren die einzigen wirklichen öffentlich-privaten Partnerschaftsprogramme im Bereich der FTI in Österreich (OECD 2004). Deshalb wurde Mitte der 2000er Jahre auch ein Zusammenschluss der CDL mit den K_{plus}-Zentren diskutiert – eine Idee, die aber aufgrund der Reaktionen der CDG und einer ihrer Gründerväter, der Mitte der 1990er Jahre auch ein hochrangiger Vertreter des FWF war, wieder fallengelassen wurde (Interview 2-5).

Kompetenzbewertung der Kompetenzzentrenprogramme

Seit 2001 wurden die K_{ind}- und K_{net}-Programme vom Forschungsförderungs-fonds für die gewerbliche Wirtschaft (FFF) verwaltet und gemeinsam mit dem K_{plus}-Programm in Workshops zur Projektabwicklung koordiniert, an denen die TIG und der FFF beteiligt waren. Im Frühjahr 2003 beschlossen das Bundesministerium für Verkehr, Innovation und Technologie (ab hier wieder: Verkehrsministerium) und das im Jahr 2003 aus dem vorherigen Bundes-

ministerium für wirtschaftliche Angelegenheiten und Teilen des Sozial-
ministeriums gebildete Bundesministerium für Wirtschaft und Arbeit (hier
weiterhin: Wirtschaftsministerium) einen interministeriellen Dialog zu beginnen,
der das Bundesministerium für Finanzen und das seit dem Jahr 2000 als solches
existierende Bundesministerium für Bildung, Wissenschaft und Kunst (ab hier
wieder: Wissenschaftsministerium) mit einbezog. Ziel war es, zu einer
Entscheidung darüber zu gelangen, ob die verschiedenen Kompetenzzentrenprogramme stärker ausdifferenziert oder ihre Ausrichtung beibehalten
werden sollte. Berichten zufolge, luden VertreterInnen des Wirtschaftsministeriums während des ersten Treffens BeamtInnen des Verkehrsministeriums – sehr
zu deren Überraschung – dazu ein, mit ihnen gemeinsam die Evaluierung der
K_{plus}-, K_{ind}- und K_{net}-Programme vorzunehmen. Diese Einladung wurde nach
einigen Diskussionen von den BeamtInnen des Verkehrsministeriums schließlich
auch angenommen.

Im Sommer des Jahres 2000 begann ein Konsortium, bestehend aus dem
deutschen Fraunhofer-Institut für System- und Innovationsforschung (ISI) und
der KMU-Forschung Austria, mit der Evaluierung der Kompetenzzentrenprogramme. Innerhalb weniger Monate führten einige Dutzend Interviews,
Workshops und eine umfassende Datenanalyse zu dem Endbericht „Assessment
Zukunft der Kompetenzzentrenprogramme (K_{plus} und K_{ind}, K_{net}) und Zukunft der
Kompetenzzentren", der im Januar 2004 veröffentlicht und anschließend ins
Internet gestellt wurde, damit er der breiten Öffentlichkeit zugänglich war. Nicht
nur die gemeinsame Bewertung der von unterschiedlichen Ministerien
betriebenen FTI-Programme, sondern auch die Veröffentlichung der Ergebnisse,
war zu diesem Zeitpunkt für Österreich sehr unüblich.

Die Bezeichnung „Assessment" war von den ministeriellen Akteuren
sorgfältig formuliert worden, die es vermeiden wollten, im Falle von uner-
wünschten und unvorhersehbaren Ergebnissen ihre Programme stoppen oder
radikal ändern zu müssen. Der Begriff „Assessment" wurde in diesem
Zusammenhang für unverfänglicher gehalten als das Wort „Evaluation"
(Interview 3-2, 3-4). Dessen ungeachtet, war es die Zielsetzung dieser
Bewertung, über das zukünftige Design der Programme, sowie über die
Perspektiven für die bereits errichteten Zentren und Netzwerke nachzudenken.
Wie der Bericht bemerkte, waren die Konzepte und Problemdefinitionen
angemessen, und – im Großen und Ganzen – wurden beide Programme positiv
evaluiert. Beide Programme wurden aber auch in einer Reihe von Punkten
kritisiert, wobei die K_{ind}- und K_{net}-Programme mehr Kritik ernteten als das K_{plus}-
Programm. Die EvaluatorInnen stellten fest, dass die K_{ind}- und K_{net}-Programme
aus verschiedenen Gründen nur begrenzte Wirkungen entfalteten. Ein Grund
dafür bestand darin, dass die Programme hauptsächlich Großunternehmen

finanzierten, was zu Mitnahmeeffekten führte, da die Firmen öffentliches Geld zur Durchführung von FTI-Vorhaben verwendeten, die sie jedoch auch alle ohne die Bereitstellung der öffentlichen Gelder getätigt hätten. Die Kritik der EvaluatorInnen bezog sich auf den Umstand, dass mehrere Projekte bereits vor der Errichtung der K_{ind}-Zentren und K_{net}-Netzwerke existierten und dass folglich der zusätzliche Nutzen der Programme gering war. Weitere Kritik bezog sich auf die fehlende Trennung zwischen dem Auftraggeber (Wirtschaftsministerium) und der operativen Stelle (FFF), was einer „größeren Unabhängigkeit in der Implementierung sowie mehr Transparenz und Akzeptanz" (Edler et al. 2003, XIX) entgegen stand.

In der Analyse des K_{plus}-Programms hob das Evaluierungsteam das stringente Programmdesign und die Entwicklung einer neuen Kooperationskultur, sowie die Verbesserung der interdisziplinären und komplementären Kooperation innerhalb des wissenschaftlichen Subsystems positiv hervor. Die GutachterInnen fanden auch die Kooperation von unterschiedlichen Unternehmen in einem Zentrum, vor allem in Form von strategischen, horizontalen Projekten, bemerkenswert. Darüber hinaus waren sie der Meinung, dass der Objektivierung der Programmstruktur und der Organisation der Evaluierung „Modellcharakter zugesprochen werden" und diese als „nachahmenswertes ‚Best Practice'-Beispiel gelten" könne (Edler et al. 2003, XIX). Das K_{plus}-Programm wurde jedoch wegen der unklaren Zukunft der Zentren, die viel Unsicherheit unter den KooperationspartnerInnen auslöste, kritisiert. Zudem ernteten sowohl das K_{plus}-Programm, als auch die K_{ind}- und K_{net}-Programme dafür Kritik, dass sie keinen Nutzen aus den entstandenen Synergien zwischen den verschiedenen Zentren oder gar zwischen den Programmen gezogen hatten.

Am Ende des Gutachtens fand sich eine Reihe von Empfehlungen. Den ForscherInnen zufolge, sollte das K_{plus}-Programm weiterhin wissenschaftsgesteuert bleiben, während die K_{ind}- und K_{net}-Programme die industriebezogenen Innovationsvorgaben noch klarer verfolgen sollten. Außerdem sollte für die beiden Programme ermittelt werden, ob seitens der Industrie und der Universitäten genügend Bedarf und Nachfrage bestehen würde. Die K_{ind}- und K_{net}-Programme sollten zudem in ihrem Design und ihrer Gebarung objektiviert werden. Darüber hinaus sollten die Kriterien für die Evaluierung und die Errichtung der K_{ind}-Zentren und K_{net}-Netzwerke klarer und die Rollenverteilung zwischen politischer Steuerung, Projektmanagement und Evaluierung eindeutiger werden.

Bis 2005 kooperierten in 18 K_{plus}-Zentren rund 270 Unternehmen unterschiedlicher Größe mit verschiedenen Forschungseinrichtungen. Im selben Jahr waren auch 22 K_{ind}-Zentren und K_{net}-Netzwerke aktiv, in denen ungefähr 180 Unternehmen zusammenarbeiteten. Die Ausgaben der Österreichischen Forschungsförderungsgesellschaft (FFG) für das K_{plus}-Programm beliefen sich für 2005 auf 11,168 Millionen €, was das Programm zur zweitgrößten Maßnahme unter den Strukturprogrammen machte, das nur von den K_{ind}- und $_{Knet}$-Programmen, die 12,6 Millionen € erhielten, übertroffen wurde. Die drittgrößte Strukturinitiative des FFG war das FH_{plus}-Programm, dass FTI an Fachhochschulen mit 5,27 Millionen € förderte. Setzt man die Programme K_{plus}, sowie K_{ind} und K_{net} in Relation zu den Gesamtausgaben der FFG für FTI-Förderung im Jahr 2005, welche sich auf 101,44 Millionen € beliefen, handelte es sich bei ihnen noch immer um einige der größten Programme (FFG 2006).

Nachdem die Reform der Kompetenzzentrenprogramme nicht stattfand, intensivierten sich 2005 – beginnend mit der Präsentation der Resultate der Gutachten zu den Programmen K_{plus}, K_{ind} und K_{net} – wieder die Diskussionen über die Zukunft der Programme. Die Entscheidung, die Programme zusammenzuführen, fand schon bald die Zustimmung der wesentlichen, am Diskussionsprozess beteiligten Partner, dem Verkehrs- und dem Wirtschaftsministerium. Dieser Konsens hatte zwei Effekte: Erstens, erfolgte nun auch, Mitte 2005, die Administration der K_{ind}- und K_{net}-Programme durch den Bereich II (Strukturprogramme) der FFG (der früheren TIG). Zweitens, wurde eine Diskussion über die Erneuerung aller Kompetenzzentrenprogramme in Gang gesetzt. Ende 2005 wurde ein internes Papier vorgeschlagen, das einen Konsens zwischen dem Verkehrsministerium, dem Wirtschaftsministerium, der FFG, sowie dem Rat für Forschung und Technologieentwicklung darstellte.[35] Zudem gab es auch mehrere Diskussionsrunden mit den potentiellen Zielgruppen des neuen Kompetenzzentrenprogramms: Universitäten, Fachhochschulen, außeruniversitäre Forschungseinrichtungen sowie die Industrie.

Für die 2005 erfolgte Wiederaufnahme der Debatte zu den Kompetenzzentrenprogrammen wurden mehrere Gründe angeführt: Erstens, der Impuls, der durch die Gründung der FFG entstand, die dazu führte, dass jene zwei Organi-

---

[35] Der Rat für Forschung und Technologieentwicklung wurde im Jahr 2000 als eine unabhängige Stelle zur Beratung der Regierung bei ihrer FTI-Strategie gegründet. Obwohl der Rat dem Namen nach identisch ist mit der vom Schmidt-Hochleitner-Papier 1997 vorgeschlagenen Organisation, verfügt er über weniger Machtbefugnisse als sein virtueller Vorgänger, da er Politikmaßnahmen lediglich vorschlagen kann.

sationen, die davor die unterschiedlichen Programmlinien betrieben – der FFF und die TIG – seit 2004 unter dem Dach einer Organisation agierten und zweitens, ein Umdenken seitens der beiden das Programm finanzierenden Ministerien – dem Verkehrsministerium und dem Wirtschaftsministerium. Drittens, wurde auch die Bewertung der Kompetenzzentren von 2004 mit ihrem Vorschlag, die verschiedenen Programmlinien zusammenzufassen, erwähnt (Interview 3-11).

Es sollte noch bis zum Sommer 2006 dauern, bis das neue Programm der Öffentlichkeit präsentiert werden konnte. Schuld daran waren zähe Verhandlungen um Finanzierung und Auswahlkriterien zwischen VertreterInnen von Bund, Ländern und Industrie (Biegelbauer 2007b).

Das neue Kompetenzzentrenprogramm COMET (Competence Centres for Excellent Technologies) war faktisch eine Mischung aus den K_{plus}-, K_{ind}- und K_{net}-Programmen. Es sollte Synergien zwischen den bestehenden Programmen und Institutionen schaffen und in der österreichischen FTI-Strategie zu einem längerfristigen Politikinstrument werden. Das Programm wurde als Reaktion auf den zunehmenden internationalen Wettbewerb in FTI verstanden. Verschiedene Formen von Instrumenten waren geplant, die von den relativ kurzfristigen „K-Projekten" bis zu zwei Arten von mittel- und längerfristigen Zentren reichten (FFG 2006). Verglichen mit den K_{ind}- und K_{net}-Programmen sind die COMET-Programmlinien stärker forschungsorientiert. Im Vergleich zum K_{plus}-Programm werden sie aber weniger strikt nach einem fixen Set von Exzellenz-kriterien evaluiert.

Das Nachfolgeprogramm für die drei Kompetenzzentrenprogramme kann als Reaktion der EntscheidungsträgerInnen auf die Empfehlung des ExpertInnen-teams, das die Bewertung der Programme durchgeführt hatte, gelesen werden. Schließlich bemüht sich das COMET-Programm um die Nutzung von Synergieeffekten zwischen den verschiedenen alten Programmlinien bei gleich-zeitiger Wahrung der Vorteile der Programme.

Die erste Programmlinie von COMET umfasst die K-Projekte, die sich unter anderem an K_{ind}- und K_{net}-Zentren wendet. In den Konsortien der K-Projekte müssen drei Unternehmen und ein wissenschaftlicher Partner vertreten sein. Die Projektlaufzeit beträgt drei bis vier Jahre, Bund und Länder finanzieren gemeinsam maximal 45% der Kosten. Die zweite Programmlinie besteht aus den K1-Zentren, die den K_{plus}-Zentren ähneln. An K1-Zentren müssen wenigstens fünf Unternehmen und ein wissenschaftlicher Partner beteiligt sein. Die Laufzeit beträgt sieben Jahre, Bund und Länder kommen für maximal 50% der Kosten auf. Die dritte Programmlinie, K2-Zentren, verfügen über ein besonders ambitioniertes Forschungsprogramm und bestehen wie die K1-Zentren aus mindesten fünf Unternehmen und einem wissenschaftlichen Partner. Die Laufzeit beträgt zehn Jahre, Bund und Länder bezahlen bis zu 55% der Kosten. Wesentliche Merkmale des K$_{plus}$-Programms, wie Zielsetzung, Verfahrensabläufe, sowie externe Evaluationen – eine Zwischenevaluation und eine am Ende der Förderperiode – wurden beibehalten. 2010 existierten fünf K2-Zentren, 16 K1-Zentren und 25 K-Projekte, die in insgesamt drei Ausschreibungen ermittelt worden waren. Im selben Jahr wurden für das COMET-Programm und seine Vorläuferprogramme 48,316 Mio. € ausgegeben, was die Maßnahme, nach der themenoffenen Förderung der Basisprogramme mit 176,711 Mio. €, zum zweitgrößten Programm innerhalb der FFG machte (FFG 2011).

Die Rolle verschiedener Wissensformen

Die Schlussfolgerungen aus der ITF-Geschichte

Die Generierung von Wissen ist insofern ein historisch-kontingenter, sozialer Prozess, da neues Wissen immer auf bereits bestehendem Wissen aufbaut und sich auf dieses bezieht. Dies wird bei der Errichtung des K$_{plus}$-Programms besonders deutlich. Es ist kaum möglich, diese Politikinitiative ohne Berücksichtigung der Geschichte der österreichischen FTI-Politik, speziell der von den österreichischen PolitikakteurInnen gemachten Erfahrungen, zu verstehen. Während der ITF sicherlich kein effizientes Instrument der FTI-Politik darstellte, war er dennoch ein wichtiges Politikinstrument, in dessen Umfeld in den 1990er Jahren in Österreich Lernen in der Politik stattfand (Biegelbauer 2005b). Die erste Lektion, die österreichische FTI-Politik-akteurInnen lernten, war, dass sie von Seiten der PolitikerInnen kein tieferes Interesse am Politikfeld erwarten konnten. Diese Erkenntnis führte dazu, dass Initiativen zu neuen Politikmaßnahmen regelmäßig von Ministerien und Forschungsförderungsorganisationen ausgingen.

Die zweite Lektion war, dass die Geschichte des ITF nur allzu deutlich machte, dass die Unterfinanzierung weiter Bereiche der FTI-Politik kein zeitlich begrenztes Problem, sondern ein Dauerzustand sein würde. Die Hoffnung, eines Tages mehr Mittel zur Verfügung stehen zu haben, um größere und komplexere FTI-Politikprogramme entwickeln zu können, war Mitte der 1990er Jahre, bei den meisten PolitikakteurInnen verloren gegangen. Es waren die ersten beiden Punkte – das marginale Interesse der PolitikerInnen am Politikfeld und das fehlende Geld – welche die Koordinationsprobleme zwischen den verschiedenen ministeriellen Akteuren verschärften.

Drittens, luden die zwei zuvor erwähnten Probleme auch zur Errichtung unterschiedlicher Machtbereiche ein, die von den ministeriellen AkteurInnen geschaffen und heftig verteidigt wurden. Es erwies sich als äußerst schwierig, das vorherrschende Misstrauen zwischen den hochrangigen BeamtInnen zu beseitigen, und so eine Zusammenarbeit zu ermöglichen. All dies verstärkte die kurzfristigen Denkweisen in der österreichischen FTI-Politik, in der sich die ministeriellen AkteurInnen des Öfteren eher mit Taktiken, als mit Strategiebildung beschäftigten.

Die vierte Besonderheit der österreichischen FTI-Politik der 1990er Jahre war der aufgrund der vorherrschenden neo-korporatistischen Sozialpartnerschaft entstandene Politikstil. Politische Entscheidungen wurden oft in Netzwerken getroffen, die neben zentralen ministeriellen AkteurInnen und einer kleinen Zahl von ExpertInnen, auch die Sozialpartner, vor allem aber die VertreterInnen der Wirtschaft einschlossen. Solche Konstellationen zeichneten sich häufig durch einen geringen Grad an Kodifizierung, sowie durch viele informelle Besprechungen zwischen den Angehörigen dieses engmaschigen Policy-Netzwerkes aus.

Mit anderen Worten waren es im Wesentlichen zwei Lektionen, die von den PolitikakteurInnen aus der Geschichte des ITF gelernt wurden: Erstens, fand Lernen hinsichtlich dessen, wie FTI-Programme (nicht) betrieben werden sollten, statt. Wiederholt wiesen InterviewpartnerInnen darauf hin, wie wichtig der ITF dahingehend war, dass die AkteurInnen lernen konnten, Probleme zu identifizieren, sowie Strategiepapiere oder Programmevaluierungen zu verfassen – einschließlich der Möglichkeit, mit ihren Initiativen zu scheitern (Interviews 2-1, 3-5, 2-8, 2-9, 2-10).[36] Zweitens lernten die PolitikakteurInnen, dass der ITF kein geeignetes Instrument war, um erfolgreiche FTI-Politiken in systematischer und effizienter Weise betreiben zu können. Der letztere Punkt war nicht nur ein immer wiederkehrendes Thema in Interviews, sondern wurde auch von einem Interviewpartner deutlich gemacht, der von seinem Eindruck sprach, „dass viele Menschen insofern fast ein Trauma erlebten, als es über zehn Jahre hindurch [im ITF, PB] sehr schwierig war, produktiv zu arbeiten" (Interview 3-5).

---

[36] Interessanterweise waren InterviewpartnerInnen mit unterschiedlichen Hintergründen und Werdegängen derselben Meinung. Dies galt gleichermaßen für PolitikexpertInnen von außeruniversitären Forschungseinrichtungen, von Forschungsförderungsorganisationen und von Bundesministerien. Dies könnte auch als Indiz für die von den späten 1980er bis zu den späten 1990er Jahren verlaufende Entwicklung einer österreichischen FTI-Policy-Community gesehen werden. Diese Community begann damals, ein gemeinsames Geschichtsbild und – bis zu einem gewissen Grad – auch gemeinsame Ansichten darüber zu entwickeln, wie FTI funktioniert (Haas 1992).

(Trans-)Nationale ExpertInnengemeinschaften und (internationale)
Organisationen

Für die Kompetenzzentrenprogramme waren mehrere ältere Strategiepapiere prägend. Die wichtigsten davon – das Technologiepolitikkonzept (BMWVK 1996a) sowie die Papiere „Produktionsfaktor Wissen" (BMWVK 1996b) und „Forschung und Wettbewerb" (Schmidt/Hochleitner et al. 1997) – wurden bereits erwähnt. Diese Papiere stützten sich alle auf aktuelle theoretische Überlegungen aus Ökonomie und anderen Sozialwissenschaften. Dabei ist von Bedeutung, dass diese Papiere von jener theoretischen Literatur zu Innovationssystemen beeinflusst worden waren, die Anfang der 1990er Jahre, großen Einfluss auf die FTI-Entscheidungsfindung hatte (Freeman 1987, Lundvall 1992, Nelson 1993, Lundvall/Borrás 1999, Biegelbauer/Borrás 2003, Carayannis/Campbell 2011, Niosi 2011). Dabei kam es zu einer Neubewertung der neoklassischen ökonomischen Arbeiten zum Innovationsverhalten von Firmen durch neue Zugänge aus dem Bereich der institutionellen Ökonomie, die unter anderem zur Endogenisierung des Faktors Innovation in den ökonomischen Modellen und zu einer stärker systemischen Betrachtungsweise führte. Die internationale Literatur zu Innovationssystemen floss entweder direkt, wie im Fall des Technologiepolitikkonzepts, oder aber durch die Vermittlung von Politikexpertlnnen, in vielen Fällen TeilnehmerInnen am TIP-Programm, in die zuvor erwähnten Strategiepapiere ein.

Die PolitikexpertInnen, die durch das TIP-Programm und andere Maßnahmen gefördert wurden und oftmals entweder beim Wirtschaftsforschungsinstitut (WIFO), Österreichischen Forschungszentrum Seibersdorf (ÖFZS) oder Joanneum Research, sowie in geringerem Ausmaß auch bei der Österreichischen Akademie der Wissenschaften und dem Institut für Höhere Studien (IHS) angesiedelt waren, standen in den 1990er Jahren in einem engen Kontakt mit den EntscheidungsträgerInnen der Bundesverwaltung. Sie übernahmen mit der Zeit auch neue Funktionen: Frühere FTI-Politikprogramme, wie das Schwerpunktprogramm „Mikroelektronik und Informationsverarbeitung" (MEIV) oder das Programm „Flexible Computerintegrierte Fertigung" (FlexCIM) wurden von BeamtInnen der Bundesministerien konzipiert. Für das K_{plus}-Programm aber, bestand die Rolle der ExpertInnen nicht nur in der Wissensbereitstellung, sondern auch in der aktiven Teilnahme an der Erstellung der wesentlichen Strategiepapiere, auf denen das Programm basierte. Diese Änderungen müssen im Kontext mit der sich in den letzten zwei Jahrzehnten in den meisten OECD-Staaten ereigneten Restrukturierung der Verwaltung gesehen werden (Peters/Pierre 2001, Aberbach 2003). Die New-Public-Management („Wirkungsorientierte Verwaltung")-Reformen bewirkten unter anderem einen

Verlust an Verwaltungspersonal und damit auch an vorhandem Wissen. Das Zunehmen der Funktionen von ExpertInnen, vorwiegend aus dem Bereich außeruniversitärer Forschungsinstitutionen, in der österreichischen FTI-Politik ist ebenfalls auf diese Restrukturierung zurückzuführen.

Die umfassende Koproduktion von FTI-Programmen durch BeamtInnen und PolitikexpertInnen von Forschungseinrichtungen wurde nicht nur durch das TIP-Programm und den weitreichenden Wandel im öffentlichen Verständnis der Strukturen und Funktionen der öffentlichen Bürokratien, sondern auch durch die Internationalisierung des FTI-Politikfelds möglich gemacht. Netzwerke von PolitikexpertInnen wurden rund um internationale Organisationen gebildet, von denen die OECD und die EU seit den 1970er Jahren die bedeutendsten waren (Haas 1992, Edler 2000, Armingeon 2004, Marcussen 2004). Die OECD-Netzwerke hatten in Österreich vor allem eine indirekte Wirkung, da Österreich an Politikinitiativen der OECD häufig nicht teilnahm (Interviews 1-5, 2-14). Die Bundesregierung entsandte aber nationale PolitikexpertInnen nach Paris, entweder als zeitlich befristete ExpertInnen im Sekretariat der OECD oder als TeilnehmerInnen an Workshops. Daher zog die österreichische OECD-Mitgliedschaft, trotz dem häufigen Widerwillen, OECD-Empfehlungen Folge zu leisten (Interviews 1-2, 2-14), eine langsame und indirekte, jedoch beständige Wirkung auf die Wissensbasis des österreichischen Fachwissens im FTI-Politikfeld nach sich (Interview 2-1).

In anderen Politikbereichen wurde eine direktere Wirkung der OECD festgestellt. Eine frühere Beamtin des Finanzministeriums, bestätigte, dass die regelmäßigen Kontakte mit OECD-Arbeitsgruppen seit den 1970er Jahren bei den österreichischen VertreterInnen zu einer Wissenserweiterung und vor allem zur Angleichung an internationale Standards führte (Interview 2-8).

Der österreichische EU-Beitritt 1995 dagegen hatte eine unmittelbarere Wirkung. Dies betraf dabei nicht nur, wie das bei der OECD der Fall war, den eher international ausgerichteten Teil der BeamtInnenschaft und einige ExpertInnen aus den Forschungseinrichtungen. Aufgrund der Effekte des „Acquis Communautaire" auf das österreichische Rechtssystem und des bindenden Charakters vieler getroffener Vereinbarungen in den verschiedenen Arbeitsgruppen und Ratssitzungen, an denen österreichische VertreterInnen teilnahmen, betraf diese zweite Internationalisierungswelle wesentlich mehr BeamtInnen und ExpertInnen. Selbst wenn die EU-Aktivitäten zu Beginn der österreichischen Mitgliedschaft nicht von der gesamten BeamtInnenschaft ernst genommen wurden (Interviews 3-5, 1-1), hatte die große Zahl von BeamtInnen, die nach Brüssel reisten und mit neuen Eindrücken und Papieren zurückkamen, die auf anderen Arbeitsstilen und administrativen Traditionen beruhten, unmittelbare Auswirkungen. Das Wissen über die Art und Weise, in der FTI-

Politikprogramme in anderen Ländern erstellt, implementiert und evaluiert wurden, begann langsam in ministerielle Arbeitsroutinen einzusickern. Als erstes waren die internationalen Abteilungen betroffen, die schon früh für die Zusammenarbeit mit der EU zuständig waren. Wie ein früherer Beamter des Wissenschaftsministeriums bemerkte, „policy developments in the national arena are often pushed forward via real or supposed „Brussels" or „European" standards, no bench remains unmarked. Ministry mandarins go to European meetings with their agendas in mind and come home with a kind of conviction that something must be changed in their country due to the „standards mentioned" (Stampfer 2003a).

Die Effekte internationaler Organisationen und der daraus resultierenden transnationalen Netzwerke waren zweifacher Art: Internationale Organisationen bereichern nationale FTI-Systeme, indem das von ihnen angebotene Wissen von AkteurInnen der nationalen Ministerien und Förderorganisationen sowie von PolitikexpertInnen aus den Forschungseinrichtungen und Beratungsfirmen übernommen und verarbeitet wird. Zudem haben sie einen direkteren Einfluss, indem sie Plattformen bereitstellen, in denen ExpertInnen Erfahrungen und Meinungen austauschen können.

Im Fall der Errichtung des K_{plus}-Programms wurden diese internationalen Erfahrungen noch zusätzlich durch den direkten Wissenstransfer aus drei Ländern mit umfassender Kenntnis über das von den österreichischen EntscheidungsträgerInnen ins Auge gefasste Politikinstrument, ergänzt.

In der Phase des Verfassens des Strategiepapiers für das K_{plus}-Programm reiste eine Gruppe von PolitikexpertInnen und BeamtInnen der Ministerien nach Schweden und Kanada, um das 1995 errichtete „Swedish Competence Centres Programme" und das seit 1989 aktive „Canadian Networks of Centres of Excellence Programme" zu besuchen. Ein Jahr später, während der Pilotphase des K_{plus}-Programms, erfolgte ein letzter und ausgedehnter Studienaufenthalt in Australien. Unter den InterviewpartnerInnen herrschte Konsens darüber, dass sich diese Reisen gelohnt hatten, weil sie zur Kenntnis über internationale „Best Practice" Standards im Bereich Kompetenzzentren beigetragen haben (Interviews 3-2, 3-5).

Ein weiteres Ergebnis der Studienaufenthalte in diesen drei Ländern war die Entstehung eines internationalen Netzwerks von ExpertInnen, das von der TIG-Belegschaft seither in Anspruch genommen wurde.

Das TIG-Personal bediente sich dieser internationalen Kontakte, in einer Reihe von internationalen Projekten, die von 2002 an, im Rahmen der TIG und später der FFG liefen. Von 2002 bis 2004 waren drei EU-finanzierte Projekte – das „MAP-Thematische Netzwerk", das „starMAP" und das „discoMAP" – aktiv, an denen 11 internationale Partner teilnahmen. Das Ziel dieser drei Projekte war es, Erkenntnisse über so genannte „Multi Actor Multi Measures Programmes" (MAPs), wie etwa zu Kompetenzzentren, auszutauschen (roadMAP 2004, starMAP 2004).

Ein zentrales Ergebnis dieser Projekte betraf die Lerneffekte der einzelnen Kompetenzzentren. Im Abschlussdokument des MAP-Projekts heben die AutorInnen mehrere Lernfördernde Instrumente hervor: „Good und Best–Practice"-Ansätze, wie sie von der OECD und der EU gefördert werden, internationale Forschungsallianzen und Netzwerke, die Einbeziehung ausländischer ExpertInnen in die Auswahlverfahren, Ex-Ante-Monitoring und Ex-Post-Evaluierungen, sowie die Öffnung von nationalen Programmen für ausländische Unternehmen und Forschungseinrichtungen.

Die AutorInnen identifizierten auch verschiedene Programmfamilien und Herkünfte von MAPs. Das „Engineering Research Centres Programme (ERC)" der US National Science Foundation (NSF) in den 1980er Jahren wurde als die „Mutter" der Kompetenzzentrenprogramme ermittelt, die das „Australian Cooperative Research Centre Programme" und das „Swedish Competence Centres Programme" direkt beeinflusste. Für das österreichische K_{plus}-Programm wurde das australische Programm zum Vorbild genommen. Die schwedischen und kanadischen Programme, sowie das „Hungarian Competence Centre Programme" stützten sich dagegen auf das US-Modell, letzteres berücksichtigte aber bei seiner Errichtung im Jahre 2000 auch die schwedischen, australischen und österreichischen Erfahrungen. Das „Estonian Competence Centres Programme" wurde 2003 gegründet, nachdem estnische PolitikexpertInnen die ungarischen, schwedischen und österreichischen Programme studiert hatten (roadMAP 2004, starMap 2004).

Erklärungsansätze und Lernen in der Politik

Bei der Errichtung des K_{plus}-Programmes lassen sich nicht nur Wissensflüsse auf internationaler, sondern auch auf nationaler Ebene feststellen. Ein Beispiel aus der Frühgeschichte des K_{plus}-Programms auf nationaler Ebene sind die Besprechungen jener Gruppe, welche die ursprünglichen K_{plus}-Strategiepapiere mit VertreterInnen aus Wissenschaft und Industrie entwickelte. Diese Sitzungen fanden zu einer Zeit statt, als zentrale Teile des Strategiepapiers und des Programmes bereits existierten. Die Treffen erfüllten daher einen zweifachen Zweck: Erstens, dienten sie dazu, Feedback über das vorgeschlagene Programm zu erhalten. Zweitens, sollten die Besprechungen jenen Prozess legitimieren, der zu einem neuen und relativ umfangreichen wie auch innovativen Politik-programm führte.

166

Zwei Gründe kommen in den Sinn, warum eine Legitimierung des politischen Prozesses der zum K_{plus}-Programm führte von erhöhter Bedeutung war. Erstens, unterschied sich das vorgeschlagene Politikprogramm radikal von anderen, in Österreich Ende der 1990er Jahre implementierten Politikmaßnahmen. Dabei war das Neue dieser Initiative nicht ihr Ziel, Wissenschaft und Industrie zu einer engeren Kooperation zu bringen, sondern die Art und Weise, wie diese Zusammenarbeit erreicht werden sollte. Zum einen waren die Kompetenzzentren größer als die meisten zum damaligen Zeitpunkt existierenden österreichischen FTI-Zentren, zum anderen wurden sie auch über ihre ganze Laufzeit hinweg einem Monitoring unterzogen. Und, was vielleicht am wichtigsten war, war die Art und Weise, in der die Kompetenzzentren mithilfe von bei Programmbeginn bereits festgelegten Kriterien ausgewählt und evaluiert werden sollten.

Zweitens, war auch die Art und Weise, wie die Policy-Idee und das darauf folgende Strategiepapier entstand, ziemlich ungewöhnlich für die österreichische FTI-Entscheidungsfindung. Wie zuvor bereits hervorgehoben, wurde weder den Sozialpartnern eine privilegierte Position im Diskussionsprozess zugesprochen, noch wurden andere Ministerien nach ihrer Meinung gefragt. Gerade dieses Einbinden anderer AkteurInnen mit oft sehr unterschiedlichen Interessen führte häufig zu langwierigen Verhandlungen unter den besonderen Gegebenheiten der österreichischen FTI-Politikstrukturen – mangelnde Finanzierung, unklare Zuständigkeiten, geringes Interesse von Seiten der PolitikerInnen – sowie dazu, dass innovative Politikinstrumente nur schwer entwickelt und durchgesetzt werden konnten.

Lernen auf der operativen Ebene

Ein weiterer Fall von Lernen, war die Pilotphase des K_{plus}-Programms. Diese begann 1998, als in einer ersten Evaluierungsrunde fünf Zentren ausgewählt wurden, die es der neu gegründeten Agentur TIG ermöglichen sollten, Erfahrungen mit dem neuen Programm zu sammeln. Wie mehrere InterviewpartnerInnen bestätigten, war dies der Fall: Während administrative Routinen in den ersten Jahren des Programms strikt und die Vorgaben des Programmdokuments genau ausgeführt wurden, liefen diese nach einer Anlaufzeit reibungslos und wurden im Laufe der darauf folgenden Jahre zu etablierten sozialen Praktiken (Interview 3-10, allgemein dazu: Wenger 1998, Wagenaar 2004). Parallel zu dieser Entwicklung wurde die stärkere Flexibilisierung in der Handhabung der administrativen Verfahren und Evaluierungskriterien sowohl von MitarbeiterInnen der TIG, als auch anderen InterviewpartnerInnen als positive Entwicklung angesehen (Interviews 3-4, 3-10, 3-11). Dieser Wandel im Verhalten der ProgrammadministratorInnen kann mit dem Begriff „Learning-by-doing" zusammengefasst werden. Interessanterweise lässt sich dabei anmerken, dass die „Agencification" von FTI-Politikfunktionen, für welche die TIG eine der ersten Beispiele in Österreich war, in diesem Kontext als vorteilhaft angesehen wurde (Interview 3-2, 3-4). Als Gründe für diesen Eindruck wurden der kleinere Verwaltungsapparat der Organisation und die – verglichen mit der Situation der BeamtInnen in den Bundesministerien – weniger strikten Vorschriften für die TIG-Belegschaft genannt. Beide Faktoren ermöglichten eine flexiblere Reaktion auf die häufigen Transformationen, welche die K_{plus}-Zentren im Laufe ihres Bestehens durchliefen.

Das Personal der TIG selbst, bediente sich ebenfalls mehrerer Instrumente, um neues Wissen und neue Erkenntnisse über den Betrieb ihrer Programme zu gewinnen. Ein Instrument, das primär auf internationaler Ebene zum Einsatz kam, wurde bereits erwähnt: Die von der EU finanzierten MAP-Projekte, die zum Austausch von Erfahrungen mit komplexen „Multi Actor Multi Measures Programmes" (MAPs) mit einer Reihe von größtenteils europäischen FTI-Agenturen und Ministerien dienten. InterviewpartnerInnen betonten, wie wichtig die Kenntnis der Arbeitsstandards und administrativen Routinen ähnlicher Organisationen in anderen Ländern für ihre Arbeit war (Interviews 3-4, 3-11). Dies schien auch ein wesentlicher Punkt bei der Schaffung des COMET-Programms gewesen zu sein, was die MAP-Projekte sowohl für die Politik-, als auch die operative Ebene relevant machte.

Ein weiteres Instrument war der österreichische Ableger der „Society of Organisational Learning" (SOL Austria). Um mehr über die spezifischen Rahmenbedingungen der K_{plus}-Zentren lernen zu können, wurde 2001 ein Projekt gestartet, an dem vier der Kompetenzzentren, die TIG und die SOL Austria teilnahmen. Im Projekt „Lernprozesse für innovative Infrastrukturen" bestand das Ziel darin, in vier Kompetenzzentren Organisationslernen sowie Lernbarrieren zu untersuchen. Dabei wurden Empfehlungen und „Best-Practice"-Beispiele für effektives Lernen geliefert. Die Ausgangshypothese dabei war, dass die K_{plus}-Zentren einer Herausforderung gegenüberstehen würden, die sich aus den fragmentarischen und heterogenen Bedingungen ergeben würden, unter denen sie arbeiten mussten. Häufig würden zudem auch Probleme daraus entstehen, dass mehrere Unternehmenskulturen in einem Zentrum vertreten waren und dass die Mitglieder eines bestimmten Projekts über mehrere Orte verstreut sein konnten.

Folgende drei Kernthemen wurden dementsprechend für das Projekt ausgewählt: personenbasiertes Wissen und Fluktuation, Kompetenzentwicklung in den Zentren, sowie die fragmentierte Unternehmenskultur. Jedes der vier

Zentren wurde von einem Team besucht, das aus MitarbeiterInnen der TIG, BeraterInnen von SOL Austria und anderen ZentrenmanagerInnen bestand. In der Diskussion über die drei zuvor erwähnten Themen stand diesen Teams das Personal gegenüber, das von jedem der Zentren entsandt wurde.

Es wurden vier zentrale Botschaften zusammengefasst: Erstens, stellt die Fluktuation der ZentrenmitarbeiterInnen gleichzeitig eine Herausforderung wie auch eine Chance dar. Obwohl das Weggehen von MitarbeiterInnen oft den Verlust von wichtigen KompetenzträgerInnen bedeutet, kann es auch, im Falle des Neueintritts von MitarbeiterInnen in ein Zentrum, zu einem Zufluss neuer Ideen kommen. Zweitens, ist es wichtig, über einzelne FTI-Projekte hinausgehendes Wissen aufzubauen, was durch interne Workshops, Matrixorganisation, informelle Treffen und andere Maßnahmen in einem Zentrum geschehen kann. Drittens, stellt die heterogene, oft nur auf Zeit beschäftigte Belegschaft manchmal ein Problem für die Schaffung einer gemeinsamen Identität eines Zentrums dar – eine Herausforderung, der mit einem klaren Leitbild und einer starken Führung entgegengewirkt werden kann. Viertens, können große UnternehmenspartnerInnen eine entscheidende und manchmal auch erdrückende Wirkung auf das Management eines Zentrums haben. Die Zentren müssen sich daher von ihren GründerInnen und EigentümerInnen emanzipieren, was eine Menge an unternehmerischem Geschick seitens des Managementteams erfordert (Haubold et al. 2001; roadMAP 2004, 124).

Die Evaluation als ein Instrument zur Förderung von Lernen in der Politik

Die Evaluation der Kompetenzzentrenprogramme, die in den Jahren 2003 und 2004 von ExpertInnen des deutschen Fraunhofer-Instituts für System- und Innovationsforschung(ISI) und der KMU-Forschung Austria durchgeführt wurde, war ein weiteres Instrument zur Förderung von Lernen in der Politik. In diesem Zusammenhang ist es wichtig festzustellen, dass dabei das Lernen – im Unterschied zu den Aktivitäten der TIG-MitarbeiterInnen in der SOL Austria und den MAP-Projekten – hauptsächlich auf der Politik-Ebene und nicht auf der operativen Ebene stattfand.

Die Evaluationen förderten das Lernen in unterschiedlichen Formen. Erstens, regte bereits die Tatsache, dass eine Analyse der Kompetenzzentrenprogramme durchgeführt wurde, die AkteurInnen von Ministerien wie auch von Förderorganisationen zum Rückblick und zur Reflexion über ihre Rolle in den Politikprogrammen und ihre Arbeit in den ersten Jahren dieser Maßnahmen an. Diese reflexiven Aktivitäten hatten oft quasi-bindenden Charakter, da sie in einer semi-öffentlichen Weise – in Interviews, die transkribiert, in

Aussagen, die in Berichten aufgenommen wurden oder in Reaktionen auf die ExpertInnenberichte in Workshops, wo andere PolitikakteurInnen sie hören konnten – gemacht wurden.

Zweitens, half die Mischung aus Außenstehenden und InsiderInnen des österreichischen FTI-Systems – den ExpertInnen des deutschen ISI und der KMU-Forschung Austria – dabei, dem mit der Durchführung der Studie betrauten Team eine Position zu verleihen, welche für alle am Prozess beteiligten AkteurInnen akzeptabel war. Als hochrangige BeamtInnen der Ministerien begannen, regelmäßiger und intensiver miteinander zu kommunizieren, fand soziales Lernen statt. Instrumentelles Lernen hingegen geschah, als die Kompetenzzentrenprogramme mit ihren Stärken und Schwächen in einer Weise diskutiert wurden, welche die an den Diskussionen beteiligten BeamtInnen nicht vor den Kopf stießen. Diese beiden Formen des Lernens waren voneinander abhängig, wobei in diesem Fall das soziale Lernen ein logischer Vorläufer des instrumentellen Lernens war. Vorher existierte eine antagonistische Beziehung zwischen den führenden BeamtInnen der beiden involvierten Ministerien, innerhalb derer die AkteurInnen der Meinung waren, dass dem jeweils eigenen Ministerium und Programm der Vorzug zu geben war. Diese Polarisierung wurde bereits durch den Bewertungsprozess abgeschwächt. Der Workshop, in dem der Evaluationsbericht diskutiert wurde, war von besonderer Wichtigkeit. Der so initiierte Diskussionsprozess ermöglichte langfristig die gemeinsame Verwaltung der Kompetenzzentrenprogramme in der FFG, die Erstellung der Pläne zur Reformierung der Programme und letztendlich die Schaffung eines einzigen Programms mit verschiedenen Programmlinien.

Policy-Entrepreneure

Wie die Fallstudie zur Einführung der Kompetenzzentrenprogramme in Österreich zeigt, können Policy-Entrepreneure eine wichtige Rolle in der Schaffung von Politikmaßnahmen einnehmen. Der wichtigste Policy-Entrepreneur bei der Schaffung des K_{plus}-Programms, war ein junger Beamter, der im Wissenschafts- und auch im Verkehrsministerium gearbeitet hatte. Obwohl er neu in den jeweiligen Ministerien war und sich daher in den unteren Diensträngen befand, nahm er an der Entwicklung der beiden zuvor erwähnten Strategiepapiere „Produktionsfaktor Wissen" und „Forschung und Wettbewerb" teil. Nach dem Scheitern der letzteren Initiative stellte der Beamte einem seiner Vorgesetzten, der Interesse an Kompetenzzentren zeigte, seine Ideen vor. Von da an agierte der junge Ministeriumsbeamte als ein Policy-Entrepreneur par excellence, der die Idee eines Kompetenzzentrenprogramms durch die unterschiedlichen Entscheidungsfindungsprozesse führte, bis das Programm schließlich 1998 errichtet wurde. Sein Engagement machte damit nicht halt. Er wurde Teil der TIG und befasste sich daher auch weiterhin mit dem K_{plus}-Programm, bis er einige Jahre später die Agentur verließ. Sein Interesse am Politikinstrument hielt jedoch an und er war unter anderem 2003 an der Auswahl der PolitikexpertInnen beteiligt, welche die Bewertung der Kompetenzzentrenprogramme K_{plus} sowie K_{ind} und K_{net} durchführen sollten

All diese Aktivitäten sind typisch für Policy-Entrepreneure. Wie Richard Rose betont, „policy entrepreneurs combine commitment to programme goals with long service in government ... [and] are usually very well informed about the substance and the politics of programmes. Their concern with a special subject ... leads them to build up a nation-wide or international network of contacts that are a source of ideas for new programmes and of evidence to support the lessons that they choose to draw" (Rose 1993, 56). Während der für die Errichtung des K_{plus}-Programms wichtige Policy-Entrepreneur zum Zeitpunkt der Schaffung des Programmes nicht auf eine lange Dienstzeit im Ministerium zurückblicken konnte, treffen alle anderen Elemente der Definition von Rose auf ihn zu. Besonders der Aufbau eines umfassenden Netzwerks an Kontakten, das als Ideenquelle für das neue K_{plus}-Programm diente, scheint zutreffend. Das Netzwerk hatte für den Policy-Entrepreneur aber nicht nur die Funktion einer Wissensressource, sondern wurde auch dazu verwendet, Unterstützung für die neue Politikmaßnahme zu sammeln. Nancy Roberts betont, dass Policy-Entrepreneure nicht nur eine Rolle in der Förderung von Lernen in der Politik spielen, sondern dass ihre Rolle auch grundsätzlich politisch ist.

Sie sind „mindful of the political realities, they are concerned with framing their ideas in the best possible light in order to attract and expand their base of support, their strategies and tactics are designed to overcome resistance ... and sell power-holders on the merits of their ideas. Building a coalition and keeping it focused on their policy objective is a priority, not just through policy formulation, but also through implementation and evaluation" (Roberts 1998, 115).

Der Policy-Entrepreneur verfügte bei der Einführung des K_{plus}-Programms über äußerst wichtiges Fachwissen bezüglich des Politikfelds und der Verwaltungseinheiten, die bei der Schaffung und Durchführung des Programms involviert waren. Dabei war wahrscheinlich auch hilfreich, dass er nicht ein langjähriger Insider eines der Ministerien war und so Sichtweisen von Insidern und Außenstehenden verstehen und kombinieren konnte.

Eine Reihe von Faktoren scheint demnach bei der Einführung des K_{plus}-Programms von besonderer Bedeutung für den Erfolg des Policy-Entrepreneurs gewesen zu sein. Neben seiner Rolle als Insider/Außenstehender mit ausreichendem Fachwissen, der an einem systemischen Wandel interessiert war, für den radikale Innovationen innerhalb des österreichischen FTI-Politiksystems notwendig sein würden, war der Ministerialbeamte dazu bereit, viel Energie in die Verwirklichung der Idee eines Kompetenzzentrenprogramms zu investieren. Dieses starke Interesse an der Implementierung einer bestimmten Politikmaßnahme scheint dabei nicht von der niedrigen hierarchischen Stellung des Entrepreneurs im Wissenschafts- und Verkehrsministerium abhängig gewesen zu sein, sondern vielmehr von der Existenz eines Netzwerkes an Kontakten, die der Beamte zur Verfügung hatte. Dies stand auch in enger Verbindung mit der Verfügbarkeit von Wissen in Form einer Reihe von PolitikexpertInnen, auf die sich der Policy-Entrepreneur verlassen konnte.

Es ist aber auch wichtig, ein nicht übermäßig rationales Bild des hier analysierten Politikprozesses zu zeichnen, da auch Zufälle eine bedeutende Rolle spielen können. Zumindest ebenso wichtig, wie die oben genannten Faktoren, war etwa das Vorhandensein eines Policy-Fensters, das sich durch eine steigende Unzufriedenheit mit den vorhandenen Politikinstrumenten des FTI-Politikfelds öffnete. Zudem war das vorhandene Vertrauensverhältnis des zuständigen Ministers für Wissenschaft und Verkehr zu seinen BeamtInnen wichtig. Da ihm als Minister in einem Ministerium mit umfangreichen Agenden wenig Zeit für den Themenbereich FTI blieb, war er bereit seinen BeamtInnen genügend Spielraum für Neuerungen zu geben, ohne dabei vor notwendigen Entscheidungen zurückzuschrecken, die von ihm verlangt wurden.

8. Vier Jahrzehnte österreichische Forschungspolitik, zwei Jahrzehnte Technologiepolitik – Konstanten und Variablen

In den vorangegangenen Kapiteln wurde die Entwicklung der österreichischen FTI-Politik anhand der Beschreibung und Analyse verschiedener Programme und institutioneller Strukturen diskutiert. In der historischen Entwicklung kam es nach dem (Wieder-)Aufbau von Universitäten, Firmen und außeruniversitären Forschungseinrichtungen in den ersten 20 Jahren nach dem Zweiten Weltkrieg zur Etablierung von Bottom-Up-Instrumenten im Rahmen des Forschungs-förderungsfonds für die gewerbliche Wirtschaft (FFF) und des Fonds zur Förderung der Wissenschaftlichen Forschung (FWF). Diese wurden erst später durch Top-Down-Elemente der Forschungspolitik in Form einer direkten Projektfinanzierung, sowie durch industriepolitische Instrumente wie den top-Förderungsaktionen ergänzt.[37] Mitte der 1980er Jahre kamen dann die ersten Förderinstrumente zum Einsatz, die forschungspolitische und technologie-politische Zielsetzungen verbanden, sodass von einem Beginn der Integration von Forschungspolitik und Technologiepolitik zu einer Forschungs-, Technologie- und Innovationspolitik (FTI-Politik) gesprochen werden kann.

Als Ziele der staatlichen Förderungsanstrengungen wurden zwei zukunfts-trächtige Bereiche identifiziert und wie zuvor beschrieben 1985 mit den Schwerpunktprogrammen Mikroelektronik und Informationsverarbeitung (MEIV) sowie Biotechnologie und Gentechnik die ersten staatlichen FTI-Programme eingerichtet (Grabner 1999, Biegelbauer 2005a, Pichler et al. 2007).

Seither wurden mit steigender Tendenz Dutzende unterschiedliche Maß-nahmen entwickelt und durchgeführt. Diesen Programmen ist die grundsätzliche Erwartung gemein, dass die Förderung von FTI mit Steuermitteln einen

---

[37] Industriepolitische Maßnahmen bestanden zum Beispiel darin, dass Firmen finanzielle Anreize erhielten, damit sie ihre Produktionsprozesse umrüsteten, während ihr Heimmarkt durch Handels- und Tarifgestaltungspolitiken geschützt wurde. Eine wesentliche Initiative dazu waren in den Jahren 1981 bis 1994 die top-Förderungsaktionen (Aiginger/Bayer 1982, Goldmann 1985, Gottweis/Latzer 2006).

173

Mehrwert für die österreichische Volkswirtschaft erbringen soll (Melchior 1990, BMWF et al. 2011, Kubeczko/Weber 2009). Diese Perspektive spiegelt sich auch in der Tatsache wider, dass die Ausgaben für Forschung und Technologie seit dem Einsatz der ersten FTI-Förderinstrumente in Österreich, trotz gelegentlicher Phasen der Stagnation, insgesamt deutlich gestiegen sind: von 1,17 % im Jahr 1981 auf 2,78 % des BIP im Jahr 2010 (OECD 1988, BMWF et al. 2011). Das scheint vor dem Hintergrund der seit den Ölkrisen der 1970er und 1980er Jahre anhaltenden Auseinandersetzungen um die Höhe der Staatsausgaben besonders bemerkenswert. Angesichts des zunehmenden Umfangs staatlicher FTI-Förderung sollen in diesem Kapitel verschiedene Aspekte der Entwicklung der österreichischen FTI-Politik in einem Längsschnittvergleich untersucht werden.

Konkret wird dabei folgenden Fragen nachgegangen: Wie entwickelten sich die Instrumente in der österreichischen FTI-Politik seit den 1980er Jahren? Wie veränderten sich die FTI-politischen Entscheidungsprozesse? Auf welche Art und Weise wurden im Laufe der Zeit StakeholderInnen und Öffentlichkeit in FTI-politische Entscheidungsprozesse eingebunden? Wie kam es zur Internationalisierung des Politikfeldes? Welche Auswirkungen hatten die FTI-politischen Maßnahmen auf das österreichische Innovationssystem? Das Kapitel wird mit einer zusammenfassenden Analyse dieser Fragen abschließen.

Entwicklung der FTI-politischen Instrumente

Im Rückblick zeigt sich, dass sich die staatlichen Steuerungsinstrumentarien in Bezug auf Anzahl, Vielfältigkeit und Komplexität im Bereich der FTI-Politik dynamisch entwickelt haben. Die ersten Jahre österreichischer FTI-Politik waren durch eine Übernahme praktisch aller Funktionen der staatlichen Top-Down-Forschungsförderung seitens der Bundesministerien geprägt. Mit der Entstehung des ITF kam es zu einer Einbindung von Forschungsförderungsorganisationen, die mit einer Verringerung des Engagements der Bundesministerien im operativen Geschäft der Forschungsförderung verbunden war.[38] Die Programme wurden zudem im Laufe der ersten Hälfte der 1990er zunehmend stärker durch die Einbindung externer ExpertInnen geprägt. Dies wurde zu Beginn vor allem im Rahmen externer Evaluationen von FTI-Programmen sichtbar. Im Verlauf der 1990er Jahre wurden FTI-ExpertInnen dann auch zunehmend in die allgemeine

---

[38] Freilich war die direkte Projektfinanzierung („Ressortforschung") seitens der Bundesministerien bis Ende der 1990er von, wenn auch abnehmender, Bedeutung (Pichler et al. 2007, 233–242).

Planung von Programmen und das Verfassen von Programmdokumenten mit einbezogen, zum Beispiel im K_{plus}-Programm. In den 2000er Jahren waren sie bereits zum größten Teil für diese Aufgaben zuständig.

Aus dem Vergleich der Steuerungsinstrumente und ihrer institutionellen Einbettung ist ablesbar, dass die Komplexität der verwendeten Instrumente im Laufe der Zeit zunahm. Bereits bei den ersten FTI-Schwerpunktprogrammen handelte es sich um eine Kooperation verschiedener Fördergeber, die wiederum von den FördernehmerInnen eine Kooperation zwischen Firmen und Forschungsorganisationen verlangten. In der zweiten Welle von Förder-programmen, die bereits über den ITF finanziert wurden, wurden Programme zunehmend mehrstufig organisiert: Sowohl beim Seed-Financing-, als auch beim FlexCIM-Programm gab es zuerst eine zweijährige Pilotphase, die auch jeweils evaluiert wurde. Zudem waren die Förderungen selbst nun bereits zweistufig: Nach einer Phase der Anlauffinanzierung wurden die Projekte erneut evaluiert, sodass eine Förderung der zweiten Projektphase von einem positiven Entscheid der Förderorganisation abhing. Mit dem K_{plus}-Programm wurde dann eine weitere Stufe von Komplexität erreicht. Das Kompetenzzentrenprogramm verband die Aktivitäten von staatlichen Fördergebern sowohl auf Bundes-, als auch auf Länderebene, mit Mitteleinbringungen sowie Forschungs- und Entwicklungsaktivitäten von Unternehmen und Forschungseinrichtungen aus dem In- und Ausland.

Auch im Bereich der Organisation der operativen Funktionen der FTI-Förderung ist eine Vergrößerung der Vielfalt und Erhöhung der Komplexität beobachtbar. Wirkten die Bundesministerien zu Beginn noch an Förder-entscheiden und Projektabwicklung mit, so wurden diese Funktionen mit der Errichtung des ITF zunehmend an Forschungsförderungsorganisationen abge-geben. Gleichzeitig wurden die Strukturen der Verwaltung der bereitgestellten Mittel für die Förderung von FTI im Rahmen des ITF ausgebaut, wobei die Funktionen der Ausschüsse und Beiräte innerhalb des ITF zunehmend viel-fältiger wurden. Erst durch die weitgehende Trennung von politischer Verantwortung, Langfristplanung und Mittelbereitstellung auf der einen und Programmausarbeitung, -ausführung und -monitoring auf der anderen Seite wurde eine, wenn auch limitierte, Vereinfachung der Verwaltungsstrukturen in der österreichischen FTI-Politik erreicht. Das geschah jedoch erst mit der Gründung der Österreichischen Forschungsförderungsgesellschaft (FFG) – immerhin ganze 19 Jahre nach Beginn des ersten nationalen FTI-Programms. Es kann somit festgehalten werden, dass bezüglich der staatlichen Steuerungs-instrumentarien im Bereich der FTI-Politik im Verlauf der ersten zweieinhalb Jahrzehnte nach Planung der ersten FTI-Programme ein Ansteigen an Variation feststellbar ist. Diese Ausdifferenzierung der Instrumente und die Veränderungen der institutionellen Einbettung der österreichischen FTI-Förderungen wurden dabei in erster Linie nicht von der Ausweitung der für FTI bereitgestellten Mittel angetrieben. Denn auch zu Zeiten der Mittelstagnation für FTI-Programme während des Großteils der 1990er Jahre kam es im Rahmen des ITF zu einer Reihe von Veränderungen im Bereich der Mittelverwaltung und des Programmmanagements. Als treibende Kräfte für die zunehmende Vielfalt des Förderinstrumentariums können eher die Rivalitäten zwischen den Bundesministerien und die Versuche, internationalen „Best-Practice"-Trends zu folgen, vermutet werden. Dies wirft die Frage auf, wie stark sich die Entscheidungsprozesse innerhalb der FTI-Politik seit ihrer Entstehung verändert haben.

Veränderungen politischer Entscheidungsprozesse

Die Prozesse der politischen Entscheidungsfindung, die zu den einzelnen Programmen führten, waren bis zum Ende der 1990er Jahre sehr stark von der durch eine ausgeprägte Neigung zum Konsens gekennzeichneten österreichischen politischen Kultur beeinflusst (Gerlich/Pfefferle 2006), die sich durch mehrere Jahrzehnte der Sozialpartnerschaft tief in die mentalen und materialen politischen Strukturen des Landes eingeschrieben hat (Karlhofer/Tálos 1999, 2005). Im Fall der österreichischen FTI-Politik waren die Sozialpartner als Entscheidungsträger weniger bedeutsam als in den Kernbereichen neokorporatistischer Politikentstehung, vor allem der Wirtschafts- und Sozialpolitik (Tálos/Kittel 2001, Mayer 2003). Trotzdem spielten sie eine nicht unbedeutende Rolle im Politikfeld, was sich in der flächendeckenden Präsenz der Sozialpartner in den Entscheidungsgremien innerhalb der FTI-Politik ausdrückte (OECD 1988, Gottweis/Latzer 2006). Der Versuch, möglichst alle Entscheidungsfindungen zu FTI-Programmen unter Einbeziehung aller betroffenen ministeriellen, meist aber auch anderer wichtiger AkteurInnen durchzuführen, kennzeichnet die österreichische FTI-Politik weit über die direkte Einbindung der Sozialpartner hinaus. Es handelt sich um ein Politikmuster des Konsens, das auch ohne Beisein der Sozialpartner ausgeübt wird (Gerlich /Pfefferle 2006).

Besonders klar trat dieser Politikstil im Rahmen der Entscheidungen des ITF hervor.[39] In den hier näher untersuchten Fallbeispielen wird dies besonders in den langwierigen Entscheidungsprozessen zu den Programmen Seed-Financing und FlexCIM sichtbar. In beiden Fällen wurden in die oftmals schwierige

---

[39] Ein anderes Beispiel ist die Entstehung des Forschungsorganisationsgesetzes 1981 (Pichler et al. 2007, 259f.).

Entscheidungsfindung AkteurInnen aus verschiedenen Ministerien mit dem Ziel eingebunden, ein gemeinsames Programm zu gestalten. Wie zuvor beschrieben, führte der Wille zur Beteiligung einer Vielzahl von AkteurInnen zu einer deutlichen Erhöhung der Komplexität des Entscheidungsprozesses. Dieses aus demokratiepolitischer Hinsicht erfreuliche Miteinbeziehen hatte auch eine Vergrößerung jener Gremien zur Folge, die Einfluss auf Förderentscheidungen und auf das Management der einzelnen Programme und der Programmträger hatten. Im beschriebenen Fall des Seed-Financing-Programms kam es etwa zu einer Aufstockung des für Förderentscheidungen zuständigen Boards von drei auf sieben Mitglieder. Eine Vergrößerung der zentralen Managementgremien war in ähnlicher Weise auch bei den einzelnen Ausschüssen und anderen, teils temporären Organisationseinheiten des ITF, sowie beim Aufsichtsrat der FFG beobachtbar.

Wie zuvor genauer beschrieben stellte die Vorbereitung des K_{plus}-Programms einen klaren Bruch mit diesem Politikstil dar. Bei der Planung dieser Förderinitiative wurden die anderen für FTI-Politik zuständigen Bundesministerien vom federführenden Verkehrsministerium nicht zur Entwicklung und Diskussion der Pläne eingeladen.

Dieses Abweichen vom gewohnten konsensualen Vorgehen in der österreichischen FTI-Politik bedeutete einerseits eine Verkleinerung der Mitbestimmungsmöglichkeiten anderer politischer AkteurInnen des Politikfelds, andererseits aber auch eine Verringerung der Möglichkeiten zu taktischem Verhalten in Bezug auf Einflussmöglichkeiten. Dies ermöglichte die für Österreich zu diesem Zeitpunkt radikale Innovation des K_{plus}-Programms.

Gleichzeitig bedingten die Großen Koalitionen, bis zum rasanten Anwachsen der FPÖ in der zweiten Hälfte der 1990er Jahre, auf der einen Seite eine dominante Regierungsposition in Parlament und öffentlichen Diskussionen, sowie auf der anderen Seite eine schwache, kleine Opposition. Im Jahr 2000 bedeutete die Bildung der Kleinen Koalition zwischen ÖVP und FPÖ das vorläufige Ende der Großen Koalitionsregierungen, die von 1947-1966 und 1986-1999 Österreich dominiert hatten. Die besonders in ihrer Anfangszeit stark umstrittene Kleine Koalitionsregierung verfügte über eine weniger starke Position in Parlament und Öffentlichkeit. Auf Basis ihrer parlamentarischen Mehrheit und des in Österreich üblichen Klubzwangs bei parlamentarischen Abstimmungen, konnte sie trotzdem eine große Zahl umfangreicher Gesetzesinitiativen – entgegen der bisherigen Angewohnheit oft auch gegen den Willen der Opposition (Tálos/Stromberger 2005, Pelinka 2008) – beschließen. Damit ging, besonders in der Anfangsphase der Kleinen Koalition, ein deutliches Abrücken vom bisherigen Prinzip des politischen Konsens einher, das von

Andreas Kohl, dem damaligen Klubobmann der ÖVP, mit dem Motto „speed kills" umschrieben wurde (Sickinger 2006).

Im Feld der FTI-Politik bedeutete dies die Auflösung des ITF ohne jegliche Diskussion, sowie eine weitere Intensivierung der bereits in der zweiten Hälfte der 1990er Jahre begonnenen Debatte um eine stärkere Trennung von politischer Verantwortung und Management, sowie um eine Konzentration der FTI-Förderaktivitäten in einer neuen Organisation. Noch während der Schlussphase der Konzeption des FFG-Gesetzes herrschte unter den AkteurInnen des Politikfeldes Skepsis über die Machbarkeit einer derartigen Reform der Forschungsförderung (Interviews 5-2, 5-4). Diese Zweifel – sowie die wechselhafte Geschichte der Kleinen Koalition mit einer gleichermaßen konfliktträchtigen wie auch kurzen ersten Legislaturperiode – waren wohl wesentliche Gründe für das Drängen der ministeriellen AkteurInnen auf eine eilige Verabschiedung des FFG-Gesetzes im Parlament noch vor der Sommerpause 2004. Eben diese Geschwindigkeit der Beschlussfassung erleichterte das Durchbrechen des Status Quo und die Durchsetzung der Reorganisation der Forschungsförderung.

Auf Basis des Erläuterten lässt sich feststellen, dass die politischen Entstehungsprozesse der FTI-Programme einem Wandel unterlagen. Die allgemeinen Veränderungen des österreichischen politischen Systems schlugen sich auch im FTI-Politikfeld nieder. Diese Veränderung kann als ein gradueller Wandel vom Paradefall eines neo-korporatistischen politischen Systems mit starker Betonung des Konsensprinzips (Pelinka 1981; Lijphart 1984, 1999), hin zu einem Land mit stärker konkurrenzdemokratischen Elementen beschrieben werden (Tálos 2006a, Pelinka 2009). Die Bildung der Kleinen Koalitionsregierung beschleunigte dabei diese Veränderungen und kann, bezogen auf das Politikfeld FTI, als externes Systemereignis verstanden werden (Sabatier/ Jenkins-Smith 1993).

Wie können nun die Entscheidungsfindungsprozesse in der österreichischen FTI-Politik in Bezug auf die Mitbestimmungsmöglichkeiten einzelner Akteursgruppen eingeschätzt werden?

StakeholderInnen und Öffentlichkeit in FTI-politischen Entscheidungsfindungsprozessen

Grundsätzlich befindet sich Politik bezogen auf die Art und Weise wie Entscheidungen getroffen werden in einem Spannungsfeld zwischen Technokratie und Demokratie. Technokratische Politikfindungsprozesse verheißen rasche, sachbezogene und objektive Entscheidungen, während demokratische

178

Mitbestimmung bei der Entstehung von Politik das Einfließen des vielfältigen Wissens einer großen Gruppe von AkteurInnen, eine umfassende Legitimation, sowie erhöhte Akzeptanz von Entscheidungen verspricht (Liberatore/Funtowicz 2003, Abels/Bora 2004, Lentsch/Weingart 2009, Bora/Hausendorf 2010, Grunwald 2010, Biegelbauer/Hansen 2011). In Politikfeldern wie der FTI-Politik, die oftmals komplexe Materien verhandeln und in denen eine große Anzahl von Entscheidungen fernab der Wahrnehmung der Öffentlichkeit getroffen werden, erscheinen technokratische Politikmodelle auf den ersten Blick als vorteilhaft im Vergleich zu demokratischeren Formen der Mitbestimmung mit ihrem größeren Zeitaufwand und unberechenbareren Ausgang.

Die Nachteile dieses Ausschlusses der Öffentlichkeit machen sich allerdings rasch bemerkbar, unter anderem in Form von Klientelpolitik und immer wieder auch einer ablehnenden Haltung der Massenmedien und großer Teile der Öffentlichkeit gegenüber kontrovers empfundenen Thematiken. Tatsächlich lassen sich beide Probleme in den größtenteils technokratisch geprägten österreichischen FTI-politischen Entscheidungsprozessen finden. Einerseits kann eine Bevorzugung der Industrie gegenüber anderen Interessensgruppen, wie etwa Universitäten, Teilen der außeruniversitären Forschungseinrichtungen, aber auch gesellschaftlichen Interessen, die außerhalb des Wissenschaftssystems gelagert sind, etwa im Sozialbereich und teils auch im Umweltschutz, beobachtet werden. Zusätzlich wurden ArbeitnehmerInneninteressen, vor allem in der Zeit der Kleinen Koalition von 2000-2007, im Vergleich zu ArbeitgeberInneninteressen geringeres Gewicht beigemessen.

Andererseits ist die österreichische Öffentlichkeit teilweise indifferent und oft auch kritisch gegenüber Wissenschaft und Technik eingestellt. Dies belegen regelmäßig öffentliche Diskussionen zu umstrittenen Technologien, wie etwa gentechnisch veränderten Organismen und Lebensmitteln, Nanotechnologie oder Forschung an menschlichen embryonalen Stammzellen. Umfragen beweisen, dass die ÖsterreicherInnen in diesen Bereichen auch nach jahrelangen öffentlichen Diskussionen noch immer schlecht informiert sind (EC 2010). In jedem dieser Bereiche wurde die Bevölkerung weder im Zuge der Einführung einer Technologie umfassend informiert, noch zur Einführung selbst befragt.

Nicht alle Entscheidungen in der FTI-Politik verlangen nach einer intensiven Einbindung der Öffentlichkeit. In vielen Bereichen erscheint die Beteiligung von StakeholderInnen bezüglich des Treffens von Entscheidungen und der Legitimation von Politik ausreichend. Wie schon vorher angedeutet, sind auch hier mehr oder weniger umfassende Interessen vorhanden, von denen oft nur eine kleine Auswahl in die politischen Prozesse mit eingebunden wird.

Nur wenige Male wurde im Laufe der letzten Jahrzehnte systematisch eine größere Anzahl von StakeholderInnen zu FTI-bezogenen Diskussionsprozessen eingeladen, wobei es sich jedes Mal um die Erstellung einer umfassenden Forschungsstrategie handelte. In den 1970er und 1980er Jahren waren dies die Österreichische Forschungskonzeption bzw. die Österreichische Forschungskonzeption 80 (BMWF 1972, 1983; Pichler et al. 2007). In den 1990er Jahren kam es im Rahmen der Erstellung der österreichischen Position zum 5. EU-Forschungsrahmenprogramm und der Österreichischen Forschungsstrategie 99+ zu einer Reihe von öffentlichen Debatten (BMWV 1999). In der folgenden Dekade führten der Forschungsdialog des Wissenschaftsministeriums, die Strategie 2020 des Rats für Forschung und Technologieentwicklung und die FTI-Strategie der Bundesregierung zu umfassenden Diskussionen (BMWF 2008, Rat FTE 2009, BKA et al. 2011).

All diesen Diskussionen, an denen mehrere hundert Personen teilnahmen und in deren Durchführung und Dokumentation viel Energie investiert wurde, war gemein, dass sie nur sehr eingeschränkt handlungswirksam wurden. Dies lag zum Teil an der sehr umfassenden Ausrichtung der jeweiligen Strategiepapiere, aber auch an jeweils individuellen Problemen. So kam es im Fall der Österreichischen Forschungsstrategie 99+ unmittelbar nach Präsentation des Berichtes zu einem Regierungswechsel und die konservative Bundesministerin Elisabeth Gehrer ignorierte das Strategiepapier ihres sozialdemokratischen Vorgängers Caspar Einem. Zehn Jahre später, fehlten für eine Umsetzung der Empfehlungen des Forschungsdialogs, der damit in Verbindung stehenden Strategie 2020 oder auch der FTI-Strategie der Bundesregierung im Angesicht der globalen Finanzkrise von 2008 die Mittel ebenso wie der politische Wille. Zudem musste der Rat für Forschung und Technologieentwicklung mit dem Ende der Kleinen Koalition im Jahr 2007 einen Einflussverlust hinnehmen.

Einerseits ist die Vorsicht von PolitikerInnen und BeamtInnen gegenüber Mitbestimmung im Bereich FTI auf länger zurückliegende historische Traditionen zurückzuführen (Grießler 2010), andererseits aber auch auf verschiedene jüngere Erfahrungen mit Debatten um FTI, die in Politik und Verwaltung oft als wenig konstruktiv erlebt wurden. Ein Beispiel dafür sind die Diskussionen um gentechnisch veränderte Organismen, die 1997 zu einem Volksbegehren geführt hatten, das von einem Fünftel der Wahlberechtigten unterzeichnet wurde und im folgenden Jahr auch zu einem gesetzlichen Freisetzungsverbot gentechnisch veränderter Organismen führte - entgegen der Bemühungen von einer Reihe im Forschungsgebiet tätiger WissenschaftlerInnen. Die wenigen Erfahrungen mit Mitbestimmung im Bereich der österreichischen FTI-Politik, bewirkten gemeinsam mit der negativen Haltung gegenüber offenen Debatten, dass auch weiterhin keine Erkenntnisse gesammelt werden konnten, die einen Weg aus der momentan bestehenden Pfadabhängigkeit aufzeigen hätten können.

Diese grundsätzliche Einstellung zu einer Beteiligung der Öffentlichkeit entspricht auch der tendenziell konservativen Haltung wesentlicher Teile von Politik und Verwaltung gegenüber neuen Instrumentarien der FTI-Politik-Beratung. So wurden auch in den 2000ern im Bereich Technologie Assessment (TA) nach mehreren Jahrzehnten Erfahrung mit dieser Form von Instrumenten noch immer primär Technikakzeptanzstudien durchgeführt, deren Beschränkungen bekannt sind und die im wesentlichen dem Stand der Forschung der 1970er Jahre entsprechen (Interview 2-10, Loeber 2004, Degelsegger /Torgersen 2011). Auch Instrumente der Gesetzesfolgenabschätzung existieren in Österreich nur in Ansätzen, was allerdings nicht nur für die FTI-Politik gilt (Schäffer 2005, Biegelbauer/Mayer 2008). Diese bemerkenswerte Zurückhaltung gegenüber Innovationen gilt allerdings nicht für den Bereich der Evaluationsforschung, in dem vor allem die bereits beschriebene Ko-Evolution von BeamtInnen und ExpertInnen im Zuge der Entwicklung des Politikfeldes und damit verbunden die Tätigkeit der Plattform Forschungs- und Technologieevaluation zu innovativen Politikinstrumenten geführt hat (Zinöcker/Dinges 2009).

Die Geschichte der Versuche der Einbindung der Öffentlichkeit oder wenigstens breiterer Kreise von StakeholderInnen bei kontroversen Themen der FTI-Politik in Österreich erscheint insgesamt wenig ermutigend. Eine der prägenden Ereignisse der jüngeren Geschichte ist in dieser Hinsicht die Volksabstimmung um das Atomkraftwerk Zwentendorf, die im Jahr 1978 zu einer äußerst knappen Ablehnung der Kernkraft in Österreich führte. Bemerkenswert an dieser Entscheidung ist weniger die Ablehnung einer zu diesem Zeitpunkt bereits umstrittenen Technologie, sondern einerseits die Tatsache, dass sich große Teile der gesellschaftlichen Eliten auf Seiten der BefürworterInnen wiederfanden, inkludierend den mit absoluter Mehrheit regierenden und die Politik dieses Jahrzehnts dominierenden Bundeskanzler Bruno Kreisky. Andererseits war zum Zeitpunkt der Volksabstimmung das Atomkraftwerk nach mehr als zehnjähriger Planungs- und Bauperiode bereits fertiggestellt (Kok/Schaller 1986) und auch eine FTI-Infrastruktur existierte seit 1960, die seither vor allem in Form des Österreichischen Forschungszentrums Seibersdorf (ÖFZS, heute: Austrian Institute of Technology, AIT) kontinuierlich ausgebaut worden war (Pichler et al. 2007). Trotzdem entschieden sich die WählerInnen, wenn auch denkbar knapp, gegen den Einstieg in die Atomkraft.

Ein anderes Beispiel ist das Gentechnikgesetz von 1994, das nach umfangreichen öffentlichen Diskussionen zu einer der seltenen österreichischen parlamentarischen Enqueten geführt hatte, jedoch ohne dass die Ergebnisse der parlamentarischen Arbeit zu nennenswerten Auswirkungen auf das in der Folge beschlossene Gesetz geführt hätten (Grießler 2010). Parallel zu den parlamentarischen Verhandlungen war im Gesundheitsministerium ein Gesetzesentwurf erstellt worden, der schließlich nach geringen Abänderungen mit der Mehrheit der Koalitionsparteien im Parlament beschlossen wurde. Der wesentliche Unterschied zwischen diesen beiden Politikprozessen war, dass die parlamentarische Arbeit offen, die Erstellung des ministeriellen ExpertInnenentwurfs hingegen auf gesellschaftliche Eliten beschränkt war und von der Öffentlichkeit unbemerkt von statten ging (Grabner 1999, Biegelbauer/Grießler 2009).

Auch in den 2000er Jahren machte die österreichische FTI-Politik Erfahrungen mit dem Widerstand von StakeholderInnen und Öffentlichkeit. Dies betraf vor allem das Wissenschaftsministerium. Ministerin Elisabeth Gehrer benötigte aufgrund des anhaltenden Widerstands von Seiten der Universitäten mehrere Jahre um das Institute of Science and Technology Austria (IST Austria) im Jahr 2006 durchzusetzen.

Ihr Nachfolger Johannes Hahn scheiterte 2009 mit dem Versuch Geldmittel durch einen Ausstieg Österreichs aus dem internationalen Kernforschungsprojekt CERN zu mobilisieren an der Medienkampagne durchsetzungsfreudiger PhysikerInnen. Hahns Nachfolgerin Beatrix Karl musste 2010 von ihrem Plan der Schließung zahlreicher außeruniversitärer Institute in der ursprünglichen Form nach Organisation einer Protestbewegung absehen. Dabei erwiesen sich vor allem die sozialwissenschaftlichen außeruniversitären Einrichtungen im Vergleich zu ihren naturwissenschaftlichen Pendants als weniger durchsetzungsfähig, denn trotz aller Diskussionen wurden einer Reihe von Einrichtungen die Geldmittel gestrichen und sie schlitterten in den Ausgleich oder den Konkurs, andere wurden verkleinert und Universitäten angeschlossen.

Elemente partizipativer Technikgestaltung, wie beispielsweise Bürgerforen oder Konsensuskonferenzen (Abels/Bora 2004, Geissel 2009, Grießler et al. 2011) kamen in Österreich bisher nur in Einzelfällen zur Anwendung und blieben handlungsunwirksam (Seifert 2003, Loeber et al. 2011). Im Fall der Xenotransplantation, der Verpflanzung von tierischen Zellen oder Organen in den menschlichen Körper, fanden in einer Reihe von OECD-Ländern intensive öffentliche Debatten, parlamentarische Diskussionen und Technologie Assessments (TA) unter Mitwirkung von ExpertInnen, in einigen Fällen aber auch der Öffentlichkeit, statt (Biegelbauer/Hansen 2011). In Österreich blieb die Technologie nach einer kurzen Diskussion innerhalb der BeamtInnenschaft undebattiert und unreguliert.

Die typische Form der Entscheidungsfindung in der österreichischen FTI-Politik beruht auf einem von BeamtInnen moderierten Prozess an dem in erster Linie Angehörige der Verwaltung, ExpertInnen aus der kleinen Policy-Community, sowie VertreterInnen der Wirtschaft und der Wissenschaft teilnehmen. MinisterInnen und deren Büros sind vor allem am Anfang und am

Ende dieses Prozesses beteiligt, das Parlament und die Öffentlichkeit nur in seltenen Fällen (Gottweis/Latzer 2006, Biegelbauer/Grießler 2009). Die politischen AkteurInnen werden dabei in der Form von Netzwerken, Arbeitsgruppen oder Beiräten von BeamtInnen organisiert, die zum Teil schon seit Jahrzehnten in verschiedener Form bestehen (Melchior 1990, Pichler et al. 2007, Whitelegg 2009).

In den 2000er Jahren sind im Politikfeld mehrere Akteure neu hinzugekommen. Der im Jahr 2000 gegründete Rat für Forschung und Technologieentwicklung berät Bund und Länder in Sachen FTI. Dazu steht dem Rat eine eigene Geschäftsstelle zur Verfügung, mithilfe derer eine Reihe von Strategiepapieren entstanden ist. In den ersten Jahren der Kleinen Koalition verfügte der Rat zudem über FTI-Sondermittel, die er an einzelne Ministerien und Forschungsinitiativen verteilen konnte. Das machte die Organisation zu einem einflussreichen Akteur in der österreichischen FTI-Politik, weit über eine beratende und/oder koordinierende Rolle hinaus, wie sie vergleichbare internationale Einrichtungen ausüben. Mit dem Ende der Kleinen Koalition im Jahr 2007 verlor der Rat an Einfluss, er hat jedoch nach wie vor Zugang zur Öffentlichkeit mithilfe der Massenmedien und produziert weiterhin Strategiepapiere und Wissen durch in Auftrag gegebene Studien.

Neu hinzugekommen ist im Jahr 2001 auch die Bioethikkommission des österreichischen Bundeskanzleramts. Sie verfügt über eine kleine Geschäftsstelle im Kanzleramt und berät den Bundeskanzler in kontroversen Fragestellungen im Bereich der Humanmedizin und -Biologie. Die dritte Stellungnahme der Kommission im Frühjahr 2002 betraf das Thema menschliche embryonale Stammzellen und deren Förderung im 6. EU-Forschungsrahmenprogramm. In dem Papier sprach sich eine Mehrheit der Mitglieder der Bioethikkommission für eine Förderung der Forschung an Stammzellen aus - eine Meinung, die auch die SpitzenbeamtInnen des Wissenschaftsministeriums teilten. In den Verhandlungen zum 6. Forschungsrahmenprogramm schloss sich die zuständige Ministerin Elisabeth Gehrer aus ethischen Gründen dieser Meinung nicht an und legte beim EU-ForschungsministerInnenrat ein Veto ein, das schließlich dazu führte, dass eine Förderung der Stammzellenforschung nach Ablauf eines einjährigen Moratoriums nur nach Prüfung jedes Einzelfalles möglich war (Grießler 2010). Die Stellungnahmen der Bioethikkommission finden dabei in Fällen kontroverser Debatten via Massenmedien Eingang in öffentliche Diskussionen und sind im Internet abrufbar.[40]

---

[40] http://www.bka.gv.at/site/3455/default.aspx; download 12-06-2011.

Der 2003 gegründete Österreichische Wissenschaftsrat berät vor allem die WissenschaftsministerIn und den Nationalrat in Fragen der Wissenschafts- und Universitätspolitik, was trotz umfangreicher Bemühungen meist folgenlos geblieben ist. Damit tritt die Einrichtung in die Fußstapfen seiner Vorgänger-organisationen, wie beispielsweise dem Rat für Wissenschaft und Forschung (Melchior 1990, Felderer/Campbell 1994, Gottweis/Latzer 2006, Pichler et al. 2007).

Als Resümee der Mitbestimmungsmöglichkeiten von StakeholderInnen und Öffentlichkeit in der österreichischen FTI-Politik lässt sich festhalten, dass es im Vergleich zu Ländern wie Großbritannien, Kanada, den Niederlanden oder der Schweiz nach wie vor nur eine geringe Einbindung der Öffentlichkeit im Sinne von Mitbestimmung gibt (Seifert 2003, Hansen 2010, Biegelbauer/Hansen 2011, Einsiedel et al. 2011, Hansson et al. 2011). Allerdings kam es im Verlauf der 2000er Jahre zu Bemühungen ein Verständnis für FTI in der Öffentlichkeit zu schaffen, etwa durch Ideenwettbewerbe, Beilagen in Tageszeitungen, Praktikant-Innenstellen für SchülerInnen oder Wissenschaftstage und -Nächte (Felt 2003). Vergleichbar dem neo-korporatistischen Grundmuster der österreichischen Politik findet eine regelmäßige Einbindung einer kleinen Gruppe an AkteurInnen aus Verwaltung, Wirtschaft und Wissenschaft in FTI-politische Entscheidungs-prozesse statt. Einer Ausweitung dieser Kreise steht noch immer die traumatische Erfahrung der österreichischen FTI-Politik mit der Nuklearenergie entgegen. Auch verschiedene in den 2000er Jahren neu gegründete Institutionen sowie der EU-Beitritt 1995 und die damit verbundene Internationalisierung der Politik brachten zwar eine Bereicherung der öffentlichen Diskussion, jedoch keinen grundlegenden Wandel dieser Situation.

Im nächsten Abschnitt soll die Internationalisierung des Politikfelds im Verlauf der letzten Jahrzehnte und deren Auswirkung auf die Politikprozesse diskutiert werden.

Internationalisierung von FTI-Politikprozessen

Die Entwicklung der österreichischen Wissenschaft in der Nachkriegszeit ist zunächst eine Geschichte der Verhinderung von Internationalisierung im Sinne der Rückkehr von in der Zwischenkriegszeit vertriebenen ForscherInnen (Stadler 1987/1988, Müller 1996, König 2008), sowie der Abwehr neuer Methoden und Ansätze, wie beispielsweise jener des Behavioralismus (Fleck 2010, König 2010). Eine Institutionalisierung moderner empirischer Sozialwissenschaften in Form des Instituts für Höhere Studien (IHS) wurde nur mit zeitlicher Verzögerung und Widerstand zugelassen (Fleck 2000, Kramer 2002). Auch die

Anfänge einer FTI-Politik 1967, sowie die Gründung der beiden Forschungsfonds FFF und FWF, brachten vorerst keine Öffnung der Wissenschaft gegenüber internationalen Entwicklungen (Aichner 2010). Erst in den 1970er Jahren kam es zu einer zunächst langsamen und sich später beschleunigenden Internationalisierung der Wissenschaft in Österreich.

Die österreichische FTI-Politik zeichnete sich in den 1970ern durch eine zaghafte Öffnung nach außen aus, wobei bilaterale Beziehungen zu deutschsprachigen Nachbarländern und die Aktivitäten von UNESCO und OECD für Daten, Themen und teils auch Ideen für Politikinstrumente sorgten. Vor allem die OECD ermöglichte Ende der 1980er Jahre einen weiteren Internationalisierungsschub, der mit der Vorbereitung des österreichischen EU-Beitritts in der ersten Hälfte der 1990er weitere Energie erhielt.

Auch wenn einzelne Disziplinen in unterschiedlichem Ausmaß mit der internationalen Entwicklung verbunden waren und sind, war der Beitritt zur EU in Österreich der kritische Punkt einer Entwicklung von einem national-orientierten zu einem international vernetzten Wissenschaftssystem (König 2010, Felt/Fochler 2010). Die Wirtschaft als solche profitierte ebenfalls vom EU-Beitritt durch eine fortschreitende Internationalisierung, die allerdings aufgrund der internationalen ökonomischen Verflochtenheit Österreichs von einem höheren Niveau aus starten konnte als das für die Wissenschaft der Fall war. Auch bezogen auf die Politik fand eine Internationalisierung statt: Themen und Instrumente der EU-FTI-Politik fanden in der ersten Hälfte der 1990er Jahre vor allen Dingen Platz in den internationalen Abteilungen der Ministerien. Im ersten Jahrzehnt nach dem EU-Beitritt 1995 kam es dann nicht nur zu einem Mainstreaming von Thematiken und Instrumentarien der EU in der österreichischen FTI-Politik (Biegelbauer 2004), sondern darüber hinaus auch zu einer Standardsetzung, die eine Verbindlichkeit für eine zunehmende Anzahl von AkteurInnen in der Verwaltung in Bezug auf Maßnahmen und teilweise auch Prozesse herstellte (Pichler 2010, Polt/Stampfer 2010).

Durch den Lissabon-Prozess der EU mit der Zielsetzung bis 2010 die innovativste Region der Welt zu werden, die damit verbundene Errichtung des Europäischen Forschungsraums (Pernicka et al. 2002, Kuhlmann et al. 2003) und die aus beidem resultierende langsame Vergemeinschaftung des Politikfelds wurden die Unterschiede zwischen nationaler und EU-FTI-Politik zunehmend unschärfer. Dafür verantwortlich waren auch Elemente der offenen Methode der Koordinierung, als Teil derer, in Form von Netzwerken, Projekten, Workshops und Arbeitsgruppen die Erfahrungen der EU-Mitgliedsländer mit verschiedenen Instrumenten der FTI-Politik ausgetauscht wurden (Borrás/Greve 2004,

Borrás/Radaelli 2011). Im Bereich der Forschungspolitik konnte dabei auf CREST[41] zurückgegriffen werden, in dessen Rahmen verschiedene Arbeitsgruppen gegründet wurden, die größtenteils aus BeamtInnen der Mitgliedsländer bestanden. Eine externe Evaluation bescheinigte den Arbeitsgruppen dabei zum einen feststellbare Lernerfahrungen, einen neuen Zugang zu politischen Problemen, Flexibilität und Engagement, gleichzeitig aber auch eine geringe Koordination der einzelnen Aktivitäten. Im Evaluationsbericht wird aber auch eine Konzentration der CREST-Arbeitsgruppen auf Forschungspolitik bei gleichzeitiger Vernachlässigung von Technologie und Innovation festgestellt, sowie ein geringes Bewusstsein der Anstrengungen von CREST auf nationaler Ebene über die TeilnehmerInnen der Arbeitsgruppen hinaus (EC 2009).

Die Internationalisierung des Politikfelds wird auch dadurch augenscheinlich, dass im Laufe der 2000er Jahre verschiedene Politikinstrumente internationale Beteiligungen immer mehr zugelassen haben. Beispiele dafür sind etwa das K_{plus}- und COMET-Programm in der FFG oder aber verschiedene Programmlinien des FWF, in denen Firmen beziehungsweise WissenschaftlerInnen aus dem Ausland mitfinanziert werden können. Ebenfalls wurde es zum Standard, dass Evaluierungsteams bei größeren FTI-Evaluationen aus nationalen und internationalen ExpertInnen zusammengestellt werden.

Zusammenfassend lässt sich eine deutliche Internationalisierung der österreichischen FTI-Politik seit ihren Anfängen in den 1960er und 1970er Jahren beobachten. Die schrittweise Orientierung an internationalen Entwicklungen erfolgte gleichzeitig in Wissenschaft, Wirtschaft und Politik. Sie war wirkungsmächtig in Bezug auf Ideen zu politischen Maßnahmen, grundlegenden Themensetzungen und zur Datenlage zu FTI. Schließlich kam es mit dem EU-Beitritt Österreichs zunehmend zu einer Anpassung an internationale Normen im Hinblick auf Arbeitsprozesse in Verwaltung und Politik, sowie die Ausgestaltung von Institutionen der FTI-Politik– wenn auch in spezifisch österreichischen Ausprägungen (Biegelbauer 2004, Pichler et al. 2007).

Anschließend an die analytischen Betrachtungen zur Ausdifferenzierung des Steuerungsinstrumentariums und zu verschiedenen Facetten der Entstehung von Entscheidungen, die FTI-politische Programme betreffen, stellt sich die Frage, welche Auswirkungen die konstatierten Veränderungen auf die Qualität der FTI-Programme und deren Problemlösungskapazitäten hatten.

---

[41] Das Comité de la Recherche Scientifique et Technique (CREST) ist ein Ausschuss, in dem in erster Linie hochrangige BeamtInnen aus für FTI-Politik zuständigen Ministerien der EU-Mitgliedsländer sitzen und der den Rat und die europäische Kommission in der EU-FTI-Politik berät.

Auswirkungen der FTI-Politik

Die Frage nach den Problemlösungskapazitäten der österreichischen FTI-Politik kann auf einer systemischen und auf einer Programmebene gestellt werden. Eine umfassendere Beantwortung der Frage nach den Auswirkungen der staatlichen Steuerungsversuche auf der Ebene des österreichischen Innovationssystems ist allerdings komplex und sprengt den Rahmen der hier angestellten Überlegungen. Was in diesem Zusammenhang allerdings festgehalten werden kann, ist die wiederholte Erwähnung einer Reihe von Themen in einer Vielzahl von Studien zu FTI in Österreich über einen Zeitraum von mehr als 20 Jahren hinweg. So wurden unter anderem als besonders wesentlich angesehen:

- die Struktur und Höhe der Ausgaben für FTI (Goldmann 1985, Campbell/Felderer 1994, Gottweis/Latzer 2006),
- die Kompetenzverteilung auf der Ebene von Politik und Verwaltung (OECD 1988, Gottweis/Latzer 2006, CREST 2008),
- die Spezialisierung der Unternehmen (Melchior 1990, Aichholzer et al. 1994, Pichler et al. 2007) und
- die Dichte der Kooperationen zwischen Forschungseinrichtungen und Firmen (Goldmann 1985, Müller 1996, Mayer 2003).

Die beiden Punkte zu Struktur und Höhe der Ausgaben für FTI beziehungsweise der Kompetenzverteilung in Politik und Verwaltung werden im Folgenden auf einer systemischen Ebene diskutiert. Der konkrete Einfluss der Gesamtheit der FTI-politischen Maßnahmen auf das österreichische Innovationssystem als solches lässt sich hingegen nur schwer einschätzen und ist noch schwerer genau bezifferbar. Die Frage nach den Problemlösungskapazitäten staatlicher FTI-politischer Maßnahmen lässt sich einfacher auf der Ebene der einzelnen Programme beantworten. Dies ist vor allem der Tatsache zu verdanken, dass das Steuerungsinstrumentarium der österreichischen FTI-Politik in vielen Evaluationen untersucht worden ist.[42] Auf diese Arbeiten aufbauend, lässt sich in Umrissen ein Bild von der Zielerreichung österreichischer FTI-politischer Maßnahmen nachzeichnen. So werden die beiden Punkte zu Spezialisierung der Unternehmen beziehungsweise Dichte der Kooperationen zwischen Forschungseinrichtungen und Firmen im Folgenden auf der Ebene von FTI-Programmen besprochen.

---

[42] Auf der Homepage der Plattform Forschungs- und Technologieevaluation findet sich eine Reihe von Evaluationen aus den 2000ern (http://www.fteval.at); (Zinöcker 2007, Zinöcker/Dinges 2009).

Nach sich beschleunigendem Wachstum in den 1960er und 1970er Jahren lagen die Ausgaben für FTI zum Zeitpunkt der ersten FTI-Programme Mitte der 1980er Jahre bei 1,27 % des BIP, was eine leichte Steigerung um 0,1 Prozentpunkte seit 1981 bedeutete. In den 1990er Jahren kam es zu einer weiteren Erhöhung der Ausgaben für FTI auf knapp unter 2 % des BIP am Ende des Jahrzehnts (Pichler et al. 2007).

Dabei waren die Ausgaben des Staates bis Mitte der 1990er Jahre mit leichten Fluktuationen meist etwas unter 50 % der Gesamtausgaben für FTI. Im Laufe der 1990er Jahre kam es zu einer Abnahme der staatlichen Ausgaben bei gleichzeitigem Ansteigen der Anteile des Unternehmenssektors, sowie Gelder aus dem Ausland. Bei Letzteren handelte es sich um Mittel, die an in Österreich befindliche Tochtergesellschaften multinationaler Konzerne flossen, sowie Förderungen durch die Forschungsrahmenprogramme der EU und anderer internationaler Organisationen (BMWF et al. 2008, BMWF et al. 2011).

In den 2000er Jahren stiegen die Ausgaben für FTI bis zur Wirtschaftskrise 2008 weiter an, besonders deutlich im Unternehmenssektor, mit einer jährlichen Zunahme von mehr als 8 %. Die Finanzierungsanteile des Staates fluktuierten zu Beginn des Jahrzehnts, um dann weniger stark als die Ausgaben der Firmen zu wachsen. Insgesamt wurden 2010 in Österreich 2,78 % des BIP für FTI ausgegeben (Leibfritz/Janger 2007, BMWF et al. 2011, Dinges 2010). Zudem ist 2011 die Dynamik der Entwicklung der Ausgaben für FTI verloren gegangen (Taschwer 2012, APA 2012).

Damit war auf Ebene der Gesamtausgaben für FTI ein Niveau erreicht, das die in den Jahrzehnten davor regelmäßig geäußerte Kritik am Mitteleinsatz nichtig machte (Goldmann 1985, OECD 1988, Aichholzer et al. 1994, Campbell/Felderer 1994, Gottweis/Latzer 2006). Allerdings sind durch das Ansteigen der Ausgaben alleine, weder die Kritik an der Effizienz des Mitteleinsatzes, noch an der ungleichen Verteilung zwischen Grundlagen und angewandter Forschung sowie verschiedenen Disziplinen entkräftet (Leibfritz/Janger 2007, Schibany/Gassler 2010, BMWF et al. 2011).

Kompetenzverteilung auf der Ebene von Politik und Verwaltung

In Bezug auf die Kompetenzverteilung in der österreichischen FTI-Politik waren die Fortschritte weniger deutlich. Nach den Schwierigkeiten in der Durchführung des MEIV-Programms stellte Ende der 1980er Jahre ein OECD-Team fest, dass die Kooperation zwischen den österreichischen Bundesministerien im Bereich der FTI-Politik nicht zufrieden stellend war:

> „We heard from various quarters that a difficult area of government action was the harmonization of the technological activities of the Ministry of Science and Research with those of other ministries and, in particular, the Ministry for Public Economy and Transport" (OECD 1988, 87).

Geradezu prophetisch in Bezug auf dieses Thema scheint im Nachhinein der nächste Satz im Bericht:

> „These problems could well increase with the implementation of the Government's recent decision to spend the revenue of a Fund of 8 billion Schilllings on technological development over the next few years" (OECD 1988, 87).

Gemeint war damit der im Entstehen begriffene ITF, in dessen Rahmen sich die Koordinationsschwierigkeiten zwischen den verschiedenen Ministerien tatsächlich weiter verschärfen sollten. 20 Jahre später hatte sich an dieser Situation nichts Grundsätzliches verändert. Dies spiegelt sich im Report eines Teams von ExpertInnen im Auftrag von CREST zum Thema der Aufteilung von Kompetenzen zwischen verschiedenen Ministerien[43] und verschiedenen Forschungsförderungsorganisationen in Bezug auf Planung und Durchführung von FTI-Programmen wider:

> „...there is no clear division of responsibility in terms of the initiation and evolution of the action lines implemented by the agencies, with different ministries responsible for the origin of specific action lines within the agencies, and the agencies themselves responsible for the initiation and evolution of others" (CREST 2008, 16).

In einem weiteren internationalen Evaluationsbericht, der im selben Jahr wie der CREST-Bericht publiziert wurde, findet sich zum Themenbereich Kompetenzproblematik ein weiterer interessanter Hinweis. Das Thema „Horizontale Innovationspolitik", also der Versuch, FTI-politische Maßnahmen über mehrere Politikfelder hinweg zu koordinieren, wurde dabei von 13 österreichischen FTI-PolitikexpertInnen in Bezug auf seine prinzipielle Relevanz und seine tatsächlich erwartete Bedeutung für die österreichische FTI-Politik während der nächsten 10

---

[43] Allgemeiner dazu Braun 2008, Whitelegg 2009.

Jahre eingeschätzt. Der Themenbereich „Horizontale Innovationspolitik" wurde dabei für die Entwicklung des österreichischen Innovationssystems wie folgt eingeschätzt: Das Thema wurde für außergewöhnlich relevant gehalten und in dieser Hinsicht an zweiter Stelle unter insgesamt 19 Themenbereichen gereiht. Der seitens der ExpertInnen erwartete Einfluss des Themas auf die österreichische FTI-Politik wurde hingegen für vergleichsweise niedrig gehalten: das Thema fand sich dabei auf Platz 11 unter den 19 Themenbereichen (Hjelt et al. 2008, 55). Die Thematik selbst wurde also von den ExpertInnen für außerordentlich wichtig gehalten, während es gleichzeitig für nicht wahrscheinlich gehalten wurde, dass sich die österreichische FTI-Politik tatsächlich mit horizontaler Innovationspolitik auseinandersetzen würde.

Spezialisierung der Unternehmen

Vor dem Hintergrund eines zunehmenden internationalen wirtschaftlichen Wettbewerbs und der beständigen Höherqualifizierung vor allem mittel- und osteuropäischer, sowie ostasiatischer Volkswirtschaften, gilt eine fortlaufende Steigerung der Wertschöpfung als wesentliche Maßnahme zur Sicherung von Wohlstand und Arbeitsplätzen. In diesem Zusammenhang wurde vielen FTI-Programmen das Ziel eingeschrieben, die problematische Struktur der österreichischen Wirtschaft zu verändern. Besonders die Konzentration auf Grundstoffe sowie die Herstellung von Halbfertigprodukten wurde schon vor längerer Zeit als Schwierigkeit für die Steigerung der Wertschöpfung Österreichs erkannt (Lauber/Pesendorfer 2006; Aiginger et al. 2006, 2009; Resch/Hofer 2010). Die zuvor beschriebenen FTI-Programme hatten dementsprechend auch die Beschleunigung des Wandels von Low- und Mid-, zu High-Tech-Produkten zum Ziel.

Bei den MEIV- und FlexCIM-Programmen sollte dies primär durch die Einführung neuer Technologien in österreichischen Firmen bewerkstelligt werden. Mikroelektronik und Informationsverarbeitung sowie computerintegrierte Produktion wurden in den frühen 1980er Jahren als Schlüsseltechnologien für die industrielle Entwicklung der nächsten Jahre, wenn nicht Jahrzehnte, identifiziert (BMWF 1981).

Im Fall der MEIV-Förderinitiative wurde das Ziel der beschleunigten Einführung von Mikroelektronik und Informationsverarbeitung auch zu einem Gutteil erreicht. Der auf technologische Auswirkungen des Programms orientierte Teil der Ex-Post-Evaluation stellte fest, dass zwar einerseits der Großteil der geförderten Unternehmen eher im Mid- als im High-Tech-Bereich angesiedelt war. Andererseits aber waren die geförderten Projektwerber in Produktsparten, die „eher technologisch höherwertiger sind und sich in einer früheren Phase des Produktlebenszyklus befinden" als die nichtgeförderten Projektwerber (Hutschenreiter et al. 1991, 204). In den geförderten Unternehmen war die Forschungs- und Entwicklungsintensität, der Verarbeitungsgrad und der Präzisionsgrad in der Fertigung deutlich höherwertig als in den nichtgeförderten Unternehmen. Insgesamt wurde das MEIV-Programm als „erfolgreich in Bezug auf die Erreichung des Ziels einer Verbesserung des Standes der Technik in den Unternehmen und einer Verbesserung der internationalen Wettbewerbssituation" (Hutschenreiter et al. 1991, 204) bewertet.

Das FlexCIM-Programm führte ebenso, wenn auch mit Abstrichen, zur beschleunigten Einführung der neuen Technologie. Das Programm war zwar selten der Auslöser für neue FTI-Projekte im Bereich computerintegrierter Produktion, führte aber zur intensiveren Auseinandersetzung der Unternehmen mit vorbereitenden Planungsvorgängen. Grundsätzlich wurde das FlexCIM-Programm als Erfolg eingeschätzt. Die geförderten Unternehmen erhielten – im Gegensatz zu den nichtgeförderten – einen klaren Impuls, den Einsatz von CIM-Technologien zu forcieren. Dies geschah in Form einer höheren Anwendungs-intensität und durch eine höhere Intensität der Vernetzung, was zu einem Aufhol- und teilweise auch Überholprozess im Vergleich zur Kontrollgruppe führte. Dieser positive Effekt war allerdings nur bei KMUs, nicht jedoch bei Großbetrieben feststellbar. Letztere hätten CIM-Technologien auch ohne Finanzierung durch das FlexCIM-Programm eingeführt (Polt/Pointner 2005).

Wie bereits beschrieben, war im Programm Seed-Financing das zentrale Ziel die Unterstützung der Gründung innovativer High-Tech-Unternehmen. Die Evaluationen des Programms waren in Bezug auf die Zielerreichung unter-schiedlicher Auffassung. Vor allem in den ersten beiden Evaluationen 1991 und 1996 wurden die Richtlinien und darin vor allem die mangelhaften Förder-kriterien als zentrales Problem angesehen. Die Kritik richtete sich auf das Ziel, im Rahmen des Seed-Financing-Programms die Förderaktivitäten auf Hoch-technologieunternehmen konzentrieren zu wollen, ohne dabei den Begriff Hochtechnologie genauer definiert zu haben (Triconsult 1991). In der Evaluation aus dem Jahr 1996 wurde festgestellt, dass die Förderungspraxis der Innovationsagentur „tendenziell nicht deckungsgleich [ist] mit der Ziel-population, die sich aus den einschlägigen Seed-Financing Richtlinien ergibt" (Zeiner et al. 1996, 101). Tatsächlich stellte sich heraus, dass Unternehmen nicht primär aufgrund der erwarteten technologischen Innovation, sondern aufgrund der voraussichtlichen Marktnähe von Produkten, Verfahren sowie Dienst-leistungen gefördert wurden (Zeiner et al. 1996, 109). Die unzureichend konzentrierten Zielsetzungen der österreichischen Industrie- und Technologie-politik, so die StudienautorInnen, spiegelten sich in einer mangelnden Schwerpunktsetzung des Seed-Financing-Programms wider (Zeiner et al. 1996, 335). Auch die 2004 durchgeführte Evaluierung spricht von „keine[n] klaren strategischen und langfristigen Zielvorgaben" (Malik 2004, 31). Gleichzeitig streicht die Studie als eine der zentralen Stärken des Programms heraus, dass es sich auf „die Hochtechnologieförderung innovativer High-Tech Start-Up Unternehmen" konzentriert (Malik 2004, 30). Allerdings geht aus der generell wenig detailgenauen Studie nicht hervor, für wie zielgenau die AutorInnen die Förderung von Firmen in Bezug auf das Merkmal High-Tech tatsächlich halten.

Das K_{plus}-Programm, dessen wichtigstes Ziel die Förderung der Kooperation zwischen Unternehmen und Forschungseinrichtungen war, hatte von Beginn an keine thematischen Einschränkungen oder Schwerpunktsetzungen, sondern war in Bezug auf die inhaltliche Orientierung eher Bottom-Up gesteuert. Deshalb gab es auch keine klare Zielsetzung des Programms in Richtung einer Spezialisierung der beteiligten Unternehmen auf High-Tech-Produkte (BMWV 1997). Gleichzeitig verweisen das zentrale Merkmal der Kooperation zwischen Firmen und Forschungsinstitutionen, bei gleichzeitiger Forschungsexzellenz im bearbeiteten Gebiet, auf die Erwartung eines Upgradings von Produkt- und Prozessportfolios der beteiligten Unternehmen. Dies geht auch aus den Programm-Zielsetzungen, Erhöhung von Kompetenz, Schaffung kritischer Massen sowie Verbesserung der österreichischen Teilnahme an internationalen Forschungsprogrammen, hervor. In diesen Bereichen konnte die Evaluationsstudie von 2004 auch tatsächlich eine Erfüllung der Zielvorgaben bestätigen (Edler et al. 2004, 41f.).

Insgesamt kam es seit den 1980er Jahren in Österreich zu einem graduellen Strukturwandel hin zu FTI-intensiveren Branchen (Schibany et al. 2007, Dachs 2009, Resch/Hofer 2010). Weiters wurden Hinweise dafür gefunden, dass FTI-politische Maßnahmen für Unternehmen Anreize gesetzt hätten, „über branchenübliche Werte hinaus in F&E zu investieren" (BMWF et al. 2008, 54).

Dichte der Kooperationen zwischen Forschungseinrichtungen und Firmen

Ein weiteres zentrales Problem des österreichischen Innovationssystems, das regelmäßig im Zentrum der Ergebnisse von Studien und Evaluationen stand, war die geringe Dichte an Kooperationen zwischen Forschungseinrichtungen und Unternehmen. Diese Erkenntnis spielte eine wesentliche Rolle für die Entwicklung von FTI-Förderprogrammen. Bereits das MEIV-Programm hatte die Notwendigkeit der Kooperation zwischen Firmen und Forschungsinstitutionen als Voraussetzung für eine Förderung – allerdings wurde dieses Kriterium in 70 % der Fälle nicht eingehalten. Beim 13 Jahre später entwickelten K_{plus}-

Programm war die Kooperation zwischen verschiedenen AkteurInnen schließlich nicht nur eine wesentliche Erfordernis unter mehreren, sondern Kern der Förderinitiative.

Ein wichtiger Grund für das Scheitern des Schwerpunktprogramms MEIV im Bereich der Anregung von Kooperationen zwischen Unternehmen und Forschungsinstitutionen lag in der Uneinigkeit der Fördergeber in Bezug auf die Gewichtung dieses Förderziels. Das Wissenschaftsministerium, von dem diese Programmidee stammte, verstand die Kooperationen als wesentlichen Bestandteil des Programmes, das Forschung ebenso wie Technologieentwicklung fördern sollte. Im Verkehrsministerium sah man dies hingegen anders: Dort interpretierte man das MEIV-Programm als eine Technologie- und Anwendungsförderung mit einem entsprechend geringeren Stellenwert der Kooperation mit Forschungsinstitutionen (Biegelbauer 2005a).

Derartig unterschiedliche Interpretationen zentraler Programmziele waren beim K_{plus}-Programm schwieriger. Dafür gab es zum einen organisatorische Gründe: Einerseits war nur ein einzelnes Ministerium für das Programm verantwortlich. Andererseits gab es im K_{plus}-Programm eine grundsätzliche Trennung zwischen politischer Verantwortung, die beim Ministerium für Wissenschaft und Verkehr verblieb und Programm-Management, das beim Projektträger TIG (Technologie Impulse Gesellschaft) ausgelagert war. Zum anderen gab es auch einen inhaltlichen Grund: Das Programmdokument war um einiges klarer, als dies beim MEIV-Programm der Fall gewesen war. Eine Fehlinterpretation hinsichtlich des Kooperationserfordernisses wäre hier denkbar schwer gewesen und tatsächlich einem klaren Verstoß gegen die Programmregeln gleichgekommen.

Seit der Entwicklung der Kompetenzzentrenprogramme K_{plus} sowie K_{ind} und K_{net} in den späten 1990er Jahren, ist die Kooperation zwischen Unternehmen und Forschungseinrichtungen in österreichischen FTI-Programmen zentrales Ziel in einer Reihe von Initiativen geworden.[44] Tatsächlich kann das Kooperationserfordernis im Rahmen österreichischer FTI-Programme mittlerweile als Querschnittmaterie betrachtet werden, die Teil der meisten Programme ist.

Im Moment ist es jedoch noch unklar, wie deutlich die Auswirkungen der kooperativen Programme auf die Kooperationen von Forschungsinstitutionen und Unternehmen sind. Schibany und Jörg (2005) hinterfragen kritisch die Bedeutung von auf Kooperationsförderungen bezogenen Programmen im Portfolio des FTI-Instrumentariums[45]. In der EU-Studie „Community Innovation

---

[44] Vgl. die Initiativen des Bereichs Strukturprogramme der FFG, etwa die Programme FH_{plus}, Prokis, $protecNET_{plus}$, COIN; siehe auch Kaufmann 2009.
[45] Siehe auch Dinges 2010.

Survey 4" von 2006, die auf einer Umfrage zu Innovationsverhalten beruht, wurde das österreichische Innovationssystem als deutlich unterdurchschnittlich hinsichtlich der Kooperationsaktivitäten zwischen den FTI-AkteurInnen bewertet (Celikel-Esser et al. 2007, 14). Gleichzeitig wurden im auf der Analyse von 29 Indikatoren beruhenden „European Innovation Scoreboard" von 2008 die Kooperationsaktivitäten als relative Stärke des Innovationssystems herausgestrichen – was allerdings nur wenig über die diesbezüglichen Leistungen des österreichischen Innovationssystems im europäischen Vergleich aussagt (EC 2009, 39).

Zusammenfassung

Auf Basis der Analyse der vier FTI-Programme, der Geschichte des ITF und der Gründung der FFG lassen sich die zuvor gemachten Beobachtungen auf folgende Art und Weise zusammenfassen. In Österreich war die Einführung FTI-politischer Steuerungsinstrumente in der Form von Programmen Mitte der 1980er Jahre im internationalen Vergleich um einige Jahre verzögert. Vergleichbare Programme waren in Deutschland bereits Ende der 1970er Jahre implementiert worden (Lütz 1993). Die schrittweise Verlagerung FTI-politischer Aktivitäten von ressortfinanzierter Projektforschung hin zu Programmen war ein langsamer, bis ans Ende der 1990er Jahre reichender Prozess. Die graduelle Auslagerung der Programmabwicklung aus dem Bereich der Ministerien hin zu mehr oder minder unabhängigen Projektträgern begann mit der Gründung des ITF 1988 und beschleunigte sich mit der Gründung der FFG im Jahr 2004. Der internationale Trend des „New Public Management" und die daraus abgeleitete „Agencification" der staatlichen Verwaltung erreichte Österreich im Vergleich zu den meisten angelsächsischen Ländern mit zwei Jahrzehnten und im Vergleich zu den meisten westeuropäischen Ländern noch immer mit mehreren Jahren Verspätung (Neisser/Hammerschmid 1998, Hammerschmid/Meyer 2005, Holzinger et al. 2006, Müller 2007).

Zwar waren die Ausgaben für FTI im internationalen Vergleich bis in die 2000er Jahre unterdurchschnittlich, jedoch lässt sich für die letzten 25 Jahre in Österreich ein deutlicher Mittelanstieg konstatieren – von 1,27 % im Jahr 1985 auf 2,78 % des BIP im Jahr 2010 (OECD 1988, BMWF et al. 2011). Parallel dazu kam es zu einer dynamischen Entwicklung der staatlichen Steuerungsinstrumentarien: Die Anzahl der FTI-Programme, sowie der die Programme abwickelnden Organisationen stieg beständig. Zudem ist eine Ausdifferenzierung der Programme feststellbar, von Programmen, die primär die Einführung einzelner Schlüsseltechnologien,[46] hin zu solchen welche die Modernisierung ganzer Technologiesysteme,[47] einzelne Problemfelder des Innovationssystems[48] und eine Anordnung von Problemstellungen[49] zum Ziel hatten. Vergleichbare Programme existierten auch in anderen Ländern und so gilt in Bezug auf Themen und Ziele der FTI-Programme, ähnlich wie auch bei der Form der Instrumente und deren Organisation, dass Österreich in keinem Bereich der FTI-Politik eine internationale Vorreiterrolle übernommen hatte.

Die Wirkung der österreichischen FTI-Programme wurde in den verschiedenen Evaluationen unterschiedlich beurteilt. Den vier hier näher untersuchten Maßnahmen – MEIV, Seed-Financing, FlexCIM und K_{plus}-Programm – wurden grundsätzlich positive Auswirkungen attestiert, wobei das FlexCIM- und das K_{plus}-Programm eindeutigere Bewertungen erhielten. In Bezug auf die immer wieder als problematisch eingeschätzten Branchenstrukturen der österreichischen Volkswirtschaft kam es zur Einschätzung, dass FTI-Programme für Unternehmen erfolgreich Anreize gesetzt hätten, in FTI zu investieren (BMWF/et al. 2008, 54). Im Fall der Dichte der Kooperationen zwischen Forschungseinrichtungen und Firmen erhielt das K_{plus}-Programm eine positive Bewertung (Steyer 2006), während eine gesamteuropäische Erhebung zum Thema Innovation die österreichische Volkswirtschaft insgesamt, bezüglich der Kooperationsaktivitäten zwischen den FTI-AkteurInnen als unterdurchschnittlich einschätzte (Celikel-Esser et al. 2007, 14).

Im Zuge der Ausdifferenzierung von Steuerungsinstrumenten kam es zu einer Fortentwicklung im Bereich der Organisation der FTI-Programme. Diese geschah zuerst im Rahmen des ITF, innerhalb dessen sich eine Reihe verschiedener Strukturen hinsichtlich der Entwicklung, Verwaltung und Überprüfung von Programmen herausbildete. Auch mit dem Ende des ITF und der Gründung der FFG wurde eine Vielfalt an Organisationsformen von Programmen, nun vor allem innerhalb der FFG, beibehalten. Parallel dazu werden weiterhin Programme von Ministerien abgewickelt und nach wie vor unabhängige Programmträger eingesetzt (Hjelt et al. 2008, CREST 2008, Dinges 2010).

Die politischen Prozesse, die zu Entscheidungen in der FTI-Politik führten, veränderten sich nur langsam. Bis Ende der 1990er Jahre waren teilweise sehr

---

[46] Programme MEIV, FlexCIM.

[47] Programm Verkehrstechnik, mit Schwerpunkt auf Schienentransport; Programm Energietechnik.

[48] Mangel an Risikokapital: Programm Seed-Financing; unzureichender Wissenstransfer: Programm Technologietransfer.

[49] Kooperation, Exzellenz, Mobilität: K_{plus}-Programm, COMET.

umfassende, konsensuale und durch den Politikstil der österreichischen Sozialpartnerschaft geprägte Entscheidungsfindungsprozeduren vorherrschend, die in den Gremien des ITF besonders deutlich vertreten waren. Unter dem Eindruck des EU-Beitritts und der daraus folgenden Debatte um die Nachteile des österreichischen „Sonderweges" (auch) in der FTI-Politik[50], der Abstimmungsschwierigkeiten innerhalb der Großen Koalition, sowie einer allgemeinen Unzufriedenheit mit der Organisation der österreichischen FTI-Politik, kam es gegen Ende der 1990er Jahre zu ersten Fällen der Zurückdrängung dieses konsensualen Politikstils (Biegelbauer 2007b, Pichler et al. 2007). Beispiele dafür waren die Schmidt-Hochleitner-Initiative, die eine weitgehende Restrukturierung der österreichischen Forschungsförderung forderte und die Entwicklung des K_{plus}-Programmes. Der einstweilige Höhepunkt einer stärker konkurrenzdemokratisch geprägten Form von FTI-Politik war die Gründung der FFG und, gegen dessen Widerstand, die Integration des Forschungsförderungsfonds für die gewerbliche Wirtschaft (FFF) in die neu entstandene Organisation. Während der konsensuale Politikstil im Hinblick auf demokratiepolitische Aspekte durch die Anzahl der eingebundenen AkteurInnen vorteilhaft zu sein schien, waren die strukturellen Voraussetzungen einer Begegnung der einzelnen AkteurInnen zur Definition gemeinsamer Ziele und darauf abgestimmter Politiklösungen nicht gegeben. Vielmehr handelte es sich um eine technokratische Struktur mit einem Politiktypus, der auf der Basis wechselseitiger informeller Abmachungen zwischen FTI-politischen AkteurInnen tendenziell strukturkonservierend wirkte. In dieser Hinsicht ähnelte die vorherrschende Form der Entscheidungsfindung dem neo-korporatistischen Politikmodell der österreichischen Sozialpartnerschaft.

An dieser Entwicklung der politischen Entscheidungsfindungsprozesse zeigt sich, dass das Politikfeld mit einem zeitlichen Abstand von mehreren Jahren Entwicklungen nachvollzog, die in anderen Bereichen schon Jahre vorher begonnen hatten. Die schrittweise Schwächung der österreichischen Sozialpartnerschaft hatte etwa in der Sozial- und der Wirtschaftspolitik bereits in den späten 1980er Jahren begonnen. Dies hatte sich beispielsweise in der zunehmend geringeren Rolle von zentralen Institutionen der Sozialpartnerschaft gezeigt, wie im Fall der Paritätischen Kommission für Lohn- und Preisfragen (Kittel/Tálos 1999, Tálos 2006b). In Wechselwirkung mit der Verringerung des Einflusses neo-korporatistischer Arrangements ging eine Veränderung des allgemeinen Politikstils einher, der bereits zu Zeiten der Großen Koalition in der zweiten Hälfte der 1990er Jahre sichtbar wurde (Pelinka 2008). In der FTI-Politik kam es

---

[50] Diese Debatte wurde auch um Besonderheiten österreichischer politischer Prozesse in anderen Politikfeldern geführt (Kittel 2000, Pelinka 2008).

hingegen zu einer intensivierten Integration der Sozialpartner in den 1980er und frühen 1990er Jahren (Melchior 1990). Mitte der 2000er Jahre hatten die Sozialpartner allerdings ihre privilegierte Rolle in der FTI-Politik teilweise wieder eingebüßt. Sie waren weniger fest in Entscheidungsstrukturen verankert und hatten weniger Einfluss auf die Politikfindungsprozesse. Die Wirtschaftskammer sowie der „informelle Sozialpartner", die Industriellenvereinigung, wurden allerdings weiterhin regelmäßig in politische Entscheidungsfindungsprozesse mit eingebunden.

Während sich der Stil der österreichischen FTI-Politik seit den 1990er Jahren verändert hatte, blieben aus der Perspektive demokratischer Mitbestimmung die Unzulänglichkeiten des Politikfeldes bestehen. Nach wie vor kommen die wesentlichen politischen AkteurInnen der österreichischen FTI-Politik, neben den zuständigen FachministerInnen und ihren Büros, primär aus einem kleinen Kreis an VerwaltungsbeamtInnen, VertreterInnen von Wirtschaft und Wissenschaft, sowie PolitikexpertInnen außeruniversitärer Forschungsorganisationen. Andere gesellschaftliche Interessen, sowie die breite Öffentlichkeit bleiben dabei weitgehend ausgeschlossen. Die Gründe dafür liegen in der Geschichte politischer Herrschaft Österreichs und den damit verbundenen Formen des Obrigkeitsdenkens (Gerlich/Pfefferle 2006, Grießler 2010) sowie in den gescheiterten Versuchen der Einführung neuer Technologien, wie beispielweise Nuklearenergie oder grüne Gentechnik.

In Bezug auf die Instrumente der österreichischen FTI-Politik können für die zweieinhalb Jahrzehnte seit den ersten FTI-politischen Programmen eine Reihe von Lernprozessen festgestellt werden. So wurden Studien und Evaluationen zunehmend von externen ExpertInnen durchgeführt und mit steigendem Einsatz der Instrumente verringerten sich auch die „irrationalen" (Interview 2–10) Ängste vor Überwachung und Kontrolle (Interview 2–12). Zudem wuchsen nicht nur Komplexität und Anzahl der Instrumente, sondern wurden diese auch aufgrund eigener Erfahrungen, sowie dem Einfluss internationaler Entwicklungen immer wieder angepasst und verändert. Eine Internationalisierung fand auch in thematischer Hinsicht statt, was sich darin zeigte, dass immer öfter internationale Vergleiche in Studien und Evaluationen einen wichtigen Stellenwert erhielten. Schließlich wurden in den 2000er Jahren unter anderem bei Evaluationen zunehmend Teams bestehend aus nationalen und internationalen ExpertInnen gebildet. Beispiele sind die Evaluationen von FWF und FFF (Arnold et al. 2004) sowie der Kompetenzzentrenprogramme K_{plus} sowie K_{ind} und K_{net} (Edler et al. 2004).

Dabei war die Entwicklung einer verwaltungsexternen FTI-ExpertInnen-Community von entscheidender Bedeutung. Eine Reihe von Instrumenten kam seit den 1990er Jahren nahezu ausschließlich aufgrund von externen ExpertInnen zum Einsatz. Die Zurverfügungstellung von Geldmitteln seitens der Ministerien für Studien, Evaluationen und Instrumente, wie beispielsweise die Langzeitberatung „tip", sorgte für eine zunehmende Verfügbarkeit von Daten, wie auch für eine Ausdifferenzierung, Internationalisierung und Professionalisierung der externen ExpertInnen. Auch in diesem Fall war der EU-Beitritt ein wesentlicher Faktor: Die Möglichkeit der Teilnahme an den EU-Forschungsrahmenprogrammen sowie die Einbindung in europäische Netzwerke, waren wichtige Katalysatoren für die weitere Entwicklung der externen FTI-ExpertInnen-Community. Externe FTI-ExpertInnen spielen eine bedeutende Rolle in der Entwicklung des Politikfelds, die weit über einfache Beratungstätigkeiten hinausgeht. Die Entwicklung des Politikfeldes wurde dabei stark durch die Ko-Evolution von BeamtInnen und der ExpertInnen-Community geprägt. In weiten Bereichen können diese beiden AkteurInnengruppen auch als eine epistemic community (Haas 1992, Finlayson 2004) gelten, die im Laufe der Jahre eine gemeinsame Sprache zur Beschreibung von Analysen, Zielsetzungen, Steuerungsinstrumentenentwicklung und –Implementation, sowie -Evaluation entwickelt hat.

Problematisch war die Art und Weise der Zielerreichung der österreichischen FTI-Politik. Wie schon zuvor erwähnt, änderte sich zwar teilweise der Politikstil in der FTI-Politik, darüber hinaus hat sich aber an den grundlegenden Problemen der Politikfindungsprozesse in der Geschichte der österreichischen FTI-Politik wenig geändert. Diese Probleme liegen vor allem in einem Mangel an Koordination begründet.

Die besondere Bedeutung der Koordination innerhalb der österreichischen FTI-Politik ergab sich dabei aus der Problematik der weitgehend ungeklärten und auch beständig wechselnden Kompetenzaufteilung im österreichischen Bundesministeriengesetz, das bereits von der damaligen Wissenschaftsministerin Herta Firnberg angesprochen wurde (BMWF 1983b). Zwei Jahre später stellte ein Legist des Wissenschaftsministeriums, Ernst Zaruba, „Überlegungen zur Forschungskoordination und Forschungskooperation" an, im Rahmen derer unter anderem „die Koordination der Forschungspolitik mit den vor- und nachgelagerten anderen Fachbereichspolitiken" angeregt wurde (Zaruba 1985, 501). 1988 hielten OECD-ExpertInnen fest, dass eine Harmonisierung der Verantwortlichkeiten eine notwendige Voraussetzung für den Erfolg österreichischer FTI-Politik sei (OECD 1988, 87). Seither wurde das Ziel der Kompetenzbereinigung in vielen Beiträgen zur österreichischen FTI-Politik genannt (Melchior 1990, Goldmann 1990, Gottweis/Latzer 2006, Aiginger et al. 2006, Pichler et al. 2007, CREST 2008, Biegelbauer 2009). Die unklare Kompetenzaufteilung in der FTI-Politik erlangt dabei erst durch die spezifischen Rahmenbedingungen des Politikfeldes an Brisanz. Die weitgehende Abwesenheit konkreter Vorgaben von Seiten der politischen Führung, bedeutet für Verwaltungshandeln einerseits nur eine sehr indirekt generierte politische Legitimation. Andererseits sind BeamtInnen durch das oftmalige Fehlen eines deutlich definierten politischen Willens seitens der PolitikerInnen an der Spitze der Exekutive (etwa in Form strategischer Planung und langfristiger umsetzungsorientierter Direktiven der jeweiligen BundesministerInnen), sowie der Legislative (beispielsweise in der Form programmatischer Leitentwürfe des Nationalrats) in den meisten Fällen auf sich selbst angewiesen.

Zwar haben Verwaltungsapparate in modernen repräsentativen Demokratien eine Vielzahl an Aufgaben übernommen, die weit über die Ausführung politischer Vorgaben gewählter PolitikerInnen hinausgehen (Peters/Pierre 2003, Holzinger et al. 2006). Im konkreten Fall bedeutet die weitgehende Abwesenheit von PolitikerInnen in der FTI-politischen Entscheidungsfindung aber, dass die Verwaltung durch die Planung von FTI-Politik, die Konstruktion von Steuerungsinstrumenten, die Entwicklung konkreter Politiken, sowie deren Implementation, Beurteilung und Weiterentwicklung besonders gefordert ist. In einer solchen Situation wäre daher eine verstärkte Koordination zwischen den ministeriellen AkteurInnen von großer Wichtigkeit.

Die weitgehend fehlende Koordination zwischen den FTI-politischen AkteurInnen verstärkt in diesem Zusammenhang auch einen Mangel an Kooperation. Die österreichische FTI-Politik ist dabei über weite Bereiche hinweg vom strategischen und nicht-kooperativen Verhalten von BeamtInnen geprägt, die in der Pfadabhängigkeit eines historisch kontingenten Beziehungsgeflechts ministerieller AkteurInnen gefangen sind. Wie kann das geschehen?

Grundsätzlich soll hier – im Gegensatz zu einem wesentlichen Teil der „Rational-Actor"-Literatur[51] – davon ausgegangen werden, dass BeamtInnen ihre vorgegebenen oder selbst gewählten Ziele möglichst gut unter Berücksichtigung der eingesetzten Mittel erreichen wollen. Dabei stehen sie vor der Entscheidung, die Lösung der ihnen gestellten Aufgabe entweder in Zusammenarbeit mit BeamtInnen anderer Ministerien in Angriff zu nehmen oder sich dabei auf die (beschränkten) Mittel des eigenen Ministeriums zu verlassen. Die einzelnen BeamtInnen sehen sich dabei jeweils einem Entscheidungsproblem nach Art des Gefangenendilemmas (Hargreaves Heap/Varoufakis 2004) gegenüber, bei dem unklar ist, ob ein eigenes Kooperationsangebot vom jeweiligen ministeriellen Gegenüber erwidert wird – oder aber auf Ablehnung stößt. Im letzteren Fall würde das bedeuten, dass die BeamtIn Gefahr liefe, einen strategischen Vorteil zu verlieren, etwa durch die Preisgabe einer Information über die Pläne des

---

[51] Grundlegend dazu Niskanen 1971, überblicksartig Knott/Hammond 2003, kritisch Peters 2001.

eigenen Ministeriums. Dies könnte dazu führen, dass das in die eigenen Pläne eingeweihte ministerielle Gegenüber seinerseits die Programmidee kopieren könnte, um einen vermuteten Programmerfolg als eigene Leistung darstellen zu können.

Die im Laufe der Zeit auf diese Art und Weise herausgebildeten Verhaltensroutinen der FTI-politischen AkteurInnen schreiben sich dabei zunehmend tiefer in die organisatorischen Gedächtnisse ein und bewirken so eine Pfadabhängigkeit des politischen Systems (Peters 1999, Hollingsworth 2000). Dadurch wird ein nachhaltiges Durchbrechen der nicht-kooperativen Spiele (im Sinne der Spieltheorie, Hargreaves Heap/Varoufakis 2004) auf BeamtInnenebene mit fortschreitender Zeit immer schwieriger. Koordinationsgremien wie der ITF-Ausschuss oder die Sektionsleiterrunde Technologie scheiterten deshalb auch.

Aber auch der mit dem Forschungsorganisationsgesetz 1981 gegründete Rat für Wissenschaft und Forschung war diesbezüglich nicht erfolgreich. Das Gremium diente der Beratung der Bundesregierung, hätte aber auch Koordinationsaufgaben wahrnehmen können – was allerdings nie passierte (Melchior 1990, Pichler et al. 2007).

Die Nachfolgeorganisation des Rats für Wissenschaft und Forschung ist der im Jahr 2000 gegründete Rat für Forschung und Technologieentwicklung. Dieses Gremium verstand sich bislang stärker als Verfasser strategischer Politikdokumente, Initiator neuer Programminitiativen, sowie als Mitspieler in der Vergabe von FTI-Mitteln, und weniger als übergeordnete Koordinationsinstanz.

In dieses Bild einer weitgehend fehlenden Metasteuerung der österreichischen FTI-Politik fügt sich auch nahtlos das Problem einer mangelnden Kontrolle über das Gesamtportfolio der österreichischen FTI-Fördermaßnahmen: Im Fall geringer Koordinationsleistung ergibt sich bei einer größeren Anzahl teilweise nicht-kooperativer AkteurInnen und unter der Randbedingung beschränkter Budgetmittel nahezu zwangsläufig ein Überschneiden von Programmzielen, teilweise unterkritische Programmgrößen, sowie eine Verdoppelung von Initiativen: Phänomene wie sie auch in jüngerer Zeit immer wieder konstatiert wurden (Schibany/Jörg 2005; Aiginger et al. 2006, 2009; Leibfritz/Janger 2007; CREST 2008).

9. Eine veränderte Perspektive auf Politik: Arten des Lernens, Arten des Sehens

In diesem Kapitel soll das Auftreten von unterschiedlichen Lernformen in den verschiedenen Settings von Politik besprochen werden. Die einzelnen Formen des Lernens werden zuerst diskutiert und dann vergleichend zusammengefasst. Daran anschließend wird der Zusammenhang zwischen Politiklernen und Politik analysiert und es werden die Schlussfolgerungen für ein realistischeres Bild vom Politikprozess gezogen.

Analyse der Lernformen

Alle eingangs angeführten Lernformen traten im untersuchten Zeitraum, von Mitte der 1980er bis Mitte der 2000er Jahre, auf; jedoch mit Unterschieden bezüglich Häufigkeit, involvierten AkteurInnen und Settings.

Instrumentelles Lernen

Instrumentelles Lernen zur Erreichung von Politikzielen und Entwicklung von Instrumenten (May 1992) kam relativ häufig vor. Auf den ersten Blick trat instrumentelles Lernen immer dann häufiger auf, wenn ein neues Politik-instrument eingeführt wurde: im Nachhinein scheint es so, als ob die Ergebnisse des Einsatzes von Politikinstrumenten in vielen Fällen zur Erstellung neuer Instrumente führten. Dies kann aber auch daher kommen, dass interviewte AkteurInnen politische Prozesse später rational darlegen, dass Politikprozesse vereinfacht in Quellenmaterial wie Medienberichten, Pressemeldungen und Grundsatzpapieren dargestellt werden, aber möglicherweise auch dadurch, dass BetrachterInnen von Politik versuchen, kohärente Erzählungen abzuliefern, um Schlussfolgerungen auf Fragen zur Politikgestaltung ziehen zu können (Fischer 2003, Hopf 2005, Colebatch 2006a, Hoppe 2005).

Die implizite Linearität und Rationalität von politischen Prozessen von Politikentwicklung – Implementation – Evaluation – Lernen bestätigt sich in der Analyse der verschiedenen Fälle der österreichischen Politikentwicklung im Bereich FTI tatsächlich nur selten. Anstatt Lernen politischer AkteurInnen als natürlichen Teil politischer Prozesse anzusehen, wird Lernen zu einem voraussetzungsvollen Prozess, der in keiner Weise selbstverständlich ist. Aufgrund dieser Perspektive werden die Erwartungen geringer, dass Politikinstrumente wie Evaluierungen positive Effekte haben. Manchmal verwundert es, dass Lernen stattfinden kann, *trotz* all der anderen Tätigkeiten mit denen sich politische AkteurInnen beschäftigen, wie beispielsweise das Verhandeln und Interpretieren von Politik-Zielen, das Verhandeln über Politikinstrumente oder das Entwerfen von Strategien, um Zuständigkeiten und persönliche Vorteile zu sichern.

Die Errichtung des Innovations- und Technologiefonds (ITF) im Jahre 1987 ist zum Beispiel ein Fall für instrumentelles Policy-Lernen: es gibt umfangreiche Hinweise dafür, dass sowohl PolitikerInnen, als auch BeamtInnen kognitive Prozesse durchgemacht haben, durch die sich ihre Perspektiven änderten. Die Parlamentsprotokolle zeigen, dass die PolitikerInnen, die über das Gesetz zur Errichtung des ITF debattierten, davon überzeugt waren, dass eine neue Struktur nötig war, um die wirtschaftliche Wettbewerbsfähigkeit Österreichs in einer stärker globalisierten Welt zu vergrößern.[52] Interviews belegen, dass BeamtInnen verstanden haben, dass die Art und Weise, wie die Ministerien die ersten beiden auf Technologie abzielenden Programme – das Mikroelektronik- und Informationsverarbeitungsprogramm (MEIV) und das Biotechnologie- und Gentechnologieprogramm im Jahr 1985 (Biegelbauer 2005a) – durchführten, nicht effizient war und hofften, dass der neue ITF dieses Problem lösen würde (Interview 1-1, 1-2).

Darüber hinaus kamen in internen Berichten eines für das MEIV-Programm verantwortlichen Beamten des Wissenschaftsministeriums beinahe alle Punkte zur Sprache, die fünf Jahre später in der nachträglichen Evaluierung des Programms diskutiert wurden. Beispielsweise der Interpretationsunterschied bei den Zielen des Programmes durch die beiden Ministerien, das lange Finanzierungsverfahren oder die Tatsache, dass einige Programmziele von den geförderten Projekten nicht erreicht wurden (BMWF 1986, Interviews 1-2, 1-5). Diese Punkte wurden in den Ministerien diskutiert und standen weit oben auf den Agenden des Wissenschafts- und des Verkehrsministeriums, wie aus Protokollen gemeinsamer Sitzungen von BeamtInnen beider Ministerien nachvollzogen werden kann.

---

[52] Stenographisches Protokoll des österreichischen Nationalrats, 17. GP, 36. Sitzung, 24. November 1987, 4111-4145.

Zugleich geht aus Parlamentsprotokollen hervor, dass selbst während der Debatten in der zweiten Lesung zum Gesetzesvorschlag für den ITF, kurz vor der endgültigen Abstimmung, noch nicht alle Aspekte geklärt waren und die ParlamentarierInnen der beiden Regierungsparteien SPÖ und ÖVP noch über die genauen Ziele des neuen Fonds verhandelten.[53] Selbst nachdem das Gesetz zum ITF verabschiedet wurde, gab es mehrere Besprechungen zwischen BeamtInnen und PolitikerInnen, in denen die Strukturen des ITF festgelegt und über die Strukturen der neuen Institution verhandelt wurden (Pichler et al. 2007, Biegelbauer 2010).

Auf Seite der PolitikerInnen sind die Gründe für diese langen Verhandlungen in unterschiedlichen Ideen bezüglich der Politik-Ziele zu suchen, da beispielsweise die Sozialdemokraten sowohl Forschungseinrichtungen als auch Unternehmen fördern wollten, während die Konservativen nur Unternehmen fördern wollten. Auf Seite der BeamtInnen drehten sich die Verhandlungen um interministerielle Rivalitäten und damit einhergehende wechselseitige Bemühungen den neuen Fonds zu dominieren (Biegelbauer 2005b).

Dieser Fall von instrumentellem Policy-Lernen ist also weniger das Resultat von uneigennützigen, rationalen, kognitiven Prozessen, als von unterschiedlichen Interessen und Zielstrukturen, über die verhandelt wurde, während die Erfahrungen der noch immer laufenden Programme – MEIV sowie Biotechnologie und Gentechnologie – bewertet wurden. Instrumentelles Lernen war deshalb Teil des politischen Prozesses und stark mit auf Interessen basierenden Handlungen verknüpft.

Umsetzungslernen

Umsetzungslernen, im Sinne einer Anpassung von Instrumenten beim täglichen Einsatz von Politikmaßnahmen, trat in der österreichischen FTI-Politik regelmäßig auf. Wenn eine politische Maßnahme umgesetzt wird, muss sie für das tagtägliche Geschäft angepasst werden und unterliegt dabei Interpretationen und Adaptierungen (Schofield 2004). Die daraus folgenden Veränderungen sind teilweise für Politikprobleme verantwortlich, die für die Umsetzung von politischen Maßnahmen seit mehreren Jahrzehnten beschrieben werden (Pressman/ Wildavsky 1973, Winter 2003). Umsetzungslernen trat beispielsweise bei der

---

[53]Stenographisches Protokoll des österreichischen Nationalrats, 17. GP, 36. Sitzung, 24. November 1987, 4111-4145.

Implementation des Seed-Financing-Programms im Rahmen der österreichischen FTI-Politik auf.

Im Frühjahr 1988 wurden Diskussionen zwischen dem Verkehrs- und dem Wissenschaftsministerium über eine neue Förderungsinitiative geführt, die Unternehmensneugründungen im Hochtechnologiebereich unterstützen sollte. BeamtInnen von Verkehrs-, Wissenschafts- und Wirtschaftsministerium verhandelten in weiterer Folge eineinhalb Jahre lang, hauptsächlich zu Fragen der Koordinierung und Kontrolle des Programms, um dann das Seed-Financing-Programm einzuführen. Zwei Jahre nach dem Start des Programms wurden im Rahmen der ersten Programmevaluierung Themen wie die unklaren Förderungskriterien sowie die intransparente Entscheidungsfindung bei konkreten Förderentscheidungen kritisiert (Triconsult 1991).

Die ersten Jahre des Programms waren schwierig. Ein Interviewpartner benutzte sogar das Wort „Fiasko", als er die Treffen des für die Lenkung des Programms verantwortlichen Vorstands beschrieb (Interview 2-11). Ein anderer Interviewpartner sprach von der Bedeutung, Routinen aufzubauen, um das tägliche Geschäft des Programms durchführen und mit diesem umgehen zu können – ein Vorgang, der eine geraume Zeit dauerte (Interview 2-10).

Im Laufe der darauf folgenden Jahre übernahm das Personal der Innovationsagentur eine zunehmend stärkere Rolle bei der Umsetzung und Steuerung des Programms. So wurde bei der 1996 durchgeführten Evaluierung auch eine zunehmende Dominanz der Innovationsagentur gegenüber dem Programmvorstand festgestellt (Zeiner et al. 1996). Ein Interviewpartner verwies auf das Problem und sprach davon, dass die für das Programm zuständigen MitarbeiterInnen eine neue Rolle für sich selbst schufen und VertreterInnen der AntragstellerInnen wurden (Interview 2-11). Folgt man der Principal-Agent-Theorie, können diese nachträglichen Beobachtungen als eine Form von „agency capture" mit einer gleichzeitigen, graduellen Marginalisierung der ministeriellen AuftraggeberInnen angesehen werden (Lane 1987, Braun/Guston 2003).

Ein weiteres Beispiel für Umsetzungslernen ist das kooperative FTI-Programm K_{plus}, mit dem hauptsächlich das Ziel verfolgt wurde, Kooperationen zwischen Unternehmen und Forschungseinrichtungen zu stärken. Von Beginn an unterlagen die K_{plus}-Förderungsentscheidungen einer umfangreichen Liste mit Kriterien. Die strikte Anwendung dieses umfangreichen Katalogs wurde von VertreterInnen der Industrie kritisiert, da dies gegenüber den Bedürfnissen der Unternehmen als unpassend erachtet wurde (Interview 3-2). Die Förderkriterien wurden allerdings von den BeamtInnen und den für das K_{plus}-Programm verantwortlichen ProgrammmanagerInnen aus Furcht vor einer „agency capture" verteidigt (Interview 3-5). Im Laufe der Zeit wurde jedoch klar, dass die umfangreiche Kriterienliste nur schwer bei der Durchführung des Programms umgesetzt werden konnte und sie wurde in einigen Fällen schrittweise abgeschwächt und angepasst (Interview 3-2).

Sowohl das Seed-Financing-, als auch das K_{plus}-Programm sind Beispiele für Instrumente, bei denen die Programmverantwortlichen auf Probleme, mit denen sie bei der täglichen Arbeit konfrontiert waren, reagieren mussten. Im Laufe der Zeit entschlossen sie sich, die Instrumente ihren täglichen Arbeitsroutinen an- und in diese einzupassen. Beide Programme können als Fälle von Umsetzungslernen angesehen werden, ungeachtet der Tatsache, dass das Seed-Financing-Programm aus Sicht der ministeriellen AuftraggeberInnen von den MitarbeiterInnen der Innovationsagentur übernommen wurde.

Soziales Lernen

Soziales Lernen in Bezug auf Politiktheorien, Ziele und Mechanismen kommt in der österreichischen FTI-Politik nicht so oft vor wie Umsetzungslernen und instrumentelles Lernen. Und dies ist nur der Fall, wenn soziales Lernen nicht im Sinne von Peter Halls paradigmatischen Politikveränderungen interpretiert wird, wie der Wechsel von keynesianischen zu monetaristischen wirtschaftspolitischen Paradigmen in den frühen 1980ern (Hall 1993), sondern wenn auch weniger dramatische Politikveränderungen mit einbezogen werden, die auf kognitiven Prozessen seitens politischer AkteurInnen basieren (May 1992). Ein Beispiel für soziales Lernen in diesem weiteren Sinn ist die Schaffung des eben erwähnten K_{plus}-Programms.

Mitte der 1990er Jahre waren die Mängel des Innovations- und Technologiefonds evident: schwierige Politik-Koordinierung, kleine Programme mit teils unscharfen Zielen, unklare Positionierung gegenüber den anderen FTI-Fonds. An Reformen wurde zwar gearbeitet, ihr Erfolg jedoch immer unwahrscheinlicher (Interview 3-5). Zu diesem Zeitpunkt entstanden sich in verschiedenen Politikpapieren widerspiegelnde Bemühungen (BMWVK1996b, Schmidt et al. 1997), das Politikfeld neu zu strukturieren. Ein Teil dieser Bemühungen drehte sich um ein Umdenken bezüglich der Ziele der FTI-Politikinstrumente. Frühere Studien hatten gezeigt, dass das österreichische Innovationssystem an einer Vielzahl an Unzulänglichkeiten litt (Goldmann 1985, Müller 1996, Pichler et al. 2007), von denen einige vor dem Hintergrund der neusten Forschungsergebnisse über Innovationssysteme für besonders relevant gehalten wurden (Freeman 1987, Lundvall 1992, Lundvall/Borrás 1999): die schwachen Verbindungen zwischen Forschungseinrichtungen und Unternehmen, die unzureichende Orientierung von Universitäten hin zu industrieller Forschung, sowie das niedrige Niveau von F&E-Ausgaben von Unternehmen (BMWVK 1996b).

Das K_{plus}-Programm sollte eine Lösung für all diese Probleme darstellen. Es war in vielerlei Hinsicht eine innovative Politikmaßnahme. Etwa in Bezug auf Zielsetzung oder in Bezug auf internationale, wissenschaftsbasierte Annahmen darüber, wie das Programm wirken würde (OECD 2004, Biegelbauer 2007b).

Die Fördermaßnahme ist auch ein Produkt der verstärkten Internationalisierung der österreichischen FTI-Politik aufgrund des EU-Beitritts. Wissen über neue Politikinstrumente, die von den Zielen und Strukturen her komplexer waren, kam aus Brüssel nach Österreich (Stampfer 2003a). Wissen zu neuen FTI-Politikinitiativen war jedoch nicht nur durch den EU-Beitritt vorhanden, sondern auch durch mehrere Reisen von BeamtInnen und PolitikexpertInnen in Länder innerhalb und außerhalb der EU, wie Australien, Kanada und Schweden, in denen es bereits ähnliche kooperative FTI-Politikmaßnahmen gab (StarMAP 2004).

Beim K_{plus}-Programm kann gezeigt werden, dass soziales Lernen eine Rolle spielte, da das Programm-Dokument ein erhöhtes Verständnis für Politikprobleme und Mechanismen aufweist. Es ist zudem ein Beispiel für instrumentelles Lernen durch den Politik-Transfer via Politikmechanismen der EU und auch ein Beispiel für internationales, bilaterales Lernen. Wesentlich ist, dass diese beiden Lernformen für die Analyse auseinander gehalten werden können, für die Beschreibung und das Verstehen des politischen Prozesses jedoch beide mit bedacht werden müssen.

Reflexives Lernen

Reflexives Lernen von Regeln und Mechanismen des Lernens kommt in der österreichischen FTI-Politikgestaltung nur sehr selten vor. Durch eine Kombination von endogenen und exogenen Faktoren in der österreichischen FTI-Politik kann reflexives Lernen seit dem EU-Beitritt festgestellt werden. Die gleichen AkteurInnen des öffentlichen Dienstes und der außeruniversitären Forschungseinrichtungen, die bereits für die Ausarbeitung des Grundlagenpapiers für das K_{plus}-Programm verantwortlich waren, fanden sich auch unter den Gründungsmitgliedern der Plattform Forschungs- und Technologieevaluierung (FTEval). 1996 wurde die FTEval als vorerst informelles Netzwerk aufgebaut, dass das Ziel verfolgt, „mehr, bessere, transparentere Evaluierungen für eine bessere strategische Planung der FTI-Politik in Österreich zu erreichen – also gemeinsam mit den österreichischen technologie- und forschungspolitischen Entscheidungsträgern eine Evaluierungskultur zu entwickeln"[54].

Die Institution war Teil einer neuen Generation junger BeamtInnen und PolitikexpertInnen, die eine Form von Politik in Österreich etablieren wollten, die stärker auf Kooperation und Evidenz basierte. Der Austausch zwischen verschiedenen Mitgliedern der Plattform und nationalen, sowie internationalen PolitikexpertInnen, die zu Konferenzen und Workshops eingeladen wurden oder denen die Möglichkeit gegeben wurde, einen Artikel für den Newsletter der Plattform zu schreiben, ermöglichte nicht nur einen permanenten Wissenszufluss, sondern half auch dabei, neue Politikinstrumente, von denen angenommen wurde, dass sie Lernen in diesem Politikbereich unterstützen würden, einzuführen (Interview 2-1). Bei der Betrachtung der österreichischen FTI-Politik fällt auf, dass die Anzahl und die Vielfalt dieser Politikinstrumente im Laufe der Zeit zugenommen haben, einschließlich Maßnahmen der Technology Foresight, verschiedenster Evaluierungsformen und Technologiefolgenabschätzung (Fröhlich et al. 2009). In den frühen 1990er Jahren gab es noch dahingehend Vorurteile gegenüber Evaluierungen, dass es sich dabei nur um (politische) Instrumente handeln würde, die angewandt werden würden, um ein bestimmtes Programm zu beenden (Interview 2-12). Zu Beginn der 2000er Jahre waren Evaluierungen im Politikbereich jedoch weitestgehend akzeptiert (Zinöcker 2007, Biegelbauer 2009). Durch die Einbindung von Evaluierungen in die FTI-Politik kam es im Laufe der Zeit zu Lerneffekten. Verschiedene Elemente, die diese Entwicklung möglich gemacht haben, können genannt werden.

Erstens, wurden durch Aktivitäten der EU und der OECD Normen im Politikfeld geschaffen. Der andauernde Kontakt von österreichischen BeamtInnen, PolitikexpertInnen und PolitikerInnen mit internationalen Organisationen führte zu dem Gefühl, dass gewisse internationale Standards in den meisten Politikbereichen existierten, die erreicht werden sollten, um gute Arbeit zu leisten und von den Peers akzeptiert zu werden (Interview 2-8, Stampfer 2003a, Biegelbauer 2010, Pichler 2010).

Zweitens, konnte notwendiges Wissen und Fähigkeiten BeamtInnen (und PolitikerInnen) zugänglich gemacht werden. Dies geschah entweder direkt über die EU und die OECD, oder aber über PolitikexpertInnen. Diese erlangten das für politische Maßnahmen notwendige Wissen ebenfalls über die EU und die OECD, sowie über KollegInnen im Ausland und benutzten die neu gewonnenen Einblicke für politikbezogene Arbeiten, wie etwa Evaluierungen (Interview 2-13, Biegelbauer 2007b).

---

[54] http://www.fteval.at/cms/de/home/plattform/ziele.html; download 21-06-2011.

Drittens, wurde das über die täglichen Arbeitsbeziehungen geschaffene lose und großteils informelle Netzwerk, schrittweise formalisiert, etwa über Instrumente wie die FTEval. Ein Teil der Arbeit der Plattform war, gemeinsame Standards für verschiedene Evaluierungsformen zu schaffen und sie dadurch zu nützlichen Instrumenten zu machen, um evidenzbasierte Politikgestaltung zu unterstützen.

Reflexives Lernen lässt sich somit für den gesamten beschriebenen Prozess der Einführung neuer Politikinstrumente im Rahmen der FTEval feststellen. Dabei geht es vor allem um die Veränderungen bezüglich der Art und Weise wie Wissen über politische Maßnahmen geschaffen und Erkenntnisse aus Erfahrungen und neuem Wissen gewonnen werden.

Politisches Lernen

Politisches Lernen zum Erreichen von Zielen und politischen Strategien trat bei der österreichischen FTI-Politikgestaltung häufig auf. Einige Beispiele politischen Lernens können als Resultat eines zunehmenden Unbehagens mit Verfahren der Politikgestaltung angesehen werden, die bis in die späten 1990er Jahre dominant waren. So wurden Länge und Komplexität von Verfahren der Politikfindung als Nebenprodukt der normativen Konzeption der österreichischen neokorporatistischen Politikgestaltung akzeptiert: Konsensuell, informell und darauf bedacht, (Sozialpartner-)Interessen entgegenzukommen. Ein Beispiel waren die Vorbereitungen für die österreichischen Positionen in den Verhandlungen zum 5. Rahmenprogramm für FTI der EU (FP5) in den späten 1990er Jahren. Es handelte sich dabei um die ersten Verhandlungen zu einem Rahmenprogramm, an denen Österreich teilnehmen konnte. Es war ein lang andauernder Prozess, an dem eine große Zahl an AkteurInnen mitwirkte. Dadurch entstanden viele interessante Dokumente, die letztendlich jedoch nur einen sehr beschränkten Einfluss auf das FP5 hatten. Österreich spielte bei diesen Verhandlungen aufgrund seiner Größe und Bedeutung nur eine geringe Rolle gegenüber den VertreterInnen der anderen 14 Mitgliedsländer, die in dieser Materie zudem meist über einen größeren Erfahrungsschatz verfügten (Pernicka et al. 2002, Biegelbauer 2004).

Der erste klare Bruch mit diesem neokorporatistischen Politikstil trat in mehreren Politikfeldern gleichzeitig auf (Karlhofer/Tálos 2005, Pelinka 2009). In der FTI-Politik handelte es sich dabei um die bereits beschriebene Erstellung des K_{plus}-Programms 1997, das von einer kleinen Anzahl von AkteurInnen entwickelt worden war, wobei BeamtInnen anderer Ministerien als des Ministeriums für Wissenschaft und Verkehr, die diese Politikinitiative initiiert hatten, ausgeschlossen waren (Biegelbauer 2007b).

Ein weiteres Beispiel für einen anderen Stil der Politikgestaltung als den traditionell konsensuellen Weg, war die Fusion von vier FTI-Agenturen zur Österreichischen Forschungsförderungsgesellschaft (FFG) im Jahr 2004. Als die Diskussionen über die Schaffung einer neuen Agentur 2003 (erneut) aufflackerten, waren alle Organisationen, die von dieser Fusion betroffen sein sollten, von einer Konzentration ihrer Funktionen in einer neuen und größeren Agentur wenig angetan. Die stärkste Ablehnung kam von den ältesten und unabhängigsten Forschungsförderungsagenturen, dem österreichischen Fonds zur Förderung der wissenschaftlichen Forschung (FWF) und dem Forschungsförderungsfonds für die gewerbliche Wirtschaft (FFF). Während ersterer eine Reform der eigenen Struktur außerhalb der FFG durchführte, wurde letzterer schließlich Teil der neuen Agentur, jedoch mit einem eigenen internen Vorstand, wodurch seine Selbstständigkeit bei Förderungsentscheiden teilweise gewahrt blieb. Die FFG wurde in weniger als einem Jahr durchgesetzt, wobei große Teile der Policy-Community von der konkreten Natur der FFG erst in einer späten Phase des Politikprozesses erfuhren (Biegelbauer 2010).

In den genannten Fällen war das Lernen stark verfahrensorientiert, in dem Sinne, dass die Mängel des vorherrschenden neokorporatistischen Politikstils durch die Probleme der ITF-Programme offensichtlich wurden. Während, wie zuvor beschrieben, die Unzufriedenheit mit den bestehenden Programmen zu instrumentellem und sozialem Lernen führte, wurde auch eine neue Art Programme zu entwickeln benötigt, d. h. ein Wandel im politischen Prozess, der zu neuen Politiken führt. Die neuen Konzeptualisierungen bezüglich der Politikmaßnahmen brachten einen Strategiewechsel seitens der ministeriellen Akteure mit sich. Es handelte sich dabei jedoch nicht um eine paradigmatische Veränderung der österreichischen FTI-Politik. Zum einen wurde der neokorporatistische Politikstil nicht vollständig aufgegeben, zum anderen blieben die meisten Versuche, FTI-Politik in Österreich zu koordinieren, ohne Erfolg: die Politikgestaltung in diesem Bereich ist deshalb ähnlich unkoordiniert wie zuvor (Gerhardter 2009).

Politisches Lernen konzentriert sich auf Verfahren, aber auch auf das Erreichen von Zielen. Darin unterscheidet es sich von sozialem und instrumentellem Lernen, da es nicht um die Erwünschtheit oder die technische Durchführbarkeit eines Politikziels geht, sondern um die Frage, ob ein gewisses Ziel in einem bestimmten politischen Setting nachhaltig erreichbar ist (May 1992, Bandelow 2003). Dies betrifft Themen wie die Einstellungen von WählerInnen, die Akzeptanz von bestimmten Politikthemen oder den möglichen Erfolg von Verhandlungen über Politikziele mit KoalitionspartnerInnen und

BeamtInnen eines anderen Ministeriums. Das übergeordnete Ziel, die wirtschaftliche Wettbewerbsfähigkeit Österreichs zu erhöhen, war und ist für viele FTI-Politikinstrumente von Bedeutung. Nach Kritik durch PolitikexpertInnen wurde dieses umfassende Ziel im Laufe der Zeit durch konkrete untergeordnete Zielsetzungen ergänzt, wie die Unterstützung von Unternehmensneugründungen, die Begünstigung von Kooperationen zwischen der Forschung und der Industrie, die Integration von Informations- und Kommunikationstechnologien in Gebäudestrukturen oder die Förderung technologischer Entwicklung von alternativen Energiequellen, was in vielen Fällen auch zu instrumentellem und sozialem Lernen geführt hat. Diese untergeordneten Zielsetzungen hatten den Vorteil, dass dadurch Ziele konkreter und später leichter zu evaluieren waren. Ebenso wurde es leichter, der Öffentlichkeit zu erklären, wofür Steuergelder verwendet wurden.

In einigen Fällen entstehen Politikziele als Teil von Bemühungen einer MinisterIn, eine politische Maßnahme ihrer Klientel und/oder der Öffentlichkeit näher zu bringen. Im Fall der Wissenschaftsministerin Elisabeth Gehrer bestand die Aufgabe darin, die Unterstützung für eine Universitätsreform in den frühen 2000er Jahren zu vergrößern, der sowohl die Universitäten, als auch die Öffentlichkeit kritisch gegenüber standen. Nachdem sie es nicht hinreichend schaffte, der Öffentlichkeit erfolgreich zu erklären, was der große Vorteil der neuen Reformbemühungen war, wiederholte sie auf Pressekonferenzen, in Interviews, Reden und Veröffentlichungen, dass es ihr Ziel sei, aus den österreichischen Universitäten „Weltklasseuniversitäten" zu machen[55], eine Bezeichnung, die der Universitätsreform im Guten wie im Schlechten bis jetzt anhaftet.

Oberflächliches Lernen

Bei Nicht-Lernen und oberflächlichem Lernen nehmen AkteuerInnen „kognitive Abkürzungen", ohne sich mit der Beurteilung von Erfahrungen oder neuen Informationen zu beschäftigen. Beides trat häufig in der FTI-Politik auf. Bei FTI handelt es sich um einen Politikbereich, in dem die Wissenserzeugung durch internationale Organisationen, wie der OECD und der EU, bereits früh begonnen hat und relativ weit fortgeschritten ist. Wie bereits zuvor gezeigt werden konnte, waren diese Entwicklungen hilfreich dabei verschiedenste Lernprozesse einzu-

---

[55] Für eine Analyse der österreichischen Universitätsreform, siehe Burtscher/Pasqualani/Scott 2006 und Meister-Scheytt/Scott 2009.

leiten. Die Internationalisierung des Politikbereichs erzeugt jedoch auch oberflächliches Lernen oder Nicht-Lernen.

Durch die Internationalisierung des Politikbereiches wurden PolitikerInnen und BeamtInnen Teil einer größeren Peer Group, was nicht nur bedeutet, dass Wissen und Erfahrungen zwischen den Mitgliedern der Gruppe geteilt werden können, sondern auch, dass die Personen einem realen oder vermuteten Gruppendruck ausgesetzt sind. Sowohl die OECD als auch die EU machen sich diesen Effekt in der Form des internationalen „naming, blaming and shaming" zunutze, ein Instrument der Soft Governance, das als Erstes von der OECD verwendet wurde (Marcussen 2004). Ein wesentliches Beispiel hierfür sind nationale Berichte über einen einzelnen Politikbereich, die von einem Team aus PolitikexpertInnen von Regierungen verschiedener Mitgliedstaaten und MitarbeiterInnen der OECD durchgeführt werden. Das internationale ExpertInnenteam erstellt den Bericht und konfrontiert nationale ExpertInnen und politische EntscheidungsträgerInnen mit den Ergebnissen mit der Möglichkeit, zu den Ergebnissen Stellungnahmen abzugeben. Sowohl die Berichte, als auch die Diskussionen infolge des Feedbacks werden veröffentlicht, letztere in verkürzter Fassung. Die OECD-Berichte verursachen regelmäßig Politikdebatten in den geprüften Staaten. Manchmal werden die Berichte erfolgreich als Argument für Reformen herangezogen (Mayer 2007), manchmal führen sie lediglich zu einem Wissensgewinn in einem Politikfeld (Biegelbauer 1994, 2000, 2010).

Die EU hat 2000 als ein wichtiges Instrument der Lissabon-Strategie zur Erhöhung der Innovativkraft und Wettbewerbsfähigkeit Europas die Offene Methode der Koordinierung (OMK) geschaffen. Die genaue Art und Weise, wie die OMK angewandt wird, zum Beispiel in Bezug auf den Formalisierungsgrad, unterscheidet sich von Politikbereich zu Politikbereich (Borrás/Greve 2004). Im Bereich der FTI-Politik umfasst die OMK eine Vielzahl eher informeller Netzwerke, Projekte und Plattformen, über die Erfahrungen in der Politikgestaltung analysiert und ausgetauscht werden. Eine überraschend bedeutsame Rolle spielt eine Zusammenstellung von Indikatoren, das „European Innovation Scoreboard" (EIS)[56], das entwickelt wurde, um einen systematischen Vergleich zwischen den Erfahrungen der EU-Mitgliedstaaten zu erleichtern. Dazu gehört ebenfalls ein Gesamtindex aller Informationen, der „Summary Innovation Index" (SII).

---

[56] 2010 wurde das EIS in das noch umfassendere „Innovation Union Scoreboard" (IUS) überführt, womit nun die 27 Mitgliedstaaten der EU, sowie 7 weitere Länder mit 25 Indikatoren erfasst werden, die sich mit Forschung und Innovation beschäftigen; das IUS ist Teil der Strategie 2020 der EU, welche die Lissabon-Strategie im Jahr 2010 ersetzt hat.

Der SII wird durch ein Ranking der beteiligten Länder ausgedrückt und kann deshalb auf einen Blick erfasst werden. Darüber hinaus wird der SII jedes Jahr neu berechnet, was bedeutet, dass sich die relative Position eines Landes jedes Jahr ändern kann. Die EIS-Indikatoren sind mit Vorsicht zu genießen, da sie von den meisten RezipientInnen nicht im Detail gelesen werden (wie etwa JournalistInnen und PolitikerInnen). Besonders der SII ist mit Vorsicht zu betrachten, da er als eine Zusammenfassung der Zusammenfassung fast ohne Aussagekraft ist (Schibany/Streicher 2008). Von der Vielzahl an FTI-bezogenen OMK-Kennzahlen, -Daten und -Initiativen wurde jedoch vor allem der SII von PolitikerInnen beachtet.

Jedes Mal, wenn der SII veröffentlicht wird, nehmen die für FTI in Österreich verantwortlichen MinisterInnen zur Position des Landes im Ranking Stellung. Lange Zeitungsartikel erscheinen, in denen diskutiert wird, warum Österreich mehr oder weniger innovativ geworden ist, trotz oder gerade wegen einer Maßnahme. PolitikerInnen fordern mehr Geld oder stärkere Bemühungen in der FTI-Politikgestaltung, indem eine einzelne Zahl aus der großen Masse existierender Daten herangezogen wird, um der Öffentlichkeit zu erklären, warum Bemühungen notwendig (oder auch nicht) sind: der SII kann daher als oberflächliches Lernen bezeichnet werden.

Aber warum wird der SII von PolitikerInnen so häufig verwendet, obwohl seine Mängel bekannt sind? Zum einen sind öffentliche Auftritte vor MedienvertreterInnen für PolitikerInnen vorteilhaft. Zeit und Personalressourcen sind jedoch immer begrenzt und es ist einfacher über die Abkürzung einer einzelnen Zahl zu gehen, die ohne großen Aufwand in einer Pressemitteilung, einem Handout oder einer Powerpoint-Präsentation eine Entwicklung (scheinbar) anschaulich machen kann. Zum anderen sind PolitikerInnen und BeamtInnen in den zahlreichen Meetings, beispielsweise im Rahmen der Komitologie der EU, der OMK und den Arbeitsgruppen der OECD, großem Druck ausgesetzt. Es ist für einen persönlich entschieden erfreulicher, unter den VertreterInnen eines Landes zu sein, das sich an der Spitze des EIS befindet, als am unteren Ende. Dies spiegelt sich unter anderem in der Rolle wider, die man in einer bestimmten Gruppe einnimmt. Dieses Argument folgt der Logik des „naming, blaming and shaming" auf einer Mikro-Ebene. Auf einer Meso- oder Makro-Ebene gibt es gute Erklärungen für oberflächliches Lernen in einem internationalen Umfeld als Form des mimetischem Isomorphismus (DiMaggio/Powell 1991, Radaelli 2000a, vgl. auch Kapitel 2).

Interessanterweise war ein guter Teil der reichhaltigen sozialwissenschaft-lichen Literatur zur OMK von Beginn an sehr kritisch eingestellt, wobei gewarnt wurde, politische Maßnahmen als „Best-Practices" von gestern zu kopieren (De laPorte 2002) oder indem vorgeschlagen wurde, eine fein abgestimmte Balance zwischen quantitativen „Benchmarks" und kontextbezogenem Lernen einzuhalten (Radaelli 2003). Generell waren die Ergebnisse zu den Auswirkungen der OMK bezüglich des Lernens in der Politik eher gemischt (Borrás/Greve 2004, Casey/Gold 2005).

Nicht-Lernen

Ein Wandel in der Politik ohne Lernen kann damit zusammenhängen, dass Forderungen von Interessensgruppen nachgegeben oder dass rein machtpolitischen Erwägungen gefolgt wird. Ein Wandel kann auch aus einem Zwang heraus resultieren, wie etwa im Fall der Entscheidung des Europäischen Gerichtshofes, dass der Zuzug deutscher MedizinstudentInnen an österreichischen Medizinuniversitäten nicht (unbegrenzt) eingeschränkt werden kann. Nicht-Lernen kann auch damit zu tun haben, Aktivismus nur um des Aktivismus' Willen durchzuführen: in solchen Fällen denken politische AkteurInnen, dass sie auf bestimmte Situationen wie etwa schlechte Umfragewerte schnell reagieren müssen, um ihre Position in der Öffentlichkeit wieder herzustellen. Aktivitäten werden unter Zeitdruck aus einer Vielzahl von Alternativen in der Hoffnung gewählt, in der Öffentlichkeit als eine Person erscheinen zu können, welche eine Situation im Griff hat.

Schlussfolgerungen

Lernformen und -settings

Bei der Analyse der verschiedenen Fälle der Politikgestaltung im Bereich der österreichischen FTI-Politik wurde klar, dass die Rolle von gewählten PolitikerInnen in diesem Politikbereich relativ unbedeutend war. Low-Level-Lernsettings waren demnach wichtiger als High-Level-Lernsettings. Dieses Ergebnis ist typisch für ein Politikfeld, das von komplexen Politik-Problemen dominiert wird, die oft technischer, jedoch manchmal auch unlösbarer Natur sind (Gottweis 2005, Gottweis/Latzer 2006, Prainsack et al. 2008, Grießler et al. 2011). Der nächste Abschnitt konzentriert sich daher auf das Umfeld bürokratischer Politikgestaltung, in dem PolitikerInnen als AkteurInnen zwar wichtig sind, da ihnen letztendlich die Verantwortung obliegt und sie ein Policy-Fenster öffnen können, indem sie einen Vorschlag annehmen. Sie haben dabei aber kaum eine aktive Rolle bei der Entwicklung oder Voranbringung von Politikzielen oder Instrumenten.

Zugleich müssen einige der Erwartungen, die (oftmals implizit) an ein Low-Level-Setting bei bürokratischer Politikgestaltung gestellt werden, überdacht werden. Die zuvor dargelegten Analysen, die sich auf Ergebnisse von Forschungsarbeiten zur öffentlichen Verwaltung stützen, gehen davon aus, dass bürokratische Politikgestaltung von sich aus nicht „rationaler" als High-Level-Politikgestaltung ist. Die Regeln, die bei Low-Level-Settings zur Anwendung kommen, unterscheiden sich von denen bei High-Level-Settings, aber man findet auch bei BeamtInnen politischen Aktionismus, Strategien und den Kampf um Einfluss auf politische Maßnahmen (Weiss 1979, Peters 2001, Peters/Pierre 2001, Page/Jenkins 2005, Kropp 2006). Dies trifft sogar auf einen Politikbereich zu, der vergleichsweise technokratisch und für die Parteipolitik relativ unattraktiv ist, wie FTI.

Dieses Ergebnis könnte erklären, warum politisches Lernen in der österreichischen FTI-Politik so bedeutsam ist. In einem Umfeld, das vom Ringen um die Kontrolle über Politikziele, die Finanzierung und die institutionellen Strukturen dominiert wird, ist es ebenso wichtig, zu lernen, wie der Prozess der Politikgestaltung beeinflusst werden kann, damit ein bestimmtes Politikinstrument eingeführt wird und ein Verständnis darüber zu erlangen, wie das Instrument selbst funktioniert und wofür es gut ist.

Allgemeiner kann anhand der Analyse der österreichischen FTI-Politik über einen Zeitraum von mehr als zwei Jahrzehnten hinweg festgestellt werden, dass unterschiedliche Lernformen mit unterschiedlicher Häufigkeit vorzufinden sind: während instrumentelles Lernen, Umsetzungslernen und politisches Lernen häufig auftreten, kommen soziales sowie vor allem reflexives Lernen sehr viel seltener vor. Es stellt sich daher die Frage, warum dem so ist.

Zum einen ergibt sich dies aus den besonderen Rahmenbedingungen des österreichischen FTI-Politikbereiches, die einige Lernformen eher begünstigen als andere. Der eng gekoppelte institutionelle Aufbau (Hohn/Lautwein 2003) und der neokorporatistische Politik-Stil der österreichischen Politikgestaltung scheinen soziales und noch stärker reflexives Lernen zu behindern, während es wahrscheinlicher ist, dass instrumentelles Lernen, Umsetzungslernen und politisches Lernen auftreten.

Reflexives Lernen bezüglich der Regeln und Mechanismen von Lernen selbst und die Art, wie diese verändert werden können, ist die Lernform, die am voraussetzungsreichsten und von einer Reihe von Bedingungen abhängig ist. Reflexives Lernen basiert auf einem tieferen Verständnis von Lernprozessen und hängt auf der Ebene des Politikbereiches stark vom kooperativen Verhalten zwischen den AkteurInnen ab (Bandelow 2003, Böschen 2003). Die typischen

Bestandteile der österreichischen FTI-Politik, die hierarchischen Strukturen der Ministerien, die nur in begrenztem Ausmaß miteinander kooperieren und das damit einhergehende „Not Invented Here"-Syndrom der AkteurInnen bildet kein Umfeld, das für reflexives Lernen von Vorteil ist. Auf ähnliche Weise behindert die institutionelle Kleingärtnerei (Grießler 2003), die für die institutionelle Struktur der österreichischen FTI-Politik charakteristisch ist und innerhalb derer eine kleine Anzahl von Institutionen um die Kontrolle über politische Maßnahmen kämpft, eben jene Form von Kooperation und Koordination, die notwendig wäre, um institutionelle Schranken zu überwinden, die so reflexivem Lernen im Weg stehen. Im zuvor erwähnten Fall von reflexivem Lernen – der Plattform für Forschungs- und Technologieevaluierung – konnte diese Kluft überwunden werden, indem man weitgehend auf einem informellen Niveau verblieb und PolitikexpertInnen mit einbezog, die teils weniger deutlich mit bestimmten Ministerien und Agenturen verbunden sind. Darüber hinaus waren die BeamtInnen, die die Plattform organisierten, zum Zeitpunkt der Gründung der Organisation in den unteren Rängen der ministeriellen Hierarchien vertreten. Sie waren deshalb nicht so anfällig für strategisches Denken und Handeln, das Kooperation erschweren kann.[57]

Auf ähnliche Weise ist soziales Lernen hinsichtlich von Politikzielen, Theorien und Mechanismen, unter den Bedingungen einer fragmentierten Politikgestaltung schwierig. Beim eher außergewöhnlichen Beispiel des K_{plus}-Programms, das im Rahmen dieses Kapitels als Beispiel für soziales Lernen analysiert wurde, spielte ein Policy-Entrepreneur eine wichtige Rolle, ebenso wie ein Policy-Fenster, das durch das Interesse eines leitenden Beamten an solch einem Programm geöffnet wurde sowie der durch den zuständigen Minister ermöglichten Förderung während der ersten Phase dieses neuen Politikinstrumentes. Aber sogar bei diesem Beispiel war soziales Lernen zunächst nur auf das Programm beschränkt und hatte erst im Laufe der folgenden Jahre Auswirkungen auf andere Teile des Politikfeldes, unter anderem durch Policy-Entrepreneurship und „Agencification" des Politikfeldes (Biegelbauer 2010).

Die Agencification des Politikfeldes während der späten 1990er und frühen 2000er Jahre, führte dazu, dass die ministeriellen Kämpfe um Einfluss schwächer wurden. Gleichzeitig nahm jedoch die Fragmentierung und Segmentierung der österreichischen FTI-Politik nicht ab. Diese Beobachtung folgt neueren Erkenntnissen der Bürokratieforschung, die als ein Resultat von New-

---

[57] Diese Beobachtung nimmt Bezug auf die Bemerkung von Renate Mayntz (1993), dass sich niederrangige Mitglieder in Organisationen daran orientieren, Probleme zu lösen, während ManagerInnen in ihrem Handeln auf ihre Interpretationen vom Wohl der Organisation und allgemeiner auf Strategien abzielen.

Public-Management (NPM) Maßnahmen eine steigende Fragmentierung von Politik konstatieren, da diese Maßnahmen eine Dezentralisierung fördern (Peters 2001, OECD 2005, Braun 2008). Interessanterweise scheint das Problem fehlender Politikkoordinierung auf PolitikerInnen keinen wesentlichen Eindruck gemacht zu haben. Es trat eher die Frage nach der Kontrolle über bürokratische Politikgestaltung in den Vordergrund, die man durch die Installation von GeneralsekretärInnen auch in einigen für die FTI-relevanten Ministerien und mit einer (manchmal bedeutenden) Vergrößerung der ministeriellen Kabinette beantwortete (Peters 2001, Müller 2007, Biegelbauer/Grießler 2009).

Die andauernde Fragmentierung der österreichischen FTI-Politik hatte geringere Auswirkungen auf instrumentelles Lernen bezüglich der Form und möglichen weiteren Entwicklung von Politikinstrumenten, sowie auf Umsetzungslernen, betreffend die Adaptierung von Politikinstrumenten bei der Implementation. Die meisten Versuche, im Politikfeld eine systematischere Reform durchzuführen, waren erfolglos und daraus resultierte eine Konzentration der österreichischen FTI-Politikgestaltung auf die Entwicklung von Politikinstrumenten, meist in Form von Programmen. Die Programme benötigten keine Gesamtstrategie für FTI, wofür eine starke Kooperation zwischen den Ministerien notwendig gewesen wäre. Programme sind jedoch für die Öffentlichkeit sichtbar und können deshalb PolitikerInnen „schmackhaft" gemacht werden. Sie können aber gleichzeitig auch Effekte zeitigen und helfen Politikziele zu erreichen (Gerhardter et al. 2009). Dasselbe gilt auch für instrumentelles Lernen und Umsetzungslernen (Schofield 2004): beide Lernformen sind in einem fragmentierten Umfeld möglich, jedoch nicht so effektiv, wie sie es sein könnten, wenn sie in einem kooperativen Umfeld stattfinden würden. Umsetzungslernen scheint selbst in stark hierarchischen Organisationen schwer zu unterdrücken zu sein.

Politiklernen und Politik

Wie David Easton (1953) es ausgedrückt hat, „politics is the authoritative allocation of values" – und, wie wir hinzufügen können, der Versuch die Macht dazu zu erlangen und zu erhalten. Wie wir zuvor bereits sehen konnten, trifft dies nicht nur auf die Spitzenpolitik zu, die in Massenmedien und im Rahmen öffentlicher Debatten diskutiert wird, sondern auch auf bürokratische Politik im öffentlichen Dienst. Was bedeutet das für unser Verständnis von Lernen? Wenn „powering" (Machterlangung und –erhaltung) so bedeutend ist, wie ist es mit „puzzling" (Bildung von Präferenzen auf Basis kognitiver Prozesse), um erneut die Terminologie von Hugh Heclo (1974) zu verwenden?

In der Forschung, die sich mit Politiklernen beschäftigt, lag der zentrale Fokus darin, zu zeigen, wie diese beiden Aktivitäten auseinander gehalten werden können und wie letztere Aktivität wichtiger ist als erstere. Obwohl oft genug betont wurde, dass beachtet werden muss, dass es in der Politik nicht nur um Lernen geht, sondern auch um den Kampf um Macht, stand die Verbindung zwischen den beiden Prozessen meist nicht im Zentrum des Interesses.

In späteren Forschungsarbeiten wurde teilweise versucht diesen Mangel zu beseitigen. Oliver und Pemberton (2004) haben für soziales Lernen gezeigt, dass „Third-Order-Changes" evolutionärer Natur sind und längere Kämpfe um die Vorherrschaft von Politik-Ideen einschließen, als ursprünglich von Hall (1993) angenommen. Béland (2006) erörtert soziales Lernen auf ähnliche Art und Weise und geht davon aus, dass es sich um einen politischen Prozess handelt, der Teil einer Überprüfung von Politik ist. Bôcher (2007b) kommt zum Schluss, dass Lernen ein „Stop-And-Go"-Prozess ist, der durch Konflikte um Ressourcen eingeschränkt werden kann. Auf einer allgemeineren Ebene gehen Loeber et al. (2007) davon aus, dass soziales Lernen grundsätzlich Werturteile miteinschließt.

Aus diesen Forschungsergebnissen, sowie der Analyse der Beispiele für Politikgestaltung in diesem Kapitel kann geschlossen werden, dass Lernen im Allgemeinen nicht so sehr darauf basiert, dass AkteurInnen laut „Heureka" rufen und daraufhin radikal ihre Policies ändern, sondern, dass Lernen oft ein eher evolutionärer Prozess ist. In allen Lernformen müssen AkteurInnen von der Bedeutung eines Politikziels, einer Politik-Idee, der Interpretation einer Politik, der Instrumentierung einer politischen Maßnahme oder ähnlichen Themen überzeugt werden. Zusätzlich dazu können Verhandlungen oder andere Formen von Machtkämpfen über politische Maßnahmen oder Ressourcen vorkommen, die nötig sind, um politische Maßnahmen zu beeinflussen. Diese können während laufender Lernprozesse oder nachdem es zu Politiklernen gekommen ist durchgeführt werden.

Auswirkungen von Politik-Evaluierungen – wenn sie denn Auswirkungen haben – sind oft nicht direkt spürbar, sondern erst nach mehreren Jahren des „Einsickerns" (Interview 2-13) oder des langsamen Durchdringens des Politik-prozesses (Weiss 1988). Wenn wir akzeptieren können, dass Politiklernen ein Teil des politischen Prozesses ist, der grundsätzlich Machtstreben beinhaltet, dass die Entscheidungsfindung Werturteile, lange Überzeugungsprozesse und den Kampf mit anderen AkteurInnen um bevorzugte Lösungen umfasst (was das Resultat von Interessen, von Lernen, oder von beidem sein kann), dann ist eine solche Verzögerung bei den Auswirkungen von Evaluierungen nicht nur nicht überraschend, sondern sogar zu erwarten.

Eine derartige Perspektive bringt nicht nur Konzepte von Lernen in der Politik auf den Boden alltäglicher politischer Auseinandersetzungen zurück, sie stellt den Erfolg von Lernen auch als ungewissen Prozess dar. Lernen *muss* nicht zu einem Politikwandel führen, beispielsweise wenn die Intensität der Konflikte um Ressourcen und zum Spiel stehenden Interessen zu groß oder wenn die Wertestrukturen inkommensurabel sind (Braun 1998, Sabatier/Jenkins-Smith 1999, Grießler/Hadolt 2006, Böcher 2007b). Lernen *muss* nicht das Ziel politischer AkteurInnen sein, da sie in einem organisatorischen Wettstreit stehen und eher Informationen brauchen könnten, die sie in Verhandlungen zu verwenden in der Lage sind (z. B. in der Form von Evaluierungsberichten), als eine optimale Lösung zu finden (Weiss 1979, 1988; Radaelli 1995; Boswell 2008; Schrefler 2010). Lernen *muss* nicht zu einem Wandel führen, wenn AkteurInnen, die lernen wollen oder bereits gelernt haben, über begrenzte Ressourcen verfügen, und auf GegnerInnen treffen, die aus verschiedenen Gründen, wie beispielsweise der Angst, Macht und Einfluss zu verlieren, nicht daran interessiert sind. Schließlich können AkteurInnen in Situationen mit vielen mehrdeutigen und unsicheren Faktoren, die in einer politischen Situation vorkommen (Olsen/Peters 1996) ganz unterschiedliche Dinge lernen und als Ergebnis davon, zu jeweils anderen Präferenzen gelangen.

An sich ist es eine Binsenweisheit, Interessen als einen Faktor in der Politikgestaltung anzuerkennen, aber es ist wichtig, explizit Interessen als Teil von Erklärungen von Politikwandel durch Politiklernen mit zu bedenken (Bandelow 2003, 2005; Böcher 2007b). AkteurInnen vergessen niemals ihre Interessen, selbst dann nicht, wenn sie Schlüsse aus Erfahrungen ziehen. Allerdings ist es auch gar nicht nötig lernenden AkteuerInnen Altruismus oder Egoismus zu unterstellen: Lernen kann Politikwandel erklären, selbst wenn wir anerkennen, dass politische AkteurInnen auch von Interessen getrieben werden. Ein wichtiger Grund, warum BeamtInnen sowohl des Wissenschafts- als auch des Verkehrsministeriums in Österreich nicht eine neue FTI-Förderungsorganisation vorschlugen, die unabhängig von beiden Ministerien war, sondern die spezifische Konstruktion des ITF bevorzugten, war, dass sie die neue Organisation kontrollieren wollten. Um die Kontrolle zu behalten, waren sie sogar bereit, sich zeit- und ressourcenintensiven Machtkämpfen zu stellen, die sie schon bei den vorher bestehenden Förderungsstrukturen erlebt hatten – was ja auch ursprünglich zu der Idee geführt hatte, aus Erfahrungen zu lernen und einen Politikwandel zunächst in der Form einer neuen Förderungsorganisation herbeizuführen. In ähnlicher Weise schließen alle anderen Fälle von Politikgestaltung, die im Rahmen dieses Kapitels analysiert wurden, den Wunsch nach Kontrolle mit ein.

Als Politik-AnalystInnen lernen wir von dem, was wir sehen. Wenn wir uns dazu entschließen, uns auf Interessen zu konzentrieren, werden wir dazu in der Lage sein, Schlüsse aus einer Politikgestaltung zu ziehen, die von Interessen angetrieben wird. Wenn wir uns dazu entschließen, uns auf Lernen in der Politik zu konzentrieren, können wir besser verstehen, wie politische AkteurInnen aus Erfahrungen und neuen Informationen lernen. Wenn wir uns dazu entschließen, uns Interessen *und* Lernen in der Politik anzusehen, dann haben wir die Möglichkeit, etwas über die verwobene Natur von Interessen und verschiedenen Lernformen in der Politik zu erfahren. Das bedeutet nicht, dass es aus analytischen Gründen keinen Sinn macht, verschiedene Lernformen und auf Interessen basierende Politikgestaltung auseinander zu halten, aber es ist wichtig, beide Erklärungsfaktoren später wieder zusammen zu führen, um Politik-gestaltung besser verstehen zu können. Dadurch könnten wir zu einem um-fassenderen Begriff des „Lernens in der Politik" kommen.

Ein realistischeres Bild des Politikprozesses

Wie verändern nun die bisher gemachten Aussagen unser Bild vom Politikprozess? Die in der Einleitung des Buches getroffene Unterscheidung zwischen einer „idealisierten" und einer „realistischen" Darstellung des Politik-prozesses wurde durch die kleinteilige Analyse der Entwicklung des FTI-Politikfeldes in Österreich seit den 1980er Jahren bestätigt. Die „offizielle" und für die Öffentlichkeit bestimmte Version von Politik[58], mit ihrer Konzentration auf einer rationalen Überlegungen folgenden, sequenziell ablaufenden und auf dem Politikzyklus beruhenden Dramaturgie, hat wenig Ähnlichkeit mit den beschriebenen Vorgängen. Vielmehr lassen sich folgende Schlussfolgerungen tätigen.

Die Rolle von PolitikerInnen in Bezug auf die tatsächlich geleistete Arbeit, die zu einer politischen Maßnahme wie etwa einem Förderprogramm führt, ist klein. Der größte Teil der Arbeit in der Politik wird dagegen von BeamtInnen geleistet. Grundsätzlich wäre dies kein Problem, denn PolitikerInnen haben in demokratischen Systemen die letzte Verantwortung für politische Maßnahmen zu tragen und sind daher oft eine beauftragende und kontrollierende Instanz für die politische Arbeit der Verwaltung (Neisser 2006a,b; Kuhlmann/Wollmann 2011). In der österreichischen FTI-Politik gilt das jedoch nur eingeschränkt, weil jede der mit FTI-betrauten MinisterInnen auch eine Reihe anderer, vom finan-

---

[58] In Interviews mit PolitikerInnen und BeamtInnen erhält man allerdings mitunter den Eindruck, dass die politischen AkteurInnen mit einem gewissen zeitlichen Abstand in Form von Ex-Post-Rationalisierungen der „idealisierten" Version des Politik-Machens zunehmend selbst mehr Glauben schenken.

ziellen Umfang und vom politischen Gewicht her meist bedeutenderer Fachmaterien, zu bearbeiten hat. Daraus resultiert eine vergleichsweise geringe Aufmerksamkeit der PolitikerInnen gegenüber FTI-relevanten Themen und eine besondere Bedeutung der BeamtInnen im Politikfeld.

Die BeamtInnen sind allerdings trotzdem in einer Reihe von Fällen auf PolitikerInnen – und zunehmend auch deren MitarbeiterInnen in den in ihrer Bedeutung seit 2000 gestiegenen Ministerkabinetten – angewiesen (Müller 2007, Biegelbauer/Grießler 2009). Die Rolle der PolitikerInnen liegt dabei oft in der Eröffnung von Handlungsfenstern, innerhalb derer bestimmte politische Maßnahmen möglich werden. Oft handelt es sich dabei um Maßnahmen, die seitens der BeamtInnen schon länger geplant und vorgeschlagen wurden. Die Handlungsfenster liegen dabei ursächlich oft einem externen Impuls zu Grunde, etwa der Notwendigkeit in einer bestimmten politischen Situation aus strategischen Gründen seitens der PolitikerInnen eine politische Initiative in der Öffentlichkeit vorzuschlagen (etwa bei Amtsantritt oder vor Wahlen) oder dem Vorhandensein einer Finanzierungsmöglichkeit (die vielleicht vorher einer anderen Maßnahme zugedacht war).

Diese Darstellung des politischen Prozesses entspricht über weite Strecken dem „Garbage Can"-Ansatz (Cohen et al. 1972; Kingdon 1995; Zahariadis 1999, 2008), der davon ausgeht, dass in der Politik drei Ströme (streams) unabhängig voneinander existieren, der Problem-Strom, der Handlungsfenster öffnen kann, der Lösungen bereithaltende Policy-Strom und der Politik-Strom als Teil dessen Ereignisse stattfinden, die ebenfalls Handlungsfenster darstellen können. Die Rolle von PolitikentrepreneurInnen ist in diesem Ansatz zentral, weil es die EntrepreneurInnen sind, welche die drei Ströme miteinander zu verbinden in der Lage sind.

Tatsächlich finden sich derartige EntrepreneurInnen auch in vielen der in diesem Buch beschriebenen Fallbeispiele. Im Regelfall handelt es sich dabei um besonders engagierte BeamtInnen, die sich einem Thema und/oder einer politischen Maßnahme verschrieben haben und bereit sind, den Versuch zu unternehmen, diese Maßnahme durch den politischen Prozess zu tragen (Rose 1993, Roberts 1998, Mintrom 2009).

Dazu passt auch die Beobachtung, dass in den besprochenen Fallbeispielen die in der Policy-Analyse häufig auftauchende Vorstellung eines Politikzyklus nicht vorfindbar war. Viele Vorgänge in der Politik haben wenig Ähnlichkeit mit dem sequenziellen Ablauf des Politikzyklusmodells von Problemfindung, Agendasetting, über Entscheidungsfindung, Implementation, Evaluation bis hin zur Anpassung oder Terminierung einer politischen Maßnahme. Vielmehr laufen diese Schritte oft parallel ab, es werden einzelne Stationen übersprungen oder wiederholt (Sabatier 1993, Parsons 2003, Colebatch 2006b). Oft kommt es etwa zu keiner Terminierung einer politischen Maßnahme, weil sie sich institutionalisiert hat und sich darüber hinaus eine nutznießende Klientel herausgebildet hat, die bereit ist, eine Maßnahme zu verteidigen. Die Tatsache, dass BeamtInnen zum Teil über längere Zeiträume hinweg einzelne Politikmaßnahmen planen und auf einen strategisch günstigen Zeitpunkt warten, um eine Politikidee vorzuschlagen, kann darüber hinaus als paradoxe Umkehr der üblichen Annahme eines zuvor existierenden Problems und einer dazu als Lösung gefundenen Maßnahme interpretiert werden. In einer solchen Sichtweise sind öfter Politiklösungen auf der Suche nach Problemen als Probleme auf der Suche nach Politiklösungen (Zahariadis 2008).

Dies ist auch eine der möglichen Gründe, warum eine Evaluation unter Umständen keine Auswirkungen auf ein laufendes politisches Programm hat. Andere Gründe warum dies der Fall sein kann, wurden bereits zuvor genannt. So können die Ergebnisse einer Evaluation strategisch genutzt werden, indem etwa von politischen AkteurInnen Einflussbereiche markiert oder Argumente in einem aktuellen Diskurs gestützt und damit Machtkämpfe auf diskursiver Ebene gewonnen werden (Weiss 1988, Mayer 2007, Schrefler 2010).

Zudem ist Expertise im politischen Kontext grundsätzlich umstritten und unterliegt damit einer Konkurrenz (Böcher 2007b). ExpertInnen, auch wenn sie einer gemeinsamen epistemischen Gemeinschaft (Haas 1992) angehören, stehen zueinander in Konkurrenz, etwa weil sie in einem limitierten Markt um Aufträge oder Aufmerksamkeit seitens der Öffentlichkeit und/oder potentieller AuftraggeberInnen kämpfen. Aufgrund dessen, sowie ihrer Einbindung in verschiedene professionelle Netzwerke, sind sie auch niemals völlig unabhängig in ihrer Meinungsbildung (Biegelbauer 2009). Darüber hinaus stehen ExpertInnen in ihrem Bemühen die Aufmerksamkeit von EntscheidungsträgerInnen zu erringen auch in Konkurrenz mit anderen Akteursgruppen, wie etwa BeamtInnen, PolitikerInnen und VertreterInnen von Interessensgruppen (Hajer/Wagenaar 2003, Hoppe 2005).

In politischen Prozessen kann weder die Bedeutung von AkteurInnen und Akteursgruppen, noch die von Wissen als gegeben angesehen werden. Vielmehr wird Wissen von AkteurInnen konstruiert (Hoppe 2005, Pregernig 2005, Bogner 2007), im Fall der österreichischen FTI-Politik typischerweise durch die Interaktionen von BeamtInnen und PolitikexpertInnen. Medien und die Öffentlichkeit spielen nur in stark politisierten Fragen, wie etwa Atomenergie, genetisch verändertem Saatgut oder Diskussionen um den Einsatz von menschlichen embryonalen Stammzellen, eine Rolle (Grabner 1999, Prainsack et al. 2008, Grießler 2010, Grießler et al. 2011).

Eine Festlegung darauf welche in Studien und Evaluationsergebnissen vorliegenden Informationen als vorläufig gesichertes Wissen gelten können, findet im Rahmen steter diskursive Prozesse in verschiedenster Form statt (Fischer/Forester 1990, 1993; Gottweis 1998, 2003a, 2007; Hajer/Wagenaar 2003; Durnová 2011; Schaper-Rinkel 2009, Prainsack 2011). Die Diskursive Ereignisse sind dabei unter anderem nationale und internationale Konferenzen, Workshops, Präsentationen, öffentliche Diskussionen, sowie Publikationen in Büchern, wissenschaftlichen Journalen wie „Science and Public Policy" und „Research Policy" oder dem Newsletter der Plattform Forschungs- und Technologieevaluation. Auch wenn PolitikexpertInnen in diesen Interaktionen eine wesentliche Rolle spielen, liegt die Deutungshoheit darüber was als Wissen im Politikprozess gelten soll, stärker auf Seiten der BeamtInnen, die darüber entscheiden, welche Wissensvorräte in die Planung und Durchführung politischer Maßnahmen aufgenommen werden. Allerdings wurden in diese Prozesse im Laufe der 1990er und 2000er Jahre zunehmend PolitikexpertInnen, später auch MitarbeiterInnen von Förderungsagenturen, eingebunden. Ein Beispiel für einen derartigen diskursiven Prozess der Wissensherstellung sind die verschiedenen Interpretationen der Ergebnisse der Systemevaluierung der österreichischen Forschungsförderung und -finanzierung von 2009 (Aiginger et al. 2009, Gerhardter et al. 2009, Schibany 2009, Newsletter FTEval 2/2010). Diese erstmalige gemeinsame Evaluierung aller FTI-Fördermaßnahmen der österreichischen Bundesregierung erlangte unter anderem dadurch Bedeutsamkeit, als die Evaluierungsergebnisse Grundlage für einen Prozess waren, aus dem nach einer längeren Phase der Verhandlungen zwischen den drei beteiligten Ministerien im Frühjahr 2011 eine neue österreichische Forschungsstrategie entstand (BMWF et al. 2011).

Die komplexen diskursiven Prozesse, innerhalb derer über längere Zeitspannen hinweg durch KernakteurInnen der epistemischen Community der österreichischen FTI-Politik Wissen konstruiert wird, sind Teil der Erklärung warum Studien und Evaluationen nur in seltenen Fällen unmittelbar politikwirksam werden. Wie bereits angemerkt, bedeutet das allerdings nicht eine prinzipielle Unfähigkeit der AkteurInnen des Politikfeldes zu lernen, sondern ist lediglich ein Verweis darauf, dass Wissen Zeit benötigt, um die Chance zu erhalten, in politischen Maßnahmen Eingang zu finden (Weiss 1979).

Lernen findet also statt, ist aber in allen hier angeführten Fallbeispielen auch ein Akt der Interpretation von Ereignissen vor dem Hintergrund von Werthaltungen, Normen, Regeln und gelebten Praktiken. Lernen in der Politik findet in einem durch Macht und Interessen geprägten sozialen Raum statt und ist deshalb auch eng mit diesen Kategorien verflochten.

Im abschließenden Teil des Buches soll es um die Frage gehen welche Rahmenbedingungen Lernen in der Politik zu- und welche ihm abträglich sind.

10. Rahmenbedingungen für Lernen in der Politik

Was sind die kritischen Faktoren, die Lernen in der Politik erlauben? Zur Beantwortung dieser Frage lohnt es sich einen Blick in die Geschichte der realsozialistischen Systeme zu werfen. Das Scheitern der Planwirtschaften erlebte mit dem Fall des eisernen Vorhangs 1989 und der Auflösung der Sowjetunion 1991 ihren Höhepunkt. Die Ursachen für den Niedergang der Staaten des Warschauer Paktes wurden jedoch bereits während der Entstehung des Sowjetsystems in den 1920er Jahren in die Strukturen der ökonomischen und politischen Systeme eingeschrieben (Kornai 1980, 1986; Skolnikoff 1993; Biegelbauer 2000).

Eine wesentliche Ursache für das Scheitern der Planwirtschaften war deren geringe Fähigkeit zu Lernen. Aufgrund unterschiedlicher Gründe war Feedback in diesen Systemen kaum möglich. Auf politischer Ebene wurde Lernen durch den autoritären Charakter der Sowjetsysteme behindert, der Kritik in vielen Fällen nur hinter vorgehaltener Hand, etwa in Form sarkastischer Witze, ermöglichte. Das starre Festhalten an den ideologischen Prädispositionen des Marxismus-Leninismus verhinderte zudem oftmals das rechtzeitige Erkennen von Problemen (Janos 1982, Heinrich 1986, Kornai 1986).

In einem Gespräch erklärte mir ein in den 1960er Jahren am MIT ausgebildeter slowenischer Ingenieur, dass ihm Mitte der 1970er Jahre klar geworden war, dass die Planwirtschaften keine Zukunftchance besaßen. Denn während in den kapitalistischen Staaten die erste Energiekrise aufkam, blieb in Jugoslawien ebenso wie in den anderen realsozialistischen Ländern die ökonomische Krise aus. Die tiefe Erkenntnis hinter dieser Beobachtung war, dass in den Planwirtschaften kein Feedbackmechanismus durch eine nicht politisch gesteuerte Preisbildung auf der Basis von Angebot und Nachfrage zu Stande kam. Die Knappheit eines Gutes wurde, soweit möglich, politisch bestimmt und steigende Energiekosten auf dem Weltmarkt auf diese Art und Weise vorerst abgefangen. So kam es in der Folge zu sich verschärfenden Versorgungskrisen, die etwa in den 1970er und 1980er Jahren nicht nur zum Kauf von Technologien, sondern auch von Lebensmitteln seitens der realsozialistischen Länder führten. Dies bedeutete auch, dass es zu keinerlei Restrukturierung der Wirtschaft kam, während die Marktwirtschaften zu diesem Zeitpunkt das dramatische Ende des fordistischen Produktionssystems erlebten, das im Wesentlichen die goldenen

Jahre der Wohlfahrtsstaaten finanziert hatte (Piore/Sabel 1984, Lipietz 1985, Jessop 1997). Auf einer technologischen Ebene kam es zu keinen Energie-sparmaßnahmen und keinen Anreizen für verstärkte Innovationen in Bereichen nicht ressourcenintensiver Technologien, wie etwa Mikroelektronik und Informationsverarbeitung, die in den kapitalistischen Volkswirtschaften einen neuen Innovationszyklus auslösten (Müller 2010). Auch politische Folgen der krisenhaften Erscheinungen, wie die neuen sozialen Bewegungen, die in den Marktwirtschaften gesellschaftliche Reformen auslösten, wurden um Jahrzehnte verzögert (Nash/Scott 2004).

Die ausschließlich politische und autoritäre Steuerung der realsozialistischen Systeme erzeugte eine weitgehende Fehlerintoleranz. Im politischen ebenso wie im ökonomischen Bereich durften keinerlei Fehler zugegeben werden, weil diese ein Scheitern des Marxismus-Leninismus bedeutet hätten. Politikinstrumente wie Statistiken oder die kurz-, mittel- und langfristigen Planungsszenarien waren in der Regel wertlos, da sie keine realen Feedbackmechanismen darstellten (Kornai 1980, Balázs 1993). Unter diesen Bedingungen war Lernen in der Politik eine Ausnahme (Biegelbauer 2000).

Darüber hinaus erzeugten die staatliche Ideologie und längerfristige Planungsszenarien, etwa die 5-Jahrespläne, gemeinsam mit der strengen Kontrolle von Kommunikationsstrukturen eine große systemische Rigidität. Verwaltungsstrukturen waren durch ausgeprägte Hierarchien und eine extreme Silomentalität gekennzeichnet, die eine für Lernen notwendige Flexibilität und Freiräume des Denkens vermissen ließen (Geipel 1991). Kreativität wurde in den Privatbereich zurückgedrängt. Anstatt Vielfalt zuzulassen, die evolutionäre Prozesse ermöglicht hätte, waren Organisationsstrukturen einheitlich geformt, so dass Firmen in ihrem Aufbau Ministerien ähnlicher waren, als entsprechenden Unternehmen im kapitalistischen Ausland (Inzelt 1982; Kornai 1980, 1990). Diese strukturellen Monokulturen förderten auch ein „In-Group-Denken", im Rahmen dessen Probleme und deren Lösungen von einer größeren Anzahl von EntscheidungsträgerInnen in ähnlicher Art und Weise verstanden und alternative Lösungsansätze deshalb außer Acht gelassen wurden (Keren 1992).

Unter all diesen Faktoren litt der Fortschritt von Wissenschaft und Technologie besonders. Der zunehmende Rückstand der realsozialistischen Länder in Wissenschaft und Technologie war weder auf eine entsprechende Geringschätzung seitens der Politik, noch auf einen geringen Faktoreinsatz zurückzuführen. Ganz im Gegenteil verstand sich der Marxismus-Leninismus als äußerst wissenschaftlich, PolitikerInnen waren oft naturwissenschaftlich gebildet, die Mittelausgaben für Wissenschaft und Technologie übertrafen jene der kapitalistischen Länder und die Zielsetzungen in diesen Bereichen waren meist ehrgeizig und hatten Priorität gegenüber anderen gesellschaftlichen Bereichen (Donner/Pál

1985, Graham 1993, Biegelbauer 2000). Gleichzeitig war ein kritischer Diskurs aufgrund der autoritären Strukturen nur phasenweise möglich, die Teilnahme an Konferenzen kapitalistischer Länder nur in Einzelfällen gestattet, der Zugang zu wissenschaftlicher Literatur von außerhalb realsozialistischer Länder beschränkt und die Inhalte wissenschaftlichen Arbeitens durch ideologische Schranken vorgeformt (Farkas/Stolte-Heiskanen 1985, Skolnikoff 1993).

Realsozialistische Systeme vereinten also eine Reihe von Merkmalen, die einerseits für ihr Scheitern verantwortlich waren und sie andererseits als Negativfolie dafür, welche Rahmenbedingungen für Lernen in der Politik (ebenso wie in anderen sozialen Systemen wie Wirtschaft und Wissenschaft) notwendig sind, wertvoll machen. Ins Positive gekehrt handelt es sich dabei vor allem um folgende zuvor angesprochene Faktoren, die für Lernen in der Politik von besonderer Wichtigkeit sind:

- ohne gehaltvolles Feedback ist Lernen unmöglich,
- Feedback wird durch verschiedene Signale erleichtert; kurzfristige, wie die Entscheidungen von WählerInnen in der Politik und Preisbewegungen in der Wirtschaft und langfristige, wie die Ergebnisse von Politikinstrumenten wie Evaluationen,
- Fehlertoleranz ermöglicht Lernen, Fehlerintoleranz behindert Lernen,
- Instrumente wie Evaluationen, Statistiken, Studien oder Technikfolgenabschätzungen können Feedback beinhalten, wenn die Rahmenbedingungen für die Ausführung der Instrumentarien einen offenen Umgang mit unter Umständen auch kritischen Bewertungen erlauben,
- Lernen wird durch offene Organisations- und Kommunikationsstrukturen erleichtert, durch strenge Hierarchien und kontrollierte Kommunikation dagegen behindert,
- Lernen wird durch eine offene Zugangsweise gegenüber Erfahrungen und Problemen erleichtert, durch vorgefasste Meinungen und Vorstellungen, sowie strikt befolgte Grundsätze und Ideologien hingegen erschwert,
- strukturelle Vielfalt, sowie Pluralität in Bezug auf Ansichten und Perspektiven fördert einen kreativen Umgang mit Problemen und Lernen aus Erfahrung, während organisatorische Monokulturen Kreativität hemmen, In-Group-Denken fördern und die Fehlerhäufigkeit erhöhen,
- Koordination von Politik ist wichtig, flächendeckende zentrale Steuerung hingegen hemmt Lernen in Politik, Wissenschaft und Wirtschaft.

Für diese Aussagen lassen sich eine Reihe von Belegen finden. Dabei ist die Wichtigkeit von Feedback für Lernen in der Politik einigermaßen evident. Auch in der Besprechung der verschiedenen Lernansätze und der festgehaltenen

Definitionen von Politiklernen zu Beginn dieses Buches wurde die zentrale Bedeutung von Feedback festgehalten. Weniger klar dagegen sind die Voraussetzungen zum sinnvollen Einsatz von Politikinstrumenten. Hier hat beispielsweise die Untersuchung von verschiedenen Instrumenten der Gesetzesfolgenabschätzung ergeben, dass diese oft von beschränkter Wirkung sind (Radaelli 2005, 2009; Staronová 2007; Meuwese 2008; Biegelbauer/Mayer 2008; Turnpenny et al. 2008; Sager/Rissi 2011). Von besonderer Wichtigkeit ist in diesem Zusammenhang zum einen der Einsatz der Instrumente zum richtigen Zeitpunkt, im Fall der vorausschauenden Gesetzesfolgenabschätzung zu Beginn der Arbeit an Gesetzesvorschlägen und nicht erst nachdem die vorparlamentarischen Verhandlungsrunden als Teil des Begutachtungsverfahrens bereits vorbei sind (Biegelbauer/Mayer 2008, Sager/Rissi 2011). Zum anderen ist für einen erfolgreichen Einsatz der Politikinstrumente auch die Bereitschaft der jeweiligen politischen AkteurInnen notwendig, sich auf etwaige unerwartete Ergebnisse aus Studien einzulassen und Gespräche über derartige Ergebnisse offen und konstruktiv zu führen (Radaelli 2005). Ein Beispiel aus der österreichischen FTI-Politik ist die langsame Etablierung einer Evaluationskultur im Verlauf der 1990er und 2000er Jahre, als Teil derer, zunehmend auch negative Resultate von Evaluationen seitens der AuftraggeberInnen akzeptiert wurden – was allerdings nicht bedeutete, dass politische Maßnahmen auf der Basis von Evaluationen notwendigerweise verändert oder terminiert wurden.

Auf institutioneller Ebene sind die Voraussetzungen für Lernen vor allem in den Kommunikationsstrukturen zu suchen. Untereinander abgeschottete, hierarchische Siloförmige Organisationsstrukturen erleichtern das Auftreten von für Lernen schädlichen Phänomenen wie In-Group-Denken, aufgrund dessen AkteurInnen mit Auffassungen, die nicht mehrheitsfähig sind, als DissidentInnen behandelt werden (Wiesenthal 1995, Bandelow 2003), oder wie „Not Invented Here"-Denken, im Rahmen dessen Problemlösungen, die nicht aus der eigenen Organisation kommen, abgelehnt werden. Auch tendieren klein- ebenso wie großräumige hierarchische Organisationsstrukturen zu Verhaltensweisen wie „bureau maximisation" (Niskanen 1971), in denen eigene Aufgabenbereiche regelmäßig ausgeweitet und mit Vehemenz gegen tatsächliche oder angenommene neue Einteilungen verteidigt werden. In der österreichischen FTI-Politik sind in diesem Zusammenhang vor allem die mangelnde Koordinierung von und Kooperation in der Politik auffällig. Damit in Zusammenhang steht die große Anzahl an kleinen und teilweise (nicht aber notwendigerweise) mit geringer Wirkung operierenden Programmen, die auch im Falle kritischer Evaluationsergebnisse nur selten terminiert wurden (Aiginger et al. 2009, Gerhardter et al. 2009).

Lernen kann auch an Kurzsichtigkeit leiden (Levinthal/March 1993). So besteht die Tendenz, dass AkteurInnen nur für die unmittelbare Zukunft lernen, also bezogen auf die unmittelbare Lösung drängender Probleme, nicht aber darüber hinaus. Damit in Zusammenhang steht die in ihren Reaktionen tendenziell immer kurzfristiger werdende Tagespolitik, die sich zusehends an den Ergebnissen von (in Wahlkämpfen bereits täglich) durchgeführten Meinungsumfragen orientiert (Plasser 2006). Eine derartige kurzatmige Politik ist so intensiv mit der Lösung von als Krisen erlebten Problemen beschäftigt, dass wenig Zeit für langfristige Planung bleibt – eine Beschleunigung, die zunehmend auch die Verwaltung miteinschließt. Eine Entsprechung findet dieser Befund in der österreichischen FTI-Politik, der es nicht an programmatischen, langfristig vorausdenkenden Papieren mangelt, aber an politischen AkteurInnen, die diese zur Anleitung ihrer Handlungen verwenden (Pichler et al. 2007, Biegelbauer 2010, Resch/Hofer 2010). Stattdessen findet seitens der PolitikerInnen eine Orientierung an massenmedial vermittelbaren, kurzfristigen Aktivitäten und Kommentaren statt.

Kurzsichtigkeit äußert sich auch darin, dass beim Lernen aus Erfahrung Beispiele oft in der direkten Umgebung gesucht werden, während andere Fallbeispiele, die unter Umständen zur Lösung eines vorhandenen Problems mehr beizutragen hätten, ignoriert werden - weil sie aus Orten stammen, die sich geographisch, kulturell oder politisch in größerer Distanz befinden (Rose 1993, 2005; Kaiser/Prange 2004; Borrás/Radaelli 2011). So gibt es in der EU die Tendenz, aufgrund der zunehmenden Vergemeinschaftung eines Politikfeldes eher auf andere EU-Länder und ihre Erfahrungen in diesem Bereich zu achten, während andere OECD-Länder mit vergleichbaren Politiken oft außer Acht gelassen werden. Eine Ausnahme stellen hier die englischsprachigen Länder Großbritannien und Irland dar, die häufig zur Lösung politischer Probleme auf die Erfahrungen anderer angelsächsisch geprägter Länder wie beispielsweise den USA zurückgreifen. In der österreichischen FTI-Politik wurden in den 1980er und frühen 1990er Jahren vorwiegend die Erfahrungen der deutschsprachigen Nachbarländer BRD und Schweiz berücksichtigt. Seit dem EU-Beitritt Österreichs ist Deutschland zwar nach wie vor ein wichtiger Referenzpunkt, wurde aber in wesentlichen Bereichen durch andere kleine EU-Länder mit offenen Volkswirtschaften, wie Finnland oder die Niederlande, ergänzt.

Beim Lernen aus Erfahrung gibt es außerdem die Tendenz Fehler zu übersehen, weil sie nicht mit den existierenden Vorstellungen einer Situation in Einklang gebracht werden können (Levinthal/March 1993). Im Fall der österreichischen FTI-Politik konnte dies in Folge der Evaluation des ersten technologiepolitischen Programms, dem Schwerpunktprogramm Mikroelektronik und Informationsverarbeitung, beobachtet werden. Die Evaluation des

Programms enthielt neben positiven, auch deutlich negative Beurteilungen der Politikmaßnahme. Diese hatten jedoch keinen Effekt auf den weiteren Verlauf der österreichischen FTI-Politik – ganz im Gegenteil dazu wurde das Programm vom dafür maßgeblich verantwortlichen Politikentrepreneur als positives Beispiel der österreichischen Leistungen in diesem Bereich angesehen und präsentiert (Biegelbauer 2005a).

Moderne politische Systeme mit ihrer Vielzahl an unterschiedlichen Interessen, sich regelmäßig wandelnden Prioritäten und im Zuge von Europäisierung und Globalisierung beständig ändernden Rahmenbedingungen, müssen Freiräume anbieten, damit Politiklernen überhaupt stattfinden kann. Dies sind einerseits Handlungsfenster, die kurzfristige, spezifische Rahmenbedingungen zur Verfügung stellen, innerhalb derer, oftmals bereits existierende Politikmaßnahmen und Probleme, teilweise unter aktiver Mitwirkung von PolitikentrepreneurInnen, zusammenfinden können (Cohen et al. 1972, Kingdon 1995, Zahariadis 1999). Diese Handlungsfenster können beispielsweise MinisterInnenwechsel sein, wie im Falle der Einführung des Schwerpunktprogrammes für Mikroelektronik und Informationsverarbeitung unter Wissenschaftsminister Fischer im Jahr 1985. Es kann sich dabei auch um neue politische Konstellationen handeln, wie beispielsweise die ÖVP-Alleinregierung, welche 1967 die ersten modernen österreichischen Forschungsförderungsorganisationen gründete (Stampfer 2003b), oder die kleine Koalition, innerhalb derer 2003 mit der Gründung der Österreichischen Forschungsförderungsgesellschaft ein bereits mehrfach gescheitertes Vorhaben neu versucht werden konnte (Kritzinger et al. 2006, Biegelbauer/Grießler 2009).

Rahmenbedingungen können aber auch struktureller Art sein, etwa offene und weitgehend hierarchiefreie Räume, in deren Rahmen Lernen stattfinden kann. Beispiele dafür sind die zahlreichen ExpertInnengruppen, die Ende der 1960er und zu Beginn der 1970er Jahre von der SPÖ zur Modernisierung der eigenen politischen Zielsetzungen verwendet wurden, die Plattform Forschungs- und Technologieevaluation (FTEval), die in ihrem Ziel der Standardsetzung im Bereich des Lernens aus Erfahrung in der österreichischen FTI-Politik erfolgreich war sowie die Vorbereitung des Politikfeldes auf den EU-Beitritt (Edler 2007, Pichler et al. 2007, Zinöcker et al. 2007).

Dabei gilt, dass verschiedene Formen des Lernens in der Politik verschiedene Ausgangsbedingungen benötigen. Als Bruno Kreisky Ende der 1960er Jahre eine neue politische Strategie der SPÖ anstrebte, hatte er vom erfolgreichen Wahlkampf der ÖVP im Jahr 1966, in dem auch ganz spezifisch Intellektuelle angesprochen worden waren, seine Schlussfolgerungen gezogen. Er versprach eine neue Regierung mit 1000 ExpertInnen anzutreten. Die verschiedenen ExpertInnengremien dienten dabei als potentielle Rekrutierungsbasis, innerhalb derer Personengruppen im Intellektuellenmilieu angesprochen werden konnten, die per se nicht SPÖ-affin waren. Gleichzeitig dienten die ExpertInnengremien als Ideenforen, die Auswirkungen auf die politischen Zielsetzungen der Partei hatten und Glaubwürdigkeit in Bezug auf die Expertise der SPÖ vermittelten. So konnte eine Aufbruchstimmung erzeugt werden, in der die SozialdemokratInnen bei der Nationalratswahl 1970 das erste Mal seit dem Zweiten Weltkrieg eine Mehrheit an Sitzen und 1971 eine absolute Mehrheit zu Stande brachten. Die Vorbedingungen für die ExpertInnengremien waren die für die Zweite Republik politisch neue Situation einer Alleinregierung der ÖVP, von der es zu lernen galt, sowie die Einnahme der ungewohnten Oppositionsrolle der SPÖ, die anfangs zu einer Ratlosigkeit der Parteiführung geführt hatte. Diese Unentschiedenheit wurde durch die für weite Teile der Partei überraschende Wahl Kreiskys zum Bundesvorsitzenden beendet, die auch ein Handlungsfenster für neue Strategien und politisches Lernen eröffnete (Kreisky 1995).

Die Plattform FTEval konnte reflexives Lernen durch eine informelle und offene Organisationsform befördern, die im Stande war den Großteil der österreichischen Policy-Community über einen längeren Zeitraum hinweg zu integrieren. Das primäre Ansprechen von Personen fernab der Führungsebene sowie eine klare gemeinsame Zielsetzung außerhalb der täglichen politischen Praktiken, ermöglichte ein weitgehend konfliktfreies Kooperationsverhalten von MitarbeiterInnen von Organisationen, die sich ansonsten in Konkurrenzsituationen wiederfanden.

Als Teil der Vorbereitungen auf den EU-Beitritt Österreichs 1995 wurden institutionelle Veränderungen der österreichischen FTI-Politik vorgenommen, wie etwa die Etablierung eigener EU-Abteilungen in den verschiedenen Ministerien sowie die Gründung des Büros für Internationale Forschungs- und Technologiekooperationen (BIT). Einige der Veränderungen, vor allem aber das 2003 in der Österreichischen Forschungsförderungsgesellschaft aufgegangene BIT, waren von niederländischen Vorbildern inspiriert (Biegelbauer 2004) und demnach ein Fall von instrumentellem Lernen. Die Notwendigkeit für Veränderungen ergab sich aus den neuen Anforderungen aufgrund der EU-Mitgliedschaft und der mit Ende der 1980er Jahre in der österreichischen Politik weitgehend geteilten Einstellung, dass die fortschreitende Internationalisierung einerseits die Mitgliedschaft bei der EU, andererseits aber auch Veränderungen im politischen System notwendig machte (Pernicka et al. 2002).

Eine andere Rahmenbedingung ist das Vorhandensein jener Vielfalt, die einem System evolutionären Fortschritt ermöglicht. Auf institutioneller Ebene ist dabei beispielsweise eine Pluralität verschiedener Formen von Forschungsförderungsorganisationen mit unterschiedlichen Arten der Finanzierung von Forschung sinnvoll. Gleiches gilt für unterschiedliche Formen von Politikmaßnahmen, Politikzielen und verschiedene Typen von Instrumenten, die für Feedback sorgen können. Eine derartige Vielfalt verringert die Wahrscheinlichkeit, im Fall einer falschen Politikwahl schwerwiegende Auswirkungen auf das Innovationssystem nach sich zu ziehen. Dies hat besondere Relevanz vor dem Hintergrund jener beständigen Unsicherheit, in der politische Entscheidungen in den meisten Fällen getroffen werden müssen. Tatsächlich ist es in komplexen Systemen, wie sie moderne Gesellschaften darstellen, nicht möglich auch nur einen Großteil der Auswirkungen einer politischen Maßnahme abzuschätzen (Luhmann 1984, Wilke 1987). Vor diesem Hintergrund scheint die alleinige Konzentration auf eine Form von Maßnahmen, Instrumenten oder Zielen nicht sinnvoll.

Darüber hinaus wird die Widerstandsfähigkeit eines sozialen Systems gegenüber externen Ereignissen, sowie seine Fähigkeit zur Selbstorganisation durch seine Vielfalt erhöht (Fröhlich et al. 2009). Gerade vor dem Hintergrund der Wichtigkeit externer Störungen wie Wirtschaftskrisen, Naturkatastrophen, Sicherheitsbedrohungen oder Globalisierungsprozesse für Politiklernen, ist es für die Politik wichtig, in Krisenfällen handlungsfähig zu bleiben, um derartige Ereignisse als Möglichkeit umfassender Lernprozesse zu nutzen. In solchen Situationen können Politikparadigmen ins Wanken geraten und grundlegende Überzeugungen überdacht werden (Hall 1989, 1993; Sabatier/Jenkins-Smith 1993, 1999). Die ersten beiden Energiekrisen, 1974 und 1981, bewirkten in der Wirtschaftspolitik ein Abweichen vom bis dahin als Standard geltenden Keynesianismus. Der Fall des Eisernen Vorhangs 1989 hat international zu einer deutlichen Veränderung der Einschätzung der Sicherheitslage geführt und direkte Auswirkungen auf die Einstellungen in Bezug auf die äußere Sicherheit der meisten Länder gehabt. Die Anschläge auf die USA am 11. September 2001 führten zu intensiven Debatten über Rolle und Bedeutung von BürgerInnenrechten in Situationen der Bedrohung der inneren Sicherheit und einem deutlichen Zuwachs an Kontrollmöglichkeiten für die Exekutivbehörden in vielen Ländern.

Die Energiekrise rund um den ersten Golfkrieg zu Beginn der 1980er Jahre war Hintergrund und wesentliche Ursache für die Neubewertung der österreichischen Forschungspolitik, die 1984 zu einer Ausweitung der diesbezüglichen staatlichen Tätigkeit in Richtung einer Technologiepolitik führte. Die damals getroffene Richtungsentscheidung war grundlegend: staatliche Maßnahmen im Bereich von Forschung und Technologie sollten nicht mehr in erster Linie auf Bildung und Aufklärung im Sinne einer Emanzipation der Menschen ausgerichtet sein, sondern in stärkerem Maße unmittelbaren ökonomischen Zielen, wie etwa der Erhöhung der Wettbewerbsfähigkeit der österreichischen Wirtschaft, dienen. Dies erlaubte einige Jahre später eine Diskussion um die Ausrichtung der Universitäten in Österreich (OECD 1988), die zu mehreren Wellen von Universitätsreformen führte (Meister-Scheytt/Scott 2009, Leitner/ Schartinger 2009), sowie der Einführung von Fachhochschulen (Mayer 2007).

In vielen Fällen findet Lernen jedoch auf weniger dramatische, und auch weniger umfassende Art und Weise statt. Die meisten in diesem Buch angeführten Beispiele fallen in diese Kategorie. Lernen in der Politik ist meistens inkrementell, geschieht also Schritt um Schritt (Lindblom 1959). So fanden sich die Teilergebnisse des an sich weitgehend als erfolglos eingeschätzten Austrian Technology Monitoring Systems ein Jahr später im damals neuen FlexCIM-Programm, das die Einführung neuer Computertechnologien in industrielle Produktionsprozesse fördern sollte. Die Ergebnisse der ersten beiden Evaluationen dieses Programmes führten zu einer Veränderung der Managementstruktur des Innovations- und Technologiefonds, um auf einer operationalen Ebene mit der Unterschiedlichkeit der einzelnen Forschungsprojekte besser umgehen zu können. Die Akzeptanz der Evaluationsergebnisse des FlexCIM-Programms trug wiederum zu einer langfristigen Veränderung der Einstellung der BeamtInnen und PolitikerInnen bezüglich Evaluationen im Politikfeld bei (Biegelbauer 2009). Auffällig ist, dass keine der hier angeführten Beispiele für Lernen zu einer unmittelbaren Veränderung von Politik führte. Vielmehr dauerte es in jedem der Fälle mindestens ein, manchmal aber auch mehrere Jahre, bis Politikänderungen zu Stande kommen konnten, was erneut die Beobachtung von Carol Weiss bestätigt, dass Lernprozesse in Politik und Verwaltung Zeit benötigen (Weiss 1988).

Bei all dem sollte die Rolle der Wissenschaft und der Einfluss von ExpertInnen auf Lernen in der Politik nicht überschätzt werden. Macht ohne Wissen droht machtlos zu werden, Wissen ohne Macht hat meist wenig Möglichkeiten Veränderungen zu bewirken. In diesem spezifischen Zusammenhang ist auch das Diktum von Francis Bacon, „Wissen ist Macht", zu qualifizieren, denn die politischen, ökonomischen und sozialen Rahmenbedingungen beeinflussen die Möglichkeiten zur Veränderung von Politik durch Wissenszuwachs deutlich.

Darüber hinaus ist aus demokratiepolitischen Gründen das Primat der Politik im Sinne der Herrschaft durch demokratisch gewählte (und wieder abwählbare) RepräsentantInnen des Wahlvolkes einer Dominanz technokratischer WissensträgerInnen vorzuziehen (Bora/Hausendorf 2010, Goodin et al. 2006, Bogner 2007). Abgesehen von derartigen Überlegungen ist aber auch die Bedeutung von Expertise bei der Herstellung von Politik zu hinterfragen, denn Studien sind immer Momentaufnahmen von sich teilweise rasch verändernden Problemstellungen und Expertise wird dabei besonders in politisierten Thematiken oft mit Gegenexpertise konfrontiert (Böcher 2007a). ExpertInnenwissen wird zudem aus Sicht der Politik oft strategisch betrachtet und nutzbar gemacht (Bogner 2007, Monaghan 2010, Schrefler 2010).

Ein wesentliches Problem, dem sich Lernvorgänge gegenübersehen, ist die Übertragung von Lernerfahrungen von Individuen auf Organisationen, bzw. auf eine systemisch-gesamtgesellschaftliche Ebene (Eder 1999, Bandelow 2003, Malek/Hilkermeier 2003). Wie schon mehrfach angesprochen, gelingt dies in der österreichischen FTI-Politik nur sehr zögerlich. Dafür verantwortlich ist vor allem die institutionelle Struktur des Politikfeldes. Im Gegensatz zu anderen Bereichen wie der Wirtschafts- und der Sozialpolitik waren die Sozialpartner in der FTI-Politik nur phasenweise einflussreich und auch andere Koordinations-instanzen wie Parlament, Koalitionsausschuss und Ministerrat sind nur sehr selten mit Materien aus dem Bereich FTI beschäftigt (Mayer 2003, Biegelbauer 2010). Die Verantwortung für FTI-Politik verbleibt also bei den einzelnen Bundesministerien, wobei die politische Ebene, also MinisterInnen und ihre Büros, nur in seltenen Fällen Interesse an der Koordination des Politikfeldes über das jeweilige Ministerium hinaus zeigen. Letztlich liegt die Koordination von FTI-Politik also in den Händen von BeamtInnen, die allerdings eine mangelnde politische Legitimität, sowie mangelnde rechtliche Kompetenzen im Hinblick auf eine politische Koordination und Steuerung von Regierungshandeln aufweisen. Dabei kommt der Koordination von FTI-Politik nicht nur in Bezug auf Politiklernen, sondern auch aufgrund der Wichtigkeit des Feldes für die langfristige Entwicklung der Gesellschaft, der Komplexität und des systemischen Charakters von Innovationstätigkeiten, sowie der Herausforderungen an Politik und Verwaltung durch die beständige Übernahme neuer Funktionen, eine besondere Bedeutung zu (Gibbons et al. 1994, Lundvall/Borrás 1999, Etzkowitz/Leydesdorff 2000, Campbell 2001, Braun 2008, Edler/Kuhlmann 2008, Kaiser 2008, Fröhlich et al. 2009, Weber 2009).

In einer derartigen Situation wäre der Einsatz spezifischer Instrumente, die Politiklernen befördern können, sinnvoll. So könnten etwa die regelmäßigen Evaluationen auf der Programmebene auf die Ebene von Programm-Portfolios oder eine systemische Ebene transponiert werden. Die zahlreichen Fälle von instrumentellem Lernen auf der Ebene von Programmen und innerhalb von organisatorischen Einheiten wie etwa in Abteilungen könnten damit vergleich-bare Lernerfahrungen in anderen Abteilungen und Ministerien inspirieren. Doch wie das Beispiel der Systemevaluation von 2009 und die folgende Diskussion um eine neue Forschungsstrategie gezeigt hat (Aiginger et al. 2009, FTEval Newsletter 2010/2, BMWF et al. 2011), ist vor dem Hintergrund der zerklüfteten institutionellen Strukturen des österreichischen FTI-Systems auch der Einsatz eines derartigen Instrumentariums keine Garantie für eine verbesserte Koordi-nationsleistung in Bezug auf Politik und Lernen.

Die von PolitikerInnen vorgeschlagenen Maßnahmen sind zwischen den für FTI Verantwortlichen wenig koordiniert, wirken erratisch und zielen oft auf die Bedienung der massenmedialen Öffentlichkeit ab. Für eine Politik, die auf Lernen aus Erfahrung abzielt, ist das problematisch. Aber auch Versuche eine evidenzbasierte Politik (EBP) einzuführen, durch die sich dann eine stärkere Sachbezogenheit einstellen soll, greifen zu kurz (Clarence 2002, Pawson 2002, Freeman et al. 2011). Die österreichische FTI-Politik kann als Beispiel dafür dienen, dass zumindest die Einführung einzelner Elemente von EBP nur als Teilerfolg zu werten ist.

Das Ziel einer Reorganisation politischer Prozesse, die so an die Anforderungen moderner komplexer Gesellschaften angepasst werden, könnte eine Form von reflexivem Lernen sein. Eine solche Form des Regierens könnte eine aufgeklärte Variante des EBP (Sanderson 2002, 2006, 2010) mit deliberativen und partizipativen Elementen verbinden (Biegelbauer 2009, Hansen 2010, Biegelbauer/Hansen 2011). Die Ansprüche an eine derartige Form von Politik wären einerseits eine Erhöhung der Kapazitäten eines Regierungssystems, um mit der steigenden Komplexität moderner gesellschaftlicher Realitäten umgehen zu können. Andererseits ginge es um die Einbeziehung von StakeholderInnen und BürgerInnen in den politischen Prozess, um auf einen größeren Erfahrungsschatz und unterschiedliche Wissenssorten (Fischer 2000, Böcher 2007a, Pregernig/Böcher 2011) zurückgreifen zu können, sowie die in den meisten OECD-Ländern im Schwinden begriffene Akzeptanz von Politik zu erhöhen (Crouch 2004, Held 2006, Mair 2008).

Eine derartige, neue Form von Politik sollte also in kritischer Art und Weise bestehende Maßnahmen auf Basis verschiedener Formen von Wissen überprüfen, neue Problemlösungen vorschlagen und Ressourcen von einem Bereich in einen anderen sowie von einer Maßnahme zu einer anderen bewegen können (Sanderson 2010). Dabei würden die Kapazitäten eines Systems zur Anpassung an neue Bedingungen und Verbesserungen politischer Prozesse sowie von Maßnahmen durch die Einführung und Überprüfung politischer Initiativen im Sinne einer Experimentation erhöht werden. Eine derartige Form der Politik würde reflexive Praktiken wie auch von EBP vorgeschlagen, beispielsweise Evaluationen, Impact Assessments, Foresight Studien (van der Knaap 2004, Radaelli 2005, Giesecke 2009), inkludieren, ebenso wie Instrumente, die in der Diskussion um partizipative und deliberative Politik entwickelt wurden, etwa Planungszellen, Bürgerdiskussionen oder Beiräte (Fishkin 2003, Abels/Bora 2004, Geissel 2009).

Eine solche neue Form von Politik wäre eine Alternative zu den teilweise simpel anmutenden Vorstellungen von EBP, innerhalb derer die Präsentation einer als objektiv verstandenen Evidenz gegenüber zu beratenden PolitikerInnen als ausreichend für eine verbesserte Politikformulierung und -durchführung angesehen wird (Nutley et al. 2003, Fischer 2003, Gottweis 2003b, Nowotny 2007). Diese Vorstellungen erinnern an die technokratischen Vorschläge eines Teils der Policy-Studies der 1960er Jahre, die manchmal noch in der kontemporären politikwissenschaftlichen Diskussion ihren Niederschlag finden und dafür auch kritisiert werden (Parsons 2003, Greven 2008, Hoppe 2009).

Das Ziel eines solchen Vorgehens wäre es, eine kooperativ handelnde Politik mit der langfristigen Zielsetzung zu entwickeln, den verschiedenen gesellschaftlichen Teilsystemen eine selbstbestimmte kontinuierliche Transformation durch vielfältige Lernerfahrungen zu ermöglichen (Schön 1973). Zu diesem Zweck ist instrumentelles Lernen, das auf die unmittelbare Verbesserung politischer Maßnahmen abzielt, nicht ausreichend. In komplexen sozialen Systemen können Rahmenbedingungen rasch wechseln und die Schlussfolgerungen aus der Vergangenheit sind so nur teilweise gültig. Notwendig ist vielmehr eine Betonung des reflexiven Lernens, als Teil dessen die Prinzipien des Lernens immer wieder neu adaptiert werden (Bateson 1972). Eine so ausgerichtete Politik hätte eine Chance ihre eigene permanente Überforderung mit der Zielsetzung alle politischen, ökonomischen und sozialen Probleme einer Lösung zuführen zu können, zu beenden. Wenn BürgerInnen und StakeholderInnen in flexiblen Arrangements selbst in die Politik eingebunden werden, könnten Politikziele realistischer und oft auch weniger erwartungsvoll formuliert werden. Gleichzeitig könnten reflexive Lernprozesse diese neuen Ziele tatsächlich erreichbar machen. Es wäre einen Versuch wert.

11. Literaturverzeichnis

Abels, G. und A. Bora (2004). *Demokratische Technikbewertung*. Bielefeld, transcript.

Aberbach, J. D. (2003). „Introduction: administration in an era of change." *Governance* 16(3): 315-319.

Aberbach, J. D., R. Putnam und B. A. Rockman (1981). *Bureaucrats and Politicians in Western Democracies*. Cambridge, Harvard University Press.

Aichholzer, G., R. Martinsen und J. Melchior (1994). Österreichische Technologiepolitik auf dem Prüfstand. *Research Paper 13, Political Science Department, IHS*. Wien.

Aichner, C. (2010). „Die Selbststeuerung der Wissenschaft: Der FWF." In: *Steuerung von Wissenschaft? Die Governance des österreichischen Innovationssystems*. P. Biegelbauer. Innsbruck, Studienverlag: 25-65.

Aiginger, K. und K. Bayer (1982). „Die Top-Aktion: Eine neue Form der Investitionsförderung." *Wifo Monatsberichte* (10): 594-605.

Aiginger, K., G. Tichy und E. Walterskirchen (2006). *WIFO-Weißbuch: Mehr Beschäftigung durch Wachstum auf Basis von Innovation und Qualifikation. Zusammenfassung*. Wien, Wifo.

Aiginger, K. R., R. Falk und A. Reinstaller (2009). Reaching Out to the Future Needs Radical Change: towards a new policy for innovation, science and technology in Austria. Vienna, Wifo.

Allison, G. T. (1971). *Essence of Decision: explaining the Cuban missile crisis*. Boston, Little, Brown & Co.

APA (2012). Forschung: Starker Rückgang bei FFG-Förderzusagen. Austria Presse Agentur. Wien.

Argyris, C. und D. A. Schön (1978). *Organizational Learning: a theory of action perspective*. Reading, MA, Addison-Wesley.

Argyris, C. und D. A. Schön (1996). *Organizational Learning: a theory of action perspective*. Reading, MA, FT Press.

Armingeon, K. und M. Beyeler, Hrsg. (2004). *The OECD and European Welfare States*. Cheltenham, Edward Elgar.

Arnold, E., J. Clark und S. Bussillet (2004). Impacts of the Swedish Competence Centres Programme 1995-2003. Summary Report. Stockholm.

ATMOS (1990). Optionen, Entscheidungsgrundlagen für die Schwerpunktpolitik des Innovations- und Technologiefonds für die beginnenden 90er Jahre. Seibersdorf.

Atteslander, P. (2008). *Methoden der empirischen Sozialforschung*. Berlin, deGruyter Studienbuch.

Balázs, K. (1993). „Lessons From an Economy With Limited Market Functions: R&D in Hungary in the 1980s." *Research Policy* 22(5/6): 537-552.

Bandelow, N. (1999). *Lernende Politik. Advocacy-Koalitionen und politischer Wandel am Beispiel der Gentechnologiepolitik.* Berlin, Edition Sigma.

Bandelow, N. (2003). Policy Lernen und politische Veränderungen. In: *Lehrbuch der Politikfeldanalyse.* K. Schubert und N. C. Bandelow. München, R. Oldenbourg Verlag: 289-321.

Bandelow, N. (2005). *Kollektives Lernen durch Vetospieler? Konzepte britischer und deutscher Kernexekutiven zur europäischen Verfassungs- und Währungspolitik.* Baden Baden, Nomos.

Bateson, G. (1972). *Steps to an Ecology of Mind.* San Francisco, Chandler.

Behrens, M. (2003). Quantitative und Qualitative Methoden in der Politikfeldanalyse. In: *Lehrbuch der Politikfeldanalyse.* K. Schubert und N. C. Bandelow. Wien, R. Oldenbourg Verlag: 203-229.

Beirat für Wirtschafts und Sozialfragen (1987). Forschungs- und Technologiepolitsche Vorschläge des Beirats für Wirtschafts- und Sozialfragen. Wien.

Béland, D. (2006). „The Politics of Social Learning: finance, institutions, and pension reform in the United States and Canada." *Governance* 19(4): 559-583.

Bennett, C. (1991). "Review Article: what is policy convergence and what causes it?" *British Journal of Political Science* 21(2): 215-233.

Bennett, C. und M. Howlett (1992). „The Lessons of Learning: reconciling theories of policy learning and policy change." *Policy Sciences* 25(3): 275-294.

Bennett, A. und A. L. George (2005). *Case Studies and Theory Development in the Social Sciences.* Cambridge, MA, MIT Press.

Bentley, A. (1949 (1909)). *The Process of Government.* Bloomington, Ind., Principia Press.

Biegelbauer, P. (1994). Evaluation of the Effects of the OECD Report on „Science, Technology and Innovation Policies in Hungary" on the Country. Report for the OECD Technology Audit for Hungary, MIT.

Biegelbauer, P. (1998). „Mission Impossible: the governance of European science and technology." *Science Studies* 11(2): 20-39.

Biegelbauer, P. (2000). *130 Years of Catching Up With the West: a comparative perspective on Hungarian industry, science and technology policy-making since industrialization.* Aldershot, Ashgate.

Biegelbauer, P. (2003). „National But/and/Or European: the differentiation of EU-RTD policy subsystems in three countries". In: *Changing Governance of Research and Technology Policy: the European research area.* M. Behrens, J. Edler und S. Kuhlmann, Edward Elgar: 165-190.

Biegelbauer, P. (2004). „Interessenvermittlung unter den Bedingungen der europäischen Integration: Die Erstellung nationaler Positionen zum 5.Forschungsrahmen-programm der EU in Österreich, den Niederlanden und Schweden." *Österreichische Zeitschrift für Politikwissenschaft* 33(2): 137-156.

Biegelbauer, P. (2005a). Microchips, Ministries and Policy Learning: the first Austrian technology policy programme. *EU Working Paper Series No 1.* Salzburg, Institute for Political Science.

Biegelbauer, P. (2005b). The Austrian Innovation and Technology Fund: between power play and policy learning. *Working Paper No 72 of the IHS Sociology Series*. Vienna, IHS.

Biegelbauer, P. (2007a). „Ein neuer Blick auf politisches Handeln: Politik-Lernansätze im Vergleich." *Österreichische Zeitschrift für Politikwissenschaft* 36(3): 231-247.

Biegelbauer, P. (2007b). „Learning From Abroad: the Austrian competence centre programme K_{plus}." *Science and Public Policy* 34(9): 606-618.

Biegelbauer, P. (2009). Erfahrungsorientiertes Lernen in der österreichischen Forschungs, Technologie- und Innovationspolitik. In: In*novationsforschung und Technologiepolitik in Österreich: Neue Perspektiven und Gestaltungsmöglichkeiten*. J. Fröhlich, K.-H. Leitner und K. M. Weber. Innsbruck, Studienverlag: 197-214.

Biegelbauer, P. (2010). 25 Jahre staatliche Steuerungsversuche in der Österreichischen Forschungs-, Technologie- und Innovationspolitik. In: *Forschung steuern? Governance des österreichischen Innovationssystems*. P. Biegelbauer. Innsbruck, Studienverlag: 67-108.

Biegelbauer, P. und S. Borrás, Hrsg. (2003). *Innovation Policies in Europe and the US: the new agenda*. Aldershot, Ashgate.

Biegelbauer, P. und S. Mayer (2008). „Regulatory Impact Assessment in Austria: promising regulations, disappointing practices." *Critical Policy Analysis* 2(2): 118-142.

Biegelbauer, P. und E. Grießler (2009). „Politische Praktiken von MinisterialbeamtInnen im österreichischen Gesetzgebungsprozess." *Österreichische Zeitschrift für Politikwissenschaft* 38(1): 1-19.

Biegelbauer, P. und J. Hansen (2011). „Democratic Theory and Citizen Participation: democracy models in the evaluation of public participation in science and technology." *Science and Public Policy* 38(8): 589-598.

Biegelbauer, P., E. Grießler und M. Leuthold (2005). „The Impact of Foreign Direct Investment on the Knowledge Base of Central and Eastern European Countries." *Theory of Science* 27(1): 37-69.

BKA (1984). Technologieschwerpunkt Mikroelektronik 1984-1987. Ministerratsvortrag. BKA. Wien.

BKA, BMF, BMUKK, BMVIT, BMWFJ, BMWF (2011). Der Weg zum Innovation Leader: Strategie der Bundesregierung für Forschung, Technologie und Innovation. Wien.

Blum, S. und K. Schubert (2009). *Politikfeldanalyse*. Wiesbaden, VS Verlag für Sozialwissenschaften.

Blyth, M. M. (1997). „Any More Bright Ideas? The ideational turn of comparative political economy." *Comparative Politics* 29(2): 229-250.

Blyth, M. M. (2001). „The Transformation of the Swedish Model: economic ideas, distributional conflict, and institutional change." *World Politics* 54(1): 1-26.

BMWF (1972). Österreichische Forschungskonzeption. Wien, BMWF.

BMWF (1981). *Mikroelektronik: Anwendung, Verbreitung und Auswirkungen am Beispiel Österreichs*. Wien, Springer.

BMWF (1983a). Österreichische Forschungskonzeption 80. Wien, BMWF.

BMWF (1983b). Mikroelektronik und Informationsverarbeitung: Forschungskonzept, Forschungspotential und Forschungsförderung in Österreich. Wien, BMWF.

BMWF (1985a). Mikroelektronik und Informationsverarbeitung: Leistungsangebot der österreichischen Forschung. Wien, BMWF.

BMWF (1985b). Endbericht zum Thema Operationalisierung des Mikroelektronik-Förderungsprogrammes im Jahre 1985. Wien, BMWF.

BMWF (1986). Endbericht zum Forschungsauftrag „Operationalisierung des Forschungsschwerpunktes Mikroelektronik". Wien, BMWF.

BMWF (1988). Forschungskonzept Mikroelektronik und Informationsverarbeitung (MEIV). Wien, BMWF.

BMWF (2008). Österreichischer Forschungsdialog. Wien, BMWF.

BMWF, BMVIT und BMWFJ (2011). Österreichischer Forschungs- und Technologiebericht 2011. Wien, BMWF.

BMWV (1997). K_{plus}. Forschungskompetenz plus Wirtschaftskompetenz: Vorhabensbericht des Bundesministeriums für Wissenschaft und Verkehr zur Errichtung von Kompetenzzentren in Österreich. Wien, BMWV.

BMWV (1999). Bericht des Bundesministers für Wissenschaft und Verkehr an den Nationalrat: Österreichische Forschungsstrategie, Phase I. Wien, BMWV.

BMWVK (1996a). Technologiepolitisches Konzept der österreichischen Bundesregierung 1996. Wien, BMWVK.

BMWVK (1996b). „Produktionsfaktor Wissen": Aktionslinien des Bundesministeriums für Wissenschaft, Verkehr und Kunst. Wien, BMWVK.

BMWVK und BMwA (1996). Richtlinien für die Gewährung von Förderungen gemäß dem Innovations- und Technologiefondsgesetz. Wien, BMWVK.

Böcher, M. (2007a). Wissenschaftliche Politikberatung und politischer Prozess. In: *Macht Wissenschaft Politik? Aspekte wissenschaftlicher Beratung im Politikfeld Wald und Umwelt*. M. Krott und M. Suda. Wiesbaden, VS Verlag für Sozialwissenschaften: 14-42.

Böcher, M. (2007b). „Instrumentenwandel in der Umweltpolitik im Spannungsfeld zwischen Politiklernen und politischen Interessenskonflikten: Das Beispiel ökologische Steuerreform in Deutschland." *Österreichische Zeitschrift für Politikwissenschaft* 37(3): 249-265.

Bogner, A. (2007). „Was heißt 'Politisierung von Expertise'?" *Österreichische Zeitschrift für Politikwissenschaft* 36(3): 319-335.

Bogner, A. und W. Menz (2005). Das theoriegenerierende Experteninterview: Erkenntnisinteresse, Wissensformen, Interaktion. In: *Das Experteninterview: Theorie, Methode, Anwendung*. A. Bogner, B. Littig und W. Menz. Opladen, Leske + Budrich: 33-69.

Bora, A. und H. Hausendorf, Hrsg. (2010). *Democratic Transgressions of Law: governing technology through public participation*. Leiden, Brill.

Borrás, S. und B. Greve (2004). „Concluding Remarks: new method or just cheap talk?" *Journal of European Public Policy* 11(2): 329-336.

Borrás, S. und C. Radaelli (2011). „The Politics of Governance Architectures: creation, change and effects of the EU Lisbon Strategy." *Journal of European Public Policy* 18(4): 463-484.

Böschen, S., W. Viehöver und J. Zinn (2003). „Rinderwahnsinn: Können Gesellschaften aus Krisen lernen?" *Berliner Journal für Soziologie* 13(1): 35-58.

Boswell, C. (2008). „The Political Functions of Expert Knowledge: knowledge and legitimation in European Union immigration policy." *Journal of European Public Policy* 15(4): 471-488.

Branstetter, L. und M. Sakakibara (1998). „Japanese Research Consortia: a microeconometric analysis of industrial policy." *Journal of Industrial Economics* 46(2): 207-233.

Braun, D. (1998). „Der Einfluss von Ideen und Überzeugungssystemen auf die politische Problemlösung." *Politische Vierteljahresschrift* 39(4): 797-818.

Braun, D. (2008). „Introduction: organising the political coordination of knowledge and innovation." *Science and Public Policy* 35(4): 227-241.

Braun, D. und A. Busch, Hrsg. (1999). *Public Policy and Political Ideas.* Cheltenham, Edward Elgar.

Braun, D. und D. H. Guston (2003). „Principal-Agent Theory and Research Policy: an introduction." *Science and Public Policy* 30(5): 302-308.

Braun, D. und F. Gilardi (2006). „Taking 'Galton's Problem' Seriously: towards a theory of policy diffusion." *Journal of Theoretical Politics* 18(3): 298-322.

Bundesgesetz vom 22. Dezember 1987 (Innovations- und Technologiefondsgesetz). *BGBl. 603/1987.*

Bundesministerium für Bildung und Wissenschaft (1972). *Japans Technologische Strategie: Wiedergabe und Kommentar einer Studie des Ausschusses für technologischen Fortschritt des japanischen Wirtschaftsrates.* München, Gersbach & Sohn.

Burtscher, C., P.-P. Pasqualoni und A. Scott (2006). „Universities and the Regulatory Framework: the Austrian university system in transition." *Social Epistemology* 20(3-4): 241-258.

Busch, A. (1999). From 'Hooks' to 'Focal Points': the changing role of ideas in rational choice theory. In: *Public Policy and Political Ideas.* D. Braun und A. Busch. Cheltenham, Edward Elgar: 30-40.

Campbell, D. (2001). „Politische Steuerung über öffentliche Förderung universitärer Forschung? Systemtheoretische Überlegungen zu Forschungs- und Technologiepolitik." *Österreichische Zeitschrift für Politikwissenschaft* 30(4): 425-438.

Caporaso, J. A. (2009). Is There a Quantitative-Qualitative Divide in Comparative Politics? The Case of Process Tracing. In: *The SAGE Handbook of Comparative Politics.* T. Landman und N. Robinson. Los Angeles, SAGE: 67-142.

Carayannis, E. G. und D. F. J. Campbell (2011). „Open Innovation Diplomacy and a 21st Century Fractal Research, Education and Innovation (FREIE) Ecosystem: building on the quadruple and quintuple helix innovation concepts and the „Mode 3" knowledge production system." *Journal of the Knowledge Economy* 2(3): 327-372.

Casey, B. und M. Gold (2005). „Peer-Review of Labour Market Programs in the European Union: what can countries really learn from one another?" *Journal of European Public Policy* 12(1): 23 - 43.

Celikel-Esser, F., S. Tarantola und M. Mascherini (2007). Fourth European Community Innovation Survey: strengths and weaknesses of European countries. JRC Scientific and Technical Reports. Ispra, JRC.

Chandler, A. (1962). *Strategy and Structure: chapters in the history of industrial enterprise.* Cambridge, MIT Press.

Clarence, E. (2002). „Technocracy Reinvented: the new evidence based policy movement." *Public Policy and Administration* 17(3): 1-11.

Cohen, M. D., J. G. March und J. P. Olsen (1972). „A Garbage Can Model of Organizational Choice." *Administrative Science Quarterly* 17(1): 1-25.

Colebatch, H., Hrsg. (2006a). *The Work of Policy: an international survey.* Lanham, Lexington Books.

Colebatch, H. (2006b). „What Work Makes Policy?" *Policy Sciences* 39(4): 309-321.

Cook, N. S. D. und J. S. Brown (1999). „Bridging Epistemologies: the generative dance between organizational knowledge and organizational knowing." *Organization Science* 10(4): 381-400.

CREST Expert Group (2008). Policy Mix Peer Reviews: country report Austria.

Crossan, M. M., H. W. Lane und R. E. White (1999). „An Organizational Learning Framework: from intuition to institution." *The Academy of Management Review* 24(3): 522-537.

Crouch, C. (2004). *Post-Democracy.* Cambridge, polity.

Dachs, B. (2009). Strukturwandel und F&E-Intensität im österreichischen Unternehmenssektor. In: *Innovationsforschung und Technologiepolitik in Österreich.* K.-H. Leitner, K. M. Weber und J. Fröhlich. Innsbruck, Studienverlag: 45-64.

Degelsegger, A. und H. Torgersen (2011). „Participatory Paternalism: citizens' conferences in Austrian technology governance." *Science and Public Policy* 38(5): 391-402.

de Jong, M., K. Lalenis und V. Mamadouh, Hrsg. (2002). *The Theory and Practice of Institutional Transplantation: experiences with the transfer of policy institutions.* Dordrecht, Kluwer Academic Publishers.

de La Porte, C. (2002). „Is the Open Method of Coordination Appropriate for Organising Activities at European Level in Sensitive Policy Areas." *European Law Journal* 8(1): 38- 58.

Deutsch, K. (1966). *The Nerves of Government: models of political communication and control.* New York, The Free Press.

DiMaggio, P. J. und W. W. Powell (1991). The Iron Cage Revisited: institutional isomorphism and collective rationality in organizational fields. In: *The New Institutionalism in Organizational Analysis.* P. J. DiMaggio und W. W. Powell. Chicago, University of Chicago Press: 63-82.

Dinges, M. (2010). Öffentliche FTI-Projektfinanzierung in Österreich: Ausmaß und Bedeutung im Innovationssystem. In: *Steuerung von Wissenschaft? Die Governance des österreichischen Innovationssystems.* P. Biegelbauer. Innsbruck, Studienverlag: 109-141.

Dolowitz, D. und D. Marsh (1996). „Who Learns What From Whom: a review of the policy transfer literature." *Political Studies* 44(2): 343-357.

Dolowitz, D. und D. Marsh (2000). „Learning From Abroad: the role of policy transfer in contemporary policy making." *Governance* 13(1): 5-24.

Donner, K. und L. Pál, Hrsg. (1985). *Science and Technology Policies in Finland and Hungary: a comparative study.* Budapest, Akadémiai Kiadó.

Downs, A. (1957). *An Economic Theory of Democracy.* New York, Harper & Row.

Dudley, G. (2000). „New Theories and Policy Process Discontinuities." *Journal of European Public Policy* 7(1): 122-126.

Dunlop, C. (2009). „Policy Transfer As Learning: capturing variation in what decision-makers learn from epistemic communities" *Policy Studies* 30(3): 289-311.

Dunlop, C. und C. Radaelli (2013, im Erscheinen). „Policy Learning: from monoliths to dimensions." *Political Studies* 61.

Durnová, A. (2011). „Feldforschung „intim": Von Erlebnissen, Bedeutungen und Interpretationspraxis in der Politikfeldanalyse." *Österreichische Zeitschrift für Politikwissenschaft* 40(4): 417-432.

Easterby-Smith, M., L. Araujo und R. Snell (1999*). Organizational Learning and the Learning Organization: developments in theory and practice.* London, Sage.

Easton, D. (1953). *The Political System.* New York, Knopf.

Eckstein, H. (1975). Case Studies and Theory in Political Science. In: *Handbook of Political Science.* F. Greenstein und N. Polsby. Reading, MA, Addison-Wesley. Volume 7: 79-138.

Edelman, M. (1985 (1964)). *The Symbolic Uses of Politics.* Urbana, University of Illinois Press.

Eder, K. (1999). „Societies Learn and Yet the World is Hard to Change." *European Journal of Social Theory* 2(2): 195-215.

Edler, J. (2000). *Institutionalisierung europäischer Politik: Die Genese des Forschungsprogramms BRITE als reflexiver sozialer Prozeß.* Baden-Baden, Nomos.

Edler, J. (2003). How Do Economic Ideas Become Relevant in RTD Policy Making? Lessons from a European case study. In: *Innovation Policies in Europe and the US: the new agenda.* P. Biegelbauer und S. Borrás. Aldershot, Ashgate: 253-284.

Edler, J. (2007). The Austrian Platform Research and Technology Policy Evaluation as a Forum of Strategic Intelligence: views from abroad. In: *Evaluation of Austrian Research and Technology Policies.* Platform Research and Technology Policy Evaluation and Austrian Council for Research and Technology Development. Vienna, Platform Research and Technology Policy Evaluation: 45-54.

Edler, J. and S. Kuhlmann (2008). „Co-Ordination Within Fragmentation: governance in knowledge policy in the German federal system." *Science and Public Policy* 35(4): 265-276.

Edler, J., S. Bührer, V. Lo, C. Rainfurth, S. Kuhlmann und S. Sheikh (2003). Assessment „Zukunft der Kompetenzzentrenprogramme (K+ und $K_{ind/net}$) und Zukunft der Kompetenzzentren". Executive Summary. Karlsruhe, Fraunhofer ISI, KMU Forschung Austria.

Edler, J., S. Bührer, V. Lo, C. Rainfurth, S. Kuhlmann und S. Sheikh (2004). Assessment „Zukunft der Kompetenzzentrenprogramme (K+ und $K_{ind/net}$) und Zukunft der Kompetenzzentren". Approbierter Endbericht. Karlsruhe, Fraunhofer ISI, KMU Forschung Austria.

Einsiedel, E. F., M. Jones und M. Brierly (2011). „Cultures, Contexts and Commitments in the Governance of Controversial Technologies: US, UK and Canadian publics and xenotransplantation policy development." *Science and Public Policy* 38(8): 619-628.

Eisenstadt, S. N. und R. Lemarchand, Hrsg. (1981). *Political Clientelism, Patronage and Development.* London, Sage.

Emerson, R. M., R. I. Fretz und L. L. Shaw (1995). *Writing Ethnographic Fieldnotes.* Chicago, University of Chicago Press.

Etheredge, L. S. (1981). Government Learning: An Overview. In: *The Handbook of Political Behavior, Vol.* 2. S. L. Long. New York, Plenum: 73-161.

Etzkowitz, H. (2003). Public Venture Capital: the secret life of US science policy. In: *Innovation Policies in Europe and the US: the new agenda.* P. Biegelbauer und S. Borrás. Aldershot, Ashgate: 43-60.

Etzkowitz, H. und L. Leydesdorff (2000). „The Dynamics of Innovation: from national systems and „Mode 2" to a triple helix of university–industry–government relations." *Research Policy* 29(2): 109-123.

European Commission (2009). European Innovation Scoreboard 2008: Comparative analysis of innovation performance. Brussels, European Commission.

European Commission (2010). Europeans and Biotechnology in 2010: winds of change? Brussels, European Commission.

Farkas, J. und V. Stolte-Heiskanen (1985). The State of the Art in Science and Technology Policy Studies. In: *Science and Technology Policies in Finland and Hungary: a comparative study.* K. O. Donner und L. Pál, Helsinki, Akadémiai Kiadó: 64-72.

Felderer, B. und D. Campbell (1994). *Forschungsfinanzierung in Europa: Trends-Modelle-Empfehlungen für Österreich.* Wien, Manz.

Felt, U., Hrsg. (2003). O.P.U.S. - Optimising Public Unterstanding of Science and Technology: final report. Vienna, Department of Philosophy of Science and Social Studies of Science, University of Vienna.

Felt, U. und M. Fochler (2010). Riskante Verwicklungen des Epistemischen, Strukturellen und Biographischen: Governance-Strukturen und deren mikropolitische Implikationen für das akademische Leben. In: *Steuerung von Wissenschaft? Die Governance des österreichischen Innovationssystems.* P. Biegelbauer. Innsbruck, Studienverlag: 297-328.

FFG (2006). Jahresbericht der Österreichischen Forschungsförderungsgesellschaft 2005. Wien, FFG.

FFG (2011). Jahresbericht der Österreichischen Forschungsförderungsgesellschaft 2010. Wien, FFG.

Filzmaier, P., K. Duffek und P. Plaikner, Hrsg. (2007). *Mediendemokratie Österreich.* Wien, Böhlau.

Finlayson, A. (2004). „Political Science, Political Ideas and Rhetoric." *Economy and Society* 33(4): 528-549.

Fischer, F. (2000). *Citizens, Experts, and the Environment: the politics of local knowledge.* Durham, NC, Duke University Press.

Fischer, F. (2003). Beyond Empiricism: policy analysis as deliberative practice. In: *Deliberative Policy Analysis*. M. Hajer und H. Wagenaar. New York, Cambridge University Press: 209-227.

Fischer, F. und J. Forester (1990). *Technocracy and the Politics of Expertise*. Newbury Park, Sage.

Fischer, F. and J. Forester, Hrsg. (1993). *The Argumentative Turn in Policy Analysis and Planning*. Durham, NC, Duke University Press.

Fischer, F., G. J. Miller und M. S. Sidney (2007*). Handbook of Public Policy Analysis: theory, politics, and methods*. Boca Raton, Florida, CRC Press, Taylor and Francis Group.

Fishkin, J. S. (2003). The Voice of the People. In: *The Democracy Sourcebook*. R. Dahl, I. Shapiro und J. A. Cheibub. Cambridge, MIT Press: 25-28.

Fleck, C. (2000). „Wie Neues nicht entsteht: Die Gründung des Instituts für Höhere Studien in Wien durch Ex- Österreicher und die Ford Foundation.*" Österreichische Zeitschrift für Geschichtswissenschaft* 11(1): 129-178.

Fleck, C. (2010). Die Entwicklung der Soziologie in Österreich. In: *Steuerung von Wissenschaft? Die Governance des österreichischen Innovationssystems*. P. Biegelbauer. Innsbruck, Studienverlag: 259-296.

Flick, U. (2004). *Triangulation: Eine Einführung*. Wiesbaden, VS Verlag für Sozialwissenschaften.

Flyvbjerg, B. (2006). „Five Misunderstandings About Case-Study Research." *Qualitative Inquiry* 12(2): 219-245.

Follner, L. (1985). Grundprobleme der Forschungspolitik und des Transfers: Ein Überblick. In: *Forschungspolitik für die 90er Jahre*. H. Fischer. Wien, Springer: 116-134.

Freeman, C. (1987). *Technology Policy and Economic Performance: lessons from Japan*. London, Pinter.

Freeman, R. (2006). Learning in Public Policy. In: *The Oxford Handbook of Public Policy*. M. Moran, M. Rein und R. E. Goodin. Oxford, Oxford University Press: 367-388.

Freeman, R., S. Griggs und A. Boaz (2011). „The Practice of Policy Making." *Evidence & Policy* 7(2): 127-136.

Frey, K. (2010). „Revising Road Safety Policy: the role of systematic evidence in Switzerland." *Governance* 23(4): 667-690.

Frey, K. und S. Ledermann (2010). „Introduction." *German Policy Studies* 6(2): 1-15.

Fröhlich, J., K.-H. Leitner und M. K. Weber (2009). Neue Herausforderungen für die österreichische FTI-Politik aus der Perspektive der Komplexitätsforschung. In: *Innovationsforschung und Technologiepolitik in Österreich*. K.-H. Leitner, K. M. Weber und J. Fröhlich. Innsbruck, Studienverlag: 273-294.

Fröschl, E. (1976). Vom Forschungsnotstand zur Forschungspolitik: Die Diskussion über forschungspolitische Maßnahmen in Österreich seit 1945 vor dem Hintergrund zeitgenössischer Entwicklungstendenzen von Forschung und Entwicklung. Salzburg, Universität Salzburg. Dissertation.

Geipel, G. (1991). „The Failure and Future on Information Technology Policies in Eastern Europe." *Technology In Society* 13(91): 207-228.

Geissel, B. (2009). „How to Improve the Quality of Democracy? Experiences with participatory innovations at the local level in Germany." *German Politics and Society* 27(93): 51-71.

Gerhardter, G., M. Gruber, S. Pohn-Weidinger und G. Wagner (2009). Strategische Governance: Der Zukunft von Forschung, Technologie und Innovation ihren Möglichkeitsraum geben. Systemevaluierung der österreichischen Forschungsförderung und -finanzierung, Band 2. Wien, Wifo/prognos/convelop/KMU Forschung Austria.

Gerlich, P. und R. Pfefferle (2006). Tradition und Wandel. In: *Politik in Österreich: Das Handbuch*. H. Dachs, P. Gerlich, H. Gottweis, H. Kramer, V. Lauber, W. C. Müller und E. Tálos. Wien, Manz: 501-511.

Gibbons, M., C. Limoges, H. Nowotny, S. Schwartzman, P. Scott und M. Trow (1994). *The New Production of Knowledge: the dynamics of science and research in contemporary societies*. London, Sage.

Giesecke, S. (2009). Partizipation und prospektive Methoden der Politikunterstützung und Strategieentwicklung. In: *Innovationsforschung und Technologiepolitik in Österreich*. K.-H. Leitner, K. M. Weber und J. Fröhlich. Innsbruck, Studienverlag: 180-196.

Godin, B. (2009). „National Innovation System: the system approach in historical perspective." *Science Technology Human Values* 34(4): 467-501.

Goldfinch, S. (2006). „Rituals of Reform, Policy Transfer, and the National University Corporation Reforms of Japan." *Governance* 19(4): 585-604.

Goldmann, W. (1985). Forschung, Innovation und Technologie in Österreich. In: *Forschungspolitik für die 90er Jahre*. H. Fischer. Wien, Springer: 187-210.

Goldmann, W. (1990). „Zwanzig Jahre Forschungspolitik in Österreich." *Österreichische Zeitschrift für Politikwissenschaft* 19(3): 267-279.

Goodin, R. E., M. Rein und M. Moran (2006). The Public and Its Policies. In: *The Oxford Handbook of Public Policy*. M. Moran, M. Rein und R. E. Goodin. Oxford, Oxford University Press: 3-35.

Gottweis, H. (1998). *Governing Molecules: the discursive politics of genetic engineering in Europe and in the United States*. Cambridge, Mass., MIT Press.

Gottweis, H. (2003a). Post-positivistische Zugänge in der Policy-Forschung. In: *Politik als Lernprozess? Wissenszentrierte Ansätze in der Politikanalyse*. L. M. Maier, A. Hurrelmann,
F. Nullmeier, T. Pritzlaff und A. Wiesner. Opladen, Leske + Budrich: 122-140.

Gottweis, H. (2003b). Theoretical Strategies of Poststructural Policy Analysis: towards an analytics of government. In: *Deliberative Policy Analysis: understanding governance in the network society*. M. Hajer und H. Wagenaar. Cambridge, Cambridge University Press: 247-265.

Gottweis, H. (2005). „Regulating Genomics in the 21th Century: from logos to pathos?" *Trends in Biotechnology* 23(3): 118-121.

Gottweis, H. (2006). Argumentative Policy Analysis. In: *Handbook of Public Policy*. B. G. Peters und J. Pierre. London, Sage: 461-480.

Gottweis, H. (2007). Rhetoric in Policy Making: between logos, ethos and pathos. In: *Handbook of Public Policy Analysis: theory, politics, and methods.* F. Fischer, G. J. Miller und M. S. Sidney. Boca Raton, Florida, CRC Press, Taylor and Francis Group: 237-250.

Gottweis, H. und M. Latzer (2006). Forschungs- und Technologiepolitik. In: *Politik in Österreich: Das Handbuch.* H. Dachs, P. Gerlich, H. Gottweis, H. Kramer, V. Lauber, W. C. Müller und E. Tálos. Wien, Manz: 711-725.

Grabner, P. (1999). *Technik, Politik und Gesellschaft: Eine Untersuchung am Beispiel des österreichischen Gentechnikgesetzes.* Frankfurt am Main, Peter Lang.

Graham, L. A. (1993). *Science in Russia and the Soviet Union: a short history.* New York, Cambridge University Press.

Grande, E. (1995). „Forschungspolitik in der Politikverflechtungs-Falle?" *Politische Vierteljahresschrift* 36(3): 460-483.

Gratz, W. (2011). *Und sie bewegt sich doch: Entwicklungstendenzen in der Bundesverwaltung.* Wien, neuer wissenschaftlicher Verlag.

Greven, M. T. (2008). „Politik" als Problemlösung - und als vernachlässigte Problemursache: Anmerkungen zur Policy-Forschung. In: *Die Zukunft der Policy-Forschung: Theorien, Methoden, Anwendungen.* F. Janning und K. Toens. Wiesbaden, VS Verlag für Sozialwissenschaften: 23-33.

Grießler, E. (1995). Constructing Rational Advice: the innovation of „technology-foresight"-procedures in Dutch and Austrian technology policy: a comparison. Vienna, University of Vienna. Dissertation.

Grießler, E. (2003). Innovation und Politikgestaltung: Administrative Kulturen in der Technologiepolitik. Ein Vergleich zwischen Österreich und den Niederlanden. In: *Innovationsmuster in der österreichischen Wirtschaftsgeschichte.* R. Pichler. Innsbruck, Studienverlag: 290-312.

Grießler, E. (2007). „Policy Learning in der SPÖ: Innerparteiliche Dynamiken bei der Entscheidungsfindung zur Fristenregelung." *Österreichische Zeitschrift für Politikwissenschaft* 36(3): 267-284.

Grießler, E. (2010). „Weil das so ein heißes Thema ist, rühren wir das besser nicht an.": Zur Regulierung kontroverser biomedizinischer Forschung in Österreich. In: *Steuerung von Wissenschaft? Die Governance des österreichischen Innovationssystems.* P. Biegelbauer. Innsbruck, Studienverlag: 143-186.

Grießler, E. und B. Hadolt (2006). „Policy Learning in Policy Domains With Value Conflicts: the Austrian cases of abortion and assisted reproductive technologies." *German Policy Studies* 3(4): 698-746.

Grießler, E., P. Biegelbauer und J. Hansen (2011). „Citizen's Impact on Knowledge-Intensive Policy: introduction to a special issue." *Science and Public Policy* 38(8): 583-588.

Grin, J. und A. Loeber (2007). Theories of Policy Learning: agency, structure and change. In: *Handbook of Public Policy Analysis: theory, politics, and methods.* F. Fischer, G. J. Miller und M. S. Sidney. Boca Raton, Florida, CRC Press, 201-219.

Grunwald, A. (2010). *TA: Eine Einführung*. Berlin, Sigma.

Haas, P. (1992). „Introduction: epistemic communities and international policy coordination." *International Organization* 46(1): 1-35.

Hadolt, B. (2007). „Die Genese der Reproduktionstechnologiepolitik in Österreich: Überlegungen zum Politiklernen in neuen Politikfeldern." *Österreichische Zeitschrift für Politikwissenschaft* 36(3): 285-302.

Hajer, M. (1993). Discourse Coalitions and the Institutionalization of Practice: the case of acid rain in Great Britain. In: *The Argumentative Turn in Policy Analysis and Planning*. F. Fischer und J. Forester. Durham, NC, Duke University Press: 43-76.

Hajer, M. und H. Wagenaar, Hrsg. (2003). *Deliberative Policy Analysis: understanding governance in the network society*. Cambridge, Cambridge University Press.

Hall, P. (1986). *Governing the Economy: the politics of state intervention in Britain and France*. New York, Oxford University Press.

Hall, P., Hrsg. (1989). *The Political Power of Economic Ideas: Keynesianism across nations*. Princeton, Princeton University Press.

Hall, P. (1993). „Policy Paradigms, Social Learning, and the State." *Comparative Politics* 25(3): 275-296.

Hall, P. und R. C. R. Taylor (1996). „Political Science and the Three New Institutionalisms." *Political Studies* 44(5): 936-957.

Hammerschmid, G. und R. Meyer (2005). „New Public Management in Austria: local variation on a global theme?" *Public Administration* 83(3): 709-733.

Hammersley, M. (2005). „Is the Evidence-Based Practice Movement Doing More Good Than Harm? Reflections on Iain Chalmers' case for research-based policy making and practice." *The Policy Press* 1(1): 85-100.

Hansen, J. (2010). *Biotechnology and Public Engagement in Europe*. Basingstoke, Palgrave-Macmillan.

Hansson, K., S. Lundin, J. Kaleja, A. Putnina und M. Idvall (2011). „Framing the Public: the policy process around xenotransplantation in Latvia and Sweden 1970–2004." *Science and Public Policy* 38(8): 629-637.

Hargreaves Heap, S. P. und Y. Varoufakis (2004). *Game Theory: a critical text*. London, Routledge.

Haubold, H., H. Kaufmann, E. Müller, M. Kommenda, G. Schaller, T. Ley und K. Tochtermann (2001). Organisational Learning in Competence Centres: a report based on experience. Vienna.

Hawkins, D. (2009). Case Studies. In: *The SAGE Handbook of Comparative Politics*. T. Landman und N. Robinson. Los Angeles, Sage: 50-66.

Heclo, H. (1974). *Modern Social Policies in Britain and Sweden: from relief to income maintenance*. New Haven, CT, Yale University Press.

Heinelt, H. (2003). Politikfelder: Machen Besonderheiten von Policies einen Unterschied? In: *Lehrbuch der Politikfeldanalyse*. K. Schubert und N. C. Bandelow. München, R. Oldenbourg Verlag: 239-256.

Heinrich, H.-G. (1986). *Hungary: politics, economics and society*. Colorado, Lynne Rienner Publishers.

Held, D. (2006). *Models of Democracy*. Stanford, Stanford University Press.

Hermanns, H. (2005). Interviewen als Tätigkeit. In: *Qualitative Forschung: Ein Handbuch.* U. Flick, E. van Kardoff und I. Steinke. Reinbeck, Rowohlt: 360-368.

Hertin, J., J. Turnpenny, A. Jordan, M. Nilsson, D. Russel und B. Nykvist (2009). „Rationalising the Policy Mess? Ex ante policy assessment and the utilisation of knowledge in the policy process." *Environment and Planning* A 41(5): 1185-1200.

Hjelt, M., P. den Hertog, R. te Velde, M. Syrjänen und P.-P. Ahonen (2008). Major Challenges for the Governance of National Research and Innovation Policies in Small European Countries. *Tekes Review 236/2008.* Helsinki, Tekes.

Hohn, H.-W. und J. Lautwein (2003). German Corporatism in Industrial R&D: its national structure and European challenge. In: *Changing Governance of Research and Technology Policy: the European research area.* J. Edler, S. Kuhlmann und M. Behrens. Cheltenham, Edward Elgar: 255-270.

Hollingsworth, R. (2000). „Doing Institutional Analysis: implications for the study of innovations." *Review of International Political Economy* 7(4): 595-644.

Holzinger, K. (2004). „Bargaining Through Arguing: an empirical analysis based on speech act theory." *Political Communication* 21(2): 195-222.

Holzinger, G., P. Oberndorfer und B. Raschauer, Hrsg. (2006). *Österreichische Verwaltungslehre.* Wien, Verlag Österreich.

Hopf, C. (2005). Qualitative Interviews: Ein Überblick. In: *Qualitative Forschung: Ein Handbuch.* U. Flick, E. van Kardoff und I. Steinke. Reinbeck, Rowohlt: 349-359.

Hoppe, R. (2005). „Rethinking the Puzzles of the Science-Policy Nexus: from knowledge utilization and science technology studies to types of boundary arrangements." *Poèsis and Praxis* 3(3): 191-215.

Hoppe, R. (2009). Ex Ante Evaluation of Legislation: between puzzling and powering. In: *The Impact of Legislation.* J. Verschuuren. Leiden, Martinus Nijhoff Publishers: 81-104.

Hrebrenar, R. J. und R. K. Scott (1990 (1982)). *Interest Group Politics in America.* Englewood Cliffs, Prentice Hall.

Hutschenreiter, G., E. Schiebel, R. J. Pohoryles, S. Pohoryles-Drexel, G. Schmid, E. Weis, E. Dimitz und B. Hartmann (1991). Evaluierung der Technologie-förderungsprogramme der Bundesregierung 1985/1987. Wien, Wifo/ÖFZS/IFS/ISEF.

Inzelt, A. (1982). „Economic Sensivity in Technological Development in Hungary." *Acta Oeconomica* 28(1-2): 37-52.

Jacobsen, J. K. (1992). „Review Article: microchips and public policy - the political economy of high technology." *British Journal of Political Science* 22(4): 497-519.

Jacobsen, J. K. (1995). „Much Ado About Ideas: the cognitive factor in economic policy" *World Politics* 47(2): 283-310.

Jacoby, W. (2001). „Tutors and Pupils: international organizations, Central European elites and western models." *Governance* 14(2): 169-200.

James, O. und M. Lodge (2003). „The Limitations of 'Policy Transfer' and 'Lesson Drawing' for Public Policy Research." *Political Studies Review* 1(2): 179-193.

Jann, W. und K. Wegrich (2003). Phasenmodelle und Politikprozesse: Der Policy Cycle. In: *Lehrbuch der Politikfeldanalyse.* K. Schubert und N. C. Bandelow. München, R. Oldenbourg Verlag: 71-105.

Janning, F. und K. Toens (2008). Einleitung. In: *Die Zukunft der Policy-Forschung: Theorien, Methoden, Anwendungen*. F. Janning und K. Toens. Wiesbaden, VS Verlag für Sozialwissenschaften: 7-22.

Janos, A. C. (1982). *The Politics of Backwardness in Hungary*. Princeton, NJ, Princeton University Press.

Jessop, B. (1997). „Survey Article: the regulation approach." *Journal of Political Philosophy* 5(3): 287-326.

Jessop, B. (2001). „Bringing the State Back in (Yet Again): reviews, revisions, rejections, and redirections." *International Review of Sociology* 11(2): 149-173.

Kaiser, R. (2008). *Innovationspolitik: Staatliche Steuerungskapazitäten beim Aufbau wissensbasierter Industrien im internationalen Vergleich*. Baden-Baden, Nomos.

Kaiser, R. und H. Prange (2004). „Managing Diversity in a System of Multi-level Governance: the open method of coordination in innovation policy." *Journal of European Public Policy* 11(2): 185-208.

Karlhofer, F. und E. Tálos, Hrsg. (1999). *Zukunft der Sozialpartnerschaft*. Wien, Signum Verlag.

Karlhofer, F. und E. Tálos, Hrsg. (2005). *Sozialpartnerschaft: Österreichische und Europäische Perspektiven*. Wien, Lit Verlag.

Kaufmann, A. (2009). Organisationsformen der Zusammenarbeit von Wissenschaft und Wirtschaft in Österreich. In: *Innovationsforschung und Technologiepolitik in Österreich: Neue Perspektiven und Gestaltungsmöglichkeiten*. K.-H. Leitner, M. Weber und J. Fröhlich. Innsbruck, Studienverlag: 85-104.

Keren, M. (1992). „The New Economic System, the New Economic Mechanism, and the Yugoslav LMF: bureaucratic limits to reform." *Economic Systems* 16(1): 89-111.

Kerwin, C. M. (1999). *How Government Agencies Write Law and Make Policy*. Washington, D.C., CQ Press.

Keynes, J. M. (1973 (1936)). *General Theory of Employment, Interest and Money*. London, Macmillan.

King, G., R. O. Keohane und S. Verba (2004). *Designing Social Inquiry: scientific interference in qualitative research*. Princeton, NJ, Princeton University Press.

Kingdon, J. W. (1995 (1984)). *Agendas, Alternatives and Public Policies*. Boston, Little Brown.

Kissling-Näf, I. und P. Knoepfel (1998). „Social Learning in Policy Network." *Policy and Politics* 26(3): 343-367.

Kittel, B. (2000). „Deaustrification? The policy-area-specific evolution of Austrian social partnership." *West European Politics* 23(1): 108-129.

Kittel, B. und E. Tálos (1999). Interessenvermittlung und politischer Entscheidungsprozess: Sozialpartnerschaft in den 1990er Jahren. In: *Zukunft der Sozialpartnerschaft: Veränderungsdynamik und Reformbedarf*. F. Karlhofer und E. Tálos. Wien, Signum: 95-136.

Knill, C. und A. Lenschow (2005). „Compliance, Communication and Competition: patterns of EU environmental policy making and their impact on policy convergence." *European Environment* 15(2): 114-128.

Knott, J. H. und T. H. Hammond (2003). Formal Theory and Public Administration. In: *Handbook of Public Administration*. G. B. Peters und J. Pierre. London, Sage: 138-148.

Kok, F. und C. Schaller (1986). „Restrukturierung der Energiepolitik durch neue soziale Bewegungen? Die Beispiele Zwentendorf und Hainburg." *Österreichische Zeitschrift für Politikwissenschaft* 15(1): 61-73.

König, T. (2008). Das Fulbright Program in Wien: Wissenschaftspolitik und Sozialwissenschaften am ‚versunkenen Kontinent'. Wien, Universität Wien. Dissertation.

König, T. (2010). Die Geschichte der Disziplin Politikwissenschaft im Verhältnis zu österreichischer Forschungspolitik und gesellschaftlichen Rahmenbedingungen. In: *Steuerung von Wissenschaft? Die Governance des österreichischen Innovationssystems*. P. Biegelbauer. Innsbruck, Studienverlag: 223-257.

Kornai, J. (1980). *Economics of Shortage: two volumes*. Amsterdam, North-Holland Publishing Co.

Kornai, J. (1986 (1983)). *Dilemmas and Contradictions*. Cambridge, MA, MIT Press.

Kornai, J. (1990). *Vision and Reality, Market and State*. Hempstead, Harvester Wheatsheaf.

Kramer, H. (2002). „Wie Neues doch entstanden ist: Zur Gründung und zu den ersten Jahren des Instituts für Höhere Studien in Wien." *Österreichische Zeitschrift für Politikwissenschaft* 13(3): 110-132.

Kreisky, B. (1995 (1986)). *Zwischen den Zeiten: Erinnerungen aus fünf Jahrzehnten*. Berlin, Siedler Verlag.

Kreisky, E. (1986). *Bürokratie und Politik: Beiträge zur Verwaltungskultur in Österreich*. Wien, Universität Wien. Habilitation.

Kritzinger, S., B. Prainsack und H. Pülzl (2006). „System oder Netzwerk? Veränderungen forschungspolitischer Strategien in Österreich." *Österreichische Zeitschrift für Politikwissenschaft* 35(1): 75-92.

Kropp, S. (2006). Ausbruch aus „exekutiver Führerschaft"? Ressourcen- und Machtverschiebungen im Dreieck von Regierung, Verwaltung und Parlament. In: *Politik und Verwaltung*. J. Bogumil, W. Jann und F. Nullmeier. Wiesbaden, VS Verlag für Sozialwissenschaften. PVS-Sonderheft 37: 275-298.

Kubeczko, K. und K. M. Weber (2009). Proaktive Legitimation FTI-politischer Interventionen. In: *Innovationsforschung und Technologiepolitik in Österreich*. K.-H. Leitner, K. M. Weber und J. Fröhlich. Innsbruck, Studienverlag: 127-153.

Kuhlmann, S. und J. Edler (2003). Changing Governance in European Research and Technology Policy: *changing governance of research and technology policy*. In: *The European Research Area*. J. Edler, S. Kuhlmann und M. Behrens. Northampton, MA, Edward Elgar: 3-32.

Kuhlmann, S. und H. Wollmann (2011). Verwaltung in Europa: Verwaltungssysteme und -reformen im Vergleich. Studienbrief Fern-Universität Hagen. Hagen.

Lane, J.-E. (1987). Introduction: the concept of bureaucracy. In: *Bureaucracy and Public Choice*. J.-E. Lane. London, Sage: 1-32.

Larsen, C. A. (2002). „Policy Paradigms and Cross-National Policy (Mis)Learning From the Danish Employment Miracle." *Journal of European Public Policy* 9(5): 715-735.

Lasswell, H. D. (1970). „The Emerging Conception of the Policy Sciences." *Policy Sciences* 1(1): 3-14.

Lauber, V. und D. Pesendorfer (2006). Wirtschafts- und Finanzpolitik. In: *Politik in Österreich: Das Handbuch*. H. Dachs, P. Gerlich, H. Gottweis, H. Kramer, V. Lauber, W. C. Müller und E. Tálos. Wien, Manz: 607-623.

Lee, K.-H. und J. C. N. Raadschelders (2008). „Political-Administrative Relations: impact of and puzzles in Aberbach, Putnam, and Rockman, 1981." *Governance* 21(3): 419-438.

Leibfritz, W. und J. Janger (2007). Boosting Austria's Innovation Performance. In: *OECD Economics Department Working Papers No. 580*. Vienna, OECD.

Leitner, K.-H. und D. Schartinger (2009). Österreichische Universitäten: Wohin führt die „Modernisierung?" In: *Innovationsforschung und Technologiepolitik in Österreich: Neue Perspektiven und Gestaltungsmöglichkeiten*. K.-H. Leitner, M. Weber und J. Fröhlich. Innsbruck, Studienverlag: 105-124.

Lengauer, G., G. Pallaver und C. Pig (2004). Redaktionelle Politikvermittlung in der Mediendemokratie. In: *Politische Kommunikation in Österreich: Ein praxisnahes Handbuch*. F. Plasser. Wien, WUV: 149-236.

Lentsch, J. und P. Weingart (2009). *Scientific Advice of Policy Making*. Opladen, Barbara Budrich.

Lerner, D. und H. D. Lasswell, Hrsg. (1951). *The Policy Sciences*. Stanford, Stanford University Press.

Levinthal, D. A. und J. G. March (1993). „The Myopia of Learning." Strategic *Management Journal* 14(Winter Special Issue): 95-112.

Liberatore, A. (1999*). The Management of Uncertainty: learning from Chernobyl*. Amsterdam, Gordon and Breach Publishers.

Liberatore, A. und S. Funtowicz (2003). „Democratising' Expertise, 'Expertising' Democracy: what does this mean, and why bother?" *Science and Public Policy* 30(3): 146-150.

Lijphart, A. (1984). *Democracies: patterns of majoritarian & consensus government in twenty-one countries*. New Haven, CT, Yale University Press.

Lijphart, A. (1999). *Patterns of Democracy: government forms and performance in thirty-six countries*. New Haven, Yale University Press.

Lindblom, C. E. (1959). „The Science of 'Muddling Through." *Public Administration Review* 19(2): 79-88.

Lipietz, A. (1985). „Akkumulation, Krisen und Auswege aus der Krise: Einige methodische Überlegungen zum Begriff Regulation." *Prokla* 58(1): 109-137.

Littig, B. (2005). Interviews mit Experten und Expertinnen: Überlegungen aus geschlechtertheoretischer Sicht. In: *Das Experteninterview: Theorie, Methode, Anwendung*. A. Bogner, B. Littig und W. Menz. Opladen, Leske + Budrich: 191-206.

Loeber, A. (2004). Practical Wisdom in the Risk Society: *methods* and practices of interpretive analysis on questions of sustainable development. Amsterdam, University of Amsterdam. Dissertation.

Loeber, A. (2008). „The Learning Concept in the Policy Sciences: not too elusive to be meangingful in practice." *Concepts & Methods. Newsletter of the IPSA Committee on Concepts and Methods.* 4(1): 11-15.

Loeber, A., E. Grießler und W. Versteeg (2011). „Let's Stop Looking Up the Ladder: assessing the impact of participatory technology assessment from a network perspective." *Science and Public Policy* 38(8): 599-608.

Loeber, A., B. van Mierlo, J. Grin und C. Leeuwis (2007). The Practical Value of Theory: conceptualising learning in the pursuit of a sustainable development. In: *Social Learning: towards a sustainable world.* A. E. J. Wals. Wageningen, Wageningen Academic Publishers: 83-98.

Lowi, T. J. (1972). „Four Systems of Policy, Politics, and Choice." *Public Administration Review* 32(4): 298-310.

Lüders, C. (2005). Beobachten im Feld und Ethnographie. In: *Qualitative Forschung: Ein Handbuch.* U. Flick, E. van Kardoff und I. Steinke. Reinbeck, Rowohlt: 384-401.

Luhmann, N. (1984). *Soziale Systeme.* Frankfurt am Main, Suhrkamp.

Lundvall, B.-Å., Hrsg. (1992). *National Systems of Innovation: towards a theory of innovation and interactive learning.* London, Pinter.

Lundvall, B.-Å. und S. Borrás (1999). *The Globalising Learning Economy: implications for innovation policy.* Luxembourg, Office for Official Publications of the European Communities.

Lütz, S. (1993). *Die Steuerung industrieller Forschungskooperation: Funktionsweise und Erfolgsbedingungen des staatlichen Förderinstrumentes Verbundforschung.* Frankfurt am Main, Campus.

Mahoney, J. (2007). „Qualitative Methodology and Comparative Politics." *Comparative Political Studies* 40(2): 122-144.

Maier, L. M. (2003). Wissens- und Ideenorientierte Ansätze in der Politikwissenschaft: Versuch einer systematischen Übersicht. In: *Politik als Lernprozess? Wissenszentrierte Ansätze der Politikanalyse.* L. M. Maier, A. Hurrelmann, F. Nullmeier, T. Pritzlaff und A. Wiesner. Opladen, Leske + Budrich: 25-77.

Maier, L. M., A. Hurrelmann, F. Nullmeier, T. Pritzlaff und A. Wiesner (2003a). Kann Politik lernen? Einleitung. In: *Politik als Lernprozess? Wissenszentrierte Ansätze in der Politikanalyse.* L. M. Maier, A. Hurrelmann, F. Nullmeier, T. Pritzlaff und A. Wiesner. Opladen, Leske + Budrich: 7-22.

Maier, L. M., F. Nullmeier, T. Pritzlaff und A. Wiesner, Hrsg. (2003b). *Politik als Lernprozess? Wissenszentrierte Ansätze in der Politikanalyse.* Opladen, Leske + Budrich.

Mair, P. (2008). Democracies. In: *Comparative Politics.* D. Caramani. Oxford, Oxford University Press: 108-132.

Malek, T. und L. Hilkermeier (2003). Überlegungen zur Bedeutung organisationaler Lernansätze in der und für die Politikwissenschaft. In: *Politik als Lernprozess? Wissenszentrierte Ansätze der Politikanalyse.* L. M. Maier, A. Hurrelmann, F. Nullmeier, T. Pritzlaff und A. Wiesner. Opladen, Leske + Budrich: 78-97.

Malik und Management Zentrum St. Gallen (2004). Evaluierung des Seed Financing Programmes. Wien, BMVIT, Management Zentrum St. Gallen.

March, J. G. und J. P. Olsen (1976). *Ambiguity and Choice in Organisations.* Bergen, Universitets Forlaget.

March, J. G. und J. P. Olsen (1989). *Rediscovering Institutions.* New York, Free Press.

Marcussen, M. (2004). Multilateral Surveillance and the OECD: playing the idea game. In: *The OECD and European Welfare States.* K. Armingeon und M. Beyeler. Cheltenham, Edward Elgar: 13-31.

May, P. (1992). „Policy Learning and Failure." *Journal of Public Policy* 12(4): 331-354.

Mayer, K. (2003). Running After the International Trend: Keynesian power balances and the sustainable repulsion of the innovation paradigm in Austria. In: *Innovation Policies in Europe and the US: the new agenda.* P. Biegelbauer und S. Borrás. Aldershot, Ashgate: 157-188.

Mayer, K. (2007). „Lernprozesse in der Politik am Beispiel der Etablierung des Fachhochschulsektors in Österreich." *Österreichische Zeitschrift für Politikwissenschaft* 36(3): 303-336.

Mayntz, R. (1993). Policy-Netzwerke und die Logik von Verhandlungssystemen. In: *Policy-Analyse: Kritik und Neuorientierung. PVS-Sonderheft* 24. A. Héritier. Opladen, Westdeutscher Verlag: 432-447.

Mayring, P. (2005). Qualitative Inhaltsanalyse. In: *Qualitative Forschung: Ein Handbuch.* U. Flick, E. van Kardoff und I. Steinke. Reinbeck, Rowohlt: 468-474.

Meister-Scheytt, C. und A. Scott (2009). Governing Disciplines: reform and placation in the Austrian university system. In: *International Perspectives on the Governance of Higher Education.* J. Huisman. New York, Routledge: 52-68.

Melchior, J. (1990). „Zur Österreichischen Forschungs- und Technologiepolitik: Entwicklungen und Probleme im Kontext internationaler Diskussionen." *Österreichische Zeitschrift für Politikwissenschaft* 19(3): 245-265.

Meuwese, A. (2008). *Impact Assessment in EU Lawmaking.* Leiden, E.M Meijers Institute of Legal Studies of Leiden University.

Mintrom, M. und P. Norman (2009). „Policy Entrepreneurship and Policy Change." *The Policy Studies Journal* 37(4): 649-667.

Moe, T. (1984). „The New Economics of Organization." *American Journal of Political Science* 28(4): 739-777.

Monaghan, M. (2010). „Adversarial Policies and Evidence Utilization: modeling the changing evidence and policy connection." *German Policy Studies* 6(2): 17-52.

Mouffe, C. (1999). „Deliberative Democracy or Agonistic Pluralism." *Social Research* 66(3): 745-758.

Mouffe, C. (2000). Deliberative Democracy or Agonistic Pluralism. *Political Science Series No. 72.* Vienna, IHS.

Müller, K. H. (1996). *The Austrian Innovation System, Project Reports I-VII.* Vienna, IHS.

Müller, K. H. (2010). Wissenschaft, Wirtschaft und Gesellschaft in Österreich 1965-2009: Eine dynamische Netzwerkperspektive. In: *Steuerung von Wissenschaft? Die Governance des österreichischen Innovationssystems.* P. Biegelbauer. Innsbruck, Studienverlag: 187-222.

Müller, W. C. (2006). Regierung und Kabinettsystem. In: *Politik in Österreich: Das Handbuch*. H. Dachs, P. Gerlich, H. Gottweis, H. Kramer, V. Lauber, W. C. Müller und E. Tálos. Wien, Manz: 168-187.

Müller, W. C. (2007). The Changing Role of the Austrian Civil Service: the impact of politicisation, public sector reform, and Europeanisation. In: *From Directive to the Enabling State*. E. C. Page und V. Wright. Houndmills, Palgrave: 38-62.

Nash, K. und A. Scott, Hrsg. (2001). *The Blackwell Companion to Political Sociology*. Hoboken, NJ, Wiley-Blackwell.

Neisser, H. (2006a). Die Kontrolle der Verwaltung. In: *Österreichische Verwaltungslehre*. G. Holzinger, P. Oberndorfer und B. Raschauer. Wien, Verlag Österreich: 381-422.

Neisser, H. (2006b). Verwaltung. In: *Politik in Österreich. Das Handbuch*. H. Dachs, P. Gerlich, H. Gottweis, H. Kramer, V. Lauber, W. C. Müller und E. Tálos. Wien, Manz: 201-212.

Neisser, H. und G. Hammerschmid, Hrsg. (1998). *Die innovative Verwaltung: Perspektiven des New Public Management in Österreich*. Wien, Signum.

Nelson, R., Hrsg. (1993). *National Innovation Systems: a comparative analysis*. Oxford, Oxford University Press.

Niosi, J. (2011). „Building Innovation Systems: an introduction to the special section." *Industrial and Corporate Change* 20(6): 1637-1643.

Niskanen, W. (1971). *Bureaucracy and Representative Government*. Chicago, Aldine/Atherton.

Nitsch, W. (1987). „...auf andere heiße Steine". *Die Wirtschaft*. 11-08-1987.

Nowotny, H. (2007). „How Many Policy Rooms Are There? Evidence-based and other kinds of science policies." *Science, Technology and Human Values* 32(4): 479-490.

Nullmeier, F. (1993). Wissen und Policy-Forschung: Wissenspolitologie und rhetorisch-dialektisches Handlungsmodell. In: *Policy Analyse: Kritik und Neubestimmung, PVS-Sonderheft 24*. A. Héritier. Opladen, Westdeutscher Verlag: 175-196.

Nullmeier, F. (2003). Zur Normativität des Lernbegriffs. In: *Politik als Lernprozess? Wissenszentrierte Ansätze in der Politikanalyse*. L. M. Maier, A. Hurrelmann, F. Nullmeier, T. Pritzlaff und A. Wiesner. Opladen, Leske + Budrich: 329-342.

Nullmeier, F., T. Pritzlaff und A. Wiesner, Hrsg. (2003). *Mikro-Policy-Analyse: Ethnographische Politikforschung am Beispiel Hochschulpolitik*. Frankfurt am Main, Campus.

Nutley, S. und P. Homel (2006). „Delivering Evidence-Based Policy and Practice: lessons from the implementation of the UK crime reduction programme." *Evidence & Policy* 2(1): 5-26.

Nutley, S., I. Walter und H. T. O. Davies (2003). „From Knowing to Doing: a framework for understanding the evidence-into-practice-agenda." *Evaluation* 9(2): 125-148.

Oakley, B. und K. Owen (1990). *Alvey: Britain's strategic computing initiative*. London, MIT Press.

OECD (1982). Micro-electronics, Robotics and Jobs. Paris, OECD.

OECD (1988). Reviews of the National S&T Systems - Austria. Paris, OECD.

OECD (2004). Public-Private Partnerships for Research and Innovation: an evaluation of the Austrian experience. Paris, OECD.

OECD (2005). Governance of Innovation Systems. Paris, OECD.

OECD (2011). OECD Science, Technology and Industry Outlook. Paris, OECD.

Oliver, M. J. und H. Pemberton (2004). „Learning and Change in 20th-Century British Economy Policy." Governance 17(3): 415-441.

Olsen, J. P. (2006). „Maybe It Is Time to Rediscover Bureaucracy." *Journal of Public Administration Research and Theory* 16(1): 1-24.

Olsen, J. P. und G. B. Peters, Hrsg. (1996). *Lessons From Experience: experiential learning in administrative reforms in eight democracies.* Oslo, Scandinavian University Press.

Olson, M. (1965). *The Logic of Collective Action.* Cambridge, MA, Harvard University Press.

Page, E. C. und B. Jenkins (2005). *Policy Bureaucracy: government with a cast of thousands.* Oxford, Oxford University Press.

Palumbo, A. und A. Scott (2005). Bureaucracy, Open Access and Social Pluralism: returning the common to the goose. In: *The Values of Bureaucracy.* P. du Gay. Oxford, Oxford University Press: 267-293.

Parsons, W. (1995). *Public Policy: an introduction to the theory and practice of policy analysis.* Cheltenham, Edward Elgar.

Parsons, W. (2000). „When Dogs Don't Bark." *Journal of European Public Policy* 7(1): 126-130.

Parsons, W. (2002). „From Muddling Through to Muddling Up: evidence-base policy making and the modernisation of British government." *Public Policy and Administration* 17(3): 43-60.

Parsons, W. (2003). *Public Policy: an introduction to the theory and practice of policy analysis.* Cheltenham, Edward Elgar.

Pawson, R. (2002). „Evidence-Based Policy: in search of a method." *Evaluation* 8(2): 157-181.

Pelinka, A. (1981). *Modellfall Österreich? Möglichkeiten und Grenzen der Sozialpartnerschaft.* Wien, Braumüller.

Pelinka, A. (2007). Der Beitrag der Politikwissenschaft zur Entwicklung kritischer Öffentlichkeit in Österreich. In: *Politikberatung zwischen Affirmation und Kritik.* E. Fröschl, H. Kramer und E. Kreisky. Wien, Braumüller: 47-56.

Pelinka, A. (2008). Gesetzgebung im politischen System Österreichs. In: *Gesetzgebung in Westeuropa - EU Staaten und Europäische Union.* W. Ismayr. Wiesbaden, VS Verlag für Sozialwissenschaften: 431-462.

Pelinka, A. (2009). Das politische System Österreichs. In: *Die politischen Systeme Westeuropas.* W. Ismayr. Wiesbaden, VS Verlag für Sozialwissenschaften: 607-641.

Pernicka, S., M. Feigl-Heihs, A. Gerstl und P. Biegelbauer (2002). *Wie demokratisch ist die europäische Forschungs- und Technologiepolitik? Der politische Entscheidungsprozess zum fünften Forschungsrahmenprogramm aus österreichischer Perspektive.* Baden-Baden, Nomos.

Peters, G. B. (1987). Politicians and Buraucrats in the Politics of Policy Making. In: *Bureaucracy and Public Choice.* J.-E. Lane. London, Sage: 255-282.

Peters, G. B. (1998). *Comparative Politics: theory and methods.* London, Macmillian Press.

Peters, G. B. (1999). *Institutional Theory in Political Science: the "new institutionalism"*. London, Pinter.

Peters, G. B. (2001). *The Politics of Bureaucracy*. London, Routledge.

Peters, G. B. und J. Pierre, Hrsg. (2001*). Politicians, Bureaucrats and Administrative Reform*. London, Routledge.

Peters, G. B. und J. Pierre, Hrsg. (2003). *Handbook of Public Administration*. London, Sage.

Pichler, R. (2010). Aufbruch in die Normalität: Die EU-Mitgliedschaft und die österreichische Forschungs- und Technologiepolitik. In: *Hinaus aus dem Schrebergarten: die Europäisierung der österreichischen Forschung*. S. Herlitschka. Innsbruck, Studienverlag: 55-61.

Pichler, R., M. Stampfer und R. Hofer (2007). *Forschung, Geld und Politik: Die staatliche Forschungsförderung in Österreich 1945-2005*. Innsbruck, Studienverlag.

Piore, M. und C. Sabel (1984). *The Second Industrial Divide*. New York, Basic Books.

Plasser, F. (2004). Politische Kommunikation in medienzentrierten Demokratien: Einleitung. In: *Politische Kommunikation in Österreich: Ein praxisnahes Handbuch*. F. Plasser. Wien, WUV: 21-36.

Plasser, F. (2006). Massenmedien und politische Kommunikation. In: *Politik in Österreich: Das Handbuch*. H. Dachs, P. Gerlich, H. Gottweis, H. Kramer, V. Lauber, W. C. Müller und E. Tálos. Wien, Manz: 525-537.

Plasser, F., C. Hüffel und G. Lengauer (2004). Politische Öffentlichkeitsarbeit in der Mediendemokratie. In: *Politische Kommunikation in Österreich: Ein praxisnahes Handbuch*. F. Plasser. Wien, WUV: 309-350.

Plattform Forschung und Technologieevaluation (2010). *Die Systemevaluierung*. Newsletter 14(34).

Pointner, W. (2005). Die CIM-Förderung in Deutschland. In: *Diffusionsorientierte Technologiepolitik: Eine vergleichende Wirkungsanalyse für Österreich, die Schweiz, Deutschland und die USA*. W. Polt und W. Pointner. Graz, Leykam: 127-177.

Pollak, J. und P. Slominski (2006). *Das Politische System der EU*. Wien, WUV (UTB).

Polt, W. und M. Stampfer (2010). Evaluierung von Forschungs-, Technologie- und Innovationspolitik in Zeiten der EU. In: *Hinaus aus dem Schrebergarten: die Europäisierung der österreichischen Forschung*. S. Herlitschka. Innsbruck, Studienverlag: 199-205.

Polt, W., E. Buchinger, L. Jörg, H. Leo, F. Ohler, A. Kopcsa, L. Mustonen und S. Patsios (1994). Evaluierung des ITF-Förderschwerpunktes „Flexible Computerintegrierte Fertigung" (FlexCIM). Seibersdorf, Forschungszentrum Seibersdorf.

Polt, W., W. Pointner, L. Jörg, H. Leo, F. Ohler, A. Kopcsa, L. Mustonen und S. Patsios, Hrsg. (2005). *Diffusionsorientierte Technologiepolitik: Eine vergleichende Wirkungsanalyse für Österreich, die Schweiz, Deutschland und die USA*. Graz, Leykam.

Porter, T. M. (1995). *Trust in Numbers: the pursuit of objectivity in science and public life*. Princeton, NJ, Princeton University Press.

Prainsack, B. (2011). „The Power of Prediction: how personal genomics became a policy challenge." *Österreichische Zeitschrift für Politikwissenschaft* 40(4): 401-416.

Prainsack, B., I. Geesink und S. Franklin (2008). „Stem Cell Science 1998-2008: controversies and silences." *Science as Culture* 17(4): 351-362.

Pregernig, M. (2005). Wissenschaftliche Politikberatung als kulturgebundene Grenzarbeit: Vergleich der Interaktionsmuster in den USA und Österreich. In: *Wozu Experten? Ambivalenzen der Beziehung von Wissenschaft und Politik.* A. Bogner und H. Torgersen. Wiesbaden, VS Verlag für Sozialwissenschaften: 267-288.

Pregernig, M. (2007). Zwischen Alibi und Aushandlung: Ein empirischer Blick auf die Interaktion zwischen Wissenschaft und Politik am Beispiel der österreichischen Umwelt- und Ressourcenpolitik. In: *Macht, Wissenschaft, Politik? Erfahrungen aus der wissenschaftlichen Beratung im Politikfeld Wald und Umwelt.* M. Krott und M. Suda. Wiesbaden, VS Verlag für Sozialwissenschaften: 43-79.

Pregernig, M. und M. Böcher (2012): The Role of Expertise in European Environmental Governance: theoretical perspectives and empirical evidence. In: *Governing Social Ecological Change: Long-term policies.* B. Siebenhüner, M. Arnold, K. Eisenack und K. Jacob. London: Routledge (im Erscheinen).

Pressman, J. und A. Wildavsky (1973). *Implementation.* Berkeley, University of California Press.

Pritzlaff, T. und F. Nullmeier (2009). „Zu einer Theorie politischer Praktiken" *Österreichische Zeitschrift für Politikwissenschaft.* 38(1): 7-22.

Radaelli, C. M. (1995). „The Role of Knowledge in the Policy Process." *Journal of European Public Policy* 2(2): 159-183.

Radaelli, C. (1999). *Technocracy in the European Union.* London, Longman.

Radaelli, C. (2000a). „Policy Transfer in the European Union: institutional isomorphism as a source of legitimacy." *Governance* 13(1): 25-45.

Radaelli, C. M. (2000b). „Public Policy Comes Of Age." *Journal of European Public Policy* 7(1): 130-135.

Radaelli, C. (2003). The Open Method of Coordination: a new governance architecture for European Union? Lund, Swedish Institute for European Policy Studies.

Radaelli, C. (2005). „Diffusion Without Convergence: how political context shapes the adoptions of regulatory impact assessment." *Journal of European Public Policy* 12(5): 924-943.

Radaelli, C. (2009). „Measuring Policy Learning: regulatory impact assessment in Europe." *Journal of European Public Policy* 16(8): 1145-1164.

Rat für Forschung und Technologieentwicklung (2009). Strategie 2020. Wien, Rat für Forschung und Technologieentwicklung.

Reckwitz, A. (2003). „Grundelemente einer Theorie Sozialer Praktiken: Eine sozialtheoretische Perspektive." *Zeitschrift für Soziologie* 32(4): 282-301.

Reckwitz, A. (2006). *Das hybride Subjekt: Eine Theorie der Subjektkulturen von der bürgerlichen Moderne zur Postmoderne.* Göttingen, Velbrück Wissenschaft.

Resch, A. und R. Hofer (2010). *Österreichische Innovationsgeschichte seit dem späten 19. Jahrhundert.* Innsbruck, Studienverlag.

RoadMAP (2004). Good Practices for the Management of Multi Actors and Multi Measures Programmes in RTDI Policy. Vienna, TIG.

Roberts, N. (1998). „Radical Change by Entrepreneurial Design." *Acquisition Review Quarterly*(Spring 1998): 107-127.

Rose, R. (1991). „What Is Lesson Drawing?" *Journal of Public Policy* 11(1): 3-30.

Rose, R. (1993). *Lesson-Drawing in Public Policy*. Chatham, NJ, Chatham House.

Rose, R. (2005). *Learning From Comparative Public Policy: a practical guide*. London, Routledge.

Rosenberg, N. und L. E. Birdzell (1986). *How the West Grew Rich: the economic transformation of the industrial world*. New York, Basic Books.

Rothschild (1971). *The Organization and Management of Government Research and Development: a framework for government resarch and development*, Cmnd 4814. London, HMSO.

Rüb, F. W. (2009). „Über das Organisieren der Regierungsorganisation und über Regierungsstile: Eine praxeologische Perspektive." *Österreichische Zeitschrift für Politikwissenschaft* 38(1): 43-60.

Sabatier, P. A. (1993). Advocacy-Koalitionen, Policy-Wandel und Policy-Lernen: Eine Alternative zur Phasenheuristik. In: *Policy-Analyse: Kritik und Neuorientierung, PVS-Sonderheft 24*. A. Héritier. Opladen, Westdeutscher Verlag: 116-145.

Sabatier, P., Hrsg. (1999*). Theories of the Policy Process: theoretical lenses on public policy*. Boulder, CO, Westview Press.

Sabatier, P. (2000). „Clear Enough to Be Wrong." *Journal of European Public Policy* 7(1): 135-140.

Sabatier, P. A. (2007). *Theories of the Policy Process*, Boulder, Co, Westview Press.

Sabatier, P. und H. C. Jenkins-Smith (1993). *Policy Change and Learning: an advocacy coalition approach*. Boulder, CO, Westview Press.

Sabatier, P. und H. C. Jenkins-Smith (1999). The Advocacy Coalition Framework: an assessment. In: *Theories of the Policy Process: theoretical lenses on public policy*. P. Sabatier. Boulder, CO, Westview Press: 117-166.

Sabatier, P. A. und C. M. Weible (2007). The Advocacy Coalition Framework: innovations and clarifications. In: *Theories of the Policy Process*. P. A. Sabatier. Boulder, CO, Westview Press: 189-220.

Sager, F. und C. Rissi (2011). „The Limited Scope of Policy Appraisal in the Context of Referendum Democracy: the case of regulatory impact assessment in Switzerland." *Evaluation* 17(2): 151-163.

Sanderson, I. (2002). „Evaluation, Policy Learning and Evidence-Based Policy Making." *Public Administration* 80(1): 1-22.

Sanderson, I. (2006). „Complexity, 'Practical Rationality' and Evidence-Based Policy Making. " *Policy & Politics* 34(1): 115-132.

Sanderson, I. (2010). „Evidence, Learning and Intelligent Government: reflections on developments in Scotland." *German Policy Studies* 6(2): 53-85.

Saretzki, T. (2008). Policy-Analyse, Demokratie und Deliberation: Theorieentwicklung und Forschungsperspektiven der „Policy Sciences of Democracy". In: *Die Zukunft der Policy-Forschung: Theorien, Methoden, Anwendungen*. F. Janning und K. Toens. Wiesbaden, VS Verlag für Sozialwissenschaften: 34-54.

Saretzki, T. (2009). „From Bargaining to Arguing, From Strategic to Communicative Action? Theoretical distinctions and methodological problems in empirical studies of deliberative policy processes." *Critical Policy Studies* 3(2): 153-183.

Schäffer, H., Hrsg. (2005). *Evaluierung der Gesetze/Gesetzesfolgenabschätzung in Österreich und im benachbarten Ausland: ÖGGL-Tagung 2003*. Wien, Manz.

Schaper-Rinkel, P. (2010). Nanotechnologiepolitik: the discursive making of nanotechnology. In: *Technologisierung gesellschaftlicher Zukünfte*. P. Lucht, M. Erlemann und E.-R. Ben. Freiburg, Centaurus: 33-47.

Scharpf, F. (1988). „The Joint-Decision Trap: lessons from German federalism and European integration." *Public Administration* 66(3): 239-278.

Schibany, A. und L. Jörg (2005). Instrumente der Technologieförderung und ihr Mix. Wien, Joanneum Research.

Schibany, A. und G. Streicher (2008). „The European Innovation Scoreboard: drowning by numbers?" *Science and Public Policy* 35(10): 701-788.

Schibany, A., H. Gassler und G. Streicher (2007). High Tech Or Not Tech: Vom fehlenden Strukturwandel und anderen Sorgen. *InTeReg Working Paper Nr 35*. Wien, Joanneum Research.

Schibany, A., H. Gassler und G. Streicher (2010). Vom Input zum Output: Über die Funktion von FTI-Indikatoren. *Zentrum für Wirtschafts- und Innovationsforschung Research Report Series*. Wien, Joanneum Research.

Schimank, U. (2006). Rationalitätsfiktionen in der Entscheidungsgesellschaft. In: *Zur Kritik der Wissensgesellschaft*. D. Tänzler, H. Knoblauch und H.-G. Soeffner. Konstanz, UVK: 57-82.

Schmidt, A., A. Hochleitner, M. Stampfer, H. Götz, F. Haslinger, F. Jäger und L. Niel (1997). Forschung und Wettbewerb: Technologieoffensive für das 21. Jahrhundert. Bericht an die Bundesregierung. Wien.

Schnapp, K.-U. (2004). *Ministerialbürokratien in westlichen Demokratien: Eine vergleichende Analyse*. Opladen, VS Verlag für Sozialwissenschaft.

Schneider, V. (2008). Komplexität, politische Steuerung, und evidenz-basiertes Policy-Making. In: *Die Zukunft der Policy-Forschung: Theorieentwicklung, Methodenfragen und Anwendungsaspekte*. F. Janning und K. Toens. Wiesbaden, VS Verlag für Sozialwissenschaften: 55-70.

Schofield, J. (2004). „A Model of Learned Implementation." *Public Administration* 82(2): 283-308.

Schön, D. (1973). *Beyond the Stable State*. New York, W. W. Norton & Company.

Schrefler, L. (2010). „The Usage of Scientific Knowledge by Independent Regulatory Agencies." *Governance* 23(2): 309-330.

Schubert, K. und N. C. Bandelow (2003). *Lehrbuch der Politikfeldanalyse*. München, R. Oldenbourg Verlag.

Seifert, F. (2003). „Demokratietheoretische Überlegungen zum österreichischen Gentechnik-Konflikt. " *SWS-Rundschau* 43(1): 106-128.

Senge, P. (1990). *The Fifth Discipline: the art and practice of the learning organization*. New York, Doubleday Currency.

Sharp, M. (2003). The UK-Experiment: science, technology and industrial policy in Britain 1979-2000. In: *Innovation Policies in Europe and the US: the new agenda*. P. Biegelbauer und S. Borrás. Aldershot, Ashgate: 17-41.

Sharp, M. und J. Peterson (1998). Technology *Policy in the European Union*. New York, St. Martin's Press.

Shonfield, A. (1965). *Modern Capitalism: the changing balance of public and private power*. Oxford, Oxford University Press.

Sickinger, H. (2006). Parlamentarismus: Schwarz - Blau. In: *Eine Bilanz des „Neu-Regierens"*. E. Tálos. Wien, Lit Verlag: 70-85.

Simmons, B. A. und Z. Elkins (2004). „The Globalization of Liberalization: policy diffusion in the international political economy." *American Political Science Review* 98(1): 171-189.

Simon, H. A. (1957). *Models of Man: social and rational*. New York, Wiley.

Skolnikoff, E. (1993). *The Elusive Transformation: science, technology, and the evolution of international politics*. Princeton, Princeton University Press.

Stadler, F. (1987/1988). *Vertriebene Vernunft: Emigration und Exil österreichischer Wissenschaft*. 2 Bände. Wien, Jugend und Volk.

Stampfer, M. (2003a). European Research Area: new roles for national and European RTDI funding programs? In: *Changing Governance of Research and Technology Policy: the European research area*. J. Edler, S. Kuhlmann und M. Behrens. Cheltenham, Edward Elgar: 135-164.

Stampfer, M. (2003b). Sprachbilder des Fortschritts: Die Gründung von FWF und FFF. In: *Innovationsmuster in der österreischischen Wirtschaftsgeschichte*. R. Pichler. Innsbruck, Studienverlag: 271-289.

Starke, P. (2011). Sir Galton's Stepchildren: qualitative methods for the study of policy learning and diffusion. Paper prepared for the ECPR Joint Sessions, St. Gallen, April 2011.

StarMAP (2004). A Comparative Guide to Multi Actors and Multi Measures Programmes. Vienna, TIG.

Staronová, K. (2007). The Quality of Impact Assessment in Slovakia. In: *Impact Assessment and Sustainable Development*. C. George und C. Kirkpatrick. Cheltenham, Edward Elgar: 230-254.

Stenographisches Protokoll des Österreichischen Nationalrats, 17. Geschäftsperiode, 36. Sitzung, 24. November 1987, 4111-4145.

Steyer, F. (2006). Behavioural Additionality in Austria's K-Plus Competence Centre Programme. In: Government R&D Funding and Company Behaviour: measuring behavioural additionality. Paris, OECD: 75-89.

Stone Sweet, A., W. Sandholtz und N. Fligstein, Hrsg. (2001). *The Institutionalization of Europe*. Oxford, Oxford University Press.

Stone, D. (2000). „Non-Governmental Policy Transfer: the strategies of independent policy institutes." *Governance* 13(1): 45-70.

Stone, D. (2004). „Transfer Agents and Global Networks in the 'Transnationalization' of Policy." *Journal of European Public Policy* 11(3): 545-566.

Stone, D. (2008). „Global Public Policy, Transnational Policy Communities, and Their Networks." *The Policy Studies Journal* 36(1): 19-38.

Tálos, E., Hrsg. (2006a). *Schwarz – Blau: Eine Bilanz des „Neu-Regierens"*. Wien, Lit Verlag.

Tálos, E. (2006b). Sozialpartnerschaft: Austrokorporatismus am Ende? In: *Politik in Österreich: Das Handbuch*. H. Dachs, P. Gerlich, H. Gottweis, H. Kramer, V. Lauber, W. C. Müller und E. Tálos. Wien, Manz: 425-442.

259

Tálos, E. und B. Kittel (2001). *Gesetzgebung in Österreich: Netzwerke, Akteure und Interaktionen in politischen Entscheidungsprozesse.* Wien, WUV.

Tálos, E. und C. Stromberger (2005). Zäsuren in der österreichischen Verhandlungsdemokratie. In: *Sozialpartnerschaft: Österreichische und europäische Perspektiven.* F. Karlhofer und E. Tálos. Wien, Lit Verlag: 79-216.

Taschwer, K. (2012). Auf der Suche nach der verlorenen Dynamik. Der Standard, 07-03-2012: 13.

The Social Learning Group, Hrsg. (2001). Learning to Manage Global Environmental *Risks: a comparative history of social responses to climate change, ozone depletion, and acid rain.* Cambridge, Massachusetts, MIT Press.

Toens, K. und C. Landwehr (2008). Imitation, Bayesianisches Updating und Deliberation: Strategien und Prozesse des Politiklernens im Vergleich. In: *Die Zukunft der Policy-Forschung: Theorien, Methoden, Anwendungen.* F. Janning und K. Toens. Wiesbaden, VS Verlag für Sozialwissenschaften: 71-87.

Trampusch, C. (2006). „Sequenzorientierte Policy-Analyse: Warum die Rentenreform von Walter Riester nicht an Reformblockaden scheiterte." *Berliner Journal für Soziologie* 16(1): 55-76.

Triconsult (1991). Seed-Financing: Experten und Unternehmerbefragung. Wien.

Truman, D. B. (1971(1956)). *The Governmental Process.* New York, Knopf.

Tullock, G. (1965). *The Politics of Bureaucracy.* Washington, DC, Public Affairs Press.

Turnpenny, J., M. Nilsson, D. Russel, A. Jordan, J. Hertin und B. Nykvist (2008). „Why is Integrating Policy Assessment So Hard? A comparative analysis of the institutional capacities and constraints." *Journal of Environmental Planning and Management* 51(6): 759-775.

van der Knaap, P. (2004). „Theory-Based Evaluation and Learning: possibilities and challenges." *Evaluation* 10(1): 16-34.

VDI-Technologiezentrum (1983). Sonderprogramm „Anwendung der Mikroelektronik" des Bundesministers für Forschung und Technologie: Erster Erfahrungsbericht. Berlin, Verein deutscher Ingenieure.

VDI-Technologiezentrum (1985). Sonderprogramm „Anwendung der Mikroelektronik" des Bundesministers für Forschung und Technologie: Erster Erfahrungsbericht. Berlin, Verein deutscher Ingenieure.

Wagenaar, H. (2004). „Knowing' the Rules: administrative work as practice." *Public Administration Review* 64(6): 643-655.

Walker, R. M. (2006). „Innovation Type and Diffusion: an empirical analysis of local government." *Public Administration* 84(2): 311-335.

Wallace, H., W. Wallace und M. A. Pollack, Hrsg. (2005). *Policy-Making in the European Union.* Oxford, Oxford University Press.

Weber, K. M. (2009). FTI Politik im Spiegel von Theorie und Praxis: Von Planung über Steuerung zu Governance. In: *Innovationsforschung und Technologiepolitik in Österreich.* K.-H. Leitner, K. M. Weber und J. Fröhlich. Innsbruck, Studienverlag: 231-254.

Weber, M. (1985). *Wirtschaft und Gesellschaft.* Tübingen, J.C.B. Mohr.

Weingart, P. und J. Lentsch (2008). *Wissen-Beraten-Entscheiden: Form und Funktion wissenschaftlicher Politikberatung in Deutschland.* Göttingen, Velbrück Wissenschaft.

Weiss, C. (1979). „The Many Meanings of Research Utilization." *Public Administration Review* 39(5): 426-431.

Weiss, C. (1988). „Evaluation for Decisions: is anybody there? Does anybody care?" *Evaluation Practice* 9(1): 5-19.

Weiss, C. (1998). „Have We Learned Anything New About the Use of Evaluation?" *American Journal of Evaluation* 19(1): 21-33.

Weiss, R. S. (1995). *Learning From Strangers: the art and method of qualitative interview studies.* New York, The Free Press.

Wenger, E. (1998). *Communities of Practice. learning, meaning, and identity.* Cambridge, Cambridge University Press.

White, T. H. (1973). *The Making of a President 1972.* New York, Bantam.

Whitelegg, K. (2009). Horizontale Politikkoordination: österreichische Spezifika und Lösungen eines europäischen Problems. In: *Innovationsforschung und Technologiepolitik in Österreich.* K.-H. Leitner, K. M. Weber und J. Fröhlich. Innsbruck,Studienverlag: 215-228.

Wiesenthal, H. (1995). „Konventionelles und unkonventionelles Organisationslernen: Literaturreport und Ergänzungsvorschlag." *Zeitschrift für Soziologie* 24(2): 137-155.

Wiesner, A. (2003). Ethnographische Politikforschung. In: *Politik als Lernprozess? Wissenszentrierte Analysen der Politik.* L. M. Maier, A. Hurrelmann, F. Nullmeier, T. Pritzlaff und A. Wiesner. Opladen, Leske + Budrich: 141-199.

Wilke, H. (1987). *Systemtheorie.* Stuttgart, Gustav Fischer Verlag.

Willner, R. (2011). „Micro-Politics: an underestimated field of qualitative research in political science." *German Policy Studies* 7(3): 155-185.

Wilson, J. Q. (1980). The Politics of Regulation. In: *The Politics of Regulation.* J. Q. Wilson. New York: 357-394.

Winter, S. C. (2003). Implementation Perspectives: status and reconsideration. In:*Handbook of Public Administration.* G. B. Peters und J. Pierre. London, Sage: 212-222.

Wolff, S. (2005). Dokumenten- und Aktenanalyse. In: *Qualitative Forschung: Ein Handbuch.* U. Flick, E. van Kardoff und I. Steinke. Reinbeck, Rowohlt: 502-524.

Yanow, D. (2003). Accessing Local Knowledge: policy analysis and communities of meaning. In: *Deliberative Policy Analysis.* M. Hajer und H. Wagenaar. Cambridge, Cambridge University Press: 228-246.

Yanow, D. (2006). Thinking Interpretively: philosophical presuppositions and the human science. In: *Interpretation and Method: empirical research methods and the interpretative turn.* D. Yanow und P. Schwartz-Shea. Armonk, M.E. Sharpe: 5-26.

Yanow, D. und P. Schwartz-Shea, Hrsg. (2006). *Interpretation and Method: empirical research methods and the interpretative turn.* Armonk, M.E. Sharpe.

Yee, A. S. (1996). „The Causal Effects of Ideas on Policies." *International Organization* 50(1): 69-108.

Zahariadis, N. (1999). Ambiguity, Time and Multiple Streams. In: *Theories of the Policy Process: theoretical lenses on public policy*. P. Sabatier. Boulder, CO, Westview Press: 73-96.

Zahariadis, N. (2008). „Ambiguity and Choice in European Public Policy." *Journal of European Public Policy* 15(4): 514-530.

Zaruba, E. (1978). *Das Instrument des Forschungsauftrages in der österreichischen Rechtsordnung und Forschungspolitik*. Wien, Springer.

Zaruba, E. (1985). Überlegungen zur Forschungskoordination und Forschungs-kooperation. In: *Forschungspolitik für die 90er Jahre*. H. Fischer. Wien, Springer: 499-509.

Zeiner, E., H. Katzmaier, A. Kirschner, S. Lengauer und R. Reichert (1996). Seedfinancing: International vergleichende Evaluierung aus ökonomischer und soziologischer Perspektive. Wien, FIWO.

Zeitlin, J. (2006). „When Do Policy Innovations Spread? Lessons for advocates of lesson-drawing." *Harvard Law Review* 119(5): 1466-1487.

Ziman, J. M. (1994). *Prometheus Bound: science in a dynamic steady state*. Cambridge, Cambridge University Press.

Zinöcker, K. (2007). Evaluating Austria's R&D Policies: some personal comments. In: Evaluation of Austrian Research and Technology Policies. Platform Research and Technology Policy Evaluation and Austrian Council for Research and Technology Development. Vienna, Platform Research and Technology Policy Evaluation: 18-44.

Zinöcker, K. und M. Dinges (2009). Evaluation von Forschungs- und Technologiepolitik in Österreich. In: *Evaluation: Ein systematisches Handbuch*. T. Widmer, W. Beywl und C. Fabian, VS Verlag für Sozialwissenschaften: 295-304.

Zito, A. R. und A. Schout (2009). „Learning Theory Reconsidered: EU integration theories and learning." *Journal of European Public Policy* 16(8): 1103-1123.

Internetquellen:

http://www.bka.gv.at/site/3455/default.aspx; download 12-06-2011.
http://www.fteval.at/; download 21-06-2011.
http://www.fteval.at/cms/de/home/plattform/ziele.html; download 21-06-2011.

VS Forschung | VS Research
Neu im Programm Politik

Druck: KN Digital Printforce GmbH · Schockenriedstraße 37 · 70565 Stuttgart